黄志兴工作室
映山红育人工作室
研究成果

高校辅导员工作100问

黄志兴　胡秀俊　马　军
孔祥彬　许　琳　齐　勋　等◎编著

中国科学技术大学出版社

内容简介

本书根据高校辅导员的实际工作编写，包含思想政治教育和价值引领篇、党团和班级建设篇、学风建设篇、学生日常事务管理篇、心理健康与咨询工作篇、网络思想政治教育篇、校园危机事件应对篇、职业规划与就业创业指导篇、理论与实践研究篇、辅导员职业规划篇，共设定100余个辅导员工作中具有代表性的问题，由此指导辅导员开展工作，更好地促进高校学生工作的开展及青年大学生的健康成长。

图书在版编目（CIP）数据

高校辅导员工作100问/黄志兴，胡秀俊，马军等编著．—合肥：中国科学技术大学出版社，2023.8（2025.9重印）

ISBN 978-7-312-05705-2

Ⅰ．高…　Ⅱ．①黄…②胡…③马…　Ⅲ．高等学校—辅导员—工作—问题解答　Ⅳ．G645.1-44

中国国家版本馆CIP数据核字（2023）第127729号

高校辅导员工作100问

GAOXIAO FUDAOYUAN GONGZUO 100 WEN

出版　中国科学技术大学出版社
安徽省合肥市金寨路96号，230026
http://press.ustc.edu.cn
https://zgkxjsdxcbs.tmall.com

印刷　安徽国文彩印有限公司

发行　中国科学技术大学出版社

开本　787 mm×1092 mm　1/16

印张　33.5

字数　695千

出版　2023年8月第1版

印刷　2025年9月第2次印刷

定价　108.00元

序　言

1952年，国家提出要在高校设立政治辅导员。经过70余年的发展历程，高校辅导员队伍不断壮大，高校辅导员的相关制度日趋完善。党和国家一直高度重视高校辅导员工作，尤其是党的十八大以来，习近平总书记高度肯定高校辅导员的工作。高校辅导员作为大学生身心健康发展的指导者和引路人，在学生思想政治引领及教育、指导、管理与服务等多方面承担着重要的工作职责。2017年，教育部出台《普通高等学校辅导员队伍建设规定》，明确高校辅导员承担思想理论教育和价值引领、党团和班级建设、学风建设、学生日常事务管理、心理健康教育与咨询工作、网络思想政治教育、校园危机事件应对、职业规划与就业创业指导、理论和实践研究等九项工作职责，为高校辅导员工作提供了基本遵循。

2014年3月，教育部出台的《高等学校辅导员职业能力标准(暂行)》提出，要进一步推动高校辅导员队伍职业化、专业化发展，并对高校辅导员的职业准则、相关要求和职业能力标准进行了具体规范与明确要求，高校辅导员工作越来越被社会认可为一种职业，高校辅导员专业化、职业化、专家化建设得以深入开展。高校辅导员作为高校学生日常思想政治教育和管理工作的组织者、实施者和指导者，不仅要有坚定的理想信念、积极的工作态度，还必须有较高的理论水平和业务能力，才能切实肩负起立德树人的使命。新时代如何做好高校辅导员工作，如何更好地提升服务学生成长成才的质量就成为一项重要课题。

撰写本书的目的是深入学习贯彻习近平新时代中国特色社会主义思想，全面贯彻落实全国教育大会、全国高校思想政治工作会议和学校思想政治理论课教师座谈会精神，引导广大高校辅导员围绕立德树人的根本任务，加强工作研究，提升理论素养，切实推动高校思想政治工作改革创新。本书编撰人员为之做了大量工作：一是经过前期谋划及深入探讨、思考、研究后，决定针对高校辅导员实际工作中面临的问题组织书稿内容，力求体现问题导向；二是本书立足时代变化，精选高校辅导员经常接触且学生深感困惑的热点难点问题，内容对应辅导员九项工作职责，涵盖思想理论教育与价值引领、网络思想政治教育、学习焦虑、自我冲突、人际纷争、情绪困扰、爱情困惑、压力管理、网络沉迷、适应困难等主题，力求体现针对性；三是工作案例遵循“问题是什么”“问题的成因”“怎么解决问题”的框架进行分析，将理论知识与实践经验相结合，既有实践经验的展示，又有理论的剖析，力求体现逻辑性；四是面向全国高校遴选包含“70后”“80后”“90后”等各个年龄段且工作在学生工作一线的优秀辅导员的100余篇作品，作者中70多人荣获过全国最美高校辅导员、全国高校辅导员年度人物、全国高校辅导员素质能力大赛奖项等国家级荣誉及奖励，所有作者均在所在省市自治区内具有一定影响力，使工作案例更体现示范性；五是充分应用政治学、教育学、伦理学、管理学、心理学等多学科相关理论，使工作案例更具科学性。

只有掌握恰当的方法才能提高工作成效，达到事半功倍的效果。高校辅导员是学生日常事务管理的一线工作者，与学生接触最为紧密，也是大学生在遇到困难与问题时第一时间想到去求助的对象。对于高校辅导员来说，面对学生遇到的各种问题，掌握好适当的方法，从而高效地帮助学生解决问题尤为重要。期待本书中的100余个优秀工作案例能为广大一线辅导员改善工作方法及提升工作能力起到促进作用，助力广大辅导员更好地践行“为党育人，为国育才”的初心使命。

最后要感谢每一位奋斗在高校思想政治工作岗位、特别是长期奋斗在高校辅导员岗位的学工同仁，希冀得到更多专家学者的指导，更希望能够助力更多高校辅导员职业成长。

编　者

目　录

第2篇　党团和班级建设

第3篇　学风建设

第4篇 学生日常事务管理

第 5 篇　心理健康教育与咨询工作

第6篇　网络思想政治教育

第7篇　校园危机事件应对

第9篇　理论与实践研究

第10篇　辅导员职业规划

第1篇

思想政治教育和价值引领

第1问 如何锻造学生坚定的理想信念
——大学生理想信念松动怎么办

华南理工大学 徐喜春

一、问题阐述

在新时代背景下，随着新媒体带来的巨量信息流及物质生活条件的改善，部分学生的理想信念出现松动，如何锻造学生坚定的理想信念成为高校思想政治工作必须关注的重点问题。

加强理想信念教育是高校思想政治工作的核心内容。大学生理想信念松动的原因具有多样性：既有心理不稳定等内部原因，又有受“躺平”“佛系”等社会思潮影响的外部原因；既受网络空间享乐、拜金等不良思想的影响，又受西方国家“他者”意识形态叙事的影响。按照唯物辩证法内因与外因关系的观点，大学生理想信念松动的根本原因在于自我价值观念的迷失，即对于“我是谁”“我身处何方”“该往何处”等问题缺乏清醒与科学的认识。

二、解决思路

根据大学生理想信念松动的“内-外”原因，锻造学生坚定的理想信念必须始终紧扣“事、时、势”，既促进大学生自我的“思想转化”，又不断营造良好的教育氛围。整体而言，锻造大学生坚定的理想信念，既要抓住“价值引领”这一“关键点”，又要将这一“关键点”贯穿于从入学到毕业的全过程，形成教育“过程线”；既要结合当代大学生“网络原住民”的成长特征，将思想政治教育向网络空间延伸拓展，打造“线上线下”联合面，又要善于挖掘各方资源，构建协同育人“综合体”。

三、实施办法

（一）抓住价值引领这一“关键点”

锻造理想信念，必须围绕价值引领这一关键点，引导大学生将“我”置于“家庭—社会—民族”的关系网络之中进行思考。一方面，要在体验式教育中让大学生清楚认识“我是谁”。如华南理工大学工商管理学院（以下简称学院）自1988年起，连续30余年举办“清明义工”志愿活动，组织学生在清明节前后到广州银河园进行志愿服务。暑假期间，学院每年都会组织学生前往开平市麻风病康复村陪伴麻风病老人，为老人们的晚年生活增添欢乐。通过志愿服务，大学生能直观感受到“生命是什么”，进而主动思考“生命应该怎么样”。只有从价值关系的维度思考“我”与家庭、社会与国家之间的关系，大学生才能更加深刻感受到“我”不仅是我本身，而且蕴含着家庭的期望、民族的希望和国家的未来。

另一方面，要在对标中引导大学生画好价值目标实现的“路线图”。学院始终注重挖掘朋辈群体的力量，用身边的榜样与故事引导大学生重点思考如何把价值目标与专业学习、生活实践、兴趣特长等结合起来。无论是“智汇管院”系列讲座邀请高年级学生常态化分享自身的学习经验与成长经历，还是组织优秀学生党员面向学院全体学生进行全覆盖的微党课宣讲，学院始终重视引导学生思考“小我”与“大我”之间的关系，让他们深刻认识到“我”的背后浸润着父母的辛劳、社会的帮助与国家的关怀。

（二）构建贯穿始终的“过程线”

理想信念教育作为大学生立身与立志之本，要坚持“扶上马、送一程、关心一辈子”，让大学生获得持续有效的精神动能。入学时，坚持“全心扶上马”，将理想信念教育融入入学教育、军训等活动之中；从高年级优秀学生中选聘成长导师，为新生提供理想引导、学业指导与生活指导；在培养过程中，坚持“用心送一程”，将理想信念教育这根主线贯穿于党团活动、主题班会、社会实践、校园文化建设等内容之中；在春季与秋季学期分别开展“青年月”与“科技文化节”系列活动，组织各班围绕理想信念、服务奉献等主题开展主题班会和团日活动，为学生树立坚定的理想信念营造氛围，以一种润物无声的方式让大学生自觉体认。毕业后，辅导员继续维系与学生之间的“情感线”，坚持“关心伴一生”；无论是给毕业生上好离校前的“最后一课”，还是毕业之后与毕业生保持密切互动，都是向毕业生传递关心与提供指导，也是筑牢学生理想信念的有效形式。

（三）打造“线上+线下”的联合面

在做好传统线下理想信念教育的同时，还要结合当代大学生“网络原住民”的特征，将思想政治工作向网络空间延伸拓展。学院利用“学习强国”“青年大学习”等现成的组织化学习平台，在学生党支部与团支部开展“红色打卡”活动，督促学生在“规定动作”中学习党和国家最新的理论与观点，强化他们的政治判断力、政治领悟力、政治执行力。锻造大学生的理想信念，必须适应泛媒体化的现实，探索“互联网＋理想信念教育”的有效思路。学院专门开设了“理上网来”公众号栏目，利用网络媒介与大学生“谈心”“谈情”与“谈理”。学院通过公众号、视频号持续有效地开展“优秀党员进课堂”“优秀毕业生经验交流会”等线上交流活动，以喜闻乐见的方式向大学生弘扬主旋律，让理想信念教育“触手可及”。

（四）铸造协同育人的“综合体”

高校辅导员要善于发挥身份优势进行“铺桥造路”，通过建章立制等方式发挥各方力量，推动“三全育人”格局的形成。一方面，校内形成“教育共同体”：学院定期举办班主任座谈会、培训会，邀请专家进行育人技能培训，不断克服班主任的“本领恐慌”；每学期初举办班主任座谈会，每学年进行班主任表彰考核，增强班主任育人的自觉性与主动性。另一方面，引入社会资源的“活水”：学院与烈士陵园共同组建了“红色引擎宣讲团”，通过组织学生到烈士陵园开展宣讲等方式，引导他们深入了解英雄的故事。学院还与广东省博物馆、广州市图书馆、开平市玲珑村医院等单位共建教育基地，“活化”教育力量，让学生“在场景中将理想具象，在实践中把信念铸牢”。

四、经验启示

（一）从各自为战到形成合力

理想信念教育不能“单打独斗”，而应该“齐心协力”。要充分挖掘班主任、思政课教师、朋辈群体等多方力量，形成理想信念的“三全育人”格局；利用好理想信念教育“公共资源”，学会自己“开小灶”，所在学校“就地取材”，做出独属学校及院系学生“对胃口、能吃下、好吸收”的“教育营养餐”。

（二）从线性铺陈到立体构建

理想信念教育需要做好时空安排，实现从线性铺陈到立体构建。

一是要抓住时间线，"因时施教"，把握不同阶段大学生理想信念教育的痛点和难点、需求点和发力点。不能以"同一个菜谱"笼统地对付理想信念教育的"一日三餐"，要遵循"先激发、再巩固、再铸牢"的规律，有针对性和有侧重点地提高理想信念教育的实际效能。

二是要抓住空间线，"因地制宜"，统筹好校内校外等不同教育场域。校内抓好课堂主战场，要利用朋辈力量营造健康的宿舍风气，举办活动营造良好的校园氛围；校外充分利用好社会资源，让理想信念教育有可以实践的基地。

（三）大学生理想信念教育要处理好"三个关系"

一是处理好"天边与身边"的关系。既要教育大学生树立共产主义的远大理想，又要引导他们立足当下，从力所能及的小事做起。

二是处理好"点灯与引路"的关系。既要通过理论宣讲等形式让学生明晰理想信念"何谓""何为""何以实现"等问题；又要讲清楚其中的逻辑，给学生指明切实可行的奋斗方向，告诉学生"路在何方"。

三是处理好"道理与故事"的关系。要力求用"身边事"讲透"天边理"。在向大学生讲好马克思主义基本原理的同时，要注意将学理语言、政治语言向生活话语、现代话语、情感话语转换，以此来提升理想信念教育的话语"软权力"以及针对性和有效性。

【作者简介】

徐喜春，华南理工大学工商管理学院辅导员，讲师，教育部高校思想政治工作创新发展中心研究员。先后主持国家级课题2项、省部级课题6项；曾获全国高校思想政治工作论文评选一等奖、全国高校辅导员素质能力大赛三等奖、广东省高校辅导员素质能力大赛一等奖、广东省高校辅导员年度人物等奖励30余项；发表论文20余篇。

第2问　如何帮助学生坚信中国精神
——大学生缺乏民族自信怎么办

临沂大学　胡秀俊

一、案例背景

习近平总书记强调:“精神是一个民族赖以长久生存的灵魂,唯有精神上达到一定的高度,这个民族才能在历史的洪流中屹立不倒、奋勇向前。”在全国抗击新冠肺炎疫情表彰大会上,习近平总书记指出:“在这场同严重疫情的殊死较量中,中国人民和中华民族以敢于斗争、敢于胜利的大无畏气概,铸就了生命至上、举国同心、舍生忘死、尊重科学、命运与共的伟大抗疫精神。”

新冠“战疫”传承发展了中国精神,凝聚了中国力量,习近平总书记关于中国精神、抗疫精神的重要论述为高校辅导员开展学生思想政治教育工作提供了良好的教育情境和主旨。

二、解决思路

弘扬中国精神、讲述抗疫故事、传递正能量、把抗疫生动教材融入学生思想政治教育中,是落实立德树人根本任务的使命要求,更是每一个辅导员的责任与担当。作为辅导员,我们必须因事而化、因时而进、因势而新,开展大学生思想政治教育工作,在抗击新冠病毒的斗争中帮助学生正确认识世界和中国发展大势;正确认识中国特色和国际比较;正确认识时代责任和历史使命;正确认识远大抱负和脚踏实地,陪伴学生一起找寻希望与坚守,无愧于初心与使命。

三、实施办法

为引导学生把疫情当教材、把困难当磨砺,激发学生的责任担当,要坚持将思想引领和行动实践相结合,努力把疫情危机转化为教育契机,以家国情怀、生命教育、道德修养、法治意识、社会责任、感恩教育为重点，教育引导学生勇做担当民族复兴大任的时代新人。下面介绍我在抗击疫情期间的一些做法。

（一）进入战时状态，筑牢防控底线

疫情爆发之初，我从假期的休整中迅速切换到战时状态，第一时间组织建立了班长、舍长、学生一体化的疫情防控管理体系，通过微信、钉钉、QQ、辅导猫等线上平台，建立了覆盖每一名学生的实时联动机制，认真落实学生情况"日报告""零报告"制度，坚持精准施策、一人一策，做"舌尖上""手尖上"的辅导员，为疫情防控工作奠定了坚实基础。

（二）加强爱国主义教育，厚植家国情怀

充分利用鲜活的"中国战疫"思政载体，深入挖掘其中蕴含的中国精神，加强对学生的爱国主义教育。通过向学生推送战疫典型事迹、故事、视频，组织"云班会"、开展"云活动"，引导学生去体会和感受一方有难、全国支援的伟大团结精神，医务人员坚守第一线、秉持"病毒不退我们不退"的伟大奋斗精神，战疫一线医生夫妻档、父子兵齐上阵的英雄无畏精神，"95后"小护士"如有不幸，捐献遗体研究攻克病毒"的无私奉献精神……通过这些鲜活的事例，引导学生充分感受党和人民在国家危难之际展现的情怀、智慧和力量，充分感受平凡人身上闪耀的中华美德和中国精神，让学生感受到中国的强大、中国的团结，从而进一步增强爱党、爱国、爱社会主义的思想自觉和行动自觉。

（三）开展生命健康教育，"培树"健康理念

防疫期间充分用好抗击疫情这一教育情境和素材，启发学生正确认识生命、珍爱生命、敬畏生命。一是结合疫情发展情况，及时通过互联网平台对学生进行科普教育，帮助学生正确把握和运用防疫知识，做好个人防护。二是格外注重加强对学生的舆情引导和心理疏导，以防学生滋生"心理瘟疫"，通过召开"敬畏生命、敬畏规则"网上主题班会，帮助学生认识到人与自然是生命共同体，任何时候都要尊重自然、保护环境、爱护生灵；帮助学生认识到生命来之不易，应该热爱生活、认真生活；帮助学生树立健康第一的理念，培养学生理性、平和的健康心态。

（四）加强道德与法治教育，培养法治思维和道德修养

抗疫期间尤其注重对学生的道德和法治教育。一方面通过分享钟南山院士"把

最严重的病人都运到我这来”、拾废品的老人捐出宝贵积蓄等先进事迹，引导学生直观感受疫情防控中蕴含的道德力量，提升道德修养；另一方面在班级群里发送新闻链接，及时将官方报道的因违反疫情防控有关规定受到党纪国法处理的反面典型发送到班级群里，并结合“郭×鹏事件”“黎女士事件”“梁女士事件”等典型案例，教育引导学生严格遵守法律法规，严格遵守纪律规矩，自觉践行法治精神。

（五）开展社会责任教育，“倡树”奉献精神

防疫期间无论是医护人员，还是解放军指战员、快递小哥，各条战线的抗疫勇士不畏艰险、舍生忘死，体现了厚重的社会责任感。为用好这些抗疫教材，一方面组织召开“不负韶华、共克时艰”“学会担当、乐于奉献”网上主题班会，通过分享“战疫一线，红嫂涌现”“算我一个”“我报名”等逆行抗疫故事，号召学生发现、学习家乡和身边防疫先进人物；另一方面动员学生党员、红色班级学员、入党积极分子等学生骨干，积极开展社区安全协防、入户疫情排查等志愿服务活动，号召他们亮身份、当先锋、做表率，争做一个传播爱、奉献爱的时代新人。

（六）加强感恩教育，培养报恩精神

在这场战疫中感恩无处不在。我注重从学生的生活细节入手，为学生寻找居家防疫中的每一个成长点，对学生开展感恩教育；组织召开“知恩、感恩、报恩”网上主题班会，通过分享“曾经是你，今天是我”多次请战援鄂的汶川女孩佘沙、赶回家乡和父亲并肩作战的北大学子黄羽佳等案例，让学生看到闪耀在人性深处的温暖与光芒，让学生在居家陪伴亲人的同时，学会感恩父母、感恩亲人、感恩社会、感恩国家。

（七）搭建活动平台，激发精神力量

结合疫情防控形势，我先后举办“把疫情当教材，与祖国共成长”“同心抗疫、共克时艰”“呵护心灵、同心战疫”等主题征文、书画作品、微视频、朗诵比赛等活动，学生纷纷用摄影、绘画、书信、文章等记录下疫情防控中的感人瞬间，谱写战疫必胜的青春之歌……一系列主题活动在广大学生中引起了强烈反响，激发了学生抗疫的精神力量。

四、经验启示

通过抗疫期间开展的一系列工作，学生思想水平、道德品质以及班风学风等都有了明显提升，学生的学习意识、争先意识、参与意识、奉献意识都明显增强，学生普遍

感到“精神与心灵受到了洗礼，思想与品格得到了升华，三观与行为得到了校正”。防疫期间我们先后收到学生抗疫心得文章200多篇、音视频等各类资料100多份、诗歌朗诵作品20余件、书法和美术作品40余件，近200人参加社区抗疫志愿活动，30多名同学被当地政府或社区评为“优秀抗疫志愿者”。另外，本人撰写的抗“疫”短文也被东北师范大学出版社出版的《高校战“疫”一线的思政力量——全国百名优秀辅导员抗击新冠肺炎疫情的行动与思考》一书收录。

新冠战疫中每一位辅导员都是亲历者，也是见证者，每一位辅导员都保持一种战斗的姿态，做该做的事，发能发的声音。抗疫精神是新时代中国精神的集中体现，其丰富的思想要素，是开展思政教育的生动素材。作为新时代的辅导员，我们要始终牢记立德树人的根本使命，深入挖掘抗疫精神等中国精神中蕴含的育人价值，将中国精神贯穿人才培养全过程，以中国精神引领青年学生成长成才。

【作者简介】

胡秀俊，临沂大学教育学院教授，沂蒙学者，硕士生导师。山东高校辅导员名师工作室主持人，国家社科基金项目评审专家库专家。先后荣获2019年度、2021年度、2022年度全国高校辅导员年度人物提名，2019年山东省高校辅导员年度人物，山东省优秀辅导员，山东省骨干辅导员等荣誉称号。先后出版专著4部，教材2部，发表论文20余篇，获省级优秀科研成果奖励15项。

第3问　如何帮助学生坚信“中国梦”
——大学生有崇洋媚外思想怎么办

太原理工大学　闫晓峰

一、问题阐述

习近平总书记在党的二十大报告中寄语青年:“青年强,则国家强。当代中国青年生逢其时,施展才干的舞台无比广阔,实现梦想的前景无比光明。广大青年要坚定不移听党话、跟党走,怀抱梦想又脚踏实地,敢想敢为又善作善成,立志做有理想、敢担当、能吃苦、肯奋斗的新时代好青年,让青春在全面建设社会主义现代化国家的火热实践中绽放绚丽之花。”然而,由于种种原因,有些学生变得崇洋媚外了,虽然这些学生只是少数人,但是产生了一定的负面影响。

“90后”的杨某自幼在中国生活长大,家境优越。考入大学后,在学校社团组织的一次学术沙龙活动中,她居然公开说:美国是她最向往的地方,她去美国后要改国籍,这也是她为何未来将选择去美国留学的原因。她的言论引发众人的强烈不满,虽然杨某只是个例,但是这种现象却值得教育工作者高度重视。

二、原因分析

充分了解事情真实情况后,我进行了认真仔细的深入分析。我发现在价值观形成和确立时期,杨某没有形成正确的价值观,人生从第一粒扣子就扣错了。问题产生的原因如下:

(一) 以美国为首的西方国家对全世界发起的文化渗透与思想侵蚀

以美国为首的西方国家对全世界发起的文化渗透与思想侵蚀,就是要让其他国家和民族认可西方文化比自己的民族文化更文明、更先进,进而把本民族的审美权、发展权甚至历史解释权都拱手交给别人。文化上被征服的人会心甘情愿地接受别人制定的文化评判标准。

（二）社会上存在一些消极丑陋的文化垃圾舶来品

在中西方文化交流过程中，西方一些消极丑陋的文化垃圾来到了中国，这些文化垃圾以各种形式在国内存在和传播，侵蚀着青少年的价值观，导致一部分青少年思想混乱。

三、解决思路

针对杨某由于价值观错误反映出的问题，解决思路如下：

（一）对学生进行爱国主义教育、中国梦教育

中国作为人类文明历史上的四大文明古国之一，勤劳勇敢的中华民族曾经用聪明才智创造出灿烂辉煌的东方文明。造纸术、印刷术、指南针和火药四大发明是中华民族奉献给全人类的科技成果。自从进入近代以来，西方列强发动两次鸦片战争、甲午战争等一系列侵略战争，逼迫清政府签订一系列不平等的割地赔款条约，腐朽没落的清王朝一步步向列强屈服，中国社会逐步沦为半殖民地半封建社会，民族饱受屈辱，国家失去尊严，中华民族面临深重的生存危机。为挽救垂危的民族，中国人进行过种种尝试：洋务运动、戊戌维新、义和团运动、辛亥革命等。虽然有着各自作用，却都不能从根本上解决中国问题。1921年中国共产党的成立是中华民族发展史上开天辟地的大事件，党领导全国人民推翻了“三座大山”，建立了新中国。实现中华民族的伟大复兴便成为当代中国人最大的梦想，特别是改革开放40多年来取得的显著成就，使得我们今天比历史上任何时期都更有信心、更有能力接近中华民族伟大复兴的目标。

一个没有信仰的民族是一个没有希望的民族。青年大学生作为共产主义事业的继承者和接班人，应让信仰为青春梦想导航。首先，应重点学习习近平新时代中国特色社会主义思想，用科学理论来武装头脑并充实精神世界。其次，引导大学生将社会主义核心价值观内化于心、外化于行，树立社会主义共同理想，将个人前途和国家命运紧密联系在一起。最后，加强“四个自信”教育引领，提升大学生历史使命感和时代责任感，坚定信念信仰。

（二）增强学生党组织的战斗力和向心力

建党一百多年来，无论时代主题和历史任务如何变化，伟大的建党精神始终得到

了不断的传承和弘扬。大力弘扬伟大建党精神，能够使学生明确中国共产党为什么“能”、马克思主义为什么“行”、中国特色社会主义为什么“好”，进而增强大学生的文化自信，培育当代大学生的爱国主义情怀。

四、实施办法

第一，充分发挥思想政治理论课的主渠道功能，加强大学生爱国主义教育以及“中国梦”的历史底蕴、时代内涵教育。

把“中国梦”内容融入思想政治课教育教学中，详细讲解“中国梦”的历史底蕴、时代内涵，筑牢大学生中国梦的共同思想基础，提升大学生实现“中国梦”的信念。另外，运用网络渠道加大对“中国梦”的学习宣传力度，当前网络的交互性、平等性、自主性等特征，与青年人的成就心理、好奇心理等特征，与当代大学生崇尚个性、平等、自主等一系列特征高度契合，使得网络受到众多大学生的钟爱；网络又因其传递信息的便捷性，使得网络虚拟空间对现实社会生活具有日益强大的操控力和引导力。因此，在大学生中开展“中国梦”宣传教育，可以通过QQ群、微博、微信等引导大学生对“中国梦”的相关理论内容进行学习，营造良好的学习氛围。

第二，学生党支部扎实有效地开展以爱国主义教育、“中国梦”教育为主题的多种多样的校园文化活动和社会实践活动。

学生党支部从爱国主义教育、实现中国梦的有效路径等方面开展校园文化活动和社会实践活动，引导大学生进一步了解国情、了解社会、锻炼毅力、增长才干、增强社会责任感，将实现个人梦想与时代发展的需求结合起来，把对“中国梦”的认识落实到具体的行动中，真正成为“中国梦”的主动践行者。

五、经验启示

(1) 大学生的思想政治教育需要发挥思政教育效度，充分利用课堂教学主渠道。借助课堂教学渠道，重视马克思主义理论的教育传递，让大学生知党爱党、知史爱国，进一步为大学生党建工作开展的有效性奠定基础。

(2) 充分发挥学生党支部的战斗堡垒作用及党员的先锋模范作用。增强实践育人对塑造大学生优良品质的积极作用，以实践教育为载体，加强中国传统文化融入，丰富思政教育内容，引领大学生思想，规范大学生行为举止，使大学生成为“四有”青年。

总之，对于发现的学生存在的问题，我们要采取妥善的方式，工作方法应科学和细腻一些，以多元化教育教学方法增强大学生的爱国主义情感，使大学生更好地理解、认知“中国梦”，帮助和鼓励学生勇于承认错误及改正错误，同时尊重学生人格，促进其树立正确的世界观、人生观、价值观。

【作者简介】

闫晓峰，太原理工大学化学学院党委副书记，国家二级心理咨询师，讲师。入选太原理工大学“山西好人”候选人，为山西省优秀辅导员；先后获学校“优秀专职团干部”“学生军训优秀指导员”“优秀共产党员”“优秀党务工作者”等荣誉称号；曾获校级辅导员大赛二等奖；多次主持校级思想政治特色项目、辅导员精品项目。

第4问　如何指导学生树立文明新风
——大学生出现不文明的行为怎么办

燕山大学　宁岩鹏　冯丹红

教育是国之大计、党之大计。习近平总书记在党的二十大报告中从“实施科教兴国战略，强化现代化建设人才支撑”的高度，对“办好人民满意的教育”做出专门部署。习近平总书记多次强调“要把立德树人内化到大学建设和管理各领域、各方面、各环节，做到以树人为核心，以立德为根本”。加强大学生文明行为养成教育，既能提升大学生思想道德素质，又是高校德育教育的一项重要内容。当前，树立文明新风、争当新时代文明大学生是高校的主体氛围，但校园不文明现象也时有发生。因此，及时纠正校园不文明的行为，引导学生树立文明新风是高校思想政治教育工作者的一项重要工作。

一、问题阐述

部分网络调查显示，大学校园不文明行为的主要表现包括教室（图书馆）不文明现象，如不爱护公物，在课桌椅、墙壁上乱写乱画，上课迟到、早退、玩手机、旷课，随意占座，考试作弊，在图书馆大声喧哗、损坏图书等；宿舍不文明现象，如在室内吸烟，在宿舍内酗酒、打牌、打麻将等，宿舍环境卫生差，私接乱拉电线，违禁使用大功率电器，宿舍内养宠物，休息时间大声喧哗吵闹影响他人休息等；公共场所不文明现象，如在教学区等公共场所衣冠不整，男女生间行为不雅，不尊重他人劳动成果，在公共区域乱扔垃圾、随地吐痰等。乱扔垃圾、损坏公物、随意占座、考试作弊、休息期间喧哗吵闹、谈恋爱行为不雅等现象是师生心目中校园里最常见的不文明现象。

二、解决思路

校园不文明行为产生的原因，归纳起来主要有以下几个方面：一是自身原因，部分学生只关注学业成绩，不重视自我道德素质的提升，道德意识相对薄弱，公共意识出现缺位；二是家庭原因，家风家教是一个家庭最宝贵的财富，部分家长不重视对学生个人道德素质的培养，造成学生公德心缺失；三是学校管理不到位，学校的教育缺乏新意、以罚代教等方式使德育工作和养成教育不能深刻影响学生的行为；四是社会负面影响，导致部分学生以自我为中心，将不文明行为认定为“个性化”行为，或者自我行为和社会部分不良行为产生冲突后，秉持“自我保护”的心理，采取“我行我素”的行为，导致不文明行为的产生。

三、实施办法

（一）注重思想引领，加强学生道德建设

注重大学生思想道德教育，以社会主义核心价值观为核心，引导学生树立正确的世界观、人生观和价值观，从根本上抓好学生的道德教育工作。

1. 充分利用各种教育机会开展思想教育

辅导员要充分利用主题班会、专题教育等，引导大学生树立良好的价值观念、思想品德，养成优良的学风和健康的心理素质。燕山大学学生工作处连续8年开展“翔燕工程”主题教育实践活动，围绕精神文明、安全守纪、青春奋进、文明礼仪、校园文化、爱国荣校、诚信感恩、生涯励志等八个方面，增强学生对国家法律法规和校纪校规的理解，强化底线意识、提升判断能力。以外塑学生形象、内修学生素质为目标，促进学生全面发展，通过讲座、班会、社会调查、生活体验等形式，真正做到因时施教、因需施教、因材施教，全方位开展思想教育，真正将思想教育贯穿大学生在校学习生活全过程。

2. 结合思想政治理论课，发挥主渠道作用

以大学生的全面发展为目标，聚焦大学生关注的社会热点、焦点问题，将思想道德教育成果和优秀案例转化为理论知识，吸引学生、引导学生。如传统文化中的谦虚谨慎、彬彬有礼、竭诚相待、爱国敬业等都是中华民族传统的文明礼仪和行为美德。思想政治理论课要对中华传统美德进行创新性传承，强化学生的文明礼仪意识；以社会主义核心价值观为内核主导，引领其传承与创新，把民主、平等、公平、法治等现代价值观念融入其中，以实现其创新性发展。

（二）文化育人，推动校园文明建设与校园文化的有机融合

1. 增强校园文化活动的感召力

将学校校训、学校精神、文明礼仪、爱国荣校、公平法治等内涵融入校园文化活动当中，通过第二课堂、社会实践、课外活动等形式，开展学生喜闻乐见、积极向上、高品位的学术、科技、文化、艺术、体育活动，弘扬主旋律，突出高品位，增强感召力。

2. 打造校园文明活动“宣讲团”

通过宣讲团巡回演讲、研讨、交流，提升学生对于校园文明的认识，增强对于“模糊行为”的甄别能力，邀请专家对部分“游走”在法律边缘的行为进行深刻解读和规范，在讨论中增进价值认同，增强文化自信。

3. 让校园文化活动更有温度

通过研讨交流深入分析学生的价值取向、行为方式、精神文化需求，打造一批能够体现时代特色、弘扬先进文明、学生喜闻乐见的品牌活动，不断增强校园文化活动的亲和力、吸引力。燕山大学艺术与设计学院自2020年以来，坚持“提思想、强素质、广覆盖”的工作思路，大力开展青年志愿服务工作，创建了“七彩虹”志愿服务品牌活动，以全方位参与为着力点，以全员化培养为目标，科学有序地引领全院青年热心奉献、明德向善。活动依托“今日校园”APP系统，结合“燕小艺网络思政平台”开辟志愿服务板块，实现志愿服务信息化管理，形成“学院—团支部—志愿服务队”的三级联动，每生每学期志愿服务1小时的主动奉献成为常态，通过开展活动还建立了“燕山大学艺术与设计学院七彩虹志愿服务队”“童年一课线上支教志愿服务团队”等志愿服务组织。截至目前，学院志愿服务实现全员参与，内容涵盖校园社区疫情防控、支教、燕大百年校庆服务、校园各项秩序维护、校园环境美化、美丽乡村建设、慰问演出等。志愿服务品牌荣获“秦皇岛市最美青年志愿服务集体”称号及“河北省志愿者服务项目大赛铜奖”等奖项。

（三）拓展平台，积极推进网络文明行为

1. 结合大学生网络思想政治教育，引导学生树立正确的网络观

引导学生遵守法律法规，规范网上行为，自觉抵制有损网络文明、有悖网络道德、损害网络和谐的事，积极倡导、自觉实践文明健康的上网方式和行为。

2. 打造网络思政教育品牌，打造网络引领“发声团”

充分发挥大学生在网络文明传播中的积极性、主动性，提倡理性思考、文明创作，自觉做到不发布危害国家安全、社会稳定，违反法律法规，违背社会公德的有害信息；不在网上恶意攻击他人；不散播不良信息；不传播谣言和虚假信息；不跟风炒作炫富拜金等庸俗行为。疫情以来，许多高校的艺术专业在网络上发起抗疫艺术作品征集令，引导学生用艺术创作的形式献上一份精神力量。以艺术创作讴歌英雄、激励民众、抚慰人心，用艺术力量提振广大民众抗疫斗志、坚定抗疫信心，在网络阵地发挥正能量。

3. 发挥榜样的力量

当榜样的力量真正发挥作用时，学生工作也就有了具体的航标，育人工作也就事半功倍。通过打造优秀标杆，观看榜样影像记录、听榜样事迹报告，树立其他同学比学赶超的“风向标”。充分利用宣传舆论阵地和载体，广泛宣传，让引领示范效应成为学校正能量的新常态。

四、经验启示

在日常工作中，高校辅导员应指导学生树立文明新风，引导学生树立主人翁意识，增强爱国爱校情感，养成文明习惯，建设文明校园，营造文明修身氛围，努力培养德智体美劳全面发展的社会主义建设者和接班人，不断为国家富强、民族复兴、人民幸福贡献智慧和力量。

【作者简介】

宁岩鹏，燕山大学艺术与设计学院党委副书记，副研究员，燕山大学“十佳辅导员”，全国普通高校毕业生就业创业指导委员会委员。曾获河北省音乐金钟奖金奖、河北省首届辅导员职业技能大赛团体二等奖、河北省高校校园文化建设优秀成果奖二等奖等。主持省级课题2项，发表学术论文12篇，出版专著1部。

冯丹红，燕山大学艺术与设计学院正科级辅导员，讲师，学校优秀辅导员标兵。曾获河北省先进德育工作者、高校辅导员“大家访”活动先进个人、大学生职业生涯规划大赛优秀指导教师等荣誉。主持参与省市级课题7项，发表学术论文9篇。

第5问 如何引导学生修养自身、提升境界
——大学生沉迷于低级趣味怎么办

井冈山大学 李 健 盛忠光 林健强

一、问题阐述

“低级趣味”这个词出自毛主席的《纪念白求恩》。毛主席称赞白求恩说:“一个外国人,毫无利己的动机,把中国人民的解放事业当作他自己的事业,这是什么精神?……我们大家要学习他毫无自私自利之心的精神。从这点出发,就可以变为大有利于人民的人。一个人能力有大小,但只要有这点精神,就是一个高尚的人,一个纯粹的人,一个有道德的人,一个脱离了低级趣味的人,一个有益于人民的人。”因此,低级趣味是指人在平时的生活、学习、工作中没有树立正确的“三观”,只追求自己低层次欲望的满足。

随着科技和生活的发展,大学生沉迷于低级趣味的现象在一定范围内存在,有的大学生沉迷于网络虚拟世界,还有的沉迷于享乐文化,等等。

二、原因分析

(一) 缺乏自我约束,自制能力欠缺

一部分大学生入学后的实际生活与自己长期形成的观念有着巨大差异,却不积极适应和改变,同时未能合理安排自己的时间,以至于大把的时间都用于沉迷低级趣味,放任自流。当周围的人沉迷于低级趣味时,消极的从众心理会让学生错误地认为这部分人正在从事的事情是正确的,受青少年自制能力欠缺这一生理因素的影响,学生容易沉迷于低级趣味而不自知。

(二) 缺乏朋辈支持,审美品位异化

“碎片化”“庸俗化”文化盛行,使得本应具有思考能力的大学生逐渐惰于思索,甚

至不能安静地读完一本书，审美认知能力下降、认知结构简单化，以致审美品位异化，审丑文化和“佛系”文化现象盛行。当现实生活中遇到问题得不到朋辈的支持帮助时，部分大学生就选择转向非现实世界消极逃避，在网络游戏世界享受社交的乐趣和被尊重被需要的感觉，长久下去就会自我怀疑和自我否定，陷入恶性循环。

（三）畏难情绪影响，突出感官享受

随着经济的不断发展，青年大学生对于精神层面深层次的追求与对于物质层面的追求不匹配。精神层面的深层次追求需要主动学习，去构建完整的知识体系才能形成自己的审美追求。畏难情绪让大学生不愿意主动接受新知识，对物质的迫切渴望使得大学生的精神压力不断增大，精神一直处于紧张状态，紧绷的神经急需放松，所以部分大学生容易沉迷于低级趣味带来的感官享受而无法自拔。

（四）个体价值迷失，价值取向偏差

大学生除了思政课程引领，缺乏系统的价值引领建设课程，以至于在“拔节孕穗期”不能准确地判断是非曲直。高校的课程思政建设还不够完善、系统，对学生的价值引领还不够全面，一部分学生在日常的学习生活中个体价值迷失，价值取向出现偏差。

三、实施办法

针对学生沉迷于低级趣味这一情况，作为辅导员应该对其晓之以理、动之以情，以知、情、意、行四方面为突破口，帮助学生塑造正确的“三观”，培养学生良好的兴趣、行为及习惯。

（一）认知方面：克服畏难情绪，树立正确认知

首先通过价值澄清，帮助学生在思想上树立正确认识，明辨优劣，增强审美认知，构建完整的知识体系，形成向上向善的审美追求。通过谈心谈话、课程指导、情景分析、案例指导等多种手段，让学生清楚低级和高级、非主流和正规正式之间的关系，了解低级趣味带来的不良影响，通过带动其调研、采访、比较让学生对行为后果有进一步的认识，从而明辨价值认知。其次，在思想方面，向学生宣扬正确的价值观和思想，通过介绍红色文化、优秀文化传统、积极阳光的生活方式等来引导其树立坚定的理想信念，增强文化自信，形成健康向上的思想，养成良好的行为习惯。

最后通过召开特色主题班会、开展辩论会等形式，让同学们列举低级趣味行为，然后内心想象沉迷于该类低级趣味的后果，让同学们认识到低级趣味带来的危害，形成内驱力，并树立远大目标。

（二）情感方面：加强朋辈引导，增强文化自信

通过情感联系、榜样示范、共同参与、积极探讨等多种方式让同学们发自内心认可并产生情感信任，让同学们感同身受；带领同学们向道德楷模学习，包括历史楷模、时代楷模或者身边的榜样，以情感为纽带让同学们对其行为和思想产生认同；通过情感倾向和朋辈互相融合让青年学子明白积极向上、奋进有为的行动和做法可以带来很多积极正面的效果，引导学生做有骨气、有志气、有底气的有为青年。

（三）意志方面：增强自我约束，增强自制力

通过积极的行为习惯塑造良好的行为效果，磨炼心性，带动该类学生同惰性抗争，督促其保持良好的作息和生活习惯，通过朋辈之间相互督促等模式，培养其良好的意志力，形成良好的习惯。引导同学们用积极健康的生活方式来形成新的方向，从而替代之前浪费在低级趣味上的时间和精力，不断坚持引导其参与各类积极向上的健康活动，通过坚持运动、“三走”、阳光跑、晨读、晨练等各项活动培养青年学生形成良好的意志力，弱化直至消除低级趣味。

（四）行为方面：探寻个体价值，端正日常行为

通过模范示范、朋辈影响、家校合作、社会实践等多种形式去规范该类学生的行为，养成良好的习惯，培养积极的兴趣，发扬青年学生主动积极作为的作风；通过养成良好班风、舍风，潜移默化地感染该类学生；带动该类学生多接触生活、感受生活，规划目标，制定计划，聚焦学好专业，充实生活，通过为目标的实现付出汗水和努力，从而达到远离低级趣味的目的；充分利用校地资源，开展实践教学，引导学生练就过硬本领，到祖国和人民最需要的地方去绽放绚丽之花。

四、经验启示

青年大学生作为国家的储备人才，是全面建设社会主义现代化强国的主力。辅导员应当把培养德智体美劳全面发展的大学生提升到战略意义的高度，努力培养堪当民族复兴重任的时代新人。针对如何使大学生脱离低级趣味，引导大学生修养自

身，提升思想境界，有以下几点经验：

（一）时刻关注学生，了解学生思想状况

大学生群体沉迷低级趣味归根结底是思想上的问题，思想状况是基础。辅导员作为大学生群体的思想引领者，要时刻关注学生的思想动态，能够研判出哪些学生沉迷于低级趣味、为什么会沉迷于低级趣味。

（二）注重日常管理，坚持厚爱与严管

引导大学生修养自身，关键在日常管理。日常管理涉及大学生的方方面面，日常管理没做好，会给大学生沉迷低级趣味创造“温床”。辅导员在日常管理中要注重坚持严管与厚爱相结合的原则；结合学生实际情况，有针对性地进行引导和教育。

（三）发挥文化育人，积极传播正能量

发挥文化育人、积极传播正能量是帮助大学生摆脱低级趣味的重要手段。校园文化的对象是大学生群体，健康向上的校园文化有助于帮助大学生养成健康的习惯。同时，在文化育人过程中注重正能量的传播，进而引导大学生树立正确的“三观”。

【作者简介】

李健，井冈山大学艺术学院团委书记，从事一线辅导员工作8年。曾获全国“三下乡”社会实践优秀个人荣誉称号，江西省高校辅导员素质能力大赛二等奖两次、三等奖一次；多次在省内党务技能大赛、安全知识讲课大赛中获奖；多年被评为省社会实践先进个人；所带领的学生团队多次被评为全省五四红旗团支部，带领学生多次在省红色走读大赛中获奖。

盛忠光，井冈山大学外国语学院辅导员。曾获江西省创新创业指导老师技能大赛三等奖、井冈山大学辅导员职业能力大赛二等奖以及井冈山大学优秀辅导员、井冈山大学优秀共产党员等荣誉称号。

林健强，井冈山大学国际学院专职辅导员。指导留学生参加江西省教育厅组织的第九届留学生汉语大赛获优秀奖；主持市级课题1项，参与市级课题2项。

第6问　如何强化学生党员身份意识
——大学生党员先锋作用发挥不充分怎么办

西北大学　常雅慧　高瑞程
西安理工大学　李卓群

一、问题阐述

“时代楷模”张连印曾说：“我是退休了，没职务了，可我的党员身份还在，这是我一辈子的职务。全心全意为人民服务，也是我一辈子的义务。”朴素的话语展现了一名共产党员一生爱党为民、忠诚担当的无悔选择。作为党的新生力量，青年中的先进群体，部分大学生党员对于“为什么要加入中国共产党”“我是党员意味着什么”缺少深入成熟的理解和思考，从而衍生出入党动机不纯粹、党员身份意识淡化、作用发挥不充分、组织纪律性不强、理想信念消退等问题，严重影响了大学生党员队伍质量。大学生党员只有坚定理想信念，练就出众本领，敢于担当、勇于作为，才能成为新时代好青年的身边榜样。

二、解决思路

在十八届中央纪委二次全会上，习近平指出：“不论担任何种职务、从事何种工作，首先要明白自己是一名在党旗下宣过誓的共产党员。”强化党员自我身份认同是新时代党的建设新的伟大工程的基本要求。依据社会学观点，按照角色获得方式，可以将社会角色分为先赋角色和自致角色。党员身份是个人通过后天努力获得的自致角色，将党员身份内化为自我人格和自我追求的一部分，在认知、情感、行为层面呈现认可和接纳的和谐统一状态，是党员身份认同的目标。党员身份的不断内化需要经历角色建设的过程：以角色意识为核心，以角色规范为重点，以角色形象为关键，以角色机制和角色方法为手段，引导个体将党的基本理论、基本路线、基本纲领、基本经验、基本要求内化为自身的价值体系和行为模式。提升党员身份认同感，要让每一名党员深刻意识到自己是一名共产党员；意识到作为一名共产党员的光荣与梦想；意识到没有任何借口可以回避自己肩上的责任与担当，传承红色基因，让红色成为青年党员最亮丽的底色。

三、实施办法

西北大学生命科学学院“筑梦先锋”本科生党支部作为首批“全国党建工作样板支部”，坚持“让红色基因融入青春血脉”的工作理念，聚焦“党员身份、党员质量、党员教育活动创新”三个突出问题，以提升党员意识为主线，以确保党员质量为核心，以创新党员教育为重点，不断建立健全党员教育管理长效机制，努力“把党建工作做到学生心里”，让听党话、跟党走的信念成为大学生的自觉追求。

（一）从“角色规定”到“角色自觉”：让党员身份“亮起来”——实施大学生党员身份意识提升工程

1. 打造党员“亮身份”新阵地

开展党建引领“一站式”社区综合管理建设的创新探索，提出“123”党建进公寓育人模式：一是坚持“以红色基因凝聚人心”的工作理念，开展跨学校、跨院系的理论实践研究，深入挖掘“红色基因”的历史内涵与时代价值。二是培育“党员学导”“党务工作站”两支队伍，按照“公寓相近、专业相近、地域相近”的工作思路，立足学生公寓、学生社团、党团支部开展教育管理服务工作。三是打造“党员宿舍”“支部共建平台”“党员服务角”三个阵地，形成上下联动、横向交流、优势互补的交叉型党员教育体系，确保一名党员就是一面旗帜，一个宿舍就是一个阵地。“123”进公寓育人模式获评陕西高校辅导员工作精品项目。

2. 创新党员“寻初心”新形式

实施党员意识提升计划，举办纪念党员政治生日、探访基层“党员故事”、红色经典影片配音大赛、新青年对话老党员、毕业生党员话别会、歌声里的党史、“我们这十年”优秀作品征集等一系列“接地气、有温度、有共鸣”的教育活动，真真切切“寻初心、亮身份”，促进党员对党组织的目标自觉、规范内化、角色认同、一致行为，通过有仪式感的组织生活，培养有使命感的共产党员。

（二）从“约定俗成”到“建章立制”：让党员管理“严起来”——实施大学生党员质量提升工程

1. 实践党员规范化管理新制度

着眼于党员发展工作中“标准不具体、程序不规范”等问题，依据上级相关文件精神，结合大学生实际，制定《党员发展量化考核办法》《党员发展流程图》《党员发展纪实手册》等制度和办法，坚持把政治标准放在首位，从思想政治、能力素质、道德品行、现实表现等方面进一步明确了具体标准，把全面从严治党落实在每一名党员身上。实施党员“追赶超越”计划，通过“立标杆、定目标、补短板、勇超越”，鞭策青年党员成为追赶超越的急先锋。实施“党性体检”计划，制定“体检指标体系”，实施党员分色预警制度，通过自我检视、服务学习、专题组织生活会，提升党员政治信念、规矩纪律意识、道德品行、奉献作为意识。

2. 推动支部标准化建设新提升

完善支部标准化建设工作制度，依据《中国共产党支部工作条例（试行）》，设计《党支部工作规范手册》，围绕政治建设、思想建设、组织建设、作风建设、纪律建设、制度建设等方面进行细化规范，坚持严格执行，不断优化提升路径。

3. 构建党员全程化教育新体系

始终围绕“突出思想引领，提高政治站位，强化使命担当”目标，根据教育对象实际特点与学习需求，不断探索构建多层次、多类型的党课教育体系，通过系统打造“启蒙党课”“红色微党课”“红色基因”党员宣讲团，传承红色基因、传递信仰力量、传播正能量。

（三）从“坐而论道”到“行而知之”：让党员教育“活起来”——实施大学生党员教育活动创新工程

1. 实践“红色育人”新体系

坚持“党建引领、专业导向”思路，推动“党建＋”红色实习，建立党员教育“红色体验营”，建设党员服务“红色实践团”，设计思想政治教育“红色云课堂”，运用体验式、参与式、浸入式教育方法，构建专业教育与红色教育、学科建设与党建工作相互嵌入的实践教育模式。

2. 构建“互联网+党建”新平台

充分发挥大数据、融媒体在党员教育理论学习中的“助推器”作用，开展党员意识系列线上调查，设计思想政治教育“红色云课堂”，建立“微基因”远程互动学习群，推出“党员小书包”2.0版，打造“掌上党课”，实现学习全天候、教育点对点、交流零距离。

四、经验启示

党员与党组织的关系应该更纯粹、更坚固、更持久，我们需要创造一条“精神纽带”，让它无时无刻不提醒着每一个党员：我是组织里的人，我要相信组织、依靠组织、服从组织，党员身份永远是我的“第一身份”！怎样创造这条纽带？对大学生而言，这个组织价值观是崇高的，进入路径是公正的，运行管理是规范的，作用发挥是实在的，组织里的人是最优秀的……那么大学生就会愿意成为其中一员并且为之奋斗，正如这么多年来，我们始终未变的愿景：希望党组织成为大学生最心驰神往的殿堂，党员身份成为大学生最引以为傲的标签，党员成为大学生最可亲、可敬、可信、可学的身边榜样！

【作者简介】

常雅慧，西北大学生命科学学院党委组织员、辅导员，国家二级心理咨询师、职业生涯规划师，教育部高校思想政治工作创新发展中心兼职研究员，陕西高校省级辅导员示范工作室主持人。先后获得第十三届高校辅导员年度人物、第十一届高校辅导员年度人物提名、陕西高校名优辅导员等30余项荣誉。撰写的多篇工作案例入选全国高校思政工作优秀案例及教育部主题出版物，被“全国高校思政网”“共产党员网”“高校辅导员在线”等平台刊登。

高瑞程，西北大学讲师、党校秘书，研究方向为思想政治教育。

李卓群，西安理工大学讲师、党委组织员，研究方向为马克思主义原理。

第7问　如何带领学生唱响主旋律
——大学生思想面临困惑怎么办

上海大学　袁　铭　倪　兰　迪拉热·达吾提

一、问题阐述

当今世界风云变幻，不同思想观点、价值取向相互碰撞，思想观念的博弈十分激烈。身处百年未有之大变局的大学生，思想活跃、好奇心强，面对复杂的社会表象，受知识结构、社会阅历的局限，容易产生各种思想困惑。受算法推荐的影响，信息碎片化、内容同质化、泛娱乐化等普遍存在，容易导致大学生的认知之困、审美之困、价值之困。

二、解决思路

作为一线辅导员，在具体工作实践中要始终聚焦“培养什么人、怎样培养人、为谁培养人”这一根本问题，善于发挥红色文化资源和相关学科优势，着力政治导向、问题导向，设计相应的主题教育，通过拧紧育人价值链、延伸文化传承链、激活科创实践链，唤醒其主体意识，培养其主动精神，最大限度地激发其内在动力，在潜移默化中引导学生在认识上同心、目标上同向、行动上同步，自觉成为主旋律的践行者、传播者、弘扬者。具体解决思路如下：

（一）坚持一条主线

以习近平新时代中国特色社会主义思想为指导，坚持以学懂弄通悟透为主线，在红色文化传承创新中引导学生深刻认识信仰之力、理想之光、使命之艰、担当之要。

（二）坚持两个导向

坚持政治导向，把红色文化育人作为大学生思政工作的政治任务抓紧抓实，切实增强“四个意识”、坚定“四个自信”、做到“两个维护”；坚持效果导向，紧紧围绕红色文化育人的目标要求，把高标准树立起来，把严要求落实下去，做到教育不掉线、思想不掉线，时刻保持学习教育的“在线”状态。

（三）坚持三个结合

把红色文化育人与立德树人的根本任务相结合、与加强学生党建相结合、与大学生思政工作改革发展的目标相结合，在广大学生心中涵养红色基因，彰显青春特质。

三、实施办法

（一）悟红之蕴：完善育人价值链，在认识上同心，引导学生学得深

对于主旋律的认识理解，容易浅表化、碎片化、庸俗化。特别是进入读图时代，碎片化信息刷屏，容易将碎片化的浅层速览误读为系统性的深度思考与体悟，不利于系统化理解主流意识。具体实践中，教师应善于依托中国史、马克思主义理论等学科优势，完善课内、课外育人价值链，开展深度学习。比如建立学生口述史工作团队，举行“听，历史的声音”口述史系列活动，让学生在具体的实践活动中，整理形成“红之蕴”访谈录，通过着力还原历史，唤起集体记忆，实现学生和红色历史在心灵和思想上的互通，达到提高认识的目的。

（二）品红之韵：延伸文化传承链，在目标上同向，激发学生愿意做

主旋律活动，容易让人觉得高大上，导致“曲高和寡”。实践中要善于找到学生的兴趣点，寻求“最大公约数”，以学生喜闻乐见的方式潜移默化地将主流意识形态融入其中。比如在建党100周年之际，笔者发现有学生在主动学习手语课程，于是找到该名同学，与其深谈后，找到了兴趣结合点，组织成立了手语社，并由其担任首任社长，充分发挥其能动性，指导其与红色场馆等机构联动，率先在国内高校开展手语讲“四史”的探索实践，搭建了朋辈互动交流平台，形成文字、图片、视频、表演四位一体的手语讲“四史”系列项目，在学习强国平台发布2期手语讲红色故事视频，在B站等自媒体平台发布10期手语讲党史100句微视频，助推红色资源向聋人群体辐射和浸润，受到学习强国平台、解放日报、新华网等主流媒体广泛报道。社团规模逐步扩大，影响力逐步增强，社员们也收获了满满的获得感。社团制作的“献礼建党一百周年·手语100句”系列相关作品获上海市妇联优秀创意奖。

（三）聚红之力：激活研究创新链，在行动上同步，助力学生做得好

主旋律活动创新难度大，容易出现同质化现象。首先，辅导员要加强理论研究和工作实践研究，要以思政研究创新助力学生创新。“一桶水”的容量，决定了倒出来的“一杯水”的质量。要经常性组织沙龙、论坛等交流活动，碰撞思想，开展头脑风暴，不断开阔视野，提升单兵突击能力和团队协同作战能力。其次，要善于借力。各个学院都有自己的优势学科，要主动协同学科团队加入思政工作当中，形成共赢局面。比如，笔者依托所在单位学科团队项目，推动学科资源融入学生科创实践链，搭建学生课内外互通的科创实践平台，探索形成了“社会实践项目→创新创业训练计划→挑战杯项目”的学生科创能力培育路径。先后获得大学生创新创业训练计划国家级立项项目4项、上海市立项项目2项，并斩获了“挑战杯”全国大学生课外学术科技作品竞赛全国特等奖、上海市赛特等奖。

四、经验启示

（一）工作经验

1. 形成用习近平新时代中国特色社会主义思想铸魂育人的思想共识

通过实践，团队深刻认识到，做好高校思想政治工作，必须坚持把立德树人作为中心环节，完善育人价值链、延伸文化传承链、激活科创实践链，引导学生在认识上同心、目标上同向、行动上同步，把中国心、民族魂“基因式”地贯穿人才培养各个环节，提升思想政治教育亲和力和针对性，满足学生成长发展需求和期待，努力推动党的辉煌历史和创新理论更加深入人心，把“有意义”的事做得“有意思”。通过实践，在价值传播中凝聚知识底蕴、在知识传授中强调价值引领已成为学院新风尚。

2. 营造以红色文化育人的浓厚氛围

文化是最深沉、最持久的力量，通过实践，充分发挥红色文化的浸润、感染、熏陶作用，加大红色文化浸润，着力推动红色文化资源向思想政治教育资源转化，以红色文化育人的薪火正趁势燎原。

3. 助推广大青年把科创实践转化为矢志报国的行为自觉

通过打通课内外互通的科创实践链，引导学生从科创实践中汲取强大的信仰力量，在亲身参与中认识国情、了解社会，受教育、长才干，切实将家国情、报国志内化于

心、外化于行，自觉成为社会主义核心价值观的坚定信仰者、积极传播者、模范践行者。

（二）工作启示

1. 深入探究红色文化育人的内涵深度

依托红色文化研究院，进一步充实红色文化育人顾问团，指导团队进一步在实践中挖掘红色文化育人内涵的深度，拓展红色文化育人的广度，提升红色文化育人的高度。

2. 强化红色文化育人的创新力度

注重形式多样性与内容丰富性相结合，开展系列互动式、体验式、实践式活动，切实提升红色文化育人的新颖性，进一步提升红色文化的体验满意度。

3. 改进红色文化育人的传播效度

立足新时代，把战争年代为国为民牺牲、献身的先烈的格言、遗言，转化为激励大学生致力于投身中华民族伟大复兴的谆谆教诲，积极运用大学生喜闻乐见的网络话语讲述红色故事，传播红色声音，使红色文化育人宣传话语更接地气、更显灵气、更有生气。

【作者简介】

袁铭，上海大学微电子学院党委副书记、副院长，溯微书院执行院长。先后荣获中央网信办等部门联合颁发的国家网络安全宣传周活动先进个人、上海高校辅导员年度人物等荣誉；撰写被省部级及以上部门采纳决策咨询专报15篇，多篇决策咨询专报获党和国家领导人批示；主编《应急文化学导论》。

倪兰，上海大学文学院副院长、中国手语及聋人研究中心主任。

迪拉热·达吾提，上海大学文学院团委副书记，辅导员，曾获多项学生工作荣誉。

第8问　如何发挥党员先锋模范作用——大学生党员先进性教育流于形式怎么办

武汉理工大学　周　慧　商　丹　江　炽

一、问题阐述

近年来,大学生入党意愿持续高涨、规模持续扩大,伴随而来的是发展培养质量参差不齐的现状。一部分大学生党员理想信念淡化,理论知识薄弱,纪律观念不强,奉献意识淡薄,逐利心态明显,党员身份难以凸显。究其原因,大多为在吸收环节理想信念的标准与工作艺术难以把握,在培养环节党员先进性教育流于形式,在输出环节融入其他体系不足等。

习近平总书记指出一个党员就是群众中的"一面旗",千百万共产党员的先进形象就是我们党的光辉形象。让广大党员平常时候看得出来、关键时刻站得出来、危急关头豁得出来,关键是发挥党员先锋模范作用。着力提升学生党员先锋模范作用,对于新时代提升大学生党员培养质量、建强高校基层党组织、充分发挥战斗堡垒作用、落实立德树人根本任务都具有重要意义。

二、解决思路

以深化党员先锋作用内涵、打造发挥党员先锋模范作用平台为主要目标,以擦亮党员身份、服务身边群众、争创优秀标兵的行动力和实效性为着力点,打造以"明身份、重服务、争先锋"三大行动为主体的"学生党员先锋行动计划"教育实践方案,形成了永葆先进的党性教育模式、实践奉献的党员服务平台、创优争先的党员评价体系,重点破除了学生党员先锋教育流于形式的壁垒,为全面提升学生党员先锋模范作用提供了创新路径。

三、实施方法

(一) 明确党员时代责任,形成思想自觉

通过“明身份”行动,明确党员时代责任,形成“我是党员”的思想自觉。

1. 重初心使命教育,补好信仰之“钙”

重点把握党和国家发展建设历程中的重要节点和契机,开展初心使命教育,引导学生党员严格开展党内组织生活,过好政治生日。坚持将重温入党誓词和党章作为党组织生活的必选动作;将明确党员权利和义务作为党员发展的必备知识;将写好讲好入党初心故事作为党员教育的必备课程。

2. 重规则纪律执行,托住身份之“底”

旗帜鲜明地亮出党员身份,广泛开展清朗网络、靓舍行动、党员挂牌考试等活动,引导学生党员在带头严守纪律、遵守规则中牢记党员身份。

3. 重能力素养提升,放飞成才之“梦”

依托党校、党课等载体,坚持集中教育与自主学习相结合、党性教育和先锋教育相结合、时政教育与主题教育相结合,用党员能力素养的全面提升支撑党员身份的树立。

(二) 搭建党员服务平台,养成行动自觉

通过“重服务”行动,搭建党员服务平台,形成“我要服务”的行动自觉。

1. 分类设岗,长期实施党员服务

注重服务内容把关,科学设置理论宣传员、科技引导员、学风协查员、学习互助员、新生导学员、宿舍信息员、运动领航员、就业服务员8个学生党员先锋岗位,服务学生教育、管理、服务全过程;岗位采用自主报名、中期调整、一年考核的方式,实现灵活科学调配,保证岗位稳定性和人岗适配性;加强党总支对学生党员服务工作的指导和监管,帮助学生党员达成服务目标,保障服务实效。

2. 按需组队,补关键薄弱环节短板

根据重大工作需要,临时招募并组建党员先锋服务队以夯实力量。先锋服务队

短期存在，服务期满回归常设岗位，让随时随地召集一支来之能战、战之能胜的先锋队伍成为可能。

3. 联络调研，摸清群众急难愁盼

各岗位指导组围绕党的建设、校院发展、学生成长等主题，深入基层，开展调研摸清短板；依托“支部进班级、进团队”，让学生党员与青年学生形成长期结对关系，助其强化理论武装，收集相关意见和建议，回应重大关切，协调解决实际困难。

（三）科学运行多维评价，促进争先自觉

通过“争先锋”行动，构建实践长效机制，促进“我要带头”的争先自觉。

1. 绩效结合，科学评价

采用“一岗一方案，一人一记录”，力求岗位标准特色化；任务分为基础型和发展型，分别以服务时数和服务成效作为评价标准，实现服务绩效双线化；每学期一考核，服务期满进行评级，结果作为党员发展、转正、民主评议的重要参考指标，做到服务评价常态化。

2. 主题活动，氛围营造

打造“一组一特色，一岗一品牌”，集中力量开展党建品牌活动。理论宣传员聚焦入党初心开展初心故事分享，寻访身边的先锋党员；新生导学员开展朋辈教育，评选最美学导；科技引导员推动科技创新讲座进班级、进年级；学风协查员开展学风建设月活动；学习互助员开展期末冲刺行动，组织系列模拟考试；就业服务员办好模拟招聘、就业知识挑战赛；宿舍信息员推进“芝兰之室”宿舍文化巡展活动；运动领航员开展丰富多彩的宿舍运动会、年级趣味运动会。各类品牌活动与学院学生党建、学工、共青团各战线有机结合，整合资源，实现“1+1>2”的效果。

3. 榜样辐射，培育典型

定期召开“先锋行动”动员表彰大会，授予“优秀服务奖”，发挥榜样示范作用；依托“入党初心故事分享会”“服务故事分享会”，讲述服务经历，讲好服务故事，加大榜样宣传；形成“先锋面对面”网络巡展专栏、“先锋党员故事集”，梳理思路，总结经验，转化成果。

四、经验启示

自动化学院党员“先锋行动”启动3年来，3批共310名党员投入到党员岗位的服务实践，本科生党员参与率达100%，服务成效不断夯实。

（一）亮身份，听指挥，身份意识不断明确

学生党员在日常学习生活中养成亮身份的良好习惯，在“宿舍挂牌”“考试带证”中自觉亮明身份，自觉接受监督，在志愿服务、宿舍安全排查、学风考风协查中带头担当奉献。学生党员在行动中响应党的号召，在组织需要时第一时间站出来、冲在前。疫情形势加剧时，迅速组建疫情防控先锋队，每日收集核验2600份核酸记录；学院实验楼搬迁，党员一呼百应，协助楼栋清扫、资产清点、设备转运；先后组建包括迎新引导、赛会服务等7支队伍，累计500余人次通过党员先锋队开展阶段性服务，得到了师生群众的一致认可。

（二）帮“好”人，办好事，服务成效不断夯实

学生党员在先锋岗位中干事创业、谋求实效，开展了师生党员入党初心故事分享会、服务故事展演等大型主题教育活动；每学年平均开展各类科技培训、学习帮扶、考风学风督察、宿舍巡查、就业服务、运动引导活动800余场，累计帮扶同学1000余名，解决300余件难事，对接全部学生班级、团支部、学生社团。一年的服务周期内，学生党员人均服务时长达40小时。

（三）学先锋，争先锋，先进典型不断涌现

随着行动的广泛实施，学生党员发展质量不断提升。学生党员中2人获得省部级荣誉表彰，17人获得校级优秀共产党员、青年五四奖章、三好学生标兵等综合性荣誉表彰，70%的党员获得校级及以上奖项。其中，还涌现出身残志坚且乐于助人的全国大学生自强之星党员占宇，捐献造血干细胞的“00”后党员何华锦，善做“理工好班长”的优秀共产党员姚苏浓，爱帮学长找工作的党员薛博洋，乐做学长班长的新生导学员王泽宇、王岩等一批先锋党员典型，书写了许多感人至深的先锋党员故事，“先锋行动”育人成效不断体现。

(四) 强制度，促研究，项目影响不断扩大

随着“先锋行动”的全面推进和不断深入，形成了一套运行机制，好的经验做法以及优秀党员的服务事迹多次被全国高校思想政治工作网、学习强国、未来网、湖北高校思政网等媒体报道，“先锋行动”影响力逐渐扩大。以“先锋行动”为基础，其衍生项目中获评湖北省高校学生工作精品项目(重大资助)1项，获校级重点项目、思政专项4项，孵化出学术论文2篇、成果汇编2份，工作的科学化程度在实践检验中不断提升。

【作者简介】

周慧，武汉理工大学自动化学院党委副书记。主持省级科研项目1项、校级教研重点项目1项，参与项目6项；获得全国学校共青团优秀研究成果奖二等奖1项；指导学生参与科技竞赛获全国一等奖1项；荣获“湖北省优秀共青团干部”“湖北省大中专学生暑期社会实践优秀工作者”等荣誉称号。公开发表学术论文9篇，参与编写图书《社会调查与社会实践》。

商丹，武汉理工大学党委组织部副部长。主要从事大学生思想政治教育理论与实践研究。主持纵向科研项目7项，包括国家社会科学基金项目、湖北省人文社科专项基金项目、湖北省高校学生工作精品项目等。公开发表学术论文10余篇。

江炽，武汉理工大学自动化学院学生工作办公室主任、学生党总支副书记。主要从事大学生思想政治教育、学生党建、网络思政研究工作。主持湖北省学生工作精品项目等项目7项。获全国易班优秀指导教师、大学生网络文化节优秀指导教师等荣誉称号。

第9问　如何教育学生理解中国梦
——大学生对中华民族伟大复兴漠不关心怎么办

华中科技大学　宋建涛　牛　恒　张　涵　薛茜茜

习近平总书记在党的二十大报告中发出了为全面推进中华民族伟大复兴而团结奋斗的动员令，指出“青年强，则国家强”，并强调“新时代的中国青年要以实现中华民族伟大复兴为己任”。大学生作为未来的建设者和接班人，是中国梦的承担者与实现者。将中国梦融入大学生思想教育中，关系到大学生自身的持续发展和个人人生价值的实现，也关系到中华民族伟大复兴的“中国梦”的实现。

一、问题阐述

当代大学生思维活跃、视野开阔，对实现中华民族伟大复兴的中国梦充满信心，但同时受到信息复杂化、多元化的影响，处在世界观、人生观、价值观养成的关键时期，亟须持之以恒地加以正确引导。

有学者对重庆市1000名在校大学生调查发现，大学生对“中国梦”的认同状况总体上良好，但也存在着部分大学生对“中国梦”的概念认知模糊、政治认同不够坚定、价值认同存在困难、利益认同短视、情感认同冷漠等问题。还有学者对全国23所高校的9305名在校大学生调研发现，有极少数同学选择“躺平”，“躺平”行为在大学生中影响广泛。

二、解决思路

随着经济全球化的深入推进和移动互联网的普及，“微博”“抖音”“微视”等新兴媒体的涌现，各种社会化思潮相互影响、相互碰撞，价值观念多元化趋势愈发显著，呈现出复杂性、多样性的特点，学生容易受到负面的影响，这对主流价值观产生了一定的冲击。

有学者认为，当代大学生中国梦教育实践中仍然存在教育内容系统性、现实性、针对性不强的问题，教育方法仍然存在多样性不够、实践性不强和渗透性不足等问题，教育途径的全面性、合力性、长效性也有所欠缺。

“00后”大学生中独生子女居多，独立意识和自我意识比较强，在经济高速发展的环境中成长，大多只是以听故事的旁观者角色被动地接受家国情怀教育，对中国梦的认知有限。

“教育是实现中国梦的重要基石，担当着实现中国梦的历史使命。”为落实立德树人的根本任务和为党育人、为国育才的使命，笔者设计并实施了“青春启航·学生成长工程”，构建“思想引航、专业领航、行业导航、组织护航”的一体化协同育人体系，激励学生用脚步丈量祖国大地，用眼睛发现中国精神，用耳朵倾听人民呼声，用内心感应时代脉搏，把对祖国血浓于水、与人民同呼吸共命运的情感贯穿学业全过程、融汇在事业追求中。

三、实施办法

（一）思想引航：培根铸魂，厚植家国情怀

围绕“新时期党旗领航工程”，依托学生党建服务中心，扎实开展特色党日活动，以党建带团建，充分发挥基层党支部战斗堡垒作用和党员的旗帜作用，积极推动全体学生武装思想，深刻领悟中国梦的重要意义。

深度推动课程思政和思政课程的有机融合，加强专业认知教育和中国优秀传统文化教育，构建大思政格局，厚植学生航天强国、科技强国的家国情怀。

（二）专业领航：科教兴国，坚定逐梦信心

落实落细“科教协同”，充分发挥科研平台功能，推行本科生导师制，确保学生进实验室、进团队，科研成果进教材、进课堂、进实验、进创新创业工作达到100%。

启动“院士论坛”“领航杰出学者论坛”，定期邀请学界、业界杰出学者与学生面对面交流，阐述行业前沿和国家需求，坚定学生用专业所学逐梦未来的信心。

（三）行业导航：产教融合，勇担复兴使命

通过产教融合，创新沉浸式、情景式、体验式、交互式教学方法，将思政育人拓展到生产劳动和社会实践第一线，打造政校行企社多元协同育人新模式。与行业一流科研院所、企业共建产教融合基地、实践教学基地、联合实验室、协同创新中心，完善校内外协同育人培养模式。

通过组织学生开展行业调研、实习实训，为学生配备行业导师、行业班主任、行业辅导员，加深学生对行业的认知和认同感，引导学生将个人发展与行业发展、社会发展、国家发展相融合，在自己擅长的领域为实现中华民族伟大复兴的中国梦做出自己的贡献。

(四) 组织护航：协同育人，守护青年成长

构建由学校、家庭、社会(行业、校友)、学生组成的“四位一体”的立体化育人工作组织体系，组建校内外“辅导员＋班主任＋专业导师”全方位育人梯队，多方协调沟通，形成育人合力。

建强“学业发展支持中心”，按照“分年级、分层次、分目标、分类别”的模式开展工作，建立职业生涯咨询室，深入指导学生做好职业生涯规划，树立远大目标，将青年理想与伟大中国梦紧密融合。

依托学生朋辈服务中心，树立榜样力量，形成“头雁效应”。加强帮扶，多方联动，构建预警机制，以精准暖情关怀，带动全体学生共同进步。

四、经验启示

(一) 坚持以人为本，做学生信赖的知心人，思政工作有深度

坚持以人为本的原则，主动走近学生、倾听学生、融入学生，同他们零距离接触、面对面交流，了解他们的思想动态、价值取向和生活方式，倾听他们对社会问题和热点现象的看法，听取他们对学校、学院工作的意见和建议。辅导员要成为学生愿意讲真话、交真心、诉真情的知心朋友，夯实思想政治教育工作的根基。

(三) 提升自身素养，做学生认可的引路人，思政工作有高度

大学生正处于人生的“拔节孕穗期”，辅导员是守护这片良田的“庄稼人”，肩负着引导学生成长成才的重任。要不断提高自身道德修养、理论水平和工作能力，学习新的教育理念、教育手段、教育方式、教育内容，用学生喜欢的语言、乐于接受的方式，开展理论探讨，强化思想引领和情感沟通，做学生认可的引路人，使思想政治教育工作有高度。

(三) 整合优势资源，做学生成才的协调人，思政工作有广度

善于加强与专业教师、管理人员、家长、社会人士的沟通和协调，针对不同的情

况，选用不同的育人主体，采用不同的方式与学生进行谈心谈话。为学生成长营造良好的环境，优化解决问题的途径，拓宽思想政治教育工作的广度。

（四）响应问题及时，做学生成长的守护人，思政工作有力度

秉持“为了一切学生，为了学生的一切，一切为了学生”的初心，针对学生学习和生活的方方面面，切合学生适应期、探索期、提高期、就业期成长规律做好教育指导，对学生的问题采取“不过夜”的处理原则，真心守护学生成长，保障学生良好发展。

（五）真诚关爱学生，做学生身边的热心人，思政工作有温度

习近平总书记多次提出，要关心青年、关爱青年，做青年工作的热心人。辅导员要细腻地关注学生动态，以“朋友式”的交往方式贴近学生日常，真正了解学生的感受与需要，以爱化学生之所急、用心解学生之所难。用真心、爱心、耐心了解学生的所思、所忧、所盼，在青年成长的关键处、要紧时拉一把、帮一下，做学生身边的热心人。

习近平总书记指出：“实现中国梦，需要依靠青年，也能成就青年。”辅导员要深入研究当代大学生的新特点和新规律，把准方向、摸准脉搏，创新思想政治工作的方式方法，用中国梦教育学生、引领学生，“牢牢把广大青年团结和凝聚到党的周围，坚定理想信念，自觉践行社会主义核心价值观，勇担时代赋予的重任，走在创新创业创优的前列，在服务人民、奉献社会、建设祖国的生动实践中体现人生价值”。

[本文系华中科技大学相关项目（2022Y22）阶段性成果]

【作者简介】

宋建涛，华中科技大学航空航天学院党委副书记、纪委书记。曾获湖北省社会实践先进个人、云南省脱贫攻坚奖、支援云南省脱贫攻坚先进个人等荣誉，其相关事迹被新华网、人民网、中国教育报、教育部网站等媒体报道。

牛恒，华中科技大学航空航天学院辅导员，负责本科生思想教育工作。

张涵，华中科技大学航空航天学院辅导员，负责研究生思想教育工作。

薛茜茜，华中科技大学航空航天学院宣传专干，主要负责宣传和网络媒体工作。

第10问　如何带领学生开展形势与政策教育——大学生形势与政策教育效果不佳怎么办

上海第二工业大学　叶维明

一、问题阐述

形势与政策教育作为大学生思想政治教育的重要组成部分，是落实立德树人根本任务，培养德智体美劳全面发展的社会主义建设者和接班人过程中不可或缺的一环。在中华民族伟大复兴战略全局和世界百年未有之大变局的重要背景下，加强大学生形势与政策教育，培养学生危机意识、全局意识，增强学生使命感、责任感显得尤为重要。然而，调查发现，当前“00后”大学生对于国内、国际时事政治的关注度整体不高；智能媒体时代，传统形势与政策教育阵地受到强烈冲击，大数据推送造成的信息茧房效应进一步带来的政治极化与民粹主义风险显著提升；当代大学生对形势与政策的教育内容、教育方式、教育手段提出了更加多样化、个性化的要求。

二、解决思路

马克思主义哲学关于事物变化发展的原理要求我们坚持用发展的眼光分析和解决问题，坚持与时俱进，培养创新精神。形势与政策教育要基于学生学习的新态势，遵循国内外发展的新形势，创新教育理念。社会存在与社会意识关系原理告诉我们，在开展形势与政策教育时，要发挥社会存在对社会意识的决定性作用，学会用事件、事实、事理来影响学生的价值观念。矛盾对立统一原理启示我们，当代大学生正处于个人世界观、人生观和价值观形成的关键时期，容易被不良意识形态所迷惑，产生思想偏差，长期不纠正，甚至容易产生极端思想。我们应客观看待学生思想上的矛盾，在形势与政策教育中不回避矛盾，善于化解学生心中的矛盾，促进矛盾向着好的方向转变。

习近平总书记在全国高校思想政治工作会议中提出的“三因”理念(因事而化、因时而进、因势而新)，为如何开展国内、国际形势与政策教育这一问题提供了很好的解决路径。

三、实施办法

如何做到“因事而化、因时而进、因势而新”，做好大学生形势与政策教育？笔者认为有以下实施路径。

（一）“因事而化”就是要创新教育内容

1. 凭借“事件”启迪人

在形势与政策教育教学过程中，要善于借助最新社会热点事件、古今中外的经典历史事件以及发生在学生身边的校园事件、家庭事件来教育学生。不仅仅是简单阐述事件的经过结果，还需要把事件背后的道理讲清楚，特别是要紧密围绕社会主义核心价值观，让同学们增强“四个自信”，通过举例增强教育效果。

2. 根据“事实”感化人

根据“事实”感化人，即形势与政策教育教学要能凭借事件的“真实情况”感化和感染当代大学生。“事实”可包括国内事实和国外事实，通过古今对比、中西对照，带领同学们深刻认清中国特色社会主义制度的必然性、优越性，认清西方资本主义的本质。

3. 讲清“事理”感召人

“事理”即事物所诠释的道理，马克思在《黑格尔法哲学批判》中曾指出：“理论只要说服人，就能掌握群众；而理论只要彻底，就能说服人。”不彻底的理论很难获得学生的接受、理解和信服。讲清“事理”感召人，要求做到理论的彻底性，形势与政策教育教师要拥有较为深厚的马克思主义和中国特色社会主义思想理论功底，尤其是对习近平新时代中国特色社会主义理论，要能透彻理解、深刻领悟和融会贯通，使用“00后”大学生喜闻乐见的话语系统向其传授。

（二）“因时而进”，就是要紧跟时代发展

1. 紧跟“时代”创新教育理念

形势与政策教育教学，要紧跟时代发展，第一，教育教学方法紧跟时代，例如可用分课堂教育教学法、短视频教育教学法、网络教育教学法等开展形势与政策教育教学；第二，学会运用最新的时政热点事件，教学内容、教学素材紧跟时代发展变化；第

三，备课方式紧跟时代，可运用最新的互联网技术、虚拟现实技术，参与全国教育教学名师组织的集体备课；第四，备课对象要紧跟时代，要实时掌握当下大学生整体思想动态，尤其是要研究“00后”大学生的思想特征、思维方式，开展有针对性的教育教学。

2. 抓住“时机”提升教育实效

每年国内外形势热点不一样，辅导员要及时关注和梳理国内外发生的最新热点事件，抓住时机，结合校情、国情、社情，通过事件描述、事实揭露，事例阐述，为同学们答疑解惑。同时，针对不同阶段的同学，备课内容重点也要有所侧重，比如大一阶段，可将形势与政策与个人理想和学业规划相结合；毕业阶段，可将形势与政策与大学生就业创业相结合；考试阶段，可将形势与政策与诚信教育相结合。时机的把握，将对教育实效产生重要影响。

3. 保持“时常”实现教育常态化

要将形势与政策教育和辅导员的日常思政教育结合起来，实现常态化教育。比如可运用自媒体，将形势与政策教育延伸到网络自媒体平台，使每学期只有两到三次形势与政策教育课变为每周都有形势与政策教育课，实现形势与政策教育常态化。例如，上海第二工业大学创建“辅导员说”微信公众号、视频号作为形势与政策教育的线上延伸平台。截至目前，团队已创作发布了1500余条原创网络作品，获得全国4万多名师生的关注，累计点击量突破1000万，取得了良好的育人成效。

（三）“因势而新”就是要提升教育实效

1. 基于“学生学习新态势”创新教育载体

当今信息时代是一个知识大爆炸的时代，大学生通过网络随时可以浏览到这些信息，当今自媒体时代，人人都可以是新闻传播者、制造者、受传者，海量信息中，势必鱼龙混杂。一方面凸显形势与政策教育的重要性，要求我们迅速占领网络高地，传播主流意识形态；另一方面要创新形势与政策教育载体，例如，随着元宇宙、虚拟现实相关技术的兴起，高校应该主动采用这类新技术、新载体开展教学。

2. 遵循“国家发展新趋势”提升教育使命

当前，我国正处于迈上全面建设社会主义现代化国家新征程、向第二个百年奋斗目标进军的关键时刻，形势与政策教育教学要能结合国家发展的过去、现在和将来，向学生讲清楚新中国成立以来取得的伟大成就和当前面临的问题，包括经济下行压力、系统性金融风险、生态环境问题、外部发展环境等。虽然困难不少，但我国向前发展的总趋势未变，要让学生深刻理解，我们正处于最接近实现中华民族伟大复兴的历史关键时期，路途虽不可能一帆风顺，但我们的前景无限光明，实现中华民族伟大复兴进入了不可逆转的历史进程。通过教育，增强学生的责任感和使命感。

3. 依据“世界发展新形势”坚定理想信念

形势与政策教育要始终围绕中华民族伟大复兴战略全局和世界百年未有之大变局设计授课内容。要让学生意识到，一方面当今世界正面临百年未有之大变局，另一方面“和平与发展”仍然是当今时代的主题，“发展”是唯一出路。世界发展到今天，资本主义的各项弊端已经不断暴露，相反，社会主义制度的优越性正逐步显现。作为形势与政策教师，首先要深刻认识社会主义的先进性、优越性，并结合实例，通过中外发展形势对比，更加有底气地讲好中国故事，增强学生的“四个自信”，增强做中国人的志气、骨气、底气。

四、经验启示

形势与政策教育具有鲜明的政治性、思想性、时效性和变化性，同时也具有相对稳定性。就当前阶段而言，要始终围绕“两个大局”即中华民族伟大复兴战略全局和世界百年未有之大变局这一大背景来设计教育内容，开展教育活动。“三因”理念在形势与政策教育的具体运用中，要具体问题具体分析，结合“00后”大学生的特征，根据具体内容实施多样化、个性化教育。顺应时代发展，抓住教育时机，不断运用新理论、新素材、新手段、新方法、新技术提升教育教学实效性，做到“因事而化，因时而进，因势而新”。

【作者简介】

叶维明，上海第二工业大学学生处思政科科长，“辅导员说”同心圆网络育人工作室负责人。曾获上海高校辅导员年度人物荣誉称号及上海高校网络教育优秀作品（网文）一等奖、上海市育才奖、上海高校形势与政策教学展示三等奖等。

第11问　如何教育学生承担起新时代的责任——大学生不思进取、逃避责任怎么办

天津大学　尚　洁　陈　乐

一、问题阐述

青年是整个社会力量中最积极、最有生气的力量，国家的希望在青年，民族的未来在青年。社会责任感是当代青年大学生应该具备的基本品质，是大学生成才的必然要求。2017年“佛系”一词爆红网络，2021年“躺平”被评为年度十大流行语，2022年初“摆烂”又冲上热搜。如果说“佛系”是无欲无求、随遇而安，那么“躺平”就是两手一摊、得过且过，而“摆烂”则是彻彻底底地破罐破摔、自甘堕落了。辅导员在工作中，也会发现部分学生存在不思进取、逃避责任的现象。

习近平总书记在党的二十大报告中指出“青年强，则国强”“当代中国青年生逢其时，施展才干的舞台无比广阔，实现梦想的前景无比光明”，勉励广大青年要“立志做有理想、敢担当、能吃苦、肯奋斗的新时代好青年”。因此，辅导员在日常工作中要通过多种途径教育引导学生涵养家国情怀，承担新时代青年的责任和使命，培养堪当民族复兴大任的时代新人。

二、解决思路

责任这一概念涵盖很多维度，包括国际责任、国家责任、社会责任、集体责任、家庭责任、个人责任等。通过连续几年对学生的思想动态调研发现，青年学生的责任感缺失可具体体现为理想信念不坚定、学习要求低、沉溺于娱乐、人际障碍、漠视生命、利己主义、慢就业等形式，特别是在集体主义和奉献精神两个维度得分较低。

客观层面，“00后”到“05后”群体成长过程中的物质条件相对富足，自我意识增强，面对挫折的韧性不足，作为网络原住民一代，容易受到外部环境和错误思潮影响，高校思政教育的实效性有待进一步提高；主观层面，青年处于三观形成的重要时期，思想活跃但人生阅历相对局限，掌控力、判断力、执行力都有待进一步提升。

因此，教育学生承担起新时代大学生的责任，一方面要抓好育人队伍，从多角度加强对学生的思想引领；另一方面发挥组织育人和实践育人的重要作用，涵养家国情怀，增强使命担当。

三、实施办法

（一）整合育人资源，发挥全员育人协同作用

深化“三全育人，五育并举”人才培养综合改革，凝聚多方力量，让各类育人主体参与到学生的教育成长之中。探索建立全员导师体系，在学生成长的不同阶段配备辅导员、班主任、师友导师、科研导师、思政班主任、企业导师、学友导师等，从理想信念、集体主义、学科发展、职业规划等不同维度对学生开展指导，全程陪伴学生成长，增强教育实效。

把握第一课堂主渠道作用，在辅导员讲授的必修课中加强责任教育。将党的二十大精神融入“形势与政策”课程中，引领青年扣好人生中的第一粒扣子；将青年的使命担当融入“择业指导”课程中，进行就业观价值观引导。推进课程思政建设，与专业教师联动，将红色基因、爱国主义、科学精神、创新能力的培养分解到本专业的课程中。

（二）强化组织育人，引领新时代青年勇担责任

依托党团班等组织，在重要时间节点开展主题教育，引导学生明史励志笃行。统筹设计主题教育活动，打造教育品牌，以点连线带面，构建关键节点教育体系，充分挖掘重要节日、重大纪念日、重大历史事件蕴含的教育资源，注重用党的奋斗历程和伟大成就鼓舞斗志。以建党日、建军节、抗日战争胜利纪念日、“九一八”事变日、国庆节、长征胜利纪念日、国家公祭日、“一二·九”运动纪念日等时间节点为契机，开展内涵丰富、形式新颖、广泛有效的教育活动。

例如以纪念“五四运动”为主题，举办“薪火相传五四志”火炬传递活动，就是将家国情怀教育落小、落细、落实的一次成功尝试。从北运河边到卫津河畔，再到海河教育园区，跨越三个校区40多千米，数百名学生参与。活动将爱国主义教育、爱校荣校教育、榜样教育融会贯通，受到中央电视台新闻联播等媒体的报道，激发了青年学子必须承担的时代责任和历史使命。

（三）践行知行合一，在实践中涵养家国情怀

探索“学校-企业-社会”协同育人体系，构建“理论宣讲”“社会实践”“志愿服务”

“校企合作”等创新机制。深化校企合作，邀请知名校友畅谈未来发展，深化专业认知。广泛开展暑期社会实践和志愿服务，组织学生参与社会观察、理论普及宣讲、助力乡村振兴、追寻先辈足迹、服务“双减”工作等专项实践，涵养家国情怀，引导学生在祖国大地上书写“天大故事”。

打造行走的思政课堂。2014年起组建实践队并连续多年扎根云南凤羽，探索不走的支教，累计帮扶300余名留守儿童，用足迹传承家国情怀、编制美丽中国梦。学生在实践过程中深入基层充分认识国情社情村情，增强实践本领，在实践中锻炼大担当。与留守儿童建立一对一帮扶关系，通过书信交流、建立梦想教室、云课堂等方式，搭建起关爱留守儿童的桥梁。实践经验不断复制推广，荣获全国百强实践队称号、中国大学生农村支教“全国银奖”等。搭建校内实践平台，建立劳动实践教育基地，开设的“中草药种植与文化创新实践”通识课程荣获天津市高校劳动教育课程设计与教学实施大赛高校组一等奖、天津市劳动教育示范课程称号。

发挥榜样引领作用。新时代中国青年应把基层作为最好的课堂，将个人奋斗的“小目标”融入党和国家事业的“大蓝图”，在磨砺中长才干、壮筋骨。开展“寻梦立志”名企行等就业实践项目，引导毕业生树立正确的择业、就业、创业观，培养到艰苦地区和行业工作的奋斗精神。选树身边先进典型，以榜样示范引导学生争做新时代奋斗者，如神舟九号飞船系统总指挥何宇、全军优秀基层干部苏连松、西昌卫星发射中心01号指挥员尹相原，以激发青年学生不断涵育“小我融入大我”的家国情怀。

四、经验启示

一代人有一代人的使命，一代人有一代人的担当。在全面建设社会主义现代化国家、全面推进中华民族伟大复兴的新征程上，需要新时代中国青年坚守爱国初心、勇担历史使命。对于辅导员日常工作如何开展得更好，有以下三点经验：

（一）重视理论学习，开拓思维探索创新

学生群体特点的变化给思想政治教育工作带来了新的挑战，这就需要辅导员始终加强政治理论学习，提升自身理论素养。创新思维模式，紧跟时代脉搏，把握新时代大学生的思想特点，分析学生出现不思进取、逃避责任现象的深层原因，将思想政治教育与青年学生全面发展需求紧密联系。

（二）联动多方力量，探索长效育人机制

对新时代大学生的思想引领要充分发挥专业教师、家庭、校友、企业等育人力量，让各方力量全方位、全过程参与到育人环节中，形成全员育人合力。通过实践夯实理论基础，促进第一、第二课堂有机融合，引导学生将个人理想融入国家需求，用脚步丈量祖国大地，用眼睛发现中国精神，用耳朵倾听人民呼声，用内心感应时代脉搏，努力在实现中华民族伟大复兴的历史舞台上书写华丽青春。

（三）深挖育人成效，拓展思政教育维度

注重挖掘、收集实践案例、故事等素材，加强成果的宣传、榜样的选树，丰富成果展示形式，将教育内容和成果应用于思政课、理论宣讲、第二课堂等，全方位提升育人实效。引导青年学生坚定不移听党话、跟党走，让青春在全面建设社会主义现代化国家的火热实践中绽放绚丽之花。

【作者简介】

尚洁，天津大学生命科学学院党委副书记，国家二级心理咨询师、全球职业生涯规划师（GCDF）。主持完成天津市高校辅导员工作精品项目，承担团中央调研课题1项、省部级调研项目3项、校级思政课题4项。曾获全国优秀共青团干部、全国暑期社会实践标兵、天津市优秀共青团干部、天津市普通高校十佳辅导员等荣誉称号。

陈乐，天津大学理学院党委副书记，副教授，国家二级心理咨询师、全球职业生涯规划师（GCDF）、高级职业咨询师。从事学生工作10余年，任思政课教师和心理健康教育中心兼职咨询师。曾获天津大学十佳辅导员、管理育人先进工作者标兵等荣誉称号。

第12问　如何引领学生树立科学世界观
——大学生世界观错误怎么办

黄河科技学院　唐爱云

一、问题阐述

疫情防控期间，学生因公然抵制校园“非必要不外出”在引发不少舆情的同时，还有一些学生出现翻墙外出、不按要求健康报备等现象。在处理相关问题时，发现涉事的学生中，竟然还有个别学生党员和学生干部发挥了不好的作用。找到他们进行调研，问及对非必要不外出的认识，他们表示“一定程度上个人自由受到影响，渴望出去”；问及影响表现在哪些方面，表示“大学时光都被封在校内了，脱离社会，享受生活的时间几乎没有”；问及校内时间如何安排，表示“部分学生课余时间在游戏、短视频、追剧等中消耗”；问及对精致利己主义的认识，表示“身边这样的人确实不少，也挺正常的啊”；随着问题的深入，又问及对“佛系”“躺平”的看法，表示“看在什么情况下，还是可以理解的”。透过现象看本质，学生有这种认识的背后就是世界观不正确使然。

二、解决思路

（一）问题分析

对疫情防控举措不理解、不支持、不配合，看不到“人民至上、生命至上”背后的中国精神，大局意识、责任意识缺失，是没有用唯物辩证法的基本方法、基本观点看待问题的必然结果。对享乐生活的向往，表明存在贪图享乐、不愿奋斗的倾向。课余时间沉迷娱乐以自我麻痹，说明成长目标不明，行动意识缺失，知行脱节，空有抱负没有实践，违背“实践是检验真理的唯一标准”这一哲学意蕴。对精致利己主义表示认同，表明一定程度上强调个人自由、追求个人利益，存在功利主义的价值取向。对“佛系”“躺平”行为的认同，表明自我定位不清、奋斗精神缺失，没有用发展的辩证的视角审视个人成长。

（二）问题反思

联系学生在其他方面表现出来的任性自我、叛逆抗拒、情绪不稳、片面易变等，以及在学习、生活、人际交往等方面持有的态度、习惯和行为，能够发现这些都不是偶然的、孤立的表现，更不是青年学生成长中的必然表现，是学生在认识自己、认识社会、认识世界过程中的带有偏差性的表现，属于学生世界观的问题。

（三）问题归因

世界观是一个人对整个世界的根本看法，不仅仅是认识问题，还包含坚定的信念和积极的行动。青年大学生应该如何正确认识自己、认识社会、认识世界，直接决定着其成长发展中的思想和行为。通过现象看本质，把问题归结为学生世界观的问题后，如何引导学生树立科学的世界观成为亟待解决的问题。

三、实施办法

（一）坚持一切从实际出发，做好顶层设计

坚持政治引领与道德教育、分阶段培养与连续性教育、外因推动与内心激发相结合的教育原则。构建以“理想信念教育”为主线，针对不同年级学生分类别、分层次、分阶段开展“适应性教育、养成教育、奋斗教育、诚信教育、追梦教育、感恩教育”六项主体教育为主体，以各基层单位自主创新开展“N”项活动为补充的“$1+6+N$铸魂养德”育人模式。

（二）坚持具体问题具体分析，做好针对性教育

1. 理想信念教育

理想信念的价值旨趣与科学的世界观根本上是相一致的，都是追求对世界的客观认识和对理想的价值追求，体现客观性和价值性的辩证统一，是认识世界和认识自我、改造世界和改造自我的思想武器。把理想信念纵向到底横向到边全过程融入教育教学之中，实施“1234工作法”（1个目标、2个工程、3个模块、4项原则），通过理论学习、宣讲、主题班会、沙龙、讲坛、主题团日、公益实践、网络引领、青春榜样、弘扬中华优秀传统文化等引导学生补足精神上的“钙”。

2. 六项主题教育

遵循学生心智成长规律，根据不同年级学生发展特点，开展满足学生精神成长需求的核心素养教育，确保“精准滴灌”。大一以“适应性”和“养成”教育为主，引导学生做好自我规划，养成良好习惯。大二以“奋斗”“诚信”教育为主，发挥朋辈引领作用，开展各类争先创优和竞赛活动，加强劳动教育，建立诚信档案，培养艰苦奋斗精神和诚信意识。大三以“追梦”教育为主，落实“五项能力提升计划”，提升综合素质和求职技能。毕业年级以“感恩”教育为主，引导学生感恩母校、奉献社会，以此育心养德。

（三）坚持实事求是，鼓励自主教育

“一花独放不是春，百花齐放春满园”，不同专业背景的学生在知识体系、实践探索中具有不同的特点，为切实引导学生在专业背景中不断得到提升，做到知行合一，根据各基层组织的不同情况，鼓励各基层组织积极创新、凝练特色，结合专业特色、学生特点和思政工作特色，自主创新开展“*N*”项教育活动，不断提高学生思想水平、政治觉悟、道德品质、文明素养。例如，工科学院的“大国工匠”教育、医学院的“南丁格尔精神”教育、体育学院的“勇争第一”教育等，促进思想政治教育工作的整体提升。

四、经验启示

新时代大学生肩负着中华民族伟大复兴的历史使命，他们的世界观不仅仅直接影响着个人的成长，也深刻影响着社会主流价值体系，甚至影响着民族复兴大任的实现。高校作为培养担当民族复兴大任时代新人的重要阵地，肩负着立德树人根本任务，引导学生树立科学的世界观尤为重要。习近平总书记曾先后用“精神上的‘钙’”“金刚不坏之身”“总开关”等词句，形象生动地阐述了坚定理想信念的极端重要性。大学时代，是青年学生确立科学世界观的黄金时期，更是规划设计未来、把握成长方向的关键阶段。世界观教育应居于思想政治教育的核心位置，引导学生全面掌握辩证唯物主义和历史唯物主义的世界观和方法论，对大学生进行世界观教育的成败直接决定了高校人才培养的成败。后附“铸魂养德工程”思维导图。

【作者简介】

唐爱云，黄河科技学院学生处副处长，副教授。研究方向为大学生思想政治教育，曾获河南省高等学校思想政治工作奖，曾被评为“河南省高等学校思想政治工作先进个人”。

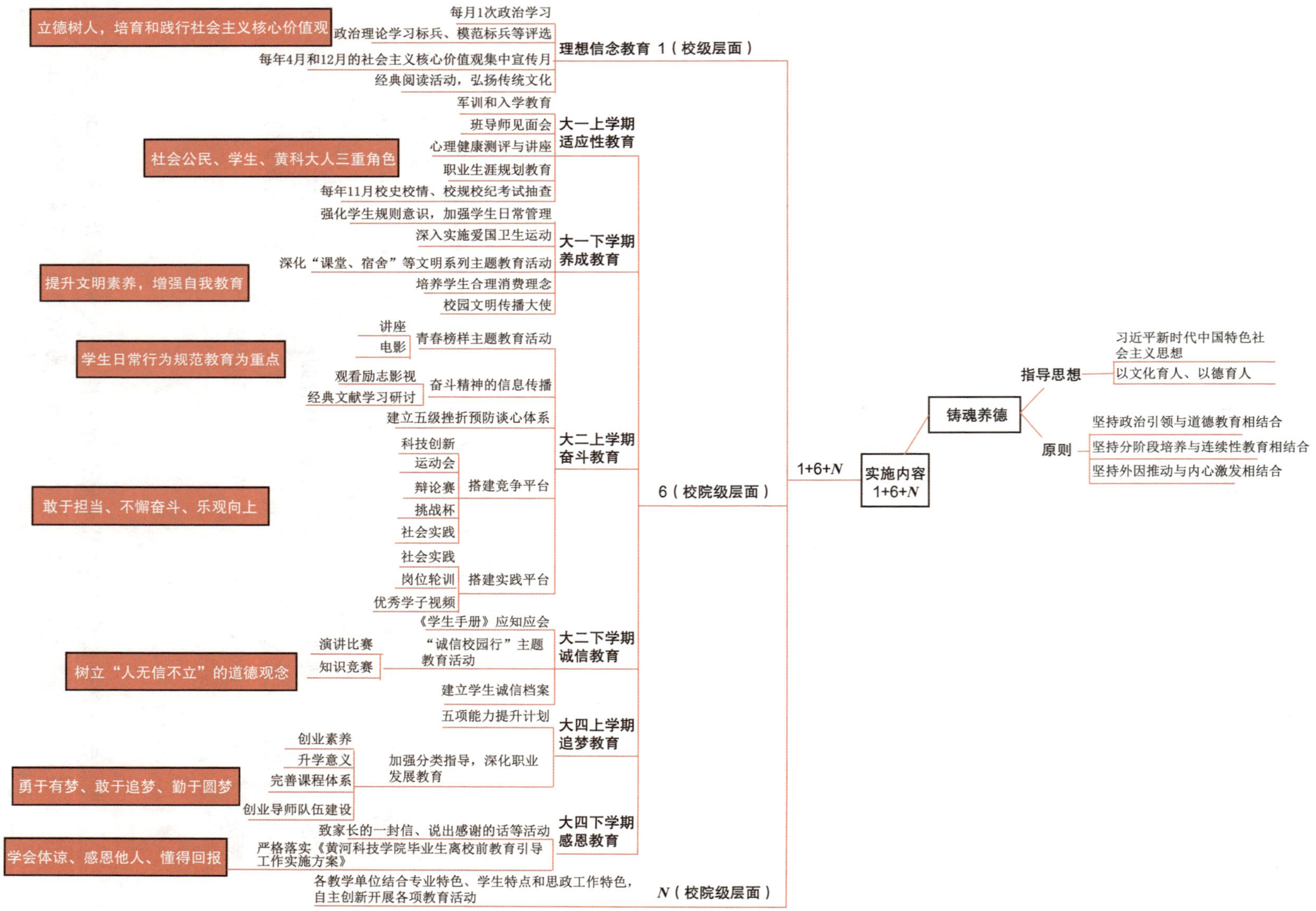

铸魂养德
指导思想
习近平新时代中国特色社会主义思想
以文化育人、以德育人
原则
坚持政治引领与道德教育相结合
坚持分阶段培养与连续性教育相结合
坚持外因推动与内心激发相结合
实施内容 1+6+N
1+6+N
理想信念教育 1（校级层面）
每月1次政治学习
政治理论学习标兵、模范标兵等评选
每年4月和12月的社会主义核心价值观集中宣传月
经典阅读活动，弘扬传统文化
立德树人，培育和践行社会主义核心价值观
6（校院级层面）
大一上学期 适应性教育
军训和入学教育
班导师见面会
心理健康测评与讲座
职业生涯规划教育
每年11月校史校情、校规校纪考试抽查
社会公民、学生、黄科大人三重角色
大一下学期 养成教育
强化学生规则意识，加强学生日常管理
深入实施爱国卫生运动
深化“课堂、宿舍”等文明系列主题教育活动
培养学生合理消费理念
校园文明传播大使
提升文明素养，增强自我教育
大二上学期 奋斗教育
青春榜样主题教育活动
讲座
电影
学生日常行为规范教育为重点
奋斗精神的信息传播
观看励志影视
经典文献学习研讨
建立五级挫折预防谈心体系
搭建竞争平台
科技创新
运动会
辩论赛
挑战杯
社会实践
搭建实践平台
社会实践
岗位轮训
优秀学子视频
敢于担当、不懈奋斗、乐观向上
大二下学期 诚信教育
《学生手册》应知应会
“诚信校园行”主题教育活动
演讲比赛
知识竞赛
建立学生诚信档案
树立“人无信不立”的道德观念
大四上学期 追梦教育
五项能力提升计划
加强分类指导，深化职业发展教育
创业素养
升学意义
完善课程体系
创业导师队伍建设
勇于有梦、敢于追梦、勤于圆梦
大四下学期 感恩教育
致家长的一封信、说出感谢的话等活动
严格落实《黄河科技学院毕业生离校前教育引导工作实施方案》
学会体谅、感恩他人、懂得回报
N（校院级层面）
各教学单位结合专业特色、学生特点和思政工作特色，自主创新开展各项教育活动

“铸魂养德工程”思维导图

第13问　如何教育学生树立正确价值观
——大学生价值观扭曲怎么办

南京师范大学　沈晓海

一、问题阐述

近日,大一年级某宿舍长偶然听到小徐在和其家长打电话时埋怨生活费太少,言辞还较为激烈。宿舍长同时注意到从小徐日常穿着和用度来看她的生活并不显得拮据,小徐还多次在宿舍和个人网络空间展示自己购买的品牌化妆品,并表示好看才是女孩子的核心竞争力。小徐更曾在上课期间收看网红化妆和购物直播,以致部分课程期中测试未能及格。宿舍长感觉小徐可能需要帮助,便向辅导员反馈。辅导员查阅新生档案,了解到小徐为独生子女,父母均为普通务工人员,家里还有年迈体弱的老人。经与小徐母亲电话联系,辅导员了解到小徐家庭很重视孩子的教育培养,从未让孩子因为家庭经济原因而显得比别人差。高中时,小徐的学校有意识地避免学生相互攀比,进入大学后小徐多次埋怨生活费太少,但父母认为家里已经尽力给予其体面的生活,但小徐与人盲目攀比,因此家长希望辅导员多多给予教育引导。

二、解决思路

此案例本质上是学生出现价值观偏差、过度消费而在生活费问题上与父母发生冲突。学生沉迷于外表和物质攀比,影响正常学习,导致学业出现危机。解决问题的关键在以下几点:

(1) 引导小徐了解家庭真实经济状况和生活压力,了解大学生正常生活费水平。

(2) 引导小徐树立正确的金钱观和消费观,拒绝盲目的物质攀比和超前消费。

(3) 引导小徐树立正确的成功观和奋斗观,拒绝错误的外表决定论,端正学习态度。

三、实施办法

（一）借助贫困认定，引导小徐了解平均消费水平

家庭经济困难学生认定是大一学生教育管理中的重要环节，根据认定程序，需要组织学生代表对申请材料进行评议和等级认定。可安排小徐担任学生代表参加评议会，在会上先行组织同学们根据实际情况对在校学生的学习和生活消费进行测算，得出高消费、正常消费、低消费等状态下对应的每月生活费额度，再据此判断是否可以认定某位同学为家庭经济困难生，以及可以认定为何种等次。在评议会的最后，辅导员明确月均支出到达多少时就已经超过大学生平均消费水平，在校大学生尚无独立经济来源，虽然不同家庭背景的学生间经济差距大，但大家都应当主动拒绝盲目攀比，做到合理消费。最终达到通过常规工作让小徐了解大学生平均消费水平的目的。

（二）借助励志宣讲，引导小徐学习朋辈优秀榜样

学校每年都评选产生优秀学子宣讲团，主要面向大一学生宣讲成长故事。宣讲团中有家庭经济困难但依靠努力奋斗赢得奖学金的励志类学子，也有家境普通但勤学刻苦学业成绩突出取得多项重大荣誉的励学类学子等。辅导员有意识地召开主题年级大会，邀请优秀学子到场宣讲个人成长事迹，充分发挥朋辈优秀榜样的引领作用，帮助小徐以及全年级同学端正学习生活态度，树立正确的成功观和奋斗观。了解优秀学子励志故事后，辅导员可组织现场同学交流心得体会，帮助小徐和全体同学强化正确认知。同时有意识地邀请小徐分享自己的看法，如果小徐的发言态度端正、认识正确，则感谢小徐的分享。如果小徐现场发言存在认知错误，则根据实际情况决定是现场继续讨论还是会后单独找小徐谈心谈话。

（三）借助反诈班会，引导小徐警惕超前消费危害

反诈防骗教育是大一学生教育管理的重要且必要环节，美丽贷、消费贷等是大学生中常见的贷款诈骗形式。辅导员及时召开反诈防骗主题班会，在讲述多种电信网络诈骗形式之后，通过视频案例，着重强调美丽贷、消费贷的危害及防范；进一步引导学生现场交流什么是“美丽”、什么样的消费算“超前消费”，在邀请多人发言的同时，邀请小徐就相关问题进行交流。辅导员根据小徐及同学们的现场发言情况，明确指出“美丽”包括外表美，但更重要的是气质美、心灵美，所谓“腹有诗书气自华”指的就

是气质美,“勿以善小而不为”就是“心灵美”,所以多读书、多行善就是“最美”;过分注重打扮,在学习以外有超出平均水平的过多支出,就是超前消费、过度消费。大学生要端正自身价值观,警惕贷款诈骗。

(四) 借助学风建设,引导小徐明确学生主责主业

扎实开展学风建设,面向大一学生明确学习纪律、端正学习态度、塑造良好学风是一项十分重要的工作。辅导员在班级设立纪律委员,开展常规纪律督查。经常听课,查看课堂纪律情况。与任课老师交流,了解同学们的听课情况。前往宿舍走访,了解课余时间同学们的自学情况。与学业测试不及格者进行谈话,及时开展学业警示。辅导员以小徐期中测试有科目未通过为由,将小徐约到办公室谈话,耐心引导,明确指出期中测试有科目未能通过是一个值得警醒的信号。任课老师通过反馈和宿舍走访了解到小徐沉迷网络化妆直播等,既违反了学习纪律,又影响了学习,不利于班级优良学风建设,也影响个人成长,有负家长期待;同时倾听小徐喜欢网络直播的原因,结合家庭经济困难学生认定、优秀学子宣讲和主题班会等教育内容,对小徐开展进一步的思想教育。

在此过程中,可向小徐家长反馈与小徐的沟通过程和小徐的感受,建议家长在合适时机就家庭经济条件以及正确消费观念等与小徐做直接的深入的沟通交流,消除误会,修复家庭关系。

四、经验启示

(一) 价值观教育要注意找准病根

学生在价值观上出现偏差一定是有其根源的,或因为父母教育缺失,或受小学或中学环境影响,或因为身边的同学朋友或者电视节目的错误引导,等等。找准病根后就才能更好做到对症下药。

(二) 价值观教育要注意对症下药

价值观一词内涵丰富,涉及金钱观、消费观、成功观、奋斗观等,涉及对好坏、美丑、善恶、益损、是非、黑白等的判断。要想开展好价值观教育,首先要判断清楚学生是在价值观的哪个方面出现了偏差。

（三）价值观教育要做到润物无声

价值观的偏差不会是一事一时造成的，价值观的教育和端正也不能寄希望于一时一事，否则容易引起学生反感。在学生价值观教育中要遵循“事事可思政、处处可育人”的理念，充分利用日常的教育管理工作，在经常性的沟通交流中不断引导学生向上向善，做到既有的放矢，又润物无声。

（四）价值观教育要做到掷地有声

价值观教育涉及对好坏、美丑、善恶、黑白的评价与判断，在开展价值观教育的过程中辅导员自己一定要观点正确、态度端正，要能给予学生以正向的教育引导，对于正确的要积极弘扬，对于错误的要坚决批评，在原则问题上一定要掷地有声，没有“模糊地带”，只有这样学生才能声声入耳。

【作者简介】

沈晓海，南京师范大学食品与制药工程学院团委书记，江苏省中国特色社会主义理论体系研究中心特约研究员。主要研究方向包括马克思主义中国化理论、社会主义核心价值观等。参与编著《顶天立地谈信仰》《中国自信说》等著作多部，主持校厅级及以上课题10余项，发表学术论文10余篇，获省级及以上荣誉10余项。兼任南京市委主题宣讲团专家库成员、南京航空航天大学等高校党校特邀讲师等。

第14问　如何引导学生形成健康人生观——大学生对人生出现消极态度、虚度生活怎么办

山西财经大学　陶　陶　刘丽丽　许凯瑞

一、问题阐述

梁同学，大一学生，其在临近高考时父母遭遇车祸双亡，因此其心灵遭受严重创伤。其高考时发挥失常，考入了所谓的“冷门专业”，自感对专业没有兴趣，学习毫无动力，经常旷课，已有10门功课挂科。其因缺少父母的关爱，负面情绪泛滥，性格变得孤僻，对未来充满了迷茫，担心自己无法顺利毕业，将来找不到好的工作，于是想要退学。宿舍里其他同学的学习成绩都位列班级前列，每天忙于学习，与梁同学交流较少，梁同学便沉迷于网络之中，黑白颠倒作息紊乱，严重影响了他人的休息，宿舍人际关系愈发紧张……

梁同学在高考阶段遇到重大挫折，在大学中出现消极情绪，对大学学习和生活充满迷茫。

二、解决思路

（一）问题归因

梁同学受家庭变故的影响，人际关系和学业方面出现问题。就家庭方面来说，父母的突然离世对梁同学造成了严重的心理创伤，短时间内难以缓解和治愈。由于丧失父母的关爱，梁同学时常会感到孤独，不愿与人交流，造成性格上的巨大变化。就人际关系来说，梁同学缺乏与舍友的沟通、沉迷游戏等，导致他与舍友关系紧张，这不仅反映出梁同学在与人交往时内心封闭的状况，也体现出他消极的态度。梁同学无法客观对待自己所学专业，对专业的认识存在局限性，导致其学习态度不端正，荒废了学业。

（二）处理原则

辅导员作为学生的成长导师和知心朋友，在学生出现问题时，要及时加以引导，给予帮助，从而使学生走出困境。针对梁同学出现的问题，辅导员要主动与其谈话沟通，进行心理疏导，给予关心爱护，让其感受到温暖，从而树立积极的生活态度；对于其无故旷课等行为要提出批评，进行教育引导。

在学业方面，首先，为该生讲解本专业的优势和发展前景，为其树立学习信心，增添学习动力。其次，针对目前的挂科问题，依靠班级力量，积极调动学委、宿舍成员和成绩优秀的同学开展帮扶。最后，同该生一起制定今后的学业规划和职业生涯规划。

（三）注意事项

在教育及帮扶过程中要保护学生隐私，尊重学生人格。时刻关注该生情况，及时跟进，促进其成长。

三、实施办法

（一）转移注意，挖掘优势

初步了解梁同学的情况后，辅导员选择合适的时间，与学生进行深入的沟通交流，挖掘学生内心的“病灶”。沟通中辅导员了解到，父母的意外离世给梁同学造成了严重的“心理创伤”，导致梁同学安全感骤然缺失，经常有孤独、无助情绪。辅导员坚持正面教育，采用“挖掘亮点，强化激励”的方式，引导梁同学发现自己的就业兴趣点，转移注意力，发挥优势特长，帮助梁同学将内心的不良情绪发泄出来，树立自信健康、积极向上的人生态度。

（二）家校沟通，搭建桥梁

辅导员了解到梁同学现在的监护人是其外婆，主动与其外婆取得联系，对梁同学的家庭情况、情绪状态及教养方式进行了深入、细致的沟通。由于外婆年龄偏大，与梁同学存在代际差异。因此，辅导员将与外婆沟通的重点放在抚养、沟通方式上。一方面将梁同学在校的情况及时、全面地传达给外婆，告知其外婆梁同学现在的情感缺失、理想信念缺失比较严重，需要家校合力帮助梁同学渡过难关；另一方面与外婆共同探讨解决方案，建议其外婆在这个特殊阶段给予梁同学更多的情感关怀，积极倾听梁同学的内心声音,“以情感人,以爱化人”,帮助梁同学尽快走出人生困境。

(三)同学携手,互帮互助

和谐的人际关系,不仅有利于学习生活,也有利于身心健康。针对梁同学的情况,辅导员在保护其隐私的前提下,召集室友进行座谈,让室友了解梁同学现在面临的困境,希望他们能在日常的学习和生活中,给予梁同学更多的关怀和温暖,主动帮助梁同学渡过难关。与此同时,辅导员与学生干部进行沟通交流,希望他们“不动声色”地关注梁同学动态。在班级开展“学习互助”活动,将梁同学纳入帮扶计划,对其学习进行精准指导和帮助。

(四)主题活动,温暖人心

针对梁同学的情况,辅导员开展一系列主题活动,为梁同学提供平台,引导其“走下网络,走出宿舍,走向实践,走向操场”。一方面,辅导员开展“宿舍文化节”“班级团体心理辅导”等活动,帮助梁同学在活动中展示自我,加强与室友、同学的沟通联系。另一方面,辅导员联合专业课教师、优秀校友等,开展系列专业教育活动,引导梁同学及其他学生深入了解专业的就业前景及发展方向。

(五)协调各方,共同发力

充分调动专业教师、优秀校友、同学等各方力量,携手帮助梁同学渡过难关。专业教师帮助梁同学深度剖析专业,激发其专业学习兴趣及动力。优秀校友作为其学习榜样,激励梁同学将精力转移到学习上,刻苦钻研、奋力拼搏,早日成长为栋梁之才。辅导员帮助其了解转专业的条件,让其明白,只有足够优秀才可以赢得转专业的机会。同时,让梁同学懂得各专业的学习逻辑是互通的,最重要的是要端正学习态度,培养良好的学习习惯,为继续深造奠定良好的基础。

(六)工作成效

在辅导员、班级同学、学生家长及专业教师的共同帮助下,梁同学终于意识到自己不能再荒废学业、虚度人生,开始积极主动地与同学进行交流,经常与外婆谈心,学习成绩有所提高,不再出现随意旷课等情况,积极参与班集体活动,明显以更加积极向上的态度面对生活。

四、经验启示

（一）以沟通交流打开学生心门

青年学生的心理还不够成熟稳定，面对人生困境，难免会情绪低落，甚至产生心理危机。作为辅导员，要随时关注关心学生的思想动态，了解学生的学习生活状态，学生遇到问题时，第一时间做出反应，主动与学生进行沟通交流，开展积极的心理疏导，引导学生正确面对困境，树立积极的世界观、人生观、价值观。

（二）以家校合作帮助学生成长

学生的健康成长，需要家庭、学校合力推进。辅导员要从学生入校起，就建立良好的家校沟通机制，定期与学生家长就学生的学习、生活状况进行沟通交流，让家长了解、参与学生的成长过程，家校协同促进学生成长成才。

（三）以良好氛围温暖学生心灵

积极向上的班级氛围，不仅能为班级成员提供良好的环境，还能促进学生的成长进步。辅导员要善于发挥学生干部的模范带头作用，积极开展各类学习、社会实践活动，营造“积极向上”的班级文化氛围，助推学生成长。

（四）以教师合力促进学生进步

学生面临学业困难时，作为辅导员，一方面要对学生进行引导教育，帮助其树立正确的学习观；另一方面，也要积极与专业课教师进行沟通交流，寻求专业课教师的支持，合力帮助学生解决学业、学习方面的困难。

【作者简介】

陶陶，山西财经大学学生工作部、武装部副部长，第十二届全国高校辅导员年度人物。打造的“红色新青年”领航工程3次入选教育部高校思政工作精品项目等国家级项目；指导的“助力抗‘疫’活动”获教育部“共抗疫情、爱国力行”主题活动工作案例三等奖。荣获国家级、省级奖项、荣誉27项，在全国高校思想政治工作优秀论文征集活动中获一等奖2次、二等奖1次、三等奖2次。主编图书2部，主持教育部人文社会科学项目等国家级、省级项目11项。

刘丽丽，山西财经大学辅导员。曾获全国高校辅导员素质能力提升骨干训练营“优秀风采”奖、第八届山西省辅导员素质能力大赛一等奖。参与国家级、省级课题多项，发表学术论文1篇，参与编写图书1部。

许凯瑞，山西财经大学辅导员。参与省级、校级课题多项，始终以“贴近学生、引领学生、服务学生”为工作宗旨。

第15问　如何提升理论学习类活动趣味性
——理论学习没兴趣没效果怎么办

西南交通大学　孔祥彬　杨　婧　张容华　王　彪

一、问题阐述

在工作中,有辅导员询问:党建活动,尤其像“三会一课”这种常规活动,怎么才能让它变得有趣一些呢?

要让理论学习类活动变得有趣、有效,最重要的是要突破“趋易避难”的思维惯性——常规的理论学习类活动最容易的是把大家叫到一起,把要求学习的内容念一遍或者简要讲一遍,这对组织者来说是最省事的,但是效果不好。要想效果好,就要对学习活动进行基于提升学习者体验和学习效果的主动设计,这对组织者来说要难一些——需要花时间、花精力甚至一些经费,效果还不一定很好,需要不断摸索。

二、解决思路

(一) 经验小结:仪式感+吸引力+获得感

下面是西南交大力学与航空航天学院学生工作组在实践中摸索后得出的一套做法。

1. 学习太枯燥?“理论学习活动化”营造仪式感

理论学习类活动,常规状态就是“一人讲,大家听”,容易让人感到枯燥乏味,要想提高受众专注度,不妨尝试像办学生活动一样来组织理论学习。比如有背景PPT、有议程、有预通知、有主持人、有摄影、有新闻,等等;还可以将原本一个支部做的事情,联合几个支部来做,甚至跨院系、跨学校来做;甚至还可以将学习活动引入评比、竞赛等形式,激发参与者的积极性。具体形式因事而异,主要是让大家觉得是在参加一个很正式的有仪式感的活动,而不是走过场。

2. 学习没兴趣?“二次创作”提升吸引力

仪式感做足了,内容无法引起参与者的兴趣,学习效果还是达不到。所以要对学习的内容进行“二次创作”。以传达上级组织重要会议精神为例,可以图文并茂讲要点,用图文并茂的形式梳理会议主要内容,进行解读式要点传达;可以结合实例讲故事,将会议要求通过结合时事或者本单位实例的方式来进行辅助性讲解;也可以超越文本讲体会,在介绍完会议主要内容后,从自己如何贯彻落实会议精神的角度谈几点认识体会,等等。

3. 学习没效果?“主动学习模式”增强获得感

传统“一人讲,大家听”模式是典型的被动学习模式,知识留存度较低。根据“学习金字塔”理论,讨论、实践、教授给他人等需要自己学习后输出观点的主动学习模式的知识留存度比较高。所以,可以用这样的思路来设计理论学习类活动。比如设立一个机制,每次换人来传达学习内容;传达内容之后,还可以提前安排2—3人进行重点研讨发言,然后再自由发言。这样一次活动就有3人以上进入主动学习模式——需要提前进行理论学习(吸收)后再思考整理进行传达或发言(输出)。如此循环往复,整个组织的学习风气和学习效果应该就能有效提升了。

综上,“世界上就怕认真二字”,想提升常规性理论学习类活动的趣味性和学习效果,关键在于学习组织者的意愿和方法。“磨刀不误砍柴工”,提前花些时间和精力去进行主动设计,活动效果会在实践中不断提升。

(二)案例分享:三院联合“原原本本学党史”系列活动

1. 问题阐述

2021年2月26日,中共中央印发《关于在全党开展党史学习教育的通知》,决定在全党开展党史学习教育。该通知强调,各级党委(党组)要把开展党史学习教育作为一项重大政治任务,高度重视、精心组织。要突出学党史、悟思想、办实事、开新局,注重融入日常、抓在经常,确保党史学习教育取得扎实成效。如何开展党史学习教育是一个值得思考的问题。

2. 解决思路

如之前所述,为增加理论学习的仪式感、吸引力和获得感,尝试跨院系组织学习,来激发参与者的积极性,并促进相互交流;创新学习内容和学习形式,增加参与者的参与感与学习兴趣;引导学习者采取主动学习模式,增强学习效果。

为提升学习者的参与度和仪式感,本次活动离开手机、离开电脑,原原本本学党史、原原本本讲体会(不用PPT和手机等,可拿着书和笔记,有白板供书写)。学习资料为《中国共产党简史》。

3. 实施办法

每周固定时间,三个学院辅导员坐到一起进行党史学习。三个学院轮流主办,会上每个学院各派出一位辅导员领学,领学后各派一名辅导员重点发言,然后共同讨论,三个学院分别进行点评。

每次擂台赛进行投票评分。领学人每次轮换,轮流讲,实行积分制,一共十章,一起学到"七一"前,最后评出奖项。具体人选、时间、地点均可根据实际情况调整,详见下表。

"原原本本学党史"力学数学物理学院辅导员党史学习擂台赛日程安排

序号	学习内容	主讲人	时间	地点	主办	备注
1	第一章　中国共产党的创建和投身大革命的洪流	孔祥彬(力学)、黄祥(数学)、郭剑(物理)	4.30 14:30	X30 227	力学	启动仪式
2	第二章　掀起土地革命的风暴	杨婧(力学)、邓思然(数学)、门满洲(物理)	5.6 16:00	X30 425	数学	
3	第三章　全民族抗日战争的中流砥柱	张英蓉(力学)、谢健祥(数学)、欧云(物理)	5.14 16:00	X55 27	物理	
4	第四章　夺取新民主主义革命的全国性胜利	张容华(力学)、王亚梅(数学)、周玲(物理)	5.20 16:00	X30 227	力学	
5	第五章　中华人民共和国的成立和社会主义制度的建立	胡持(力学)、张素子(数学)、刘阳(物理)	5.27 16:00	X30 425	数学	
6	第六章　社会主义的探索和曲折发展	周子涵(力学)、邱君捷(数学)、尚彬(物理)	6.3 16:00	X55 27	物理	
7	第七章　伟大历史转折和中国特色社会主义的开创	黄冠翔(力学)、王亚梅(数学)、龚高秦(物理)	6.10 16:00	X30 227	力学	
8	第八章　把中国特色社会主义全面推向21世纪	刘科宏(力学)、周睿(数学)、张金凤(物理)	6.17 16:00	X30 425	数学	
9	第九章　在新的形势下坚持和发展中国特色社会主义	王彪(力学)、邱君捷(数学)、郭畅(物理)	6.24 16:00	X55 27	物理	
10	第十章　中国特色社会主义进入新时代	孔祥彬(力学)、黄祥(数学)、郭剑(物理)	7.7 16:00	X30 227	力学	颁奖仪式

活动开展情况如下：

（1）第一场擂台赛暨启动仪式。2021年4月30日下午，西南交通大学举行了“原原本本学党史”力学数学物理学院辅导员党史学习擂台赛启动仪式暨第一场示范讲演，数学学院党委副书记黄祥、物理学院党委副书记郭剑、力学学院党委副书记孔祥彬依次上场，分别以“信仰”“觉醒”“道路”为主题讲述了自己对《中国共产党简史》第一章“中国共产党的创建和投身大革命的洪流”的学习体会。三位老师的精彩讲述赢来阵阵掌声，物理学院龚高秦、力学学院胡持、数学学院王亚梅分别分享了学习体会。活动最后，校党委副书记沈火明进行了总结点评。

（2）三院轮流主办擂台赛。接下来，三个学院轮流主办每周的擂台赛活动。每次活动前，各学院副书记会对参与擂台赛的辅导员老师进行辅导。随着活动的逐渐深入，老师们的讲授越来越注重讲授内容的趣味性、讲授方式的多样化以及板书、道具等的使用，讲授效果也就越来越好，竞争也变得越来越激烈。

（3）第十场擂台赛暨颁奖仪式。7月7日下午，西南交通大学开展了“原原本本学党史”力学数学物理学院辅导员学党史擂台赛第十场暨颁奖仪式，三位学院副书记分别上台讲演。接下来，栗民、宋刚先后为获得“原原本本学党史”力学数学物理学院辅导员学党史擂台赛优秀报告奖、最佳学习奖的老师们颁奖并合影留念。最后，宋刚副部长对活动进行了总结和高度评价。至此，本学期“原原本本学党史”力学数学物理学院辅导员党史学习擂台赛圆满落下帷幕。

4. 经验启示

辅导员们表示：“这样的方式很好地提升了学习效果。我们要将党史学习的理论成效转化为学生工作的实践动力，争做学生的人生导师和知心朋友。”5月14日，《光明日报》以《西南交通大学：党史学习教育激发奋进力量》为题对该项活动进行了报道。

有了三学院辅导员“原原本本学党史”活动的经验，三学院又先后联合开展了三学院“原原本本学党史”党支部擂台赛、三学院“原原本本学四史”班级擂台赛。此外，力学学院还在团支部层面举行了“觉醒年代”周周看活动，在学院学生会、研究生会、青年志愿者协会等学生组织中举行了“原原本本学党史”学生组织擂台赛等活动，均取得了较好的成效。

2022年，教育部党组提出要求，要紧紧围绕迎接学习贯彻党的二十大这条主线开展工作。三个学院达成共识，将继续使用“原原本本学党史”活动中的好的经验做法来学习、贯彻党的二十大精神，切实提升学习实效性，并更好地促进立德树人根本工作。

【作者简介】

孔祥彬，西南交通大学力学与航空航天学院党委副书记。积极推进“三全育人”和学生工作课程化，所授课程“为学为事为人”连续6个学期入选学校最受欢迎选修课并被认定为四川省省级一流课程，相关工作获教育部第二课堂课程设计展示活动一等奖、全国高校美育教学成果展评一等奖、高校文化传承创新研究成果奖二等奖等奖项。

杨婧，西南交通大学力学与航空航天学院学生工作组副组长兼团委书记。

张容华，西南交通大学力学与航空航天学院辅导员。

王彪，西南交通大学力学与航空航天学院辅导员。

第16问　如何引导青年学生做社会主义法治的忠实崇尚者、自觉遵守者、坚定捍卫者——大学生法治意识缺失怎么办

北京大学　史　诗

一、问题阐述

全面依法治国的时代背景和习近平法治思想的全面贯彻落实对高校人才培养、特别是学生思政工作提出了更高的要求。但与高校学生交流中，发现部分高校学生存在法治意识缺失的问题，具体表现为：法律认知偏差、法律知识匮乏、法律情感淡泊、法律信仰不足。很容易在高校中出现校园贷、校园暴力、欺诈、消费被坑等一系列法律问题。此外，部分高校的法治教育体系不完善——教育途径单一、师资队伍不专业、教学方式不规范等都阻碍了高校学生法治素养的提升。

二、解决思路

以上现象反映的是全面依法治国视野下社会对高校学生法治素养提出了更高的要求，但很多高校学生的法治意识不足，难以达到国家政策要求的所应具备的法律知识水平。

新形势下，如何完善校园治理的法治化体系，发挥法治固根本、稳预期、利长远的保障作用，如何提升高校学生法治素养，从青年群体着手推动全体人民信仰法治、厉行法治，是新时代高校辅导员必须回答的时代考题。

三、实施办法

（一）在规范层面，要统筹协调校园法治规范体系建设，为高校学生法治素养提升提供制度保障

1. 推进校园法治规范体系建设，要重视高校章程作为高校治理“根本大法”的关键作用

法治是一个动态的概念，不仅包括规则的制定，也包括规则的实施、监督和信仰。辅导员作为与学生联系最密切的教育教学一线工作者，只有全面掌握学校章程的精髓要义和制度逻辑，时时处处以章程为依据、以规范为遵循，才能身体力行教育引导学生自觉信赖章程作为学校“根本大法”的权威性，自觉依靠规章制度为自己的学业生活提供稳定预期，自觉运用规章制度实现各类校园矛盾纠纷的稳妥处置。

2. 推进校园法治规范体系建设，要统筹协调纪法关系，衔接纪法适用

就党员学生骨干的培养过程而言，校园法治规范不仅包括党规党纪、校规校纪，还包括我们党的优良传统和经验惯例，辅导员要在立德树人工作中将校园法治规范特别是党规党纪、校规校纪摆在突出位置，通过建立不忘初心、牢记使命的制度等体系建设，提高从严治党、依法治校的水平，让青年学生对党的规矩、学校的规矩谙熟于心、自觉践行，用纪律规则的执行适用过程锻造信得过、靠得住的学生骨干队伍。要善于运用学籍管理、学术规范、表彰奖励、违纪处分等学校教育管理规则正确设定学生行为模式，合理引导学生预期，综合用好教、宣、奖、惩等各项制度手段，推动党规党纪、校规校纪在立德树人的教育管理服务进程中融会贯通，充分发挥党纪、国法、校规的法治综合体系效应。

（二）在组织层面，要着力提升辅导员队伍职业水准和专业素养，为高校学生法治素养提升提供有力支持

1. 充分发挥学科优势和知识优势，推动辅导员队伍职业化专业化

在高校学生法治素养提升过程中，扎实的法律常识、较强法治意识和规则思维是开展工作的基础。唯有如此，才能全面把握纵横交错、内涵丰富的校内规范性文件体系，精准将各类规范了然于胸，进而灵活运用到“三全育人”“五育并举”的各类工作场景中。高校作为人才高地、智力高地，可以充分发挥学科特长和人才优势，用好法学、教育学等学科力量，为辅导员队伍职业化专业化、校园建设管理法制化的提升完善提

供充分支持。

2. 充分运用网络新媒体，提高校园法治文化建设参与度关注度

在高校学生法治素养提升过程中，多样化、扁平化的宣传渠道是重要的实现路径。大学生群体思想活跃、善于表达，对新媒体宣传渠道的信息接受程度高。提升高校学生的法治素养，需要精准把握学生群体的认知特点，不断创新校园法治宣传的内容和形式，用好微信公众号、朋友圈、微博和短视频平台，通过树典型、讲故事，增强真实场景感和现实体验度，发挥示范带动作用，让学生在潜移默化、寓教于乐中明晰法治逻辑，不断扩大校园法治文化的覆盖面和影响力。

3. 充分发挥学生组织的作用，促进校园法治文化建设自主化规范化

学生会、研究生会等是高校党政部门联系广大学生的主要桥梁和纽带，是尊重学生主体地位、完善学校内部治理结构的重要方面。其应在学校制度和自身章程的框架下开展活动，维护法律法规和学校制度赋予学生群体的正当权益。其自身章程的制定、修改需要科学、严谨的论证过程，组织成员产生和运作过程的民主选举、民主监督为在校学生参与法治实践提供了鲜活的素材，促进在校学生在自我教育、自我管理、自我服务、自我监督中感悟法治的力量，促使校园法治文化氛围的形成。

（三）在执行层面，要聚焦发挥学生群体特点，广泛统筹动员资源力量助力高校学生法治素养提升

1. 以学生骨干为抓手，强化校园法治文化建设活动影响力

学生骨干是学生群体的“关键少数”，善加引导可以产生以点带面的辐射效果。通过学生骨干有意识、主动性的影响，在各类学生活动中融入更多法治元素，带动在校学生维护宪法权威，强化法治观念，树立规则意识，投身法治实践，参与依法治校，促进个人成长，努力将个人的发展前途融入高校改革发展的宏伟蓝图和全面推进依法治国的历史进程。

2. 以重大节庆时点为契机，增强校园法治文化建设实效性

抢抓重要节庆时点开展法治宣传教育，能显著提高教育的针对性和时效性，扩大宣传的深度和广度。校园学习生活与公民责任、消费者权益、国家安全、知识产权保护等热点法律问题密切相关，结合国家宪法日、消费者权益保护日、国家安全日等重要节庆时点的主题面向高校学生开展针对性宣传教育，将专业的法律知识和常见的生活场景相结合，营造“法治建设没有旁观者”的良好氛围。

以法学专业优势为工具，重点面向非法学专业学生群体，扩大校园法治文化建设

覆盖面。增强非法学专业学生群体对全面依法治国的准确理解，是提升高校学生法治素养必须克服的弱点环节。法治校园建设过程中，可以充分借助法科学生的专业优势，运用其兼具一定学科功底素养和学生普遍习惯的认知叙事方式的特点，在学生群体中通过普法宣讲、法律援助、案例咨询等形式拓宽专业法治理论的受众，力求法治宣教过程注重专业性与普及性、知识性与思想性、抽象性与趣味性的平衡，着力提升不同院系、不同学科背景学生的法治素养，从而使校园法治建设整体水平和法治文化整体氛围不断提升。

四、经验启示

高校学生法治素养提升是一项复杂的系统工程，既需要辅导员做到"打铁还需自身硬"，通过"练内功"提升自身法治素养，也需要"吃百家饭、穿百家衣"，通过"引外援"统筹各方资源力量，做好依法治校顶层设计和底层贯通，在规范、组织、执行各层面不断增强人才培养、思政引领工作的效果。青年工作是党的战略性工作，提升高校学生的法治素养对于推进人才强国和全面依法治国具有战略性意义，值得广大辅导员绵绵用力，久久为功，让青春在全面推进依法治国、建设法治中国的火热实践中绽放绚丽之花。

【作者简介】

史诗，北京大学法学院院长助理、学生工作办公室主任、团委书记。曾获中国青年志愿者扶贫接力计划青海省杰出志愿者暨"中国青年志愿服务银奖"、2021年度首都大学生社会实践先进工作者、北京大学优秀共产党员、北京大学抗击新冠肺炎疫情先进个人、北京大学优秀班主任标兵、北京大学共青团标兵等荣誉。

第17问　如何开辟大学生国防教育新途径
——大学生国防意识淡薄怎么办

安徽工程大学　黄蓉静

一、问题阐述

新时代大学生的国防教育，其目的主要是树立大学生的集体主义观念以及爱国主义精神，同时提升自身体能和身体素质。在大学生群体中普及国防教育，是高校思想政治工作培育时代新人的责任要求。《中华人民共和国国防教育法》规定："国防教育贯彻全民参与、长期坚持、讲求实效的方针，实行经常教育与集中教育相结合、普及教育与重点教育相结合、理论教育与行为教育相结合的原则。""学校的国防教育是全民国防教育的基础，是实施素质教育的重要内容。"习近平总书记提出"我们的军队是人民军队，我们的国防是全民国防。要加强全民国防教育，巩固军政军民团结，为实现中国梦强军梦凝聚强大力量"。国防现代化要求国防意识现代化，现代国防意识以现代国家观、现代爱国主义为基础，同时也要和国民公共道德相吻合，但是由于传统的大学生国防教育效果不是很好，高校的国防教育课程亟须改革——将传统的理论教育与更符合现代大学生思想观念的体验式国防运动相结合，这是新时代大学生国防教育的新途径。

二、解决思路

当代大学生作为我国国防后备役的主要力量，是人民解放军现代化的重要基础。现代化的人民军队需要具有军事素质和科学文化知识的人来掌握，可在拥有较高知识水平和较强能力素质的大学生中进行筛选，再通过军事能力的训练培养，从而挑选出可以服现役的大学生入伍。目前，大多数高校的国防教育现状和现有的教育条件不足以满足当代大学生的需求，具体如下：

（一）高校国防教育的课程建设处于初级阶段

不少国防教育课程以理论教学为主，缺少实践教学的内容，这对国防教育来说远远不够，真正的国防教育应该将理论和实践相结合，用理论来武装大学生的国防思想，用实践来锻炼大学生的体魄，普通刻板宣讲式的理论教学模式只会让课程变得平淡，无法激发大学生的学习兴趣，也无法让学生深刻理解国防教育的核心要点，更无法培养学生的社会责任感和创新拓展精神以及实践动手能力。

（二）部分大学生国防意识淡薄

习近平总书记指出“国无防不立，民无军不安”，“要关心支持国防和军队建设，加强国防教育，增强全民国防观念，使关心国防、热爱国防、建设国防、保卫国防成为全社会的思想共识和自觉行动”。当代社会对国防教育将会越来越重视。当代大学生对国防教育的兴致离不开高校的教育和引导，若高校想创造良好的国防教育环境，就必须先对本校的学风建设进一步加强管理，此外还应适当提升国防教育课程的趣味性和实践性，从理论和实践入手切实提高当代大学生的国防意识。

三、实施办法

（一）创立高校国防教育协会

协会是在高校武装部、学工部、团委、体验产业学院指导下的群众性学生团体组织，以马列主义、毛泽东思想、邓小平理论、“三个代表”重要思想和科学发展观、习近平新时代中国特色社会主义思想为指导，协会的主要任务有：

(1) 通过编写国防知识简讯，组织观看军事教育影片，举办国防知识竞赛，发挥网络新媒体宣传作用等方式，大力宣传国防教育、安全教育、爱国主义教育知识。

(2) 协助学校做好在校大学生征兵宣传动员、思想建设、役前培训、组织入伍等工作。

(3) 积极支持和配合完成新生军训工作及军事理论教育工作。

(4) 宣传和推广国防体育运动，组队参加国防体育运动大赛。

(5) 协助学校做好退伍士兵复学、入学，国防动员后备力量建设等工作。

(6) 宣传、指导毕业生入伍，作为就业新渠道，提升就业率，将退伍大学生与大学生士兵考研专项招生计划对接，提升学生考研率。

(7) 配合和推动学校国防教育基地实地建设工作。

(8) 加强与兄弟院校交流国防教育经验，打造国防教育品牌。

(9) 丰富校园文化，培养学生兴趣，提升学生素质，增强大学生对军人的理解与认识。

(二) 充分发挥高校军训实战演练

军训作为高校国防教育中不可或缺的一部分，培养了大学生锻炼身体、增强体质的自觉意识，从实践的角度教育大学生什么是军人的钢铁纪律，任何时候都应居安思危，有忧患意识；还教育同学们要认识苦、看清累，不要让苦累挡住了去路，磨炼个人的意志。普通高校军训仅从集合、整齐、报数、入列、出列、行进、停止、离散和方向变换来展开单一固定的军事训练。虽然这是某种意义上的身体服从性训练，但在感知和趣味性上不能满足当代大学生的需求。

从实践中感受教育意义，实践才能出真知。应通过体验和认识的交互作用，实现行为和认知的统一。安徽工程大学自2019年军训开始，就让新生来到军队营地，开展国防军事训练射击活动，旨在模拟军队实战射击场景，体验射击流程，学习部队的作风和战斗精神。为了保障射击的安全性，学校采用仿制电子枪进行打靶训练。这既能从思想上起到国防教育作用，又能在实践上将技能训练和身体素质训练结合，起到思想与实践相统一的作用。

(三) 积极参加国防体育运动会

2019年初，安徽工程大学体育学院、体验产业学院、教务处、学生处、武装部联合在学校退役军人大学生、体验产业管理创新班、体育表演专业中选拔了10名运动员组成校代表队——雪龙战队和火凤战队，征战国防体育运动会总决赛。经过激烈竞争，两支代表队发扬了“拼搏奋斗、永不放弃”的精神品质，荣获全国激光三人团体武装越野赛总决赛冠军、激光五人团体对抗赛总决赛第五名的好成绩，招炳华、张晓菲同学被评为优秀运动员，雪龙战队获优秀组织奖，火凤战队获体育道德风尚奖。火凤战队是本次比赛中唯一一支“巾帼英雄”战队，她们优异的表现受到现场媒体关注。中央电视台体育频道和河源电视台的记者分别采访了火凤战队的队员。火凤战队成绩的取得不仅仅是运动员努力的结果，还是安徽工程大学全力推进本科人才培养改革、深入落实产教融合举措所取得的成果，更是学校十年坚持开展野战运动教学研究的成果。体育学院、体验产业学院将继续坚定不移地贯彻落实学校新工科建设的战略，继续用优异成绩为学校国防教育建设添砖加瓦。

四、经验启示

新时代大学生不仅是民族和国家的希望,还是维护国家主权的后备力量。纵观世界,国家安全的不确定性、不稳定性因素增多,为满足大学生国防教育需要,高校需要以习近平总书记关于全民国防教育系列讲话精神为核心,构建“以学风促国防、以智识建国防、以体魄铸国防”的国防教育新模式。高校作为国家重要的人才资源库,需要发挥兴国战略、强军强国战略、军民融合战略,帮助新时代的大学生培养忧患意识,激发其爱国热情,提高其国防观念,强健其体魄,从而大力推进我国国防教育现代化建设,维护国家安全,保证国家建设的人才队伍建设,竭尽全力为中华民族伟大复兴的中国梦添砖加瓦。

【作者简介】

黄蓉静,安徽工程大学体育学院学生党支部书记、团委副书记、正科级辅导员。曾获国家级国防体育运动优秀指导员、安徽省优秀高校辅导员、安徽省最美高校辅导员、安徽省五四青年奖章荣誉称号;曾获全国高校思想政治工作“金微课”一等奖、安徽省高校辅导员精彩主题班会大赛一等奖、安徽省高校国家安全教育教学风采展示竞赛二等奖等奖项。

第2篇

党团和班级建设

第18问　如何加强学生党支部建设——高校学生党支部活力不足怎么办

青岛科技大学　王　聪

一、问题阐述

如何抓好组织建设，建强战斗堡垒，让基层党支部活起来？如何加强爱国主义教育，激发广大学生党员服务社会的热情，凝聚奋进新时代的磅礴伟力？这是身为基层学生支部面对时代主旋律、党建新要求需要深入思考的问题。

二、解决思路

在此背景下，青岛科技大学经管学院研究生党支部基于党建引领高质量发展的要求，结合自身实际，量身打造“学生党员365工程”，充分发挥“新文科”学生的优势特点，将学科专业与服务社会对接融合，让支部组织生活有声有色、走心又走新。“党员365工程”突出支部党员一年365天零空缺教育培养，分别在学生党员成长的3个阶段（推荐选拔阶段、培养考察阶段、示范引领阶段），通过理论学习“要深入”、仪式感“要强化”、问题导向“要坚持”、引领作用“要发挥”、组织实施“要科学”的“5个要”，提升组织生活质量，以实现学生党员在“理论学习＋锤炼本领＋服务社会”3个模块上的提升。

三、实施办法

（一）创新于“学”，强化理论武装，坚定政治信仰

“思想是行动的先导”，理论知识学习是铸牢理想信念的基础。在“党员365工程”的“理论学习”模块，支部运用“领雁”集中学模式，以红色朗读、给党员过政治生日等

具体活动为依托，抓实理论课堂，做到学习不打折、活动全参与。一是突出重点学。将习近平新时代中国特色社会主义思想贯穿学习始终，做到学原文、悟原理，以每年不少于20次的理论学习为基本，让学党史、悟思想成为“常规课”“必修课”。二是现场体验学。学习场景上充分利用各类资源，开辟引领式、互动式、体验式、开放式学习方式，支部先后前往胶东党性教育基地、太行山培训学院、兰考焦裕禄干部学院等现场学习7次，提升理论学习的吸引力和感染力。三是创新载体学。党支部书记带头讲授专题党课，举行齐唱红色歌曲等主题活动，开设“后浪潮音宣讲团”，推动党员做好宣讲，让学习有味、党员有感。

（二）丰富于“行”，牢记科研报国，锤炼过硬本领

习近平总书记在全国研究生教育大会上强调，研究生教育在培养创新人才、提高创新能力、服务经济社会发展、推进国家治理体系和治理能力现代化方面具有重要作用。在“党员365工程”的“锤炼本领”模块，立足研究生支部定位，抓专业学习，促创新能力提升，提高融入国家发展战略的能力。通过32期学术沙龙，聆听教育部长江学者黄少安教授、上海大学管理学院赵炎教授等学术大家讲座，开阔视野，夯实专业基础；通过走访新能源公交车、海尔、青啤、万华等17家重点产业领域企业，了解地方经济发展需求，确立研究方向；积极邀请校外导师主办科技创新讲座15次，110人次参加“挑战杯”“互联网＋”等赛事，在活动中融入促进国家高质量发展大局意识，用实际行动践行“祖国的需要，就是科技工作者努力的方向”。

（三）内化于“心”，聚焦服务社会，奉献青春力量

我们党的历史，是一部全心全意为人民服务的奋斗史。在“党员365工程”的“服务社会”模块，支部依托党员志愿服务队，引领学生党员在奉献中强化责任担当。每周二下午开展志愿服务，设立“领跑”党员先锋岗，系统开展校市级志愿服务50余次，累计500余人次参与，推进志愿服务常态化；假期组建20支调研团队参与“三下乡”，发挥专业优势；以城乡公共管理、行业复工复产等为切入点开展调研，助力乡村振兴；建立少数民族学生、意向西部、基层就业学生等信息库5个，持续对接西部就业岗位150余个，鼓励学生党员到祖国最需要的地方去经风雨、见世面，壮筋骨、长才干。此外重点选树一批立场坚定、开拓进取、无私奉献的优秀学生党员，记入党员考核档案，激活每一名党员的内生动力，让党员成长为榜样示范的“实干家”，走在前列的“排头兵”。

通过实施以上措施，支部党建卓有成效：

1. 理想信念过硬，榜样示范作用凸显

支部获山东省首批研究生样板党支部、校“五好”示范党支部荣誉称号，参与创建的“领航”党建品牌获山东省高校党建基层项目三等奖、青岛市高校基层党建项目创新奖。支部成员1人获评全国石油和化工行业优秀思政个人、山东省教育系统优秀党务工作者；支部书记入选山东省高校党史巡回报告团、获山东省2020年度辅导员年度人物称号；5人入选校青年榜样宣讲团，累计前往10余所高校、企业开展宣讲，累计受众10000余人次。先后涌现出宋洁、邵长花、崔悦等12名国家奖学金获得者，培养出“山东省青年政治佳”夏森、山东省践行社会主义核心价值观先进个人王景雯等13名优秀学生典型；学生党员获校学术之星、校十大大学生、青科好班长、十佳团支书、十大自立自强标兵等十大荣誉20项，获校级优秀研究生、优秀研究生干部、优秀毕业生等荣誉143项。

2. 专业本领过硬，支部成员全部成才

良好集体氛围促进了成员全面发展，支部成员在学术和科研领域做出了突出贡献。5名学生被评为校十大学术之星，15名学生的毕业论文获评省、校优秀论文，53人次发表CSSCI论文，79人次参与国家级、省部级课题研究，在国家社科基金项目中做出解决社会难点堵点的研究成果，把论文写在中国大地上。如“大数据驱动制造业服务化组织创新的路径与模式研究”“老龄化背景下社会保障的收入再分配效应与完善机制研究”等项目及相关论文为政府制定政策提供了参考方案，“新能源公交车全生命周期成本管理研究”“基于循环经济的青岛市石化产业集群生态化模式与对策研究”等项目及相关论文所提对策建议被企业广泛采纳。2018年以来，21名硕士研究生考取了中国人民大学、中央财经大学等国内知名高校的博士研究生。在主体科创赛事上，学生获奖人次稳步增长，78人次参加了国家级、省级学科竞赛并获得奖项，提高了服务社会的能力，全面成长为促进国家高质量发展的青年后备军。

3. 实践能力过硬，服务社会收获一致好评

在支部氛围感召下，党员结合自身专业优势积极投身志愿服务，以超强责任感和使命感服务社会，助力国家乡村振兴。党员参与志愿服务率达100%，1支暑期社会实践团队入选团中央专项团队，2支队伍获山东省暑期“三下乡”优秀实践队，1支队伍入选全国“基层新画卷”优秀团队，1个项目获青岛志愿服务大赛优秀奖，2名教师获省优秀指导老师，5名学生获省优秀社会实践个人，21名学生获评校社会实践优秀学生，相关学生事迹得到中国青年报等媒体报道19次；支部党员连续5年就业率达100%，10名同学扎根基层，在第一书记、街道办事处等岗位上贡献青春；已系统培养出11届研究生支教团成员，前后共有11名同学前往宁夏、新疆、西藏等党和国家最需要的地区

支教一年，累计服务时长达32800小时。

四、经验启示

在过去5年里，“党员365工程”实施了一系列卓有成效的举措，最大限度地把研究生组织起来，学生党员在思想引领、学风建设、科技创新、社会实践等方面均很好地发挥了示范引领作用，支部成为教育党员的学校、团结群众的核心和攻坚克难的堡垒，现将经验总结如下：

（一）突出鲜明主题，让支部成为党员坚定政治信仰的“大熔炉”

支部组织生活要有“真理的味道”，开展前要对活动干什么、怎么干以及为何干进行专题研究，杜绝将组织生活形式化、娱乐化、随意化。

（二）突出实效有用，让支部成为党员提升自我专业能力的“铸魂班”

每一次的组织生活是支部党员共聚一堂进行思想碰撞和提升自我的重要途径。提升质量必须从实效有用开始，结合支部党员实际，开展提升专业素质、综合素质的各类活动。

（三）突出服务社会，让支部成为发挥党员先锋模范作用的“试炼场”

除了让党员学，更要“做”，理论提升后需要让党员用实际行动彰显出支部组织生活的“党味十足”。

【作者简介】

王聪，青岛科技大学辅导员，中国教育电视台专栏作者、山东省高校党史巡回报告团成员。曾获第七届全国高校辅导员素质能力大赛二等奖，第四届山东省辅导员素质能力大赛特等奖，山东省2020年度辅导员年度人物，2021年、2019年山东省辅导员工作论坛优秀论文二等奖，2020年山东省辅导员工作论坛优秀论文一等奖，2020年山东高校辅导员优秀案例二等奖等荣誉40余项。主持省级课题4项，所在支部入选山东省首批研究生样板党支部。

第19问　如何进行学生党员再教育——大学生党员出现自我满足心态怎么办

山东科技大学　郭　婷　范俊峰

一、问题阐述

党的十八大以来，以习近平同志为核心的党中央统筹中华民族伟大复兴战略全局和世界百年未有之大变局，深刻总结百年党史特别是党员教育宝贵经验，精准把握思想建党、理论强党、从严治党的内在逻辑和本质规律，就加强和改进新时代党员教育工作，提出了一系列新观点新论断新要求，开辟了马克思主义政党党员教育理论新境界。党员再教育工作作为一项继往开来、不断发展的事业，需要真抓实干、坚持不懈、久久为功。高校基层党组织作为凝聚学生最坚强的战斗堡垒，面对复杂多变的国际和国内形势，面对来自各方面的困难、风险、挑战，只有抓好学生党员这支队伍，做好其入党后的再教育工作，才能让我党在各种严峻形势和多方诱惑面前，稳固地位，经受住考验。但在现实工作中，部分党员同志因学习、生活、教育的背景不同，其思想态度呈现出自满化状态，具体表现为理论学习、行为动机、党员意识等日益趋向简单化、功利化、淡漠化。因此，如何加强对学生党员再教育是目前支部建设中亟待解决的问题。相关问题如下：

（一）理论学习“两张皮”

对学生党员而言，大部分学生理论功底相对薄弱，加之理论学习周期长，很难短期内取得显而易见的成效；此外各学生党支部一般没有针对理论学习的考评体系，也不易制定统一的考评标准。因此，很多学生党员认为理论学习是虚的，学习与否皆为形式主义，对此不上心、不热心、不专心，导致出现“两张皮”现象，让理论学习在支部活动中变成了说起来重要、做起来次要、忙起来不要的存在。

（二）行为动机功利化

部分学生认为入党后就万事大吉了，因此无论是在生活中还是学习中，稍微取得一点成绩，就停滞不前，故步自封，总觉得自己非常了不起，一切皆以自己的利益为准，活在自己的小世界里，原地踏步。自我满足的心理导致其学习动机、专业学习态度甚至职业选择都出现了功利化的取向，学习和科研不是为了追求学术上的成就，而是当作实现职业晋升、获取理想工作、增加收入的垫脚石。

（三）党员意识淡漠化

党员教育培养工作往往以接收预备党员为时间节点，发展前的各个培养环节明确，材料填写严格，培养考察工作全面深入；发展为党员纳入支部管理后，因部分支部的组织生活规范性不足，活动举办质量不高，党员就易出现松懈心理，导致自身党员意识淡化，出现学做脱节的现象，缺乏思考、脱离实际，没有方向，党员先进性无从发挥。

二、解决思路

针对学生党员自满心态导致的一系列问题，必须紧密围绕立德树人根本任务，始终坚持用习近平新时代中国特色社会主义思想武装头脑、指导实践，通过探索构建“公开承诺、履职践诺、述责应诺、民主评诺”的全过程党员教育培养范式，构建可循环、有反馈的党员教育培养体系，丰富内容与形式，形成完善的“四诺”机制，探索党员责任岗、先锋岗制度，解决学生党员入党后的再教育难题，促进学生党建工作水平不断提高。

三、实施办法

（一）亮明身份，公开承诺显担当

实施学生党员亮身份行动，引导学生党员在校园、课堂、宿舍等日常学习、生活场所和开展“三会一课”、党内集中培训、主题党日等活动中，佩戴党徽，亮明身份。学生党员围绕思想引领、业务学习、科技创新、社会实践、服务师生等方面，制定具体的“党员年度成长计划”，面向党支部成员及班级全体同学通过线上和线下多种途径，做出公开承诺，自觉接受群众监督，强化学生党员的主动意识与责任担当。通过这一环节，使每一位大学生党员能够深刻理解践行党的宗旨的内涵，深刻认识开展党员公开承诺的目的及意义，在明确党员责任的同时，给自身压担子。

（二）担当作为，履职践诺做表率

党支部组织学生党员围绕公开承诺事项，从思想引领、业务学习、科技创新、社会实践、服务师生等方面一点一滴的小事做起。支部党员秉承“传帮带，攻难关”理念，通过设立党员责任岗，开展高低年级学生党员“智汇接力棒”行动；选拔政治素质过硬、业务能力突出的高年级学生党员担任以科研团队为单位的党小组组长，培养低年级创新拔尖人才，实现团队建设、项目研究薪火相传。通过接力棒行动督促党员同志在党内组织生活、培训中以及日常的工作、学习、生活等方面充分发挥自我主观能动性，自觉践诺并主动作为，自觉接受同学们“点对点”的实时监督。最终通过党员的履职践诺真正实现“学在先”“用在先”“行在先”的目标，做好同学们的学习先锋、实践先锋和行动先锋。

（三）自我评价，述责应诺找不足

古人云：人贵自知，而后自省，终而自律。自省，改过，是人生最亮的底色，作为一名优秀的共产党员，更要时刻自知、自省，这样才能洞见自己，不断前进，因此要解决学生党员自满的心态，必须要督促学生学会自省。因此在承诺和践诺后更重要的是述责应诺。学生党员根据自己的承诺事项及履职践诺情况结合日常表现，从思想品质、学风科研、志愿服务等方面进行总结述职，同时明确述职需要涵盖的具体事项，进一步深化完善党员的自我总结和自我评价体系。述职答辩过程中督促党员同志围绕自己的承诺全面、深入地进行自我剖析，总结成绩、查找不足，反思自己下一步要做什么，结合实际需要做什么，针对目标完成什么。从而围绕成长愿景更好地计划好自己的承诺事项，积极履职尽责、担当作为，带头爱党护党为党，发挥好一名优秀党员应该有的先锋模范作用，在日常学习工作中以更优异的成绩，做贡献当先锋。

（四）公平公正，民主评诺促提升

评价作为一种促进学生发展的重要手段，对学生的全面发展、有个性地发展起着重要的作用。因此学生党支部可以利用每年年底召开专题组织生活会的形式，以民主评议党员工作为契机，开展集中评诺活动。组织生活会引入“翻转课堂”理念，让民主评议不再是简单的走过场，更不是党支部书记一人的总结大会，而是以每名党员本学年自己承诺事项、践诺情况、亮诺成果为基础，开展“面对面”党性分析和民主评议，让同学之间互评互析，同时根据亮诺标准、群众意见等对学生党员本年度表现情况进行综合等级评定，并以此为依据开展优秀学生党员评选工作。学生党员根据党支部反馈意见，结合自身实际，进行总结与思考，并针对突出问题及薄弱环节制定相应整改措施，有针对性地制定新学年承诺事项，引导学生党员制定好“学”“做”清单，在学中做，在做中学，从而真正化解学生成为党员后因出现自我满足心态而遇到的困难和瓶颈。

四、经验启示

“四诺”机制以学年为周期，将党员述责答辩和民主评议党员等多项党员继续教育要求的工作环节串联起来，四个环节形成闭环，将党员亮身份、树榜样、找不足、促提升结合起来，真正做到打铁自身硬。不仅自己信念坚定、诚实守信、刻苦钻研、学业优良，也能在“四诺”的过程中成长为支部的“宣传员、帮扶员、模范员、信息员”，切实履行好“教育、带动、示范、协助”的职责，努力成长为德智体美劳全面发展的社会主义建设者和接班人。

【作者简介】

郭婷，山东科技大学电气与自动化工程学院辅导员。近5年主持市校等各级课题5项，参与省部等各类课题13项。曾获2020年山东省艺术科学重点课题优秀成果奖二等奖；参与共青团山东省委项目并顺利结题；发表论文7篇，2篇论文分别获山东省高校心理健康工作优秀论文三等奖和山东科技大学思政教育优秀论文二等奖。

范俊峰，山东科技大学电气与自动化工程学院党委副书记兼副院长，博士，副教授，硕士生导师。2022年全国“最美高校辅导员”、山东高校辅导员名师、国家二级心理咨询师、高级职业指导师、全球职业生涯规划师（GCDF）、山东省高校网络思想政治工作中心专家库专家、教育部思想政治工作队伍培训研修中心兼职研究员。

第20问　如何推进团组织活力建设
——学生团组织工作参与度低、内容枯燥怎么办

华东交通大学　刘一南

一、问题阐述

高校基层团支部作为高校共青团组织的最基层组织，不仅是高校共青团工作的出发点和落脚点，更是展现其工作成效的显示器。当前，基层团支部团干部的工作积极性不高、组织活动的目的不明确，造成团组织在学生中缺乏号召力，团支部建设活力明显不足。

（一）团支部基础工作落实困难

思想引领作为共青团组织的主要工作目标，涵盖了学习、实践、文体等多方面。但在实际工作中，多数团支部每年基本只能组织1—2次文体活动，上团课、召开团员大会、规范民主评议等组织生活即使落实也往往流于形式，仅完成表面工作，淡化了团支部的政治属性。

（二）团员青年综合素质有待提升

当前，各高校团支部虽基本实现团员覆盖率100%，但不可避免出现相当一部分团员组织观念不强，有的已经忘记团员的权利和义务，有的在日常生活中降低标准要求自己，不文明行为和违纪现象在团员队伍中屡见不鲜，这种情况使不少团员存在消极平衡感，缺乏应有的荣誉感和责任感。

二、解决思路

（一）抓住问题根源，坚持问题导向，充分发挥团支部作用

要扎根基层调研，探寻团支部活力不强的具体原因，坚持具体问题具体分析，不断创新活动形式，真正发挥教育功能、强化专业指引、打造品牌活动，增强团员青年的参与性和获得感，促进团支部功能及作用发挥。

（二）抓好团干团员的综合能力提升，全面强化其专业技能和政治意识

要常态化坚持团干培训，打牢团干部业务知识、解决实际问题能力基础，指导团干部规范制定团支部年度工作计划，明确团支部工作方向，做深做实团支部工作，让团干部在实践中获得成就感。

（三）聚焦团员青年最关切的实际需求，从学习实践等全方面服务青年成长成才

进一步规范团组织生活、入团仪式等共青团常态化工作，同时发挥团支部扎根青年群众的优势，及时了解青年需求，有针对性地开展服务学生学习、生活、就业等的活动，有效服务青年团员，促进其在参与活动中获得成长。

三、实施办法

（一）躬身入局，做好团支部建设的指导员

1. 扎根支部调研情况

辅导员接手该班级团支部后，利用一个月时间开展情况调研。一是切实观察，通过进教室、进宿舍、进活动，全过程参与团员大会、主题团日等支部活动，实地了解工作开展情况。二是谈心谈话，每天同1—2名青年团员单独进行谈心谈话，切实了解关心团员青年的实际学习、生活情况及现实需求；从团支书、副团支书等团干先谈起，对团支部工作及从事工作情况进行整体了解。

2. 擘画蓝图制定目标

辅导员将自己实际所见团支部工作及活动现状同团干及团员青年的谈话相对比印证，归纳总结出当前团支部活力不足的原因，并有针对性地制定整改方案以促进团支部提升活力。一是调动积极性，在支委会及支部团员大会上从学习生活及未来发展的角度出发规划成长蓝图，充分调动团干及团员青年进一步强化团支部建设、增强团支部活力的信心；二是挂图作战，全程参与并指导制定"团支部—支委班子—团员个人"三个层面和"全年—学期—季度—月份"四个时间段的工作计划，明确支部建设和团员个人成长的方向。

（二）点亮先锋，做好学生骨干成长的领航员

1. 强化团干培养

一是进行系统性团务知识教育。制定团干部培养计划方案，利用每天工作碎片时间及周末，常态化、持续性地同团干进行学习教育交流研讨；二是培养提升综合能力，通过陪同指导团干共同策划团支部活动、撰写文字材料、模拟调研谈话等，补全能力短板，全面提升团干部综合能力；三是推动实践锻炼，推荐支部团干参与开学典礼、毕业典礼等大型校级活动组织筹办，到校团委、校学生会担任学生助理或挂职部门负责人进行实践锻炼。

2. 引导学生点亮彼此

一是形成逐级带动模式，由团支书支委带动团小组组长、各组组长再带动所属成员共同提升学习积极性、激发兴趣爱好及提高对支部活动的参与度；二是成立帮扶小组，围绕学习、兴趣爱好、宿舍文明建设等各领域，选拔优秀团员青年作为小组组长，服务带动其他有相同爱好或明显短板的团员共同进步；三是关怀重点少数，对于家庭经济困难、学习成绩较差、存在心理问题的少数同学进行常态化关注，对其加强日常照顾，不过度凸显其特殊情况。

（三）聚焦需求，做好团员青年成才的服务员

辅导员积极向校团委建言献策，撬动学校资源打造系列服务体系，在敦促自己所带班级团支部团员青年全面发展成长的同时，切实满足全校学生最实际的需求。

1. 抓好学习第一要务

紧扣立德树人根本任务，引导团员青年通过青年大讲堂树立远大理想、依托21天

打卡计划培养优秀习惯、立足期末辅导班筑牢学业根基、建立成长成才训练营服务全面成才，目前累计开展系列活动200余次，共计6万余人次参与。搭好第二课堂平台：打造以“校园青年歌手大赛”“迷你马拉松”“荧光夜跑”为龙头的文体特色活动；以学生社团为主阵地，开设包括国学、书法、三维建模在内的93门免费课程，累计授课时长为700余小时，共5000余名学生参与。

2. 强化实践育人效果

常态化组织开展校园无偿献血、“河小青”赣江行、规范校园共享单车停放等志愿服务活动。用好“三下乡”“返家乡”“青马工程政务实践”等特色实践育人体系，引导广大青年扎根基层，让青春之花在祖国大地上绽放出绚烂花朵。

四、经验启示

（一）建设活力团支部，必须要打好组合拳

强化问题导向，调研分析出制约团支部活力提升的关键性问题，有针对性地加以解决。要统筹兼顾打组合拳，积极撬动社会及校园有效力量，确保实施过程中有基础、有重点、有保障，全方位促进团支部活力提升。

（二）建设活力团支部，必须要发挥团员作用

将激发广大团员青年的主观能动性和创造力作为团支部活力提升的源泉，最大限度地吸收团员青年参与，将“自上而下”的引导和“自下而上”的创造有机结合。将凝聚青年、发展青年、成就青年作为工作的出发点，将促进团支部活力提升工作与青年成长成才工作有机结合。

（三）建设活力团支部，必须要抓住青年特点

坚持深入青年，充分发挥桥梁纽带作用。扑下身子与广大青年打成一片，在服务学生就业、心理健康、全面发展等方面做出有益探索，使广大青年想得起、找得到、信得过，通过当代青年喜闻乐见的方式方法，结合青年特点和共青团特点，扎实促进团的组织力、战斗力从根本上得到提升。

【作者简介】

刘一南，华东交通大学学生工作处副处长、校团委副书记，曾借调至教育部办公厅秘书处、江西省教育厅社政处工作。曾获第六届全国辅导员职业能力大赛一等奖（全国第二名）、全国铁路青年科技创新奖及全国铁路向上向善好青年称号等。所参与项目入选全国高校思想政治工作研究文库、获评全国高校思想政治工作精品项目等。主持多项辅导员工作相关省级课题，出版专著多本。

第21问　如何提升团干部队伍建设水平
——团干部队伍出现消极倦怠、工作滞后怎么办

西华大学　黄佳祯　余梦玲

一、问题阐述

党的二十大报告指出："全党要把青年工作作为战略性工作来抓，用党的科学理论武装青年，用党的初心使命感召青年，做青年朋友的知心人、青年工作的热心人、青年群众的引路人。"正如习近平总书记在谈话时指出："共青团是党的助手和后备军，这体现了我们党对共青团的高度信任和殷切期望。团的所有工作，归结到一点，就是要当好这个助手和后备军。"而团干部是共青团工作的骨干，肩负着推动全面提升共青团"三力一度两保障"的重要任务，其重要性不言而喻。

然而，部分高校团干部队伍却表现出与工作重要性大相径庭的状况，很多团干部不同程度地出现了消极倦怠，严重影响了共青团工作的效果，也制约着团干部队伍建设的进程。因此，如何加强团干部队伍建设、促进团干部良好精神状态的发展、提高其工作的战斗性，是目前亟须解决的问题。

二、解决思路

目前，致使团干部队伍出现消极倦怠、工作滞后的原因有很多：

一是当前部分团干部政治理论修养不高。对党的思想政治理论不想学、不真学、不深学、不苦学，未深刻理解团干部工作的重要意义，未深刻理解团干部是为党从事青年工作的年轻干部这一定位。

二是部分团干部学习主动性不强。学习能力是干部综合能力的重要体现之一，学习效果的转化直接决定着干部素质的提升。部分团干部自认为受过正规的高等教育，常常犯眼高手低的毛病。不重视提高自身素质，学习上懈怠，态度不认真，不愿意汲取新知识，不愿意深入思考新问题，对学习的重要性和必要性认识不够，没有形成良好的学习习惯。

三是部分团干部创新能力不够。主要表现在：工作方法不够创新，在工作中习惯于用老经验、老办法，在遇到新情况、新问题时常常按部就班、因循守旧；工作思路不够创新，跟不上时代的发展。在具体工作中，有些团干部工作时往往流于表面、流于形式，不能全身心地研究、不能谋划出具有创新性的工作思路，工作缺乏亮点，总结缺乏新意，工作的主动性和能动性不强，导致工作的质量和效率不高。

四是缺乏健全有效的激励机制和约束机制。团干部约束激励机制不够科学，工作评价宽泛、刚性约束不够，考核方式仍然较为传统，不能精准衡量思想政治工作实效、体现团干部工作特点等，一定程度上造成部分团干部不专心做共青团工作，不愿学如何开展共青团工作，甚至政绩观、成长观出现了偏差。

三、实施办法

（一）强化思想政治引领“精准供给”，努力做到思想上“零偏差”

共青团是政治组织，团干部是政治干部，必须从思想政治上严格要求、加强锻造。在新时代，团干部加强政治锻造的目标是深刻领悟“两个确立”的决定性意义，增强“四个意识”、坚定“四个自信”、做到“两个维护”，关键是要强化思想政治引领，努力做到思想上“零偏差”。

1. 强化理论学习

习近平总书记指出：“政治上的坚定、党性上的坚定都离不开理论上的坚定。干部要成长起来，必须加强马克思主义理论武装。”习近平总书记对团干部第一位的要求就是坚定理想信念，坚持用科学理论武装头脑、指导实践、推进工作。团干部必须与时俱进地学习科学理论知识，要将“五个牢牢把握”作为学习贯彻党的二十大精神的根本遵循。只有涉猎越宽广、理解越精深，在工作中才越能找准前进方向、保持战略定力、永葆革命激情。

2. 强化作风建设

习近平总书记强调：“思想上松一寸，行动上就会散一尺。”“坚持极端负责的工作作风”是一个重要“坚持”。作风问题无小事，团干部更是如此。对团干部的作风建设，一定要抓早、抓严、抓实；要教育引导团干部力戒形式主义、虎头蛇尾、心浮气躁，坚持虚功实做、难事长做。团干部应加强对自身职责的深刻认识，在基层的摸爬滚打中接地气、长底气。对高校共青团工作转变态度，从根部解决高校共青团干部工作疲于应付、流于形式的问题。

（二）提高两个能力增强“履职实效”，努力做到工作上“零时差”

习近平总书记在中青年干部培训班开班式上说：“提高解决实际问题能力是应对当前复杂形势、完成艰巨任务的迫切需要，也是年轻干部成长的必然要求。”团的工作涉及方方面面，体现在思想、生活、学习、工作等方面，职能比较广泛，但真正做好工作的手段又十分有限，靠指令、模式化、以团论团的工作方式和手段远远不能适应形势的发展。因此，团干部需要在工作中以提高两个能力为着力点，努力做到工作上“零时差”。

1. 提高学习能力

当今社会发展日新月异，新情况新问题不断涌现，团干部不重视学习就会落后于时代的变化和发展。因此，共青团干部必须要加强学习，不断更新和完善知识结构，增强实际工作能力。同时团干部要有等不起的紧迫感、慢不得的危机感，对于工作中的新情况、新问题，要制定有序的工作计划，将工作任务按轻重缓急细化分解，确保工作圆满完成。要提前思考工作中存在的弱项和短板，抓住重点，找准难点，抓小防大，未雨绸缪，增强工作统筹谋划能力。

2. 提高创新能力

团干部要构建创新思维，不能安于现状、不思进取，必须要勇于打破旧的过时的束缚，冲破思维的禁锢，培养创新精神，为组织事业注入新鲜血液，才能在工作上取得突破。在实际工作中，要对本职工作进行研究，掌握工作方法，在实践中创新工作思路，提升创新管理能力尤为必要。作为团干部，一定要善于瞄准科学前沿，结合工作实际需要，学习新知识，掌握新技术，充分发挥新兴技术优势，不断提高自身创新能力。团干部要勇于参与创新建设，具备创新思维和创新能力，不要因为怕出错、不敢担责就故步自封，不敢发表自己的创新想法，要积极参与组织的创新建设，为共青团事业的发展献计献策。

（三）坚持激励和约束“同举并重”，努力做到心理上“零落差”

党的十九大报告提出，要“坚持严管和厚爱结合、激励和约束并重，完善干部考核评价机制，建立激励机制和容错纠错机制，旗帜鲜明为那些敢于担当、踏实做事、不谋私利的干部撑腰鼓劲”。在新时代，健全正向激励机制和约束机制是促进新时代干部勇于担当、作为的重要举措。

1. 建立健全的激励机制和相关激励举措

坚持精神奖励与物质奖励相结合、以精神奖励为主，关注基层团干部的个性需求，如学习培训机会、工作自主性等，对取得工作实效的基层团干部实施个别化奖励，最大限度地激励每一位基层团干部。充分调动共青团干部的积极性、主动性、创造性，体现时代性、导向性、实效性，释放出“工作干得好坏不一个样”的鲜明导向，激励团干部积极主动作为，大力提升团干部的工作激情和创先争优意识。

2. 制定完备的考核细则

建立党政、团内、学校、学生“四位一体”团干部述职考评制度。研究开发面向基层团组织的量化评估考核系统，按照全团重点工作、基础团务工作、特色创新工作、工作影响力等项目分类，由上下级团组织共同设立工作实效目标，根据各级团组织实现目标的具体情况对团干部进行评价。对团干部实行月度考核、季度考核、年度考核相结合的考核模式，动态掌握履职情况，科学评价团干部工作。

四、经验启示

团干部是共青团工作的骨干，是中国共产党青年工作的组织者、实施者、推动者。团干部要把个人成长进步与团的事业发展融为一体，努力做到思想上“零偏差”、工作上“零时差”、心理上“零落差”，在团的岗位上始终全身心投入，始终做到工作极端负责，成为让党放心、青年满意的共青团干部。

【作者简介】

黄佳祯，西华大学建筑与土木工程学院党委副书记。曾获四川省省级优秀创新创业导师人才库首批入库导师、“挑战杯”四川省大学生课外学术作品竞赛优秀指导教师等荣誉称号及全国学校共青团优秀研究成果奖二等奖。发表学术论文12篇，出版专著3部，主持及参与科研项目11项；作为主编、副主编和参编编写高校教材《现代项目管理》《工程经济》等4部。

余梦玲，西华大学建筑与土木工程学院专职辅导员。曾多次获西华大学网络思政及易班建设优秀辅导员、西华大学暑期“三下乡”社会实践优秀指导老师等荣誉称号。发表学术论文4篇，参与科研项目2项。

第22问　如何加强班集体建设
——学风、班风不正怎么办

南昌航空大学　谢大进

《中共中央国务院关于进一步加强和改进大学生思想政治教育的意见》明确指出:"班级是大学生的基本组织形式,是大学生自我教育、自我管理、自我服务的主要组织载体。要着力加强班集体建设,组织开展丰富多彩的主题班会等活动,发挥团结学生、组织学生、教育学生的职能。"班级制度是教育管理的基本制度,对大学生管理、健康成长有着重要意义,可以说班级强学生强、班级稳学院稳、班级有活力学生有动力。

一、问题阐述

南昌航空大学X学院2019级Y班为工科专业班级,男女比例为31:5,江西省内学生占多数,省内外生源比例为11:7。2019年9月该班学生报到后,进入大学的新生刚刚度过紧张的高中三年生活,又有相对轻松的两个多月假期,不少学生出现"收不住心"的状态。尽管经历了军训磨炼,但部分学生学习态度、纪律观念依然较差,上课睡觉、打游戏、迟到等现象时有发生。查寝发现,课余时间不少学生在宿舍打游戏,甚至整个宿舍组队打游戏。大部分宿舍开着空调,门窗紧闭,宿舍间很少来往,有事在班级QQ群内交流。新学期开学后半段,不少同学对班级活动热情不够高,对班级组织的晚自习也颇有微词,认为大学应该自由,部分同学晚自习用手机打游戏,对班委的提醒和管理不太配合。总体来说,Y班级已经呈现松散无力、凝聚力不强、学风不正的状态,班级氛围和学习状况亟须改善。

二、解决思路

"良好的开端是成功的一半",入校后是新生班级建设的关键期。综合分析Y班级能看出,不认真开展班级管理和建设,班级容易出现各种问题。Y班级存在学风、班风不正的问题。具体的问题和解决思路有：

(1) 学风不正，适应与转变教育不及时——开展学风建设，引导同学们认识到大学生依然是学生，学生的主要职责是学习，应端正学习态度，转变学习方式，明确大学学习方式与高中有所不同。

(2) 班风不好，凝聚力不强——开展班级建设大讨论，共同制定班徽、班旗、班歌、班规等，开展文化制度建设。

(3) 管理不严，协同不够——制度的生命力在于执行，强化过程管理，强化辅导员、班主任、班干协同，强化教学、学工协同，加强纪律教育，奖惩及时，树标杆、抓典型。

三、实施办法

(一) 大而全：激发主人翁意识，大家的事大家来办，实施班级自治建设

班级管理要发挥全体成员的主人翁意识，发挥"四自"教育作用。班级自治管理就是引导全体学生主动参与到班级管理中，唤起学生的主体意识，发展学生的主动精神，形成学生的自主意识、精神动力，促进班级良性发展、共建共治共享。

1. 建立班级组织

前期充分酝酿、考察，经过民主集中制原则，产生班级委员会、团支部委员会。引导学生在《学生手册》的规定下制定《学生班级自治章程》，建立班级会议制度、档案资料制度、财务制度、奖惩制度、评议制度等，通过系列制度，实施规范化管理，推进班级建设高质量发展。

2. 集众智开展班级文化建设

通过介绍专业、参观校史馆，结合专业特色凝聚全班同学智慧开展文化建设，开展班徽、班旗、班歌、班训征集评选活动，并设立Y班级微信公众号，以班级活动简讯、优秀宿舍展示、学生风采展示及学生来稿等为基础形成Y班级"形象文化"，通过文化建设凝聚班级共识。

3. 严格班级管理

每周班委、团支委召开一次班干会议，讨论班级情况和工作改进，并做好相应记录，做好工作安排，对重点宿舍、重点人员安排帮扶。在班级形成通报制度，每月开展一次主题班会，一月一总结，会议请部分学生轮流上台发言，一学期保证每名学生上台1—2次，突出参与感、责任感、荣誉感。

(二) 多而强：突出学习主业，开展学风建设和学业帮扶，学风强起来

1. 针对班级学风问题

班主任、辅导员从源头入手，通过和任课教师沟通、召开班委会和学困生谈心等多种方式，制定系列方案解决班级学风问题：辅导员、班主任协同系部开展“专业介绍”，大学学习方法研讨；召开“总结过去、面向未来”的主题班会，回顾过去10多年小学、中学学习生涯，总结经验、教训，面向未来，继续奋斗；以班风、学风为核心，以学习帮扶小组为抓手，围绕学风建设，各班开展了一系列“促学风”的主题活动；班主任、辅导员对学生的学习情况进行动态管理，每学期对学困生的“挂科”情况进行更新，并进行一对一谈话，或鼓励、或鞭策。

2. 针对学业开展有针对性的有效帮扶

针对“学习目标不明确”的学生，班主任、辅导员协同职业生涯规划教师，指导学生制定“我的大学四年规划”，并认真阅读学生的四年规划，好的方面积极表扬，不足或不妥的方面及时辅导，共同制定、打磨规划书的过程，就是唤醒自我意识的过程；针对“学习态度不端正”的学生，通过开展“百日三无”活动，严格班级管理制度，成立督查小组，对班级上课纪律进行监督，并及时进行反馈；针对“学习方法不合理”的学生，开展“一帮一”学业帮扶活动，学习较好的同学帮扶学习有困难的同学，有针对性地强化学习薄弱环节。

(三) 小而美：抓好“小团体”，开展寝风建设，建设美好温馨的“小家”

宿舍是最小“组织”，是学生驻留时间最长、最自然的场所，也是思想政治教育和班级管理的重要抓手。通过集体讨论，在Y班级中形成“干净、安静、竞争、进步”的宿舍文化：大一集中开展晚自习，没有特殊情况，晚上7:00—9:00不在宿舍停留，以宿舍为单位在自习室、教室自习，前期通过拍照打卡的方式分散监督，督促形成习惯；及时解决个别宿舍内部矛盾问题，组织“相亲相爱一家人”宿舍主题活动，开展班级宿舍篮球赛、羽毛球赛、跳绳接力比赛等活动，促进宿舍成员交流，增强团队合作意识。

注重培养好宿舍长队伍，班主任、辅导员定期召开宿舍长会议，宿舍长作为最了解宿舍成员的人，要在生活点滴中及时发现问题，尤其是宿舍成员的人际关系问题、心理动向、思想意识，及时报告苗头问题，遏制不良后果。

四、经验启示

经过班主任、辅导员、班干和同学们的配合，Y班级进步明显，现已毕业。四年中，该班“挂科率”在本专业最低，一次性英语四级通过率最高，大学四年没有出现同学留降级、违纪等，荣获南昌航空大学先进班级、五四红旗团支部称号，47%的同学考取研究生、2名同学考取公务员、1人应征入伍，100%就业。回顾总结Y班级管理经验，有三方面经验和启示，概括为“三全”：

（一）调动“全员”

班风对个体的影响很大，良好的班风能使人在集体中快速成长发展。要充分刺激个体的需求及动机，建立班级基本默契，进而产生班级凝聚力和班级荣誉感。注意“面”与“点”的关系、“集中”和“特殊”的矛盾。

（二）关注“全程”

班级建设应和学生发展规律相契合：大一适应与转变，大二专业基础，大三专业强化，大四就业发展。每一个阶段都需要用心投入，及时发现班级问题、解决班级矛盾，做好班级指导。

（三）协同“全力”

建设优秀的班级组织，是人才培养的必然要求。要大力协同辅导员、班主任、任课老师、家长、校友等力量，全力建设班级，开展班级结对、联合，班级研讨以及班级评比，聚合力育人才。

【作者简介】

谢大进，南昌航空大学信息工程学院党委副书记、副院长。从事辅导员工作10余年。江西省高校辅导员名师工作室主持人，江西省高校首批红色班级指导老师，中国教育电视台《我是辅导员》栏目第16期专题人物。曾获2022年江西省高校最美辅导员荣誉称号及江西省辅导员素质能力大赛二等奖、江西省思政论文征集评选二等奖等奖励20余项。

第23问　如何培养学生干部
——学生干部工作缺乏主动性、积极性怎么办

宁夏大学　蒋宇欢

一、问题阐述

高校学生干部是协助学校做好相关工作的重要力量，一般涉及党组织、共青团组织、学生会（研究生会）组织、志愿服务组织等多个领域及部门，发挥着服务、引领、沟通等重要作用，是校园建设力量中的重要组成部分。当前，绝大部分学生干部政治坚定、品行端正、成绩优良、能力突出、作风扎实，为推动学校高质量发展、服务青年成长成才作出了突出贡献。但个别学生干部在工作中还存在缺乏主动性、积极性等问题，这对建设一支德才兼备、清新阳光的高素质学生干部队伍造成了一定负面影响。

二、解决思路

学生干部培养是辅导员工作中的重要组成部分，培养好一名学生干部，不仅是教育工作者的重要使命，也会对思想政治教育工作起到重要的推动作用。个别学生干部工作缺乏主动性、积极性，主要有三点原因：一是学生干部从事学生工作的动机不够纯粹。学生干部往往和综合测评、评奖评优等事务关系密切，拥有学生干部身份也是公务员等考试中的重要条件之一，个别学生干部功利心较重，忽略了学生干部服务学生的宗旨。二是学生干部能力不足。组织能力、协调能力、沟通能力、文字能力等是学生干部的重要能力要求，个别学生干部工作素质较差，面对基础工作不会干，面对困难工作容易打退堂鼓，久而久之就丧失了工作积极性。三是难以平衡学习和工作之间的关系。有的学生干部工作能力强，但在协调工作和学习时间分配上存在问题，导致学业成绩出现问题，甚至出现课程考试不及格等现象。学业成绩的问题又会反向制约学生干部工作，严重影响学生干部的工作积极性。

要解决当前问题，应把解决实际问题和解决思想问题结合起来。严控“入门关”，提升学生干部“来源质量”；严把“使用关”，在使用中培养，在培养中使用；严守“考核

关”,发挥目标导向作用,确保学生干部全面履职尽责。

三、实施办法

(一)严控“入门关”

进一步明确学生干部任职条件,是严控学生干部“入门关”的重要基础,也是提升学生干部队伍整体素质的重要前提。

1. 政治坚定

坚持党的基本路线和各项方针、政策,热爱和拥护中国共产党,具有强烈的爱国意识、爱国情感,坚决执行学校党委的工作要求和各级团组织、学生会组织的工作部署。

2. 品行端正

诚实谦虚、崇尚科学、反对邪教,模范履行学生干部的各项义务,严格遵守学校的各项规章制度,无任何违纪、违规行为。

3. 成绩优良

学习刻苦,成绩优良,除新生外,综合素质测评成绩排名应在专业(班级)前半区,学业课程考试成绩无不及格现象。

4. 能力突出

要有胜任岗位的组织能力、协调能力、文化水平和专业知识,有较强的事业心、责任感、服务意识和奉献精神,有崇高的理想信念。

5. 作风扎实

要公道正派,群众基础好,具有扎实的作风和较高的威信,既朝气蓬勃又脚踏实地,求真务实又勇于创新,热心为青年学生服务,自觉接受学生的监督。

(二)严把“使用关”

建立健全集管理、教育、培养的全流程制度,是严把学生干部“使用关”的重要保障,也是提升学生干部整体素质的重要手段。

1. 建立分级负责的机制

要按照“统一协调，分级负责”的原则，明确校级、院级、班级学生干部的不同管理主体，特别是班级学生干部，辅导员要主动担当负责，承担起对班级学生干部的指导和管理职责，避免出现“脱钩”现象。

2. 明确学生干部工作职能

不同类型、不同层面的学生干部承担的工作任务必然不尽相同，要分类型、分岗位确定工作职责，明确工作任务，建立工作目标责任制，让学生干部知道要干什么，避免出现“三个和尚没水吃”的现象。

3. 建立健全培养体系

要注重理想信念教育，通过系统理论培训、专题报告、红色教育等形式，促进学生干部坚定理想信念。要开展专项技能培训，提升常见办公软件使用、公文写作等基本功。要开展实践培训，充分发挥社会调研、“三下乡”等活动的育人作用，全面提升学生干部素质。要建立交流机制，经常通过组织内交流、组织间交流、校际间交流等形式，交流工作技能、体会和收获，激发内生动力。

4. 健全制度体系

要制定学生干部管理办法，建立评优、惩处、晋升机制，确立述职、评议、激励机制。要制定完善日常工作制度，进一步规范包括值班、资料归档、物料使用、财务报销等日常制度，促进工作规范化、标准化开展。实现“制度管人、制度育人”是建设一支高质量学生干部队伍的重要保障。

（三）严守“考核关”

设置合理考核指标，充分发挥考核“指挥棒”作用，是严守学生干部“考核关”的重要手段，也是提升学生干部整体素质的重要途径。

1. 要完善监督机制

从组织监督、民主监督等途径出发，采用问卷调查、接受来访等形式，全面建立对学生干部使用权力、发挥作用等方面的监督，促进学生干部牢固树立底线意识，实行“负面清单”管理模式，明确工作禁区。

2. 制定成员考核办法

明确学生干部考核指标，可以从政治素养、履职尽责、工作业绩、民主测评等多方面设置指标要求，将考核结果与学生干部推优入党、评奖评优、综合素质测评等挂钩，激发学生干部的工作积极性。

3. 制定部门量化考核办法

明确学生干部团队考核指标，可以从日常工作、组织建设、特色项目、影响力、业务述职等多方面设置指标要求，将考核结果与部门评奖评优、资源分配等挂钩，激发学生干部团队的工作积极性。

4. 要建立退出机制

要充分运用考核结果，综合考量学生干部的实际情况和实际表现，对不符合学生干部标准的进行预警干预和清退，避免“破窗效应”的产生。

四、经验启示

学生干部队伍是辅导员工作中的一支重要力量，建设好这支队伍既是落实立德树人根本任务的需要，也是助推辅导员工作高质量发展的需要。

（一）强化顶层设计

建立党组织领导、团组织指导的学生干部队伍建设体系，统筹规划整体建设任务，明确建设标准，推动学生干部队伍建设的标准化。

（二）强化培养教育

把习近平新时代中国特色社会主义思想作为各级学生干部的主要学习内容，强化理论修养、党团修养，及时开展新媒体、大数据等符合新时代要求的技能培训，推动学生干部队伍建设的专业化。

（三）强化情感投入

辅导员与学生干部之间的关系，除了依靠制度、身份等硬约束维系外，更需要辅导员对学生干部投入充足的情感，沉下身子、放下身段，真正走进学生干部群体中，既做师生，又做朋友，与他们共同构思、共同探索、共同实施、共同收获，帮助他们解答思想困惑和解决实际困难，推动学生干部队伍建设的情感化。

【作者简介】

蒋宇欢，宁夏大学团委副书记，国家大学生文化素质教育基地办公室副主任，兼任宁夏回族自治区团委学校部（少年部）副部长、宁夏学联副秘书长。曾获第十三届全国高校辅导员年度人物、第十三届宁夏回族自治区高校辅导员年度人物、全国优秀共青团干部、宁夏回族自治区优秀共青团干部等荣誉称号及第五届宁夏回族自治区辅导员素质能力大赛一等奖等奖励。在国家级竞赛中获得奖励10余项，累计获得校级以上各类奖励60余项。主持省部级课题2项、校级课题4项，发表论文8篇。

第24问　如何创建高校"党建+"育人模式——高校学生党支部组织力弱怎么办

包头师范学院　陈丽芳

一、问题阐述

党的二十大新修订的《党章》要求全党必须增强党组织的政治功能和组织功能。高校学生党支部作为党在社会基层组织中的战斗堡垒，承担着教育、管理、监督和服务学生党员的职责，是党联系广大学生的重要纽带，更是中国共产党发展和培养青年党员的重要阵地；全面提升高校基层学生党支部的组织力，具有重要的意义。疫情期间，高校多处于封闭和半封闭的状态，部分学生党员及普通学生会产生焦虑、担忧等情绪；疫情也迫使形式多样的党员志愿服务、主题党日活动等被取消，党员管理也多在线上开展。这造成当前高校学生党支部组织力建设存在一定的困难，存在诸如领导力不强、凝聚力较弱、榜样性不够等突出问题。这不但影响高校党建工作的成效，也直接影响高校立德树人目标的实现。

二、解决思路

高校学生党支部书记多由辅导员担任，支委多由学生党员担任。辅导员由于其身份的特殊性，承担着大量学生工作，常常因忙于学生工作而疏于党支部工作。首先，支委多由高年级学生党员担任，由于其理论水平和业务水平相对较低，对支部工作刚刚熟悉就面临毕业，精力多放在个人学习和考虑前途上，参与支部建设的积极性、主动性不强。其次，这些支委没有经过系统的党务培训，党务工作水平较低、领导力相对较弱，不能很好地满足党支部建设及发展的要求。

高校学生党支部多跨专业跨年级组成，统一性不强，进而削弱了其在学生中的动员力、号召力和凝聚力。高校学生党支部成员大多数为高年级学生，多处于实习、考研、考公、就业等状态，多数情况下党支部组织生活实现不了全员参与，其凝聚力、组织力容易出现时空困境。学生党员思想认识上存在不同程度的偏差，导致出现了正式党员参加党建活动的积极性不如预备党员、预备党员参加党建活动的积极性不如积极分子的现象。

高校学生党支部的组织力，直接影响高校思想政治工作质量及学生党员教育培养有效性。新时期高校学生党支部党建工作能否与时俱进，做到更好地立德树人、服务学生，很大程度上取决于高校学生基层党组织能否以创新发展理念为引领，创造性地开展工作。包头师范学院经济与管理学院创建“党建＋”育人模式，通过构建以学生党支部党建为引领，统筹推进校风、学风、学生创新创业等各项工作的新机制，充分增强学生党支部的组织力，发挥基层学生党组织的战斗堡垒作用、学生党员的先锋模范作用。

三、实施办法

包头师范学院经济与管理学院秉承“党建引领促发展”的理念，认真落实立德树人的根本任务，围绕中心工作，探索形成学院党总支“战区中枢”、基层党支部“战斗堡垒”、党员“战斗先锋”的三“战”联动党建工作机制。将党建工作落在“细、小、实”上，坚持细处着眼、润物无声，注重小处着手、以小见大，倡导实处着力、知行合一，确保党建工作高质量推进。

（一）“党建+平台”——政治功能发挥强

学生党支部作为最基层的党组织，与大学生学习生活息息相关，对能力培养和品格塑造具有深刻的影响。学生党支部以学生思想引领为出发点，以理想信念教育作为核心，依托“党建＋”线上平台：学习强国、青年大学习、易班等，“党建＋”线下平台：党员工作站、党课小讲堂等，组织学生党员开展理论学习，教育、引导学生增强“四个意识”、坚定“四个自信”、拥护“两个确立”、做到“两个维护”。

（二）“党建+标准”——党员队伍建设强

学生党支部严格按照《党章》和《中国共产党发展党员工作细则》中5个阶段25个步骤严要求、紧把关，规范化、标准化做好学生党员的吸收、发展、培养工作。入党前，对积极分子到预备党员培养期实现德能勤绩的量化考核；入党后，对党员参加组织生活的数量和质量进行把控；实现对党员、积极分子的再培训、再教育，对标党员先进性要求，切实提高党员队伍政治素养和理论水平，充分发挥党支部传播马克思主义、坚定理想信仰的战斗堡垒作用。

（三）“党建+制度”——组织生活开展强

学生党支部的主体为学生党员，在学生党员的教育管理监督方面，依托“一标三化三制”落实落细，即以高质量人才培养为目标，支部工作规范化、标准化、信息化，完善积极分子量化考核制度、党支部党员考核制度、党员联系群众制度。同时通过标准化规范化建设，把“三会一课制度”“民主评议党员制度”等党内政治生活制度落到实处，切实增强党内政治生活的政治性、时代性、原则性、战斗性，让学生党员在支部生活中接受党性锻炼。

（四）“党建+载体”——育人作用发挥强

学校的中心工作是为党育人、为国育才，学生党支部发挥作用的着眼点就是为党育人，学生党支部深化“党建＋专业建设”：鼓励学生党员组队参加各类专业技能活动，如全国人力沙盘大赛、全国大学生市场调查与分析大赛、全国高校经济决策虚仿实验大赛等；“党建＋学风建设”：学生党员与学困生开展一对一结对帮扶、学生党员带头承诺践诺、诚信考试等；“党建＋创新创业”：组织学生党员、积极分子积极参加“挑战杯”“互联网＋”等赛事，并多次获得自治区级别奖项；“党建＋就业”：组织学生党员在低年级群体中开展考研、考公、就业经验交流，效果不同凡响；“党建＋团建”：开展“党团联动促发展、民族团结一家亲”特色课外活动，学生党员带动广大团员争做优良宿风、学风、校风建设的表率，争做民族团结进步的表率。

（五）“党建+服务”——群众工作基础强

学生党支部以创建服务型党支部为目标，锻造了一支拿得出手、叫得响的学生党员队伍，他们是学生思想状态的敏感捕捉者，是学生间矛盾冲突的暖心化解者，是团学活动的活跃带动者。通过党员亮身份开展“我是党员我帮你”活动，依托党员工作站实行学生党员联系重点关注学生宿舍、联系预科生宿舍，积极开展结对帮扶工作。一名通过结对帮扶实现了由学业预警到获得奖学金的学生由衷地表示：“老师，我也要争取入党，向学长学姐一样优秀，去帮助更多需要帮助的人。”此外，开展党员工作站师生党员接待日活动，进一步延伸党支部服务学生的工作手臂，通过抓好学生党员“重点少数”，带动全体学生“最大多数”，打造学生党支部成为密切联系学生、服务学生的战斗堡垒。

四、经验启示

党的二十大报告指出，青年强，则国家强。这要求全党要把青年工作作为战略性工作来抓，用党的科学理论武装青年，用党的初心使命感召青年，做青年朋友的知心人、青年工作的热心人、青年群众的引路人。这是新时代赋予高校学生党支部新的使命，提升高校学生党支部的组织力是时代发展的必然。

今后，我们应以习近平总书记在全国组织工作会议上的重要讲话精神为指引，以高校基层组织工作条例为遵循，以高质量人才培养为目标，以学生思想引领为出发点，着力创建标准化、规范化、信息化党支部。通过推行"党建＋"工作模式提升高校学生党支部组织力，具体落实为学生党支部政治功能发挥强、党员队伍建设强、组织生活开展强、育人作用发挥强、群众工作基础强五个方面；进一步深化"党建＋"育人模式，把学生党支部建设成为促进学院中心工作、助力学生奋斗成才的战斗堡垒，为完成好立德树人的使命不断努力。引领广大学生在端正思想上、学习思考上、作风养成上、能力提高上、自身要求上下功夫；有效发挥学生党支部的政治功能、组织功能，服务学生全面发展、助力学生成长成才。

【作者简介】

陈丽芳，包头师范学院经济与管理学院学生工作办公室主任，辅导员。曾获中国教育电视台"学思践悟守初心"主题网络作品三等奖，论文《基于"五个一"工作模式下的星级文明宿舍建设研究》获内蒙古自治区学生公寓工作研究类创新成果奖二等奖。主持教育厅课题1项、市校级课题3项，发表论文2篇，参与撰写专著《新时代大学生创新创业与职业生涯规划教育模式研究》。

第25问　如何开展入团工作规范化建设
——大学生入团工作不规范怎么办

南开大学　刘瑞毅　李娜　刘维爽

共青团是党的助手和后备军，习近平总书记强调“青年一代有理想、有本领、有担当，国家就有前途，民族就有希望”，要求共青团“必须时刻把为党和人民培养人的工作摆在首位、贯穿始终”。共青团必须更加自觉、有效地用科学真理引领青年、用实践成就凝聚青年，引导广大青年坚定不移听党话、跟党走。由此可见，团员的发展质量把关直接关乎团员和未来党员的质量。为更好地把好源头关，南开大学电光学院以“薪火培训营”为载体，探索大学生入团的培养、选拔与发展规范性建设模式。

一、问题阐述

党的十八大以来，以习近平同志为核心的党中央始终高度关注共青团工作，把共青团改革作为全面深化改革的重要方面进行战略谋划和部署，为落实新时代从严治团、加强团组织的自身建设提供了指引。

全面从严治团必须把好“入口关”，做好团员入团的培养、选拔与发展关系到团员队伍的整体素质和先进性。2020年以来，高校发展团员数量激增，培养教育要求提高，如何更好地培养和选拔有意愿的学生成为题中应有之义。目前，高校发展团员工作普遍存在选拔流程不规范、考察方式不量化、教育效果不理想等问题。电光学院团委在实践中不断创新以“选拔—发展—考察—培养”为流程的发展团员模式以规范入团流程。

二、解决思路

《共青团中央2022年工作要点》中指出：要“从严抓好团员队伍管理。严格入团程序，突出政治性标准和先进性要求，落实推优入团、积分入团、评议入团等制度，科学统筹团员发展结构，提高团员发展质量。”《新时代全面从严治团实施纲要》针对提高团员发展质量，指出“严格入团标准，坚持把政治标准放在首位，建立入团综合评价标准，严格落实少先队推优入团相关规定，健全落实积分入团、评议入团制度”“规范发展程序，修订发展团员工作细则，优化完善入团流程，确保各环节手续完备、程序规范、公开透明”。

电光学院团委发展团员工作始终坚持党和共青团中央的领导，遵循“积极、有计划地发展团员，向一切先进青年敞开共青团的大门”的原则，搭建系统化的平台和考核方式，做好入团积极分子的培养教育和考察工作，坚持入团自愿、成熟一个发展一个。以“薪火培训营”为载体，探索实施“3＋1”培训模式，“3＋1”模式集理论教育（理教章）、实践教育（实教章）、综合发展教育（综教章）于一体，配以一套考核积分制，在群众入团考察、培训、选拔三个阶段择优逐步推进。电光学院团委紧紧围绕保持和增强政治性、先进性和群众性的基本要求，发挥首创精神完善基础制度，巩固团组织工作的制度性、战略性、源头性地位和作用，扩大工作有效覆盖面，增强组织吸引力、凝聚力，让共青团工作在强大的发展气场中蓬勃成长。

三、实施办法

（一）以“3+1”培训模式筑牢入团积极分子的政治根基

如前所述，“薪火培训营”主要由三部分构成，详见下表。

南开大学电子信息与光学工程学院入团积极分子考核表

姓名：　　年级：　　团支部：　　提交入团申请书时间：　　　团校是否结业：　□是□否

项目	内容	权重	具体内容和评分标准	得分
培训之理教章	青年大学习	30％	具体内容：在对入团积极分子完成培养教育后，以青年大学习完成率为标准考核入团积极分子理论学习积极度	
			评分标准：青年大学习完成率×30％×100	
	团课学习	基础项	具体内容：每学期开展团课活动，对入团积极分子进行不少于12课时的培养	
			评分标准：以团校最终结果为考评依据，不通过者无团员发展资格	
	理论测评	30％	具体内容：每学年开展5次理论测评活动（包括1次线下测评），以参与情况和得分情况为标准考核入团积极分子的思想政治和理论学习成果	
			评分标准：每学年理论测评参与情况（满分50分，每少参与1次扣10分）＋线下理论测评成绩（满分100分）×50％	

续表

项目	内容	权重	具体内容和评分标准	得分
培训之实教章	志愿服务	20%	具体内容:已注册成为志愿者,每学年志愿时长不少于20小时	
			评分标准:(该项总分×20%) 志愿时长(小时): ＞20(100分);10—20(60分);＜10(30分)	
	组织贡献	10%	具体内容:以积极分子是否参与团学组织及工作表现为标准考核积极分子对参与团活动的积极度	
			评分标准:(该项总分×10%) 参与团学组织(50分): 参与3次及以上团学活动组织策划工作(50分) 参与过1—3次团学活动组织策划工作(30分)	
培训之综教章	思政考评	10%	具体内容:每学期开展入团积极分子谈话,从思想政治、日常表现、学习态度、思政课成绩及表现方面对入团积极分子进行考核并打分	
			评分标准:(该项总分×10%) 思想政治:(30分) 政治立场正确,坚决拥护共产党的领导。 日常表现:(30分) 积极履行入团积极分子的义务和职责,圆满完成组织交办的任务。 学习态度:(30分) 严格要求自我,态度端正,坚持对共青团理论知识的学习。 思政课成绩(10分):(尚未有思政课成绩的统一给予6分基础分) 思政课成绩×10%	

总得分:

1. 培训之理教章——“学什么、怎么学”

培育好入团积极分子,明确理论学习“学什么、怎么学”是关键。理论教育学习要紧跟时事、结合学科专业特色,依托校院团委、团校、各团学组织等,开展喜闻乐见的理论学习活动,比如组织学习习近平总书记重要会议及讲话精神、组织学习青年大学习网上主题团课,并辅以适当学习测评。由于时间、地点等客观因素的制约,实时面授难以协调,因而提倡以“线上＋线下”“学习＋测验”“督学＋自学”相结合的方式进行学习。

2. 培训之实教章——“做什么、怎么做”

组织入团积极分子参加社会实践、劳动教育和志愿服务,加强社会服务引领,“做什么、怎么做”是重点。应依托团学组织、注册志愿者平台、青年之家、团员先锋岗等,融入评价奖励机制，形成“第二课堂成绩单”，使其成为综合素质评价、团内评优、推优入党的重要参考依据。

3. 培训之综教章——“促什么、怎么促”

对于青年团员的综合发展教育，弄清“促什么、怎么促”是保证。应依托学业教育、实验室课题研究、校院各学生活动平台等，搭配团员成长青年导师引领负责制、团员“一对一”或“二对一”联系培养责任制、团支书督导制，建立入团积极分子成长档案，促进青年团员提升思想觉悟、端正入团动机。

（二）以“2+1”导师制度抓好对入团积极分子的政治引领

随着时代发展，青年群体利益诉求日趋多元，为确保薪火传承底色不变，需不断强化组织体系，加强对入团积极分子全方位的把关引领。电光学院团委为每位入团积极分子配备2位导师＋1位团干部以做好日常思想引领和谈话把关等工作。聘请校内外思政工作教师专家和党团工作优秀学生骨干担任“团员成长青年导师”，通过定期开展讲座和宣讲等方式加强对入团积极分子的教育引导，如2021年聘请南开大学马克思主义学院副教授刘一博、青年讲师袁航和天津大学思政课教师程斯宇为团员成长青年导师，开展专题讲座3场；聘请全国高校百名优秀研究生党员标兵、博士生李佩慧为团员成长青年朋辈导师，开展专题宣讲2次；安排团支部书记为入团积极分子的入团培养人，通过日常谈心谈话、思想汇报等方式对入团积极分子主动关注、积极联系，有效引导其参与到本团支部的团日团课活动中，提前感受团组织的活力与魅力。

（三）以入团、离团仪式为契机实现团员力量的内循环和外吸引

在全面从严治团的背景下，加强共青团员仪式教育，是牢牢把握培养中国特色社会主义事业合格建设者和可靠接班人这个根本任务的有效渠道和途径。超龄团员离团摘下团徽、新接纳团员入团戴上团徽，一代代青年团员传续共鸣，永葆共青团鲜活生命力。2021年9月举办的“请党放心，强国有我”入团、离团仪式被列为南开大学示范性主题团日活动，现场还邀请有入团意愿的同学观摩体验，通过仪式洗礼激发新发展团员的奋进心，增强有入团意愿学生主动向团组织靠拢的决心。电光学院团委以入团、离团仪式作为“薪火训练营”的开营和结营仪式，效果明显。

四、经验启示

（一）以学科特点为着力点，制定入团闭环培养和考核模式

以“薪火训练营”为载体，通过“3＋1”培养培训模式、“2＋1”导师引领模式、入团离团仪式的氛围营造，形成了特色的工作机制：强思想——以全方位的思想引航夯实政治引领，长效化——以多领域的导师拓宽成长路径，延展性——以系统化的资源和平台力促全面提升，可复制——以模式化的内循环确保常态化运作。

（二）促进资源整合，不折不扣办好“薪火训练营”

随着“薪火训练营”的落地推进，申请入团学生明显增多，新发展团员素质过硬，团员政治素养有效提升。学生对此平台认可度越来越高，2021年申请入团人数相较前一年达到260%。新发展团员在团日团课参加相关活动的积极性和报名参与校级及以上团属阵地建设活动的热情明显提高，在主动报名参加微团课大赛、注册服务青年各类平台以及贡献抗疫力量等方面表现优异，获得师生一致认可。

（三）坚持理论与实践相结合，规范团员教育管理

自参与培训以来，学院各支部“青年大学习”学习人数比例不断提升，线上、线下理论测评成绩达优情况显著改善。青年团员志愿者群体不断壮大，相关志愿服务活动项目获得志愿服务项目大赛全国铜奖、天津市金奖等多项荣誉，广大青年团员服务他人、服务社会的能力不断提升。在与青年团员的谈心谈话中，青年团员不断严格要求自我，保持入团初心，坚定不移不断向团组织、党组织靠拢。

【作者简介】

刘瑞毅，南开大学电子信息与光学工程学院团委书记，讲师。曾获中国国际“互联网+”大学生创新创业大赛优秀创新创业导师、全国优秀高校校园媒体指导教师、天津市优秀辅导员、天津市优秀共青团干部、南开大学青年五四奖章、南开大学十佳辅导员等20余项校级及以上荣誉。主持团中央课题1项，主持及参与校级及以上课题15项，出版图书1部，发表论文2篇。

李娜，南开大学副教授。全国高校辅导员年度人物、天津市优秀辅导员、天津市教育系统优秀思想政治工作者。主持完成国家和省市级精品项目、专项课题、调研课题等多项，出版图书2部。

刘维爽，南开大学讲师。天津市优秀辅导员，南开大学十佳辅导员。全球生涯教练，全球职业生涯规划师(GCDF)，国家二级心理咨询师。曾获全国思政专项论文评选三等奖，主持天津市就业指导优秀课程，出版图书2部。

第26问　如何实现高校党史学习教育常态化——日常思想政治教育载体单一怎么办

西南民族大学　符锡雄　程　莉

一、问题阐述

某高校大一本科生班级，少数民族学生占81.6%，其中65.8%来自边远山区和民族地区。该班级学生主要存在以下特点：一是党史教育仅在高中阶段的政治课有所涉及，学习不够系统，对国史、党史的认识处于被动学习、一知半解的状态；二是在空余时间玩手机的多，早自习期间仍有此现象；三是整体思维活跃，阅读量大，对自己喜欢的书籍及事物倍加推崇、奉为经典，偏爱西方哲学史相关文献及书籍。

习近平总书记在2021年2月20日召开的党史教育动员大会上的讲话中指出"学习党史是我们坚持和发展中国特色社会主义、推进党和国家事业的必修课……"这充分说明了加强大学生党史学习教育的紧迫感和重要性。目前在学生中开展党史教育主要是以大型讲座、主题班会、展板宣传等方式进行，没有形成精准思政常态化模式，特别是随着互联网技术的高速发展，学生手机随时在线、机不离手现象极为严重，导致党史教育效果无法保障。

传统党史教育模式存在以下问题：

（一）主动传输与被动接收的下意识过滤

传统思政教育主要以大型讲座、主题班会、展板宣传等方式进行，主导性过强，而持续性不够，让学生感觉没有新鲜感，容易产生消极的学习态度，导致其在被动学习、硬性灌输情况下对学习内容直接过滤，无法入心入脑。

（二）多元文化对学生价值观的影响加剧

随着经济全球化的日益加剧和我国经济体制改革的不断深化，加之互联网高速发展，网络上流行着一些不良的思想，广大青年大学生容易受到影响，形成多重文化叠加的冲突。

（三）共性教育与学生个性难于共鸣

当代大学生主要以“00后”为主体，他们有鲜明的个性、追求平等对话却过于关注自我、极具创新意识但心理承受能力弱。

二、解决思路

鉴于当前的党史教育多以讲座、主题班会等方式进行，没有形成常态化模式，党史教育无法形成持续发力的效果，这就需要对党史学习教育的模式进行思考和创新。

（一）结合历史，创新开展“党史故事天天读”活动

每个国家都有自己独特的灿烂文明，每个伟大的时代都有自己的英雄故事。在大学生中通过课前诵读和自媒体诵读等方式开展党史故事天天读，就是对党史的一种铭记、一种礼赞。

（二）结合时事，积极开展“党史主题天天讲”活动

党史犹如一个取之不尽用之不竭的精神宝库，可以以党史为主题、以大学生学习党史心得体会为内容、结合时事政策开展演讲，增强党史教育的即时性，时刻关注热点的传导性和影响力。

（三）利用网络，不断更新“党史网络天天看”内容

各种网络APP、微信公众号等自媒体平台已经成为大学生最主要的交流和沟通方式，我们要顺应时代潮流，利用互联网、自媒体等平台，整合校内各方资源，形成教育合力，让党史教育更加具有知识性，增强其在网络中的竞争力，提高党史学习教育的趣味性，让党史教育更贴近、更符合新时代大学生的兴趣和学习方式。

三、实施办法

（一）工作思路

根据新时代高校学分制条件下的大学生学习实际情况，在不占用上课时间的情况下，结合实际，利用早自习和网络，创新党史教育模式，积极开展“党史故事天天读”“党史主题天天讲”和“党史网络天天看”等活动。

（二）教育过程和效果

一是每天利用早自习五分钟，安排一个同学提前查阅和学习一则“红色党史经典小故事”，上台进行诵读。党史红色经典故事是我们育人的重要宝库，包含了丰富的政治、军事、思想和文化内涵，更是一部中国从苦难到辉煌、从孱弱到强大的民族精神本色，成为中华民族实现伟大复兴的“中国梦”的精神支柱。每天诵读党史小故事活动，让学生深刻体会党史中的人物故事都近在咫尺，让党史教育“天天见”，以此唤醒大学生对过去、对历史、对先辈的记忆，从而让党史学习教育变成自觉学习，达到自我教育的效果，实现党史教育每一天、党史教育每一人的构想。

二是利用早自习时间，按每周一个红色主题、每个人完成一篇三分钟的演讲稿，以党史为主题、以大学生学习党史心得体会为内容开展“党史主题天天讲”党史教育主题演讲活动。学生结合时事政策，延伸党史教育即时性，时刻关注社会热点的传导性和影响力，结合自己所思所想所感，用演讲的方式表达出来，不仅是对所学的总结，更是相互学习交流的一种方式，让大家在讲中悟、听中学，营造良好党史学习氛围，实现党史理性引导，用党史塑造大学生优秀道德品质和良好政治素养。

三是利用网络自媒体，让党史教育实现“党史网络天天看”。利用微信个人公众号等自媒体平台，将党史教育融入日常工作中，整合校内各方资源完成每日推文撰写，使党史教育更贴近、更符合新时代大学生的兴趣和学习方式，让他们在接受党史教育的过程中变得更主动，使党史教育更深刻、更生动，让党史教育润物无声、“天天见”，实现教育过程的全覆盖。

四、经验启示

模式的创新可以让党史教育实现持续性和常态化，让大家实现从低头看手机到抬头听故事的转变，实现从“要求学”到“自己讲”的模式转换。但也存在一些问题，如体系化不够，学习深度不够，新鲜感消失后热情减退等，所以还需要思政课发挥主阵地的作用，同时各相关部门要形成教育合力，将党史教育向深层次推进。

（一）沿党史时序模式，续党史故事华章

让大学生在党史学习教育中清晰把握党史时间脉络，铭记英雄事迹。用时间轴形成历史关联，梳理“党史上的今天”的人物、事件，让历史在每日重现，用党史提升青年大学生思想觉悟，形成情感共鸣。

（二）追寻党史红色足迹，传承革命先辈精神

让大学生在党史学习教育中准确定位政治认知和身份认同。党史文物、党史遗迹和党史遗址都是那个时代历史事件的见证，包含深刻的历史和教育意义。通过开展实地走访、社会实践、角色扮演和历史重现，体验党在不同时期、不同环境中的艰辛和困苦，激发大学生对革命先辈无比崇敬之情和爱国热情。

（三）夯实思政课堂基础，发挥课堂思政功能

让大学生党史学习教育“活”起来、“火”起来。我党历来重视对大学生的党史学习教育，教师在教授高校思想政治理论课重要科目——“中国近代史纲要”时要善于讲故事，与实际相结合，独辟蹊径，将党史学习教育有机融入课程内容、融入教学过程，不断丰富其内涵，让思政课堂“活”起来，让党史学习教育在他们中间“火”起来。

在广大青年大学生中积极开展党的历史教育，用鲜活的党史教育方式和丰富的党史教育内容，培育新时代大学生对国家、对民族的深厚情感，是为党和国家培养出一批社会主义合格建设者和可靠接班人的重要保障；以党史作为思想政治教育抓手，更是当前思政教育的主要手段和内容。利用早自习这样一个完整的时间段，通过运用“党史故事天天读”“党史主题天天讲”和“党史网络天天看”等党史教育创新模式，可以让党史成为思政教育天天讲的主要内容，达到“久久为功”的目的。

【作者简介】

符锡雄，西南民族大学哲学学院学工办主任，专职辅导员。曾获国家民委“三全育人”模范、四川省暑期社会实践优秀指导教师荣誉称号。发表思政论文5篇。

程莉，西南民族大学学生工作部（处）副部（处）长，助理研究员。长期从事民族高校学生思想政治教育工作，并开展民族院校学生思政教育探索与实践。

第27问 如何进行入党积极分子再教育——党员发展会议和重要学生活动冲突怎么办

南方科技大学 黄依俊

一、问题阐述

小黄是学校某社团的社长，某周六下午社团嘉年华要进行彩排，同时，他收到了党支部关于周六要召开党员大会讨论吸收他为中共预备党员事宜请他参会的通知，两个事项时间冲突。他找到辅导员说，这次嘉年华活动是社团招新与发展的重要活动，作为社长，他必须全程参加这次彩排，现场指挥。这次党员发展，他的相关材料已经通过审核，他认为党员大会就是个形式，他请辅导员在会上直接吸收他为预备党员。

二、解决思路

这是一个典型的与党团工作相关的案例，涉及入党积极分子培养、党员教育和管理等具体问题。

本案例有两个突出的冲突点：一是重要学生活动和党员大会的时间冲突；二是党员发展会议的重要性和学生认为会议是走形式的认知冲突。

三、实施办法

从“情、理、法”三个角度展开工作：动之以情，认可责任心；晓之以理，解决时间冲突；导之以法，回归党员教育与管理。

(一) 动之以情，认可责任心

小黄已经是发展对象，对于入党流程在一定程度上是了解的，也明白会议的重要性，但是小黄找到辅导员，一再说明社团嘉年华活动对于他所负责的社团的意义，说明他是一个在学生工作中有强烈责任感和热心服务同学的学生干部。对于他作为学生干部的认真与负责，在谈话开始时要给予肯定。

站在学生的角度理解他的想法，对其强烈的责任感进行肯定，能在谈话一开始就建立互相理解的信任感，减弱冲突感，利于谈心谈话的进行。

（二）晓之以理，解决时间冲突

此案例中的冲突点之一是社团活动彩排和党员大会在时间上的冲突，如何引导和帮助学生解决这一问题，使他既能按时参加党员大会，同时不耽误社团彩排是关键。谈话中我给予他两个建议：一是找一位他信得过的社团骨干成员，代替他做好现场彩排，并且全程录音录像，党员大会结束，他可以立马去参加接下来的彩排，这样社团骨干既能得到锻炼，也不影响彩排效果。二是辅导员联系负责社团工作的老师，将他的彩排时间协调到党员发展会议以外的时间，或者延迟彩排，这样可以兼顾会议与活动。

解决学生遇到的时间冲突这一实际问题是开展思想教育前的重要步骤。

（三）导之以法，回归党员教育与管理

解决实际问题是关键，解决思想问题是核心。第三步主要采取“设问＋摆证据”的方法，回归到党员管理与教育。如询问：“小黄，作为发展对象，你详细了解党员发展的流程吗？”“发展对象的材料审核过关就一定能转为预备党员吗？”等问题，引导学生就党员发展会议的重要性和必要性进行思考，也是对其入党动机和党章党规学习成果的再考察。结合《中国共产党发展党员工作细则》《中国共产党普通高等学校基层组织工作条例》加以阐述和说明，并且强调发展党员过程中对于审查把关不严、培养考察失职等，除了问责直接责任人外，党组织及其负责人也将受到纪律处分。

以相关党员发展的规定为基础，由辅导员掌握谈话主导权和主动权，结合党章党规，充分证明党员发展会议并非形式，而是发展党员中重要且必要的环节，是对入党积极分子的入党动机、党性和党章党规的一次再教育。

谈话后，小黄深刻认识到了自己对党员发展流程不熟悉和对组织生活不重视的错误，并表示要加强对党章党规的学习和提升党性修养。辅导员联系社团指导老师，协调好了小黄的社团活动彩排时间，小黄既参加了党员发展会议，成功发展为预备党员，彩排也得以顺利进行，社团活动取得成功。小黄成为了党员学生骨干，在学生组织中发挥着党员的重要作用。

四、经验启示

此案例主要反映出实际工作中的三个问题：党员发展流程不规范，对入党积极分子、发展对象的培养不足，组织生活保障不够。

（一）完善党员发展流程

在本案例中，学生从入党积极分子到成为发展对象，应是通过层层考察的，但其在即将入党时，竟然认为发展党员会议是形式，表面上是学生思想上不重视，实际上体现出我们的考察过程存在漏洞，说明支部日常谈话谈得不深入，入党介绍人对入党积极分子和发展对象的培养教育不足、考察不够全面和细致，接下来要严格按照工作细则，结合学校实际情况，制定针对入党积极分子和发展对象的考察方案，从严从细从实地开展党员发展工作。

（二）加强学生党员培养

小黄对于发展流程和组织生活的不熟悉，从侧面反映出党支部对入党积极分子和发展对象培养工作的不足。要进一步完善发展党员培训体系，既要有党的思想路线方针的理论学习，也要有党章党纪的实操学习，还要开展形式多样的红色教育，重视做好从思想上入党，做好全覆盖。

（三）落实组织生活保障

作为基层学生党支部，会议时间只能是午休、晚上或周末，这些时间也极易与学生活动、导师组会等冲突，所以在全校范围内设立每月"固定党日"显得非常有必要，这样既能保证"三会一课"的开展，也能从制度上解决党建与其他事务发生时间冲突的问题。以刚性的制度规定为党的组织活动争取宝贵的时间资源，确保学有计划安排、行有制度依据、抓有具体载体。

【作者简介】

黄依俊，南方科技大学致新书院团委书记、辅导员。曾获深圳市优秀班主任、深圳市优秀共青团干荣誉称号及广东省第九届高校辅导员素质能力大赛三等奖、2021年度广东高校学生工作案例一等奖、广东高校思想政治工作优秀论文二等奖。

第28问　如何推进特色班级建设
——班级发展活力弱怎么办

武汉东湖学院　范曾亮　邓丽君

一、问题阐述

“常变常新”既是当前新常态背景下社会发展的基本态势，也是当代社会对教育理念和教育方式提出的一个基本要求。当代社会所需要的人才是综合性人才、实践性人才、高素质的人才。这也就意味着，当前的教育活动不应该仅仅关注学生对基础知识的理解和把握，同时还要求学生在自我素养的提升上、道德品行的优化上进行更多的探索。这也就凸显出“班级管理”的积极价值，推动特色班级建设、提升班级发展活力与党的二十大报告中向广大青年提出的“立志做有理想、敢担当、能吃苦、肯奋斗的新时代好青年”的基本要求是高度契合的。就当前的现状来看，辅导员在特色班级建设领域思想上没有创新，所以班级发展的活力始终处于相对较弱的水平。为此，本文以“班级发展活力提升”作为突破口，对特色班级建设的新路径进行了思考和整理，以期依托这些策略的落地实施为班级管理质量和管理效率的提升搭建坚实的平台。

二、解决思路

特色班级建设应坚持以培养“有理想、敢担当、能吃苦、肯奋斗的新时代好青年”为目标，在特色班级的建设上长足探索、在班级发展活力的提升上不懈创新。

三、实施办法

（一）以班级内部和谐的精神文化构建为引领，提升班级发展活力

班级精神文化可以看成是班级文化更深层次的彰显。班级精神文化与整个班级内部成员的思想认知以及价值取向都是高度相关的。因此，可以将其看成是整个班

级文化建设的核心所在和灵魂所在。班级的每一名成员都应该在制度的约束和引导之下更好地规范自己的言行。在具体实践中，主要从创设和谐人际关系方面来提升班级精神文化，让师生关系变得更为平等、更为和谐、更为融洽，成为学生持续健康、主动发展的催化剂。

在班级文化建设中，充分发挥集体力量，通过“连帮带”的活动方式形成团结互助的班级氛围。针对部分学困生，由成绩优秀的同学与其结对子、交朋友，利用课余时间随时辅导他们的学习，知识私有、保守学习秘密逐步被团结向上、友爱互助的新型同学关系所取代，学困生的进步很大，学习成绩优秀的同学也得到了锻炼。结合班级实际，如开展以“友谊地久天长”“共同创造美好明天”“团结奋斗”等为主题的各种班级团建活动，丰富学生的班级生活内容，强化团结友爱的情感体验。此外，还要求每一名教师从平等的视角出发，走进学生的心里。

（二）以党的二十大精神为引领，提升班级发展活力

班级发展活力的提升，于微观上来看是提升学生自身素养的关键举措，是提高班级管理质量的有效路径；于宏观上来看是一个与党的二十大报告中提出的新青年发展目标高度契合的现实做法。在每一个细节中都落实“有理想、敢担当、能吃苦、肯奋斗”的指导思想，这样才可以让全党全国人民对青年的期望得以实现。举例来说，辅导员可以以“能吃苦”为主题设计“匠人精神”的主题班会，给学生播放“匠心、匠人”的经典人物故事视频，让学生讲述自己所了解的劳动人民的故事，还可以让学生根据主题班会阐述自己对“能吃苦、肯奋斗”精神的理解。班会活动的组织与规划不仅仅契合党的二十大对新青年的基本要求，同时也为学生的语言表达能力、文字表达能力等多项能力的提升打下了基础、创设了平台。班级管理一定要做到与时俱进、动态发展，根据时代的变化要求、社会的发展要求来进行特色班级的构建，让二十大的要求和班级的特色相互融合。

（三）以责任意识的提升为引领，提升班级发展活力

大学生应该成为班级管理的“主人”，应该在班级管理活动当中拥有更多的主动权和发言权、决策权，让每一名学生都为特色班级建设的发展路径建言献策。学生通过集思广益、“仁者见仁，智者见智”，促进责任意识的全面提升，让每一名学生都有机会参与到班级管理活动当中来，这势必会为班级发展活力的提升提供人才支撑和治理支持。班级属于每个学生，学生是班级的主人，给予学生均等参与的机会，创设公平的环境氛围，帮助每位学生在班级中找到合适的位置，让那些一直充当“被管理”角色的学生不再游离于班级之外，形成班级工作人人做、集体事情人人管的局面。这样

也可以强化学生之间的互动沟通。

（四）以目标激励艺术的支撑为保障，提升班级发展活力

弗鲁姆在其提出的期望理论当中明确提出了这样一个想法：如果一个人表现出了比较旺盛的诉求，并且目标达成的可能性也是比较高的，那么这个人在此项目标实现过程当中，所付出的努力和热情就会十分高涨。这也就意味着在班级特色管理以及特色创建的过程当中，仍旧需要发挥目标激励艺术的引导性作用，让班级发展的活力节节攀升：明确最初的“源头”和“高度”，设置与大学生自身发展预期相契合的有价值的目标和导向，让大学生对照着这些目标去实现自身行动的优化和完善。目标激励艺术落地实施的措施如下：

一方面，激励目标的设定应该以大学生的实际情况和基本诉求为导向，注重层次性和阶段性的彰显。对于大学生来说，特色班级创建涵盖的内容是十分丰富的，例如班级管理能力的提升、立德树人作用的发挥、育人作用的彰显等。每一名大学生对自己的发展都是充满了希望的。特色班级的创建也不需要辅导员用压力来迫使大学生依从。激励目标的设定应由低到高，循序渐进，让每一名大学生都能够在特色班级创建以及班级文化氛围打造的过程当中发出更多的光和热，让每一个个体的新的诉求都能够有满足的空间，这才是最关键的。

另一方面，激励艺术作用的发挥也应该具备一定的挑战性。相较于中学生来说，大学生已经形成了自己的价值理念，对很多事情都有了自己的想法。特色班级创建以及有效班级文化的构建都需要每一名大学生努力奋斗，需要每一名大学生树立正确的价值导向。适当的特色班级创建目标，不仅可以激发起大学生参与的热情，同时能够为大学生的个人成长搭建坚实的平台。

四、经验启示

班级是整个学校最为基础的单元，同时也是最为关键的组成要素，是学生生活、学习的基地。班级文化可以被看成是整个班级的精髓和灵魂，是师生通过共同努力创造的精神财富。因此，良好的班级特色的彰显、班级发展活力的提升，能够为学生的健康成长创设更为坚实的支撑平台，能够让学生的学习内驱力得到全面的激发，能够帮助学生养成积极向上的良好学习习惯，能够让学生的探索热情日益高涨，增强学生的自信心，这对于学生身心的健康发展是大有裨益的。当然，这个目标的实现需要辅导员的积极探索、不断创新，当然也需要班级学生的高度配合。只有综合发挥多元主体的力量才能够让广大学生都成为“有理想、敢担当、能吃苦、肯奋斗”的高素质好青年！

【作者简介】

范曾亮,武汉东湖学院辅导员,讲师,就业创业指导师。曾获湖北省优秀党员荣誉称号、湖北省高校辅导员育人故事大赛三等奖。

邓丽君,武汉东湖学院辅导员。曾获武汉市青山区优秀志愿者等荣誉称号。

第29问　如何提高学生干部服务同学的能力——学生干部缺乏服务意识和奉献精神怎么办

琼台师范学院　杨　敏　姜雅峰

一、问题阐述

小张是一名大一学生，来自外省，独生女，性格活泼开朗且要强，开展工作雷厉风行，有自己的一套工作方法。初入大学，因办事比较积极主动、想法独到，在班级中威望比较高，班干部竞选的时候被选为班长。大一期间，小张工作积极主动，能够起到上传下达的作用，工作落实情况也不错，受到班上同学的认可。疫情闭环管理期间，班级上课模式改为线上远程上课，钢琴课上老师需要一名同学上讲台伴奏，小张要求学习委员小梦去伴奏，小梦拒绝，表示小张是班长，要发挥带头作用，小张认为小梦是学习委员，也是班干部，有责任去为班级同学伴奏，两人因此发生口角。当晚小张把她和小梦同学关于谁去伴奏问题的微信对话截图发到了班级群，被辅导员及时发现，引导小张同学撤回了消息。这件事情后，小张同学的工作积极性大幅度下降，虽然能够完成工作任务，但经常出错和拖延，不重视班级同学反馈的问题，与同学之间的关系越走越远，大一学期末学生干部评比中，同学对她的评价不是很好。

二、解决思路

班级干部是一个班集体的核心力量，是班集体的代言人，是优秀学生的代表，是班集体建设不可或缺的重要组成部分。我们可以看到，该案例有几个关键点需要我们注意：

(1) 该事件在辅导员的及时干预下避免了事情的进一步发酵和矛盾的进一步升级，避免了网络转发传播导致问题的升级裂变。问题和矛盾点尚在可掌控范围内。

(2) 小张工作能力强，刚担任班长的时候积极主动、工作负责，和学习委员发生口角摩擦后，就消极懈怠，不再关心集体，不愿意奉献，存在个人主义倾向。

(3) 班干部是学生中的优秀代表，是辅导员的得力助手，特别是后疫情时代，班干部较高的管理水平、强烈的团队意识和责任担当意识决定了良好的学风、舍风、班风的形成，对一个班级的凝聚力起到至关重要的作用。

(4) 教育层面上，要注意科学开导学生干部，提升其服务意识，赋予学生干部领导能力。

三、实施办法

让学生理解什么是学生干部、为什么要当学生干部、学生干部应该具备哪些素质、如何做好学生干部。

(一) 什么是学生干部

学生干部的第一层含义是学生，其次才是干部，学生干部首要职责是服务广大学生。学生干部是日常学习中引领学生思想的主导力量，是班集体运转的核心枢纽，学生干部需要自我组织、自我管理、自我服务。

(二) 为什么要当学生干部

学生干部需要树立正确的世界观、人生观、价值观，抵制功利主义、个人主义的思想腐蚀，应明确“权利”与“权力”之间的区别，不能将“权利”当作“权力”，更不能在日常工作中滥用“权力”；应以服务意识和奉献精神武装自己的头脑，要做到为班集体服务、为班级同学服务，在服务同学、奉献班集体的过程中实现自我成长和自我突破，弄清楚为谁服务、提供怎样的服务，从而学会服务。

(三) 学生干部应该具备哪些素质

1. 学生干部一定要具备责任心

学生干部在日常工作中需要对自己负责，对自己的言行负责，对同学负责，对自己的岗位负责。让责任心融入自己的个人行为、融入工作实践。

2. 学生干部一定要有吃苦精神，敢于啃硬骨头，克服工作惰性、热情减退等消极因素的影响

刚入学的大一新生对学生干部的工作充满了向往，刚开始工作热情高、工作效果明显，随着日常工作事务的叠加和重复，对学生干部岗位的新鲜感减弱，自我成长期

待和职位发展期待值也会随之下降。加之当前大多学生来自独生子女家庭，在日常工作中遇到困难和挫折时，很容易产生放弃心理，责任意识和担当精神需要锤炼。

3. 学生干部要有终身学习的态度

学生干部应树立学习意识，通过在日常基础性工作中学、向书本学、向优秀朋辈学、通过老师引导学，提升学习能力及自身素质。学生干部只有通过不断学习，不断充实自己，才能拥有更广阔的自主选择、决策与行动的空间，才能更好地实现自我。

（四）如何做好学生干部

1. 抓好学生干部礼仪教育

学生干部在日常工作中应学会微笑待人、学会虚心求教、学会用成长的眼光来对待现在的自己。

2. 注重塑造学生的管理能力

基础性工作处理开展之前做到做事的前期有筹备（制定清单）、做事的“中期”有变通（实施清单）、做事的后期有反馈（反复完善清单）。在日常工作中，通过四个时间管理象限来合理规划安排工作，及时和其他的学生干部一起进行经验交流与分享。

四、经验启示

1. 要注重对学生干部的培养和引导

多走近学生，多走近学生干部，深入了解学生和学生干部的具体情况，对于学生干部的成长设置愿景，在学生干部成长的过程中输入管理思维和管理方法，培养和塑造学生干部的领导力，让学生管理能力得到全面激活和提升。

2. 要注重学生干部的服务意识和奉献精神的培养

通过正确的世界观、人生观、价值观的引导，扎实提升服务意识，弘扬奉献精神，倡导学生干部工作新风尚，塑造“有温度”的学生干部，学生干部之间、学生干部与同学之间进行有温度的情感传递。

【作者简介】

杨敏，琼台师范学院学前教育学院学工办主任、学生党支部书记，副教授。曾获海南省高校优秀辅导员、海南省教育系统优秀党务工作者等荣誉称号及2020年海南省自贸港职业生涯规划课教师组三等奖、2021年海南省思政课教学比赛（本科组）优秀奖等奖励。获批2020年海南省高校网络教育名师培育支持计划、2022年海南省高校思想政治工作精品项目。主持省级以上课题3项，参与省级以上课题5项。

姜雅峰，琼台师范学院音乐学院团委书记、辅导员。参与海南省中青年骨干项目1项、海南省省级课题1项，主持校级项目2项、校级一流课程建设1项，为校级思政课名师工作室核心成员。

第30问　如何在特殊时期发挥学生干部作用——疫情期间面临各项考验该怎么办

清华大学　王鹤儒

一、问题阐述

2020年爆发的新冠疫情，是对党和国家的重大考验，也是对我们党团班响应能力的重要考验。在2020年寒假期间得知学生开学无法返校时，我们便预见到带班工作将会遇到一系列困难："如何保证学生的学习效率？如何保证学生的身体健康？如何让学生保持良好的心理状态？如何面对新的考试形式？如何让学生正确认识疫情？"等等。而现实遇到的问题可能比预想的还要困难。

想要很好地克服这些困难，首先需要拥有一个优秀的集体。如何营造良好的班级氛围？如何培养重要班委的工作能力和积极性？如何与学生之间建立起有效沟通？如何解决学生的个性化问题？这些都是我们在集体建设中需要重视的问题。

二、解决思路

一个集体的成员能否齐头并进，核心在于是否能够营造出良好的氛围，而集体的氛围如何，关键在于几个重要班委的工作能力和积极性。我在本科学习阶段就注意到集体中容易出现以下现象：新入学的第一学期班委很有干劲，但推进工作不顺利；而到了高年级学生对竞选班委就变得不积极了。究其原因，新入学时大家对全新的生活充满好奇，都希望能度过一段充实且有趣的大学时光，但没有经验的同学往往会陷入社团工作效率低、无法和学习兼顾的困境。到了高年级，学生适应了大学生活，却认为社团工作内容繁杂、没有成就感。解决这个问题需要辅导员提供更深入的帮助与引导。

优秀的集体由一个个优秀的个人组成，要做好集体建设，辅导员也需要将个人的工作做到极致。作为辅导员，经常让人担心的情况是学生遇到困难不会第一时间想到他们，直到真的出现问题他们才了解到具体情况。这就是辅导员和学生之间没有建立起有效沟通的表现，要解决这一问题，辅导员应适当调整身份，从学生的朋友做起，与学生的沟通从倾听到理解再到帮助与指导，才能最大限度地避免这一问题。

四年的本科生涯，难免有个别同学掉队的现象出现，他们或是因为不适应大学学习节奏，或是中途出现各种变故，抑或是对自己的前途感到迷茫……面对各种原因掉队的学生，我们应坚持因材施教、不放弃每一位学生的原则，用真心帮助每一位学生走出困境。

通过培养优秀的班委、建立起辅导员和学生良好的沟通、不落下一个人的培养，可以说做好了应对突发事件的准备。但当像疫情这样的考验来临的时候，想要很好地克服种种困难，最核心的还是辅导员是否真的希望学生在逆境中也能获得好的成长。这需要我们发挥自己的主观能动性，考虑学生需求，提前做好规划，充分调动班委的积极性，以自身的行动激发起所有学生同舟共济的动力。

三、实施办法

为了做好班委培养工作，我通过入学前的新生骨干训练营，筛选出了兼具社团工作能力与意愿的学生，推荐他们成为班委。也着重观察了其他学生的情况，除意愿强烈的学生外，重点鼓励有能力但有所犹豫的学生要敢于尝试。后续几年的班委换届过程，我也深度参与，鼓励现任班委与班上有能力或有意愿接任的学生提前进行工作交流。这样能在筛选合适接任者的同时，给意愿不强的学生一定的推动力。提早完成工作交接，也能让接任者更好地借助前任经验提早对未来工作进行规划。同时，我也在班委中持续强化“三驾马车”的概念，着重增强党课小组长的使命感与责任心。将党支部活动与党课小组活动深度结合，不断强化理论学习深度的同时，通过党课小组将党支部的影响力更好地投射到班团，也一定程度上减轻了其他班委的压力。

为了更加了解学生，并随时掌握学生动态，我保持了与学生最为密切的接触：四年的工作生涯，我坚持每周串寝一次，不落下任何一次班集体活动，在每位学生生日时都会送上祝福与期望，每年中秋都为班上同学准备月饼……除了日常生活中的陪伴，我也注重细节，除了每周的串寝，还要保证与每位学生每学期开展至少一次深入谈话。我会以“一人一册”的形式对谈话进行记录，这帮助我记住了每位学生的兴趣爱好、思想动态和未来规划等尽可能多的内容。

每位学生都有自己的烦恼，我班上的刘同学在第一学期“机械制图”考试挂科了，但其他课程成绩优秀，这反映出其学习能力较强但少数课程学习不得要领。对此，我认真帮助刘同学分析了原因，提供了针对性的学习方法，并通过说明“一门挂科影响不大，未来成绩进步的曲线更能打动老师”等话语给予了他鼓励。此外，了解到刘同学的竞赛特长后，我鼓励他积极参与竞赛以重拾信心。最终，在恢复信心并找对学习方法的情况下，刘同学重修“机械制图”并获得了A的好成绩。此后，刘同学一路保持着高歌猛进的势头，全面开花，并获得清华大学特等奖学金，成就了一段佳话。

面对突如其来的疫情，我迅速召集班委组织召开了班会，了解班级成员的健康情况，切实解决了部分同学比较紧急的问题，同时号召大家为抗疫事业作出贡献。学习方面，为了应对疫情导致的懈怠感与交流不畅问题，每一门专业课都选出一名课代表并建立课程群，提醒同学们按时上课并定期将同学们一段时期内的学习成果以抽查的形式在群内展示。此外，为了帮助学习吃力的学生，同时考虑保护学生隐私，我作为中间人将班内的16名同学组成了8个帮扶对子，并进行长期监督。这一措施得到了非常好的反馈效果，使得班级大二学年平均绩点跃居年级第一。我带领班级开展了题为“战‘疫’学习两手抓”的主题团日活动，普及了有关新冠病毒的知识，也增强了同学们抗击疫情的信心和决心。在我的带动下，班级多位学生捐赠了医疗物资及现金，多位学生参与到核酸检测数据录入、“春霖行动”等志愿活动之中。为了丰富学生疫情中的生活，我带领班级举办了“诗词雅集”活动，通过知识竞赛、“飞花令”、观看视频、线上游戏等丰富多样的活动，缓解了疫情带来的疏远感，也促进了学生们的全面发展。体育锻炼方面，我鼓励并参与录制了“云端锻炼”视频，丰富大家的锻炼形式，缓解因疫情带来的负面情绪，该视频在清华新闻网上发表，引起热烈反响。此外，我督促体委每周都组织云上体育比赛，一学期中共计152人次参与，大大增加了班级学生在家锻炼的热情。到了学期末，为了让大家更好地面对线上考试，我组织了班级学生开展考前动员，签订“守纪公约”，使得每位学生都顺利通过考试。

最终，在合理的规划、良好的落实、共同的努力之下，我带的班级顺利度过了疫情居家学习的学期，并荣获了清华大学甲级团支部、清华大学抗疫先进集体等荣誉。

四、经验启示

疫情对辅导员的工作产生了非常大的影响，不论积极还是消极的影响都需要我们深入地总结与反思。疫情的冲击确实暴露了我们平时工作中的一些问题，对此我们都需要有针对性地进行改进；疫情中我们灵活变通取得的积极成果，同样需要继续保持并予以发扬；更关键的是我们需要一开始就在平日的工作中打好基础，为突发的紧急情况做好准备；同时，时刻保持对工作的热忱，在任何情况下都能肩负起育人的责任，这样才能对得起“辅导员”这个称谓赋予我们的使命。

学生们不断成长，辅导员的工作也不会停下，希望全国各地的辅导员们携手，为祖国培养出更多的优秀人才！

【作者简介】

王鹤儒，2018—2022年担任清华大学“航81”班带班辅导员，2020—2022年担任清华大学航院“航8”党支部书记。所带“航81”班曾获首都大学、中职院校“先锋杯”优秀团支部，清华大学抗疫先进集体，庆祝中华人民共和国成立70周年活动先进集体，清华大学甲级团支部等荣誉；“航8”党支部曾获清华大学先进党支部等荣誉；个人曾获全国航空航天知识竞赛第三名、清华大学综合优秀奖学金、清华大学社会工作奖学金、清华大学新生奖学金、清华大学学生军训先进个人等荣誉。

第31问　如何做好新时代毕业班管理工作——面对“毕业班现象”“空巢现象”怎么办

赣南师范大学　胡　婧

一、问题阐述

毕业班学生作为高校日常管理的特殊群体，处于步入社会与学校学习的过渡期，这一群体常常出现所谓的“毕业班”现象、“空巢”现象等，为高校学生管理工作增添不少压力与挑战。站在新时代的起点，面对“两个大局”，高校毕业生面临很多新的问题与风险，无论是新冠疫情，还是逐年严峻的就业市场，都对高校毕业班管理工作提出更高、更细、更严的要求。

（一）教务工作推进难

针对毕业班学生就业、实习等因素，不少高校的教务安排做了较大改动，不少赴外地实习的同学的毕业设计、毕业论文答辨、专业资格证考试等环节操作比较繁琐，学业清查需要补考、缓考的同学也不便开展考试。

（二）学生就业困难多

毕业班课程较少，大部分专业课基本结课，学生自主支配时间较多，很多学生忙于在外地实习、找工作，无法长期固定待在校园内。这种情形下，一是毕业生无法与用人单位直接沟通，降低了就业信息畅通度；二是线下招聘应聘会因疫情等特殊原因不能正常进行，很多学生难以及时回校参加，大大降低了就业成功率；三是疫情背景下很多社会人士加入与毕业生共同竞争的市场，增大了就业困难。

（三）学生思想波动大

高校毕业班学生处于学校与社会的衔接阶段，因毕业季就业、学业等方面压力大，其思想容易产生波动，引发一系列的生理和心理问题，其中通常出现的有：一是学业挫折，如学业清查未过、研究生考试失利、专业资格考试受挫等，导致无法正常或顺利毕业；二是人际关系问题，如临近毕业分手频发，长期的感情依赖中断导致学生易出现情感波动，此外宿舍矛盾也常在此阶段激化，往往是前几年交往过程中积累的矛盾集中爆发；三是就业不顺，当前大环境导致的就业压力对其产生较大影响，从而有逃避退缩、怨天尤人等情绪。

（四）日常管理效率低

毕业班学生对学校（院系）的规章制度比较熟悉，容易产生“老油条”现象，纪律意识下降。同时，毕业实习（毕业设计）、就业工作等环节的特点决定了学生个体活动增多，自主性大，在学校的时间短，班级集体相处时间少，导致部分班级集体凝聚力下降，工作落实效率低。

二、问题分析

（一）人才培养模式不够完善

高校大部分专业主要课程都安排在非毕业年级，而毕业年级课程学习相对轻松、所要修的学分较少，一则学生在校时间较宽裕，失去了前几年学习生活的紧迫感；二则很多学校将实习阶段安排在毕业年级，学生大部分时间不在学校，信息沟通流畅度不高，管理不便。此外，很多专业仅仅注重专业技能的培养，在思想道德、就业素质等综合能力培养方面有待提高，不能满足市场上对人才的综合能力的需求。

（二）就业形势日趋严峻

近年来，高校毕业生就业市场竞争逐年加剧，新冠疫情严重打击了国内众多大中小型企业，企业复苏需要时间，就业需求和岗位提供不成正比，增加了高校大学生的就业难度。就2022年而言，高校毕业生人数达1076万，较上年增加167万人，再创历史新高。随着高校逐年扩招，高校毕业生每年的就业人数还在趋于增长。这无疑增加了毕业生的就业压力与就业难度，也对高校毕业生就业和管理形成了更大的挑战。

（三）学生思想意识有待加强

在毕业生管理过程中，不少辅导员会发现班级凝聚力下降、学生沟通不畅、学生思想起伏较大等问题。这些其实都源于前期思想教育工作做得不到位,在学生非毕业年级时就需全过程做好就业指导、职业规划、心理疏导、专业引导等工作,让学生在毕业年级遇到问题时有心理准备和应对办法。同时,很多辅导员鉴于学生已处于高年级阶段,主观认为其思想意识各方面较成熟而放松管理,殊不知不同阶段学生会有不同的思想和心理变化,辅导员依然要全过程坚守思想政治教育主阵地。

三、实施办法

(一) 应用"互联网+"做好毕业就业指导

利用新媒体转变传统就业观念。例如,受新冠疫情的影响,学生不便于进行线下求职和辅导,为保证就业效果,可通过线上社交媒体对毕业生开展一对一指导、团体辅导、视频讲座等,同时开展专题指导,如简历制作、求职沟通、面试考核等。此外,还可对学生进行线上求职评估,帮助学生确定职业方向。

(二) 利用"大数据"信息精细管理与帮扶

在毕业年级日常管理工作中,经常需要短时间内摸排一些信息,但毕业年级空巢化现象导致快速联系学生有难度,工作落实效率低。毕业年级可通过建立台账依托大数据收集学生基本信息,如返校情况、目前地址、就业意向、学业情况等,进行精细分类。同时,就业方面,也可通过就业意向库对应市场需求进行一对一推荐,提高就业成功率。

(三) 运用"三全育人"合力保障毕业管理工作

1. 强化"全员"协同育人机制

建立专业教师、班主任、辅导员、行政人员、家长等合作模式,共同提升毕业年级教育管理实效,如在推荐就业工作时专业教师可结合专业发展为学生进行更有针对性的指导,而家长也需共同了解就业形势、转变就业观念,一同做好学生的就业导向教育。

2. 优化"全过程"毕业就业指导

毕业就业指导应贯穿大学全程,从新生入学就启动,即根据不同年级、不同层次有针对性地制定毕业就业指导计划。在低年级开设职业生涯规划教育,使其能正确认识自身优劣势以及专业发展情况。针对高年级开展就业指导，树立正确的就业意识，明确个人职业定位。在毕业生的中后期，需要强化精细的就业帮扶工作。

3. 完善“全方位”毕业就业体系

建立第一课堂与第二课堂有效衔接的全方位毕业就业指导体系，开设“大学生职业生涯与就业指导”“大学生创新创业”“考研辅导”等毕业就业类课程的第一课堂。此外，学校还要拓展相应第二课堂活动，帮助学生在实践中明晰职业定位和未来发展，并且强化理想信念教育，如“创新创业竞赛”“职业规划大赛”“简历制作大赛”等。

四、经验启示

针对毕业生管理问题，要由表及里看到症结、剖析本质，并由点及面关注特殊及需要关照的群体。虽然毕业生管理不是新问题，但处在新时代大背景之下，毕业生管理却逐年面对新的挑战与风险，从新冠疫情防控到就业政策变化，虽然时代在变，但万变不离其宗，辅导员要始终“围绕学生、关照学生、服务学生”，做好思政工作主攻手、学生管理主导者以及学习成长的主心骨，为新时代高校人才培养保驾护航。

【作者简介】

胡婧，赣南师范大学专职辅导员。曾获江西省大中专学生志愿者暑期“三下乡”社会实践活动优秀指导老师荣誉称号及江西省高校公共安全教育骨干教师教学能力展示活动一等奖、江西省学校共青团“微团课”大赛决赛(团干组)二等奖、江西省第八届辅导员素质能力大赛一等奖等。曾指导学生参加“井冈情·中国梦”全国大学生暑期社会实践专项活动，并荣获“优秀团队”“优秀课题”等荣誉。

第3篇

学风建设

第32问　如何打造常态学习氛围
——班级缺乏主动学习意识、学习效率低怎么办

成都理工大学　杨　毅　何雨峰　吴　强

一、问题阐述

学风是一所大学的灵魂，是高校办学思想、教育质量和管理水平的重要标志。党的十八大以来，以习近平同志为核心的党中央对高校思想政治教育工作高度重视。习近平总书记在党的二十大报告中指出："我们要办好人民满意的教育，全面贯彻党的教育方针，落实立德树人根本任务，培养德智体美劳全面发展的社会主义建设者和接班人。"学风建设是高校教育工作更是高校学生工作永恒的主题，辅导员是大学生思想政治教育工作的骨干力量，是大学生成长成才的指导者和引路人，在学风建设中肩负着义不容辞的责任。

二、解决思路

学风建设的重要性不言而喻，现实中往往学校和老师很重视，学生参与的积极性却不高。究其原因，开展学风建设的方式方法"沉闷无趣""形式单一"等是共性问题，让学生"想说爱你不容易"。为了使学风建设真正入脑入耳入心，让每位同学自觉参与到学风建设中，成都理工大学"地质之光"辅导员工作室经过认真的思考和探索，形成了"学风建设月＋班导师领航计划"的学风建设模式。

三、实施办法

（一）活动设计和开展

1."学风建设月"持续营造良好的学习氛围

工作室把每学期第一个月作为"学风建设月"，帮助学生扣好新学期学风建设的

"第一颗扣子"。集中开展七大主题活动：

一是思想建设领学风，通过广泛开展"扬求是新风，树学风新貌"主题班会、团日活动，引导学生做优良学风的践行者。

二是课堂管理正学风，采取"班级自查＋辅导员抽查"方式，对上课情况进行检查，将检查结果纳入学生评优评奖评助考核。

三是习惯养成促学风，坚持在低年级学生中开展"早点名""晚自习"活动，评选"月晨练十佳学生""学期晨练之星"并予以表彰。

四是文化活动育学风，立足专业特色，开展"地球科学文化节"，弘扬地质人"三光荣"精神。

五是榜样效应树学风，通过遴选在学业成绩、科技竞赛、文体活动、考研、就业等方面取得优异成绩的学生开展"青春榜样"宣讲会，分享求学经历、奋斗故事。

六是文明宿舍创学风，开展"党员宿舍"建设、"周三集体劳动日"、"文明宿舍"创建等活动，每周颁发安全卫生宿舍流动红旗。

七是师生共谈倡学风，以专业为单位开展"师生面对面"学风建设专题座谈，拉近师生距离，凝聚共识。

学风建设月结束后，查课、查寝、早锻炼、宣讲会等活动将贯穿整个学期，同时，体现学风建设月成果的展板在学院楼前、公寓楼下时刻提醒着同学们保持良好的学习习惯。每学期"学风建设月"活动不断推陈出新，"班级风采展""最美笔记本大赛"等为学风建设注入新元素，让学风建设与学生的日常学习生活融为一体。

2. "班导师领航计划"为学风建设保驾护航

充分发挥优秀专业教师在学风建设中的引领作用，为专业教师和辅导员搭建全面沟通交流的桥梁，促进教学工作和学生工作形成教育合力。在学院的大力支持下，工作室推出"班导师领航计划"，构建起"三个一"班导师领航计划实施模式：

第一个"一"即构建一个制度保障，在充分调研和征求学院、专业教师、辅导员和学生意见的基础上，制定《地球科学学院本科生兼职班主任（班导师）工作条例》，明确班导师的选拔条件和程序、工作任务、考核和待遇，解决了学业导师"做什么""怎么做"等问题。

第二个"一"即做好一个工作记录，制作《地球科学学院本科生兼职班主任（班导师）工作手册》，记录内容包括学期工作计划与总结、班会记录、学生来访记录、工作心得等，既方便班导师开展工作，也对其履责情况起到有效提醒和监督的作用。

第三个"一"即打造一个活动体系，线上活动有"班导风采""班导推荐书单"等，线下活动有"班导课堂""班导咨询室""班导沙龙""班导工作研讨会"等。这些学生喜闻乐见的活动形式，使班导师的工作变得生动活泼，大大提高了学生参与的兴趣，在潜移默化中起到推进学风建设的作用。

（二）活动成效

1. 形成全员育人的良好机制

学风建设月中，专业教师充分发挥课堂阵地第一责任人作用，班导师工作条例细化了谈心谈话、参与班级活动等工作内容，激发了专业教师在人才培养中的积极作用。班导师与辅导员的合作日趋成熟，教学工作和学生工作这两支教育力量在互相理解、支持和配合下逐渐形成育人合力。

2. 教风和学风明显改善

活动开展以来，一方面专业教师的责任意识、积极性明显增强，主动参与班级活动，主动为学生科技立项、专业竞赛担任指导老师，教风更优。另一方面学风明显改善，大一、大二学生早晚自习、早锻炼参与率，参与“地科讲坛”等学术活动的积极性均大幅提高。

3. 学生综合素质明显提高

在学风建设月和班导师领航计划持续推进下，学生考研率不断提升，涌现出多个全员考取研究生的学霸宿舍，学生高水平学术论文和学科竞赛获奖等逐年攀升，在“互联网＋”大学生创新创业大赛、全国大学生地质技能竞赛、全国大学生GIS应用技能大赛、全国高等学校大学生测绘技能大赛、李四光优秀学生奖评选中不断斩获佳绩。

四、经验启示

（一）制度筑基——学风建设体系化

1. 推进齐抓共管的协同制度

形成领导牵头，自上而下，专业教师与辅导员协力的学风建设机制，杜绝学工与教务两张皮，确保一张蓝图绘到底。

2. 建立过程导向的督查制度

组建督查小组，以学生为主体，以过程为导向，建立辅导员检查、学生骨干协查、学生自查等多种形式的督查制度，并配套奖惩机制、整改机制。

3. 建立多重主体的保障制度

以辅导员为主力，强化思想政治教育，推进学风引导做前做全做细。以专业教师为主导，强化师德师风建设，以教风带动学风。

（二）活动铸魂——学风建设多元化

1. 文化活动打底色

活动中不断融入红色文化、社会主义先进文化、优秀传统文化等元素，让学生在沉浸式体验中汲取精神营养，从思想根源强化作风，营造优良学风。

2. 科技活动有特色

活动充分结合学科特色、专业特色、学生青春特质，以同学们喜闻乐见的方式呈现出来，让有意义的活动变得有意思。

3. 实践活动提成色

活动不断强化实践性、操作性，让学生真正参与进来，不仅要入脑入耳入心，还要出口出手出招，在行动中学思践悟，变被动参与为主动参与。

（三）赋能增效——学风建设常态化

1. 动态常新

辅导员要围绕是否落实到学生日常学习生活来设计学风建设活动，制度常用、活动常办、学生常来，让学生在“月月有主题、周周有话题、天天有动态”的学风建设中养成良好习惯。

2. 阵地常在

辅导员要推动线上线下文化阵地建设，以学生喜闻乐见的话语体系，构建起网络文化社区和青年文化之家，让优良学风成为师生们看得到、摸得着、对标做的行为日常。

3. 大门常开

辅导员要走出去、请进来，借鉴学习兄弟院校的好做法，搭建兄弟院校、校企、校地的资源共享朋友圈，共建共享学风建设大平台。

【作者简介】

杨毅，成都理工大学地球科学学院党委副书记，国家职业指导师，成都理工大学“地质之光”辅导员工作室主持人。负责成都理工大学地球科学学院四川省“三全育人”综合改革试点院系申报和建设工作。作为主要完成人之一获四川省教学成果三等奖，获四川省高校学生思想政治工作研究会优秀论文三等奖。主持多项校级思想政治特色项目、辅导员精品项目。

何雨峰，成都理工大学“地质之光”辅导员工作室成员。参与编写图书《新时代共青团工作做什么怎么做》，带队获得全国暑期社会实践优秀团队奖、“互联网+”大学生创新创业国赛铜奖。

吴强，成都理工大学“地质之光”辅导员工作室成员。参与成都理工大学地球科学学院四川省“三全育人”综合改革试点院系申报工作。

第33问　如何推动学生互助帮扶学习
——学生不与其他学生为伴怎么办

杭州电子科技大学　何照清　赵天鹏

一、问题阐述

古语云:“三人行,必有我师。”成长是“人点亮人”的过程。对学习而言,不仅发生在师生之间,更好的学习也许发生在朋辈的互帮互学中。

现实中很多学生的学习还停留在“课堂—作业—考试”的模式中,检验学习成果的方式单一;在“知行合一”上缺乏有效的实践;研讨式或者交流式的学习不能自发形成。以上现象的学习,学生之间很难实现“知识的交换”或者“认知的拓展”,一旦遇到困难很难凭一己之力在短时间内破解,或者对合作式的工作难以胜任。

坚毅的前行,不仅靠自我的努力,更要善于借助组织的力量。如何激发朋辈之间互帮互助的学习动力,打破“学习的孤岛”现象,在现实的学生工作中已刻不容缓。

因此,如何从学生发展需求出发设计方案,利用数字化手段深究痛点的共同性,时刻分析和反馈以提升实际效能,激发学生需求和提升学生能力互补,形成活泼向上的新风气,是一个值得研究的新思路和新探索。

二、解决思路

学习的过程可以简单地描述成信息的输入、消化、输出三个环节。在观察学生学习的过程中,我们发现:学生在“输入”和“消化”环节接受的锻炼和监督比较多,比如,监管课堂出勤,布置和批改作业等。但在“输出”这个环节中,非常单一,除了所有学生都要面对的“期末考试”,能把“输出”环节落实在平时,并且做到多数覆盖的策略比较少。

在与学生的接触中,我发现他们在学习和成长的过程中会遇到三种困境:① 很孤单,找不到志同道合的人(学习需要陪伴,需要交流);② 很闭塞,不知道去哪里寻找资源(学习缺乏资料或渠道);③ 很单一,不知道高效率的学习方法是什么(学习需要科学的方法)。基于学生学习和成长的困境,可围绕“学习”这个主题,以培养能力为导向,以激发学生自主性学习动力为目标,设计激励制度和评价体系。

“互联网+学习”的方式在疫情背景下得到爆发式普及,越来越多的学生在网络上寻求教学资源,同时也能结交到同专业或者不同专业领域的大咖、高手,找到学习的乐趣。“互联网+学习”的方式,不仅能够提供资源,还能解决另一个需求——社交。网络学习中的社交,能够让学习者基于自愿原则,结合兴趣和成长需要结成一个群体,共同分享学习成果,一起成长。

基于以上分析,我找到促进学生学习的三个突破口:以引导“输出”为核心,紧紧围绕需求困境,同时以满足“社交”功能为目标设计学习模式,构建数字平台和数字化检测体系,切实让学生感受到学习的幸福感和成就感。

三、实施办法

(一) 引入“共同体”概念,对标需求,分步实施

1. 共同体1.0:学习共同体,营造学生学习氛围

以“老带新”为切入口,以提升学生课程考核通过率为目标,同时培养学生语言学习的习惯。首次发布“学习共同体倡议书”,建设“课程学习共同体”和“语言学习共同体”,并辅以激励政策——以每组共同体(10人内)课程考核不挂科为基础,按照绩点提升幅度给予奖学金评价加分,语言以四六级通过率为基础,对应给予奖学金评价加分。本共同体模式实施2年,学生挂科率从大一上的15%下降至大一下的8%、大二上的5%左右;英语四级通过率至大一结束为92%。

2. 共同体2.0:成长共同体,全面响应学生需求

共同体模式实施2年,得到学生的响应和认可,在各种评优汇报中,学生以参加“共同体”为荣。但共同体的建设类型显示出局限性,且其组建及实际操作环节效率过低,评价监督困难重重。为满足更多的学习需求,克服共同体发展瓶颈,我们将“学习共同体”升级为“成长共同体”,除“课程学习共同体”“语言提升共同体”外,重磅推出“竞赛科研共同体”“实践训练共同体”“兴趣拓展共同体”。同时,全面设计“成长共同体”,构建资源分享、共同体介绍、组队指导、过程监督、期末评价等一体化数字平台。实现年级、班级间(或班级内),不同专业间(或同专业内)的自由组合,初步解决“学而无友”“学而无资”“学而无法”的多重困境,充分发挥各类学生的特长,切实提升各类学生的自我学习能力,并从中得到益处。

3. 共同体N.0，迈向学生成长新未来

每个学生都能在某一方面取得成功，甚至成才。但在这之前，他们所需要的是一个平台或者持续的鼓励和指导。学习共同体会持续地探索，围绕学生需求训练学生能力，不断引入新要素，以促进学生学习为根本目的，并努力扩大和丰富“学习”的内涵，促进学生自主自发地学习和提升，帮助学生迈向新的未来。

（二）构建多元激励机制，引导学生广泛参与

1. 制度层引领

为鼓励和引导学生参与，一开始便将“共同体”激励政策纳入了学生综合评价中，给予一定的积分奖励。

2. 评价层参考

涉及党、团等个人评优，或者集体评价时，将共同体参与度作为一个参考指标。

3. 道德层鼓励

强调和建设党员和团员先锋岗，积极发挥优秀学生的力量，形成氛围。

4. 平台层奖励

在成长共同体数字化平台上，纳入知识分享和参与共同体积分机制，以及活跃度计算，形成积分和活跃度排名，对排名靠前的学生给予一定的物质奖励。

四、经验启示

（一）树立“上游思维”，着重解决“根部问题”

学习是系统工程，需要形成闭环管理和引导。丹·希思在《上游思维》一书中将“上游的努力”定义为：在问题出现之前就预防问题的发生，或者说，系统性减少问题造成的危害。学风的营造不只发生在课堂上，更体现在和“学习·成长”相关的每个环节。因此，抓考勤，把学生“摁”在课桌上；改习惯，把学生“拖”出宿舍楼；搞活动，让学生“忙”起来，这些头痛医头、脚痛医脚的做法收效甚微。学习的过程至少涉及知识的“输入—消化—输出”三个环节，必须从系统上形成闭环，才能找到促进学习的全要素解决途径。因此，要系统性思考，真实面对学生在学习过程中遇到的各种困境，在课

堂内外，形成引导合力，从根本上减轻问题造成的不良影响。

（二）牢抓“底线意识”，全力引导学生自主性成长

好的教育有很多种表现形式，但坏的教育都有相同特点——管得太多，限得太死；担心过度，手伸过长。时常在公众号里看到对于中小学阶段家长过度约束孩子，继而到了大学阶段学生在约束放松的环境中变得一塌糊涂的事例。这些可能是实例，但肯定不是普遍事例。我们要相信学生的潜能，认可学生的创造性、积极性，肯定学生的行为合理性，在保持不越底线的情况下，全力营造良好环境和持续引导学生自主性成长。

（三）直面“客户需求”，深刻理解学生成长之困

每个学生的认知能力及遭遇的困境都是不一样的。面对和解决这些问题，仅有教师的力量是单薄的，或许有的问题所指向的需求根本就不是真需求。因此，在理解和探讨学生的学习之困时，要进行“面对面”的交流，形成客观的需求分类；在解决问题时，充分挖掘学生之间的“需求交集”“需求互惠”“需求互补”，在教师的宏观或者个性化指导下，深入真需求，形成稳合力，解决新问题。

（四）倡导“数字赋能”，推进科学教育和专业管理

面对复杂且多变的学生需求，除了转变教育和管理思维，更要提高专业服务和指导的效能。这就需要紧随时代特点，创造性运用“数字化”工具，或者设计数字化系统，进行监管和分析，不仅提供“服务性”的咨询，还要提供“专业化”的分析和指导。线上采集、监管和分析，线下精细化、个性化的指导和反馈将是未来教育管理的新走向和新模式。

【作者简介】

何照清，杭州电子科技大学学生处副处长，副教授，澳大利亚国立大学访问学者。曾获第十三届全国高校辅导员年度人物提名、浙江省高校优秀共产党员、浙江省辅导员年度人物、浙江省优秀教师暨省高校优秀辅导员、G20峰会优秀志愿者等荣誉称号及浙江省高校辅导员优秀博文评选一等奖等奖励。工作事迹和育人成果受到中央电视台、《光明日报》、《中国教育报》、《新华日报》、《浙江日报》、《浙江教育报》等媒体报道。

赵天鹏，杭州电子科技大学党委宣传部（教师工作部）思想政治科科长，讲师。国家二级创业指导师。曾获浙江省资助育人积极分子荣誉称号及浙江省高校辅导员工作案例大赛二等奖。

第34问　如何增进师生交流互促
——师生之间缺乏沟通、学生学习力不足怎么办

四川传媒学院　陈　亮　唐　杰　赵　芬

一、问题阐述

小青，女，19岁，美术生，专业成绩优秀，高考时专业成绩高达264分。小青家庭贫困，父母离异，进校后未能及时找到专业发展方向，且在日常表现中有沉默寡言、精神涣散、注意力不集中等情况。据其舍友反馈，她经常将自己封闭在宿舍中，不愿与其他同学沟通，还会整夜失眠，行为上也出现了旷课、不参加学生活动等情况，平时很少和老师进行沟通，导致专业学习力不足。

2020年6月，小青将其治疗心理抑郁的精神类药物超20倍吞服，经及时送医，成功挽回宝贵的生命。小青休学半年，完全康复后返校。辅导员及时与小青结对子，竭力帮助她克服因家庭贫困产生的自卑感；引导她积极参与实践，帮助她加入工作室；引导其积极和专业老师沟通，激发专业兴趣。此时四川传媒学院正在开展《我的父亲焦裕禄》电影的后期制作人员招聘，辅导员积极组织班上同学参与应聘，包括小青在内的86名同学成功入选。大学毕业后，小青在一家知名企业就业。

二、解决思路

此案例反映的是学生自身能力未能得到合理的展示，不能正确认识自己、摆正心态，负面情绪一直积聚导致罹患抑郁症。学生在情绪认知偏差的影响下自我封闭，最后完全否定自己，进而错误地以自杀来求解脱。

现在学生常说自己"社恐"，不愿和人交往，更不愿与老师交流，面对学习能力不足的压力往往会选择逃避，这是一种很危险的心态，小青的情况就是如此。如何有效地提高学生的兴趣、加强学生和老师的沟通、促进学生找到专业学习的兴趣、使学生充实起来、避免心理问题的发生是一个必须面对与解决的问题。在做好心理疏导的同时，辅导员、专业老师双方联动在进行专业实践的过程中有效地开展思想政治教育

尤为关键。

三、实施办法

（一）“制影”：磨炼专业技术，加强学风建设

很多辅导员都有深陷各种事务性工作的情况，每天和学生谈话、查课、查寝、与学生家长沟通、填报各种数据等是辅导员的日常工作。对每天的工作内容进行详细记录，如学生到课情况、与学生谈话情况、走访学生宿舍情况、与学生家长交流情况等；从教室到宿舍，从图书馆到自习室，从体育场到食堂，从学生群到家长群，思政教育、学业引导和服务关爱等都无缝衔接。这样无疑能将学生管理得很好，也防止了安全事故的发生，但怎样实现从“管住”到“带好”的跨越、怎样加强师生之间的沟通、怎样加强学生的专业学习又是新的挑战。

大多数辅导员都会通过开展大量活动让班级同学“忙”起来，如辩论赛、演讲比赛、个人风采大赛等。可有的活动并不能因地制宜，对于“00后”学生而言并不具有吸引力，他们更在意专业学习，却苦于找不到与专业老师沟通的机会、缺少实践的机会，因而自暴自弃，甚至出现了小青的案例。

在小青的案例中，“00后”艺术生学习的痛点也展现出来，他们愿意用更多时间在实践中锻炼技能，非常愿意参与各种实践，但往往缺少师生沟通和实践机会。2020年，四川传媒学院将与相关单位进行电影制作合作的消息一传出，小青的辅导员便在其所带的225名学生中宣讲，开展后期制作能力的比赛，用很多场专业比赛磨炼他们的专业能力，在班级形成了浓浓的学习氛围。同学们打趣说：“最近忙飞了，但很爽，没想到专业知识能这样快地进步。”后期电影导演组到校选拔学生，有86名学生成功入选。

（二）“观影”：润物无声地开展思政教育

“为培养社会主义建设者和可靠接班人而努力奋斗”是辅导员入职誓词的内容。在小青的案例中，辅导员通过一系列影视作品的后期制作人员选拔，发现同学们的学习积极性提高了起来，但怎样润物无声地进行思政教育以加强师生之间的沟通？“课程思政”能够很好地解决这个问题。“课程思政”不应该只是单单在课堂上进行，而应该时时刻刻开展，学生在专业能力的锻炼中更能有效地开展思政教育。影视作品的后期制作对学生来说，既是一次难得的实践机会，同时也是一堂宝贵的思政课堂。恰逢党史学习教育、庆祝建党100周年和党的十九届六中全会胜利召开，辅导员将学习

"焦裕禄精神"与党史学习教育和庆祝建党100周年活动紧密结合，利用班会、专题学习会、主题观影会等形式，让同学们边学习、边制作、边讨论"焦裕禄"精神，同时接受更多的"四史"教育，收到了良好的效果。

2021年8月6日，《我的父亲焦裕禄》登陆院线，该班级学生均主动走进影院观看该片。主旋律影片能如此受"00后"欢迎，既让人感动又令人意外，"课程思政"的效果初步体现。8月中旬，该班级学生自发组织了一场"传承焦裕禄精神　争做新时代青年"的线上主题观影交流会。在交流会上，学生们踊跃发言，一位学生说："在参与影片后期制作的过程中，对故事的梗概有所了解，但在电影院看完成片后，仍然无比激动。作为当代大学生，应该主动弘扬焦裕禄精神，有理想、有担当，为实现第二个百年目标努力奋斗。"

通过一系列生动深刻的思政教育活动，班级学生全部递交了入党申请书，12人光荣入党。

（三）"学影"：影响一群人，带动一群人，让更多学生受益

如何影响更多的学生，带动更多的师生交流，加强专业互动？辅导员要做好这方面的工作，必须有思考、有创新，努力做到与时俱进。学院依托"成都影视硅谷"协同育人平台，让学生们在积极参与实践项目的同时，将专业知识的学习和思政教育紧密地融合在一起，充分发挥辅导员的能动作用，"师生协同""课程思政"育人模式初见成效。

"让思政教育润物细无声地融入学生的专业能力培养中"的课程思政课旨在让专业老师、辅导员在学生专业实践中开展思想政治教育，充分利用红色资源，把革命传统教育融入实践育人工作体系，切实提升教育的实效性，共同上好课程思政课。学院结合学校人才培养目标，真正了解学生所需，及时为学生成长成才提供服务，落实"围绕学生、关照学生、服务学生"工作理念，把学生培养成德才兼备、全面发展的人，树立"课程思政"育人模式品牌。

依托上述措施，学院创建了"智慧导语-课程思政-辅导员工作室"，工作室开辟了"课程思政""赛事推荐""榜样人物""公益讲座"等四个板块，累计网络发文70余篇、累计点击量破万。工作室和哈尔滨师范大学"新时代　新青年　新担当"辅导员工作室联合承办的"弘毅讲坛"、和成都信息工程大学"博雅心语"万娟名辅导员工作室共同承办的"感恩告白　有爱就要大声说出来"以及和"高校辅导员工作室"共同承办的"辅导员心理健康教育提升营"等一系列活动，全国累计有数十万大学生及数千名辅导员参与其中，受到了全国大学生和全国辅导员同仁的一致好评。

四、经验启示

作为一名辅导员，如何加强学生和专业教师的联动，同时落实课程思政教育任务？四川传媒学院创建了“成都影视硅谷”协同育人平台，开展了“制作电影融入专业用技术，观看电影融入自己谈体会，学习电影融入精神学榜样”品牌活动，形成了“制影、观影、学影”三步法思政育人模式，让思政教育润物细无声地融入学生的专业能力培养中。

辅导员应有效地利用这样的平台将师生互动和思政教育紧密地融合在一起，让学生真正地忙起来，这是加强师生互动的一种途径，同时也是让思政教育润物细无声地融入学生专业能力培养中的有效途径，是打通课程思政最后一公里的有效路径。

【作者简介】

陈亮，四川传媒学院智慧广电学院党委副书记。曾获第六届全国民办高校优秀辅导员荣誉称号及第七届四川省辅导员年度人物提名奖。近三年出版专著5部、教材1部，获批计算机软件著作权2项，主持省部级课题2项、校级课题3项，发表CPCI论文2篇。

唐杰，四川传媒学院党委常委、学工部部长，副教授。从事学生工作近20年。

赵芬，四川传媒学院数字媒体与创意设计学院党总支支部书记。近3年出版专著3部、教材1部，参与课题2项，发表CPCI论文2篇。

第35问　如何提高学生学习诚信度
——学生出现考试作弊、学术不端怎么办

北京交通大学　马　晓

一、问题阐述

学习是大学生的主要任务，提高学习诚信度是大学生的必修课。但在高校中，大学生考试作弊、学术不端等学习诚信行为失范现象屡见不鲜：有的学生在平时作业、实验、课程设计、实习、毕业设计（论文）等实践环节或其他教学环节中存在剽窃、抄袭或伪造数据的行为；有的学生通过夹带小抄、考场传递纸条或者携带电子设备存储答案等方式进行考试作弊；有的学生在学位论文、公开发表的研究成果中存在抄袭、篡改、伪造等学术不端行为，甚至出现代买、代写论文和替考等行为。

这些学习诚信行为失范现象，严重影响了学校的教学秩序，影响了大学生群体素质和教育教学质量，甚至部分学生学习诚信行为失范在网络上引发舆情发酵，对学校造成不良的影响。学生也会因学习诚信行为失范面临口头批评、警告、严重警告、记过、留校察看甚至开除学籍等处分；参加国家教育考试时出现作弊行为甚至会触犯法律，影响学生个人未来发展。

二、解决思路

大学生出现学习诚信行为失范，除受社会不良现象的影响或者学校教育管理不到位等因素的影响外，自身还有以下几个原因：

（一）心粗胆大，纪律意识不足

各高校对于学生学习规范和学术规范都有严格要求。一部分学生因对相关规范了解不足，造成学习诚信行为失范，如不懂得文献引用规范，平时作业或者毕业论文中出现查重率高等现象，易被认定为剽窃或者抄袭；另一部分学生对学习诚信行为失

范的后果了解不够，纪律意识不足，铤而走险，产生不良行为。

（二）心余力拙，自我要求过高

在大学学习生活中，学生若无法正确处理来自父母的期望和自身的期待，往往会对自己施加过多压力。当自己能力无法实现理想学习效果时，一些学生出于内疚的心理，担心真实成绩会让父母失望，难以面对付出努力和心血的父母；有的学生出于恐惧心理，担心父母责备或者责罚；还有部分学生争强好胜，无法承受挫折。以上这些人可能会通过学习诚信行为失范弥补个人能力的不足，以期达到理想的结果。

（三）心存侥幸，意图不劳而获

大学生活是多样的，学生可自行支配的时间较为灵活。部分学生因日常自我要求不严格，沉迷于游戏或玩乐，无暇学习；部分学生干部因忙于团学组织的工作，未平衡好学习和工作，出现学业困难。面对学业压力，学生心存侥幸，意图不劳而获，可能会产生抄袭、作弊等学习诚信行为失范。

（四）心术不正，盲目追名逐利

目前对大学生的评价标准为德智体美劳全面发展，但在综合素质评价和评优评先工作中，学习成绩往往是最重要的部分；并且在免试推免研究生时，学生科研情况将被作为重要参考依据。因此，一部分学生受到利益的诱惑，可能出现学习诚信行为失范情况。

辅导员在处理学生学习诚信行为失范过程中，要具体问题具体分析，要秉承“处分与教育并重、批评与关爱并重”的原则，“惩前毖后、治病救人”，帮助学生认识错误、承担后果、重拾信心、奋勇向前。

三、实施办法

学生出现学习不诚信行为后，处罚学生只是手段，育人才是目的。辅导员在处理过程中，应充分利用社会心理学效应，帮助学生顺利渡过难关。

（一）陪同关爱，平稳处理

学生出现学习诚信行为失范后，辅导员在配合相关部门进行情节认定和处分时要发挥“自己人效应”,与学生一起共渡难关。辅导员一方面要加强思想政治教育,帮助学生认识到错误,勇于担责,树立诚实守信的道德观念;另一方面,辅导员要站在关心关爱的角度,了解学生的心态变化,进行心理疏导,并通过班干部对其进行关注,以免产生次生问题。

(二)耐心引导,重拾信心

辅导员通过与学生谈心谈话的形式,了解其学习不诚信背后的原因,引导其树立正确的价值观。对于自我要求过高的学生,发挥“瓦拉赫效应”,帮助学生发现自己的优点和长处,树立合理的目标;对于学习态度差、心存侥幸的学生,发挥“门槛效应”,先提出小目标,达成后再提高要求,帮助其形成良好的学习习惯,做好学业和职业规划。

(三)家校联动,合力育人

辅导员与学生沟通,协商一致,与学生父母取得联系。辅导员一方面准确传达该生相关情况,帮助父母了解学生在校表现,同时分析学生出现该行为是否存在家庭压力,与父母共同商议教育措施;另一方面,和父母做好沟通,照顾孩子的自尊心,不埋怨、不抱怨,鼓励学生吸取教训,激发起改变现状、奋力向上的意志,发挥“奋起效应”。

(四)班风建设,共同进步

辅导员可通过班会等形式,利用案例教育,引导学生认识学习诚信行为失范的后果,提高学习诚信度;讲解学习规范和学术规范,倡导严谨踏实的学习风气,避免违反相关规定;加强班级学风建设,营造良好学习氛围,催生“共生效应”,引导学生相互帮助,共同进步。

四、经验启示

学生出现学习不诚信的行为,对班级和个人都将造成不良的影响。加强学生诚信教育,功夫需下在平时。

(一)关爱学生,加强思想引导

辅导员在日常生活中,要通过谈心谈话、走访宿舍等形式,关心关爱学生:了解学生的思想动态，加强引导，锤炼学生学习诚信的道德品质；及时掌握学习情况，通过调整学习方法或者同学帮扶等形式，解决学习中的困难；了解学生家庭关系，通过家校沟通，缓解学生外部压力，形成正确的成败观念；关注学生心理状况，及时疏导或干预，缓解学生心理压力。

（二）把握节点，加强诚信教育

诚信教育既要做在平时，又要把握关键节点：在入学教育中加强新生诚信教育，系好第一粒扣子；在考试前等节点加强案例警示教育，引导学生树立敬畏之心；日常组织学生了解学习纪律和学术规范，避免日常违纪行为；在考试过程中，辅导员加强巡考，增强学生警醒意识。

（三）加强学风建设，营造良好氛围

通过开展班会、情景剧或者签署承诺书等形式，开展丰富多彩的学风建设活动，营造诚实守信的班级氛围；激发学生的集体荣誉感，共同珍惜班级和个人的荣誉，相互监督，互帮互助；通过先进典型的榜样示范作用，营造“比、学、赶、帮、超”的学习氛围。

【作者简介】

马晓，北京交通大学（威海）学生发展与服务部部长。曾获2017—2021年度北京高校优秀辅导员，“青年服务国家”首都大中专学生暑期社会实践先进工作者，北京交通大学“优秀共产党员标兵”“就业创业先进工作者”“毕业生我最敬爱的老师”“宣传思想工作优秀宣传员”等荣誉称号及奖项10余项。主持威海市市级课题1项，并参与多项学校课题。

第36问　如何处理考试违纪行为
——学生考试作弊怎么办

东南大学　周文娜　张与竞　朱盛池

构建“德育为先，五育并举”的育人体系，是学生全面发展的内在要求。要做到“德育为先”，诚信教育是其中至关重要的一环。反复提醒同学们严守考试纪律、杜绝作弊行为，是各类考试前诚信教育工作的重中之重。各高校针对各类考试作弊行为进行了明确细致的划分，制定了相应的严厉惩罚措施。尽管如此，少数学生还是心存侥幸、不惜铤而走险，以致考试作弊现象屡禁不止。

对辅导员来说，大学生考试作弊绝不仅仅是单纯的诚信考试教育不足问题，辅导员还需要结合管理学、社会学和心理学等方面的知识，以点带面，深入挖掘作弊事件的教育意义。因此，防微杜渐，辅导员需要形成一套针对考试作弊行为的成熟处理思路和妥善处置方案。本文中，我们以现实中出现次数最多的作弊行为——“携带规定以外物品进入考场”为例，分析并给出解决思路及实施办法，以期带来启示。

一、问题阐述

“高等数学”是理工科专业大一学年必修基础课程，学分较高、考试内容既广且深，其成绩对学生整体排名及大类培养背景下的专业分流结果有关键性影响。

小王是一名大类培养新生。他性格外向，与人为善，参加较多学生工作及社团活动。其在期中考试中成绩勉强及格，辅导员就此与小王进行过谈心谈话。后来，该生在“高等数学”期末考试过程中，夹带与考试内容相关资料，被监考老师当场发现。

二、解决思路

（一）案例分析

在本案例中，小王平日表现良好，并积极参加各类学生工作及社团活动。分析其作弊行为背后的动机可以发现：

(1) 在外部环境上，本次考试将对专业分流产生重要影响，在一定程度上决定学生未来的人生轨迹；同时，本次考试难度较大，要取得好成绩并非易事。

(2) 从学生自身而言，小王前期阶段性测验成绩“岌岌可危”，本次考试成绩直接影响该门课程是否挂科；同时，小王的复习时间被学生活动挤占，时间管理能力较差，从而导致复习效果不佳。

基于上述内外双重因素，该生最终抱着侥幸心理，不惜铤而走险，夹带课程资料进入考场，酿成大错。

值得注意的是，据笔者以往经验来看，发生考试舞弊行为的同学并不一定是成绩差的同学。平日性格外向、对自身要求高的同学作弊并不少见。这类学生学习生活态度积极，但由于心智尚不成熟，自立自律自主能力欠缺，时间规划与整体统筹能力较弱，无法兼顾学业与社团活动，因而容易产生本末倒置的现象，影响学业。这类学生一方面自尊心强，不甘于接受失败；另一方面自我认知存在偏差，盲目自信，更易催生侥幸心理，最终因一念之差走上歧途。

综上，本案例具有一定的广泛性与典型性。如何做好学生考试作弊行为的处置以及预防将是后文讨论的重点。

(二) 解决思路

尽管辅导员已经多次多途径多形式提醒学生诚实应考，但是对于学生考试作弊事件，辅导员仍需有一定程度上的心理准备及相对成熟的处理思路和实施办法。大学生作弊问题总体上可以依据“教育疏导—信心重塑—成长跟进”的思路进行处理。

1. 教育疏导

考场舞弊行为被发现后，很多学生短期内将会在心理上产生较为激烈的负面反应。一方面，学生对作弊行为所带来的处罚极度害怕，对由此带来的人生未来发展问题产生担忧；另一方面，学生担心家长的斥责，同学们的另眼相待，从而产生抑郁、焦虑等心理问题。

在这一阶段，辅导员应当秉持“教育与疏导并重”的原则，既要严肃地对学生进行批评教育，让其意识到作弊行为的错误性，同时也要注意对学生的心理状态进行及时有效的疏导，帮助学生缓解心理压力，避免过激行为。

2. 信心重塑

作弊事件本身依规办理即可，但处分过后的工作对辅导员来说是一个不小的挑战。辅导员应将工作重心转向对作弊学生后续的成长帮扶当中。

在这一阶段，辅导员应当始终做到“以学生为中心”，坚持“生为首位”，站在学生的角度，帮助学生直面困境，指明方向，建立信心，走出阴影。

3. 成长跟进

对作弊学生后续成长的关爱需要辅导员倾注大量心血，对班级、年级学生的教育引导也将是一项长期持久的工作，这需要辅导员更加常态化地做到提醒、关注、陪伴与警示。辅导员应努力和学生建立更为贴心、亲近、可靠的师生关系，做到“成长路上一个都不落下”。

三、实施办法

基于上述解决思路，笔者给出了如下具体实施办法，以供辅导员借鉴参考。

(一) 原则性问题的教育疏导

作弊是原则性问题，必须严格按照学校《大学生手册》的规定严肃处理。辅导员应配合学校完成处分程序，并注重学生情绪的疏导和鼓励。根据学校《大学生手册》规定，夹带的处分为记过、取消学位，但在记过处分满6个月后，学生可以申请解除处分、申请学位，辅导员要帮助学生树立对未来发展的信心。此外，辅导员要第一时间告知家长事情经过，解释学校相关规定与处罚，引导家长关注学生情绪和心理状态，形成“家-校”育人合力。

(二) 以微促行的信心重塑

本案例的作弊学生抱有侥幸心理。如何在日常工作中及时发现端倪并解决学生困难，引导学生深刻反思作弊行为的后果是辅导员的工作重点。辅导员应结合小王自身优点，充分激发其积极性，端正学习态度，利用谈心谈话、社团活动、思想引领等方式，鼓励小王在学习、科创、学生工作等方面取得新突破，帮助小王尽早具备申请解除处分的条件，卸下心理负担。同时应充分发挥朋辈引领作用，请同学、舍友等关注小王状态，带领小王多参加集体活动，帮助其建立切实可行的阶段性计划，引导其一步步走出阴影、完成蜕变。

(三) 久久为功的成长跟进

辅导员要建立预防机制，让学生提前意识到作弊行为的危害，为学生成长保驾护航，必须久久为功。除了对作弊学生点对点的关心关怀关爱外，群体性的常态化教育必不可少。辅导员应在年级、班级中广泛、持续、常态化地开展诚信教育活动，如诚信教育知识竞赛、主题演讲、匿名案例宣讲，达到见微知著、反思己身的效果。同时以小见大，引导教育学生认识到考试只是人生道路上的一个节点，“诚信”二字应带入未来发展。此外，牵头在全年级乃至全院范围内成立学习帮扶互助小组，协同任课老师、班主任、学优生，对期中等阶段性考试后进生开展点对点帮扶指导，形成全员育人氛围。

四、经验启示

（一）熟悉流程，规范化做好作弊处理工作

辅导员应熟悉学校的规章制度，对作弊等原则性问题更应实事求是、依据校纪校规严肃处理，切不可因不熟悉流程导致学生或家长误会，更不可让学生因为被处分而丧失学习生活的信心。辅导员作为作弊事件的第一处理人和与作弊学生近距离相处的第一人，必须规范自身言行，批评教育与关心疏导并举。必要时可以案例分析的形式做好辅导员的职业能力提升。

（二）功在平时，前置化开展帮扶警示工作

考试周是学生的情绪压力敏感期，容易引发作弊问题、心理问题，关爱帮扶警示工作应尽可能前置，以防学生因这些问题影响未来发展。作弊学生的一大心理痛点是迷失未来发展的希望，唯有功在平时、贵在平时，扎实开展诚信教育、学风建设，着手解决实际问题，才能让新生尽快适应大学生活、平稳度过衔接阶段。

（三）联系实际，多形式增强教育的感染力

诚信教育是提高学生诚信意识、避免学生作弊的重要载体。做好新时期诚信教育工作要注重点面结合、联系实际，切实改变形式单调、一味灌输等状况。本案例除了对小王开展成长帮扶外，辅导员由点及面地开展多形式、沉浸式的诚信教育，使诚信教育内化于心、外化于行，让学生树立诚信意识，有效增强教育感染力；同时辅导员还应协同任课老师、班主任等多方力量，形成教育合力，拓展教育深度，在立足德育的基础上，切实做到“三全育人”。

【作者简介】

周文娜，东南大学四牌楼校区新生培养管理办公室副主任、交通学院辅导员。工作14年中所带学生团队获得国家级及省级荣誉40余项，包括全国五四红旗团支部、全国党建工作样板支部、全国百个研究生样板党支部等。获个人荣誉奖励30余次，曾获2022江苏省“最美高校辅导员”、东南大学辅导员年度人物荣誉称号及辅导员素质能力大赛一等奖。

张与竞，东南大学人文学院学生办公室主任，江苏省“双创”博士，江苏省语言学会会员，中国训诂学研究会会员，江苏省三级心理咨询师。曾任东南大学四牌楼校区新生团委书记。

朱盛池，东南大学四牌楼校区新生培养管理办公室兼职辅导员。负责四牌楼校区新生日常管理和学生一站式社区建设等工作。

第37问　如何帮助学生找到适合自己的学习方法——学生学习方法混乱、学习效率低下怎么办

华南农业大学　陈　巍

一、问题阐述

小瑶，从进入大学至大学第三学期已累计挂科多门，濒临退学。小瑶本人也认识到问题的严重性，因为挂科过多毕不了业甚至退学，自己该何去何从？大一下学期辅导员开始介入，与其谈话，但小瑶的改变不大，开学初绷紧神经，过了一段时间后，渐渐丧失了警惕性，最终回归到较为懒散的状态。

据舍友反馈，小瑶经常晚上追剧、刷视频，一般要到凌晨一两点才睡觉，即使第二天有课仍一直睡到中午，甚至有一次即便有考试她都睡过了头，经监考老师反馈给她的舍友并由舍友到宿舍提醒她，她才参加考试。

告知其家长其在校情况后，其家长也非常着急。高中期间都是小瑶的妈妈督促小瑶学习，她的家长想在学校附近租住陪着她，但由于家离学校较远，父母都有较为稳定的工作，完全辞掉工作过来也不太现实，所以只能寻求辅导员的帮助。

二、解决思路

（一）问题的严重性

小瑶如果持续这样下去，不仅本学期的课程考核通过不了，重修课程也会再次挂科，最后的结果必然是毕不了业，甚至被退学，面对如此紧急情况要果断出手了。

（二）问题出现原因

首先排除学习能力弱的因素，能够通过高考考上“双一流”高校华南农业大学，且结合周边同学对她的评价，小瑶的学习能力是没有问题的。根据小瑶目前的表现，最

主要的原因仍是其自制力太差，大学的环境稍显宽松和自由，时间完全由自己掌控，没有了类似高中时期家长、老师的约束，小瑶渐渐“随心所欲”，即使经过辅导员、班主任、家长等多轮谈话，其虽然认识到问题的严重性，但最终结果仍未有所改善。

三、实施办法

由于小瑶自制力较差，首先要通过外界给予督促。前两个学期辅导员制定了方案，让宿舍同学负责跟进小瑶的学习，但是舍友没有义务帮助她，加上小瑶反感这种形式，所以这个方法效果不佳，也就此终止了。经向学院领导以及有经验的老师请教沟通后，考虑到小瑶情况的特殊性，由辅导员亲自进行督促，从四个方面入手：

第一，保证上课到课堂。如果不上课，课程学习基本属于空白，从零开始学习自然非常困难，同时小瑶还要重修好几门课程，到最后复习时会产生深深的无力感，最后的结果很可能满盘皆输。所以辅导员让学习委员每天汇报小瑶课堂到堂情况，经过前几次谈话严厉批评小瑶无故逃课的行为后，小瑶后期基本能按时参与课堂学习。

第二，保证学习时间。小瑶喜欢待在宿舍，基本不去自习室，在宿舍这种舒服的环境中经常会不自觉地打开手机或电脑追剧看电影，又或者一累就想上床睡觉，导致学习效率十分低下。学习成绩＝复习时间×复习效率，保证学习时长是提升学习成绩的一大要素。所以，辅导员通过查看她的课程表，安排其一周至少要有4个小时在辅导员办公室周边的自习室进行学习，现场予以督促。

第三，保证学习效果。学习后半部分课程知识点时肯定会有相关疑问，若没有及时解决，会严重打击其学习的积极性，因此辅导员特安排班级学习优秀的党员李某跟进以答疑解惑，保证学习时间的输入与效果的输出成正相关。

第四，尝试慢慢提升自制力。这是较为关键的一步，授之以渔，教会小瑶慢慢去掌控自己的时间和生活。辅导员和小瑶沟通后，双方签订协议设置小目标，比如晚上上床睡觉时间不超过23:30，参与宿舍定期的集体活动，一周完成一次跑步，并设立相应的奖励与惩罚措施，循序渐进，以提升其自制力。

一个学期后，小瑶虽仍有部分重修课程没有通过考核，但可喜的是本学期没有继续增加挂科科目，而且各科成绩也有不同程度的提高。

对于小瑶的情况，虽然明知通过外界推动可以让其前进，但更为重要的是帮助她寻找内生动力。自己对自己是最了解的，小瑶也知道自身出现这类情况的原因，只是不愿意信任他人，不愿意向他人表露自己的心声。

经过持续的沟通和帮扶，小瑶也逐渐理解和认可辅导员，在进行了一次较长时间的沟通之后，辅导员了解到她出现前述情况的原因：一方面是自制力较差，另一方面是当年高考报志愿失误，对现在所读专业实在提不起兴趣，没有动力学习。通过进一步的交流，辅导员发现小瑶对广播电视编导、影视传媒相关专业方向兴趣浓厚。

辅导员挖掘到改善小瑶现状的关键信息点：对影视传媒类专业充满兴趣。辅导员在向小瑶父母反馈信息，取得其父母的认同并协商一致后决定在其感兴趣的专业方向上给予小瑶持续鼓励。辅导员告诉小瑶获取学校广播电视编导专业课程表的途径，让她自己查找，利用课余时间旁听感兴趣的课程。在第四学期，通过自身内驱力的带动，小瑶整个精神面貌发生了较大变化，这也是辅导员始料未及的。到了学期中段，小瑶渐渐陷入了忙碌中，已经开始自己协调时间，积极面对及处理自身各项事务了。

毕业时，小瑶不仅顺利完成了自己的学业，同时也辅修完成了广播电视编导相关课程，如愿到影视传媒企业工作。

四、经验启示

小瑶的情况在高校学生群体中不在少数，回顾案例处理的整个过程，有以下四点启示：

第一，本案例是帮扶自制力较差的学生提升学习能力，其他类似情况，例如沉迷网络的解决办法相同，通过施加外界压力以及寻找内部动力，双管齐下，克服和改善现状。

第二，每个问题中都存在主要矛盾，抓住了主要矛盾并实施有效措施，问题自会迎刃而解。小瑶学习中多次挂科，自制力差是一方面，但其对所学专业没有兴趣才是主要矛盾，有效鼓励引导小瑶学习感兴趣的专业知识，提升自制力，并通过对她感兴趣的科目的探索带动学习动力的提升，达到解决自身问题的效果。

第三，获得学生信任是有效开展工作的前提。为什么学习中会屡屡挂科，小瑶前期并未袒露心声，只是推一步、走一步，直到经过用心沟通、持续帮扶获得小瑶的信任后，她才慢慢打开心扉，这也是解决小瑶问题的重要转折点。

第四，学业是学生在大学生涯里最基础也最重要的一项事情，学业问题也是引发在校大学生产生其他问题的源头，不可不重视。针对不同学业问题的学生要分门别类采取措施，有些通过谈话即可解决，有些需要一对一开展学业辅导，而有些要进行重点干预、各个击破才能帮助学生顺利完成大学学业。

【作者简介】

陈巍，华南农业大学辅导员，全国百名网络正能量榜样，广东高校网络文化示范工作室主持人，国家心理咨询师，职业指导师，中国大学生在线专栏作者。个人公众号“华农陈巍”发布原创文章389篇，被共青团中央、高校思政网、高校辅导员在线等转载千余次。曾获全国“百篇网络正能量文字”荣誉称号及第二届全国高校网络宣传思想教育优秀作品推选展示活动网络文章二等奖，所负责的网络平台获教育部中国大学生在线年度专栏人气作者（全国十名），所主持的课程项目获评全国高校辅导员百门精品课程。

第38问　如何帮助学生提高学习主动意识——学生遇见问题羞于询问老师怎么办

宜宾学院　王　星

一、问题阐述

“老师，我有一个问题不知道该不该来问您。”

“老师，我其实天生就挺胆小的，怕老师，更怕进办公室。”

“老师，我知道您也忙，所以……”

师者，所以传道授业解惑也。辅导员的工作性质决定了其会将大部分精力放在学生正面临或者提出的问题上，然而总有部分学生在遇到问题的时候，踌躇不定不知该不该向老师或者辅导员伸出求助的手，或者心生胆怯羞于开口，或默默寻找理由在心中说服自己打消询问的念头。于是就出现了上述日常工作中非常熟悉的对话。未被知晓、未被沟通、未被暴露的问题往往带着隐性的风险，成为辅导员工作中的“空白地带”。

问与不问之间，潜藏的问题是辅导员如何走好向学生内心深处进发的最后一公里。

二、解决思路

要打通最后一公里，首先要弄明白学生在欲言又止后想要表达却羞于表达的“千言万语”，要明白隐藏在问与不问之间的内源性因素和外源性因素。

著名心理学家和行为科学家维克托·弗鲁姆(Victor H. Vroom)曾提出期望理论，又称“效价-手段-期望理论”。他认为人们之所以采取某种行动，是因为他们觉得这种行为可以在一定概率上达到某种结果，并且这种结果可以实现他们认为重要的目标，得出期望公式：动机＝效价×期望×工具性。效价是个体对目标值的偏好程度；期望是达到目标就可以满足个人需要的价值的信念强度；工具性是指帮助个人实现目标的非个人因素。结合期望理论和学生工作实际可以发现，学生羞于询问的根源在于动机的缺失，具体体现为无目标性、低自我效能和缺乏外界支持三个方面。

（一）无目标性（效价）

学生处在生涯发展的探索期，兴趣、能力、价值观等都还不够稳定，容易陷入迷茫，找不到自己的方向和目标。在“目标—动力—计划—行动—目标”的闭环中缺失了尤为重要的“目标”一环，学生犹如浮于大海中的船只，没有了灯塔的指引，自然无法及时辨认当下所面临问题的重要性，也没有了及时解决问题的紧迫感。

（二）低自我效能（期望）

在学生的成长过程中，我们担忧的不是遇到问题，而是否认自己有解决问题的能力。低自我效能一定程度上压制了学生积极求解的念头，诱发了学生在各个方面的不自信表现，成为阻挡学生自我实现的那只“无形的手”。

（三）缺乏外界支持（工具性）

辅导员是学生成长成才的人生导师和健康生活的知心朋友，是学生在学习和生活方面重要的外界支持。然而，部分学生未能较好地实现从高中生到大学生的角色转换，代入了师生之间的距离感，加之辅导员本身工作忙碌，学生未对辅导员这一外界支持力量进行有效和充分的利用，造成外界支持的缺位。

三、实施办法

要打通这最后的一公里，关键在于激发学生的动机。如果“高动机＝高正效价×高期望×高工具性”，那么激发学生的动机就可以从如下三个方面着手：

（一）是授人以渔不是授人以鱼

要激发学生的高动机，确立目标的重要性毋庸置疑。金树人教授在《生涯咨询与辅导》一书的序言中写道：“一个人若看不到未来，就掌握不了现在；一个人若掌握不了现在，就看不到未来。”辅导员要在引导学生认可目标重要性和必要性的基础上，持续向学生传递探索的工具。仅靠千遍万遍地讲道理，容易引发学生对所谓“规定性动作”的抗拒感，没有方法支撑的道理最终沦为空谈。一套科学、完善、行之有效的工具对学生确立个人目标有事半功倍的效果。传道者要明道、信道，辅导员可通过参培、交流、自主充电学习等方式先学习并掌握工具的使用方法，再根据学生的阶段性特点，有针对性地为学生提供探索工具，并在恰当的时候给予技术层面支持。授人以鱼或许能解当下燃眉之急，但是授人以渔才能真正地让学生终身受益。

（二）用相信呼唤自信

信任是双向的过程，相信也是产生力量的过程。一方面辅导员需要学生的相信，因为“亲其师，信其道；尊其师，奉其教；敬其师，效其行”。辅导员要走出办公室，走进学生宿舍，走进学生中间，走进学生生活，走进学生心里；辅导员要收起身份和距离，拿出温度和靠近，拿出态度和坚定，拿出能让学生感受到的真心。另一方面辅导员也需要相信学生。要相信他们有面对困难的勇气，相信他们有解决问题的能力，相信他们有从头再来的底气，也相信他们有一往无前的毅力。辅导员对学生的支持，其实就在于相信学生自己可以做好自己的事。距离近了，师生之间天然的屏障感才会消失，相信才会有可能。

思想政治教育是教育者和受教育者之间的能量传递。当辅导员和学生之间的信任桥梁搭建起来，学生的自信也就有了依托。

（三）以赋能减少负能

学生的成长是充满了未知数的漫长过程，偶尔还掺杂了些许负能量，辅导员在这个过程中就不仅是一个身份的象征，而是要在“辅”的方面体现工作作用，在“导”的方面找准工作方法，在“员”的方面彰显工作角色。南京航空航天大学徐川教授曾在推文中写道：“爱一行，干一行，这叫匹配。干一行，爱一行，这叫责任。干一行，成一行，这叫规划。”

跳脱出程序化的事务性工作，辅导员要对这份平凡的工作多一些思考，多一点创新，去觉察学生的需求，回应学生的需求，以满满的赋能去治愈、感动和成就学生。

四、经验启示

习近平总书记在党的二十大报告中呼吁：“全党要做青年朋友的知心人、青年工作的热心人、青年群众的引路人。”辅导员身处高校思想政治教育的第一线，要始终坚持以学生为本，能看到、听到和明白学生徘徊在问与不问之间的需求，做到学生的需求是什么，我们的工作内容就应该是什么，学生的需求在哪里，我们的工作就应该覆盖到哪里；其次要找准自己的定位，做“教练式”的陪伴者，唤起学生的潜力和主观能动性，实现以生命去影响生命的意义。

【作者简介】

王星，宜宾学院国际教育学部团总支书记，学生工作办公室主任，四川省第七届高校辅导员年度人物，“星辰”微思政辅导员工作室主持人。人力资源管理师、全球职业生涯规划师(GCDF)、北森生涯规划师(BCF)、高级职业生涯规划师、高级就业指导师。曾获第六届全国高校辅导员职业能力大赛片区一等奖、国赛三等奖。

第39问　如何帮助学生学会自主学习
——学生进入大学无法适应大学学习风格、自控力低下怎么办

河南大学　金　慧

一、问题阐述

高中到大学，是人生中的一次深刻蜕变。大学生拥有了相对自由的学习空间、自主的学习时间和弹性的学习方案，但同时也失去了相对固定的教室、班主任时刻的关注和家长的贴身监督，甚至没有了“高考倒计时”的“大考”紧迫感。这种转变会让部分学生难以适应大学学习生活，出现自控力低下、学习动力不足、成绩不理想等现象，如不及时干预扭转，可能继而产生自卑、自暴自弃等不良情绪，甚至影响整体学风、班风的培育。

二、解决思路

工作中上述问题一般以个性与共性叠加的复合状态出现，牵涉学风建设、大学生职业规划与就业创业指导、心理健康教育与咨询等多方面的工作，本质是思想理论教育和价值引领还不到位。

那如何引导学生学会自主学习、培育优良学风班风，从而树立正确的学习观、价值观和理想观呢？不妨从问题的“复合性”入手，分析个性原因和共性原因，采用“针灸”式与“大水漫灌”式相结合的工作方法，找准目标，精准发力，力争一击即中。

三、实施办法

（一）找准个性切口，做好“针灸式”帮扶引导

1. 分析个性原因，找准工作切口

普遍情况下，大学生学习背景多元，其成长背景、个人认知、学习能力、生涯规划的不同都会导致适应程度的差异。辅导员需要精准分析个性化原因，才能做到“对症下药”。

案例：大一上学期，班长反映同班同学小张和小任在课堂上总是睡觉，无精打采，课余时间也无心学习，总是沉迷于手机，在专业课课堂上被老师点名批评。

这是一则典型的大学生自控力不强，导致学习习惯不好、不会自主学习的案例。从表面看，两位学生的表现具有共性，但若要解决问题，还需要进一步分析共性下的“个性”。经过了解，小张高考成绩一般，性格内向，缺乏学习目标和动力，进入大学后面对大量课余时间不会合理安排，同时沉迷于网络小说，导致出现不想学、不愿学的心理。小任高考成绩好，性格开朗，但价值观和评价认知存在偏差，认为学习成绩优秀“没有用”，通过手机游戏来找“成就感”，从而出现以上现象。

2. 精准施策，做好“针灸式”帮扶引导

一则案例，两种内因——这决定了解决问题的切入口不同。小张表现为“缺而不知”——缺乏学习目标和动力，要从这一关键点发力，同时考虑到其性格特点，对其教育工作是以“传、帮、带”为主，通过以目标导向、成果激励为主要内容，以班干结对、帮扶带动为主要措施的工作，在增强其学习目标性，促进其学会合理安排学习生活、端正学习态度的过程中，逐渐增强自主学习的能力和毅力，克服沉迷于手机的习惯。

对于小任，高考成绩较好说明他具有不错的学习能力，同时性格开朗，可总结为“知而不学”，要以此为切入口开展工作。可以“疏、导、立”为主，一是通过深入开展谈心谈话进行思想“纠偏”，破除固有认知里的“成绩好没用”这类“中梗阻”；二是有目的地引导他参加学习类、专业类实践活动，帮助他提升在学习中获得获得感和成就感的体验；同时借助知识改变命运、专业服务社会的榜样示范力量，进一步引导他树立正确的评价导向和价值观，端正学习态度，增强自愿自主学习的意识和能力。

“针灸式”帮扶引导，是辅导员拨开“表层迷雾”、精准处理学生学习问题的有效方法，重在把解决思想问题和解决实际问题结合起来，在细致的思政引领、透彻的学理分析、深入的实践感悟中用情用理，让“辅”与“导”的工作更加入脑入心。

（二）找准共性抓手，加强“大水漫灌式”教育引导

1. 共性因素及其特点

在提升学生自主学习能力的过程中，共性因素对学生的影响不可忽视。共性因素一般指对大学生学习的方向和方法有重要影响的因素，如职业生涯规划、自我特质认知等；同时也包括集体性因素，如班风学风建设、人际关系交往等。这些共性因素往往存在着“点多”（内容多元）、“线长”（有时间跨度）、“面广”（集体性强）的特点，对提高学生自主学习能力、养成良好学习习惯有着浸润式、持续性的影响作用。

2. 找准共性抓手，做到事半功倍

基于共性因素特点，辅导员要立足实际，找准共性抓手，让工作事半功倍。以上述案例为例，小张和小任不能很好开展自主学习，也折射出了群体中的共性因素。如小张缺乏学习目标和动力，反映了辅导员在职业生涯规划教育上的不到位；其课余时间缺乏合理安排，除了学习能力不足，也反映了辅导员在组织开展学习活动、培育浓厚学习氛围方面的缺失。小任对“成绩优秀没用”等认知偏差，反映了辅导员在自我认知教育、班风学风建设，以及学生榜样选树方面仍有发力空间。两位学生沉迷于网络小说和手机游戏，需要引起辅导员由点及面的关注与思考。这些共性因素，就是开展教育引导工作的有力抓手。

3. 开展好“大水漫灌”式教育引导

要正向发挥共性因素对学生的浸润式、持续性的影响，需要辅导员用好抓手，建立横向到边、纵向到底的育人网络，开展好“大水漫灌”式教育引导。

横向到边是指统筹多种共性因素教育，多管齐下，协同发力。比如把职业生涯规划教育和开展学习类实践、竞赛活动相结合，将学涯发展与职涯设计紧密连接，旨在让学生明确学习目标、体验学习收获、增强学习动力；把榜样选树与专业实践、志愿服务相结合，让榜样立起来、观念正起来、作用发挥实起来。纵向到底则是指学风建设的长远规划，辅导员作为学生成长成才的人生导师和健康生活的知心朋友，要有侧重、有规划地做好不同阶段的辅导工作，比如习惯养成、方法选定、目标确定、效率提高、学习定力训练等都可以成为阶段性的工作主题。

“大水漫灌”式教育引导，是辅导员工作中点面结合的“黏合剂”，重在发挥共性因素对个体的浸润式影响。要有目的地规划、有计划地实施、有成果地激励、有反思地改进，建立起运行机制，推动辅导员育人工作良性循环。

四、经验启示

育人成才永远在路上。大学生自主学习能力的培养、优良学风的培育，事关为党育人、为国育才，是辅导员工作中的重要一环，必须坚持运用好的方法、坚守阵地、坚定初心。

(1) 在坚持运用好的方法方面，辅导员要坚持动态视角。不论是“针灸式”的“传、帮、带”“疏、导、立”，还是 “大水漫灌”式的共性因素教育，都不能“程式化”运用，而是要立足实际，即时调整。一是调整工作方法，将各项方法“元素”统筹使用，力争效果最大化；二是要建立“回头看”机制，进行阶段性评估，即时调整目标、主题和重点，精准施策，营造浓厚学习氛围。

(2) 在坚守阵地方面，高校辅导员要紧紧围绕“立德树人”根本任务，将思想政治引领融入学生成长的方方面面，筑牢思想政治育人阵地。习近平总书记在党的二十大报告中指出:“全党要把青年工作作为战略性工作来抓，用党的科学理论武装青年，用党的初心使命感召青年。” 高校辅导员岗位具有独特性，是实施“三全育人”及“十大育人体系”的联结纽带，其对学生的感召不仅体现在学风建设等具体工作中，更体现在自身一言一行对学生的影响中，这种影响是润物无声的，也是力量巨大的。正如习近平总书记强调的“做‘经师’和‘人师’的统一者”，辅导员要用专业能力和高尚德行，努力打造引领学生成长成才的育人阵地。

(3) 在坚定初心方面，作为大学生成长成才路上的知心人、热心人和引路人，辅导员要坚定育人初心。要将解决学习问题和解决思想问题深入结合，在学风建设中切实引导学生练就过硬本领、树立远大志向，把学习的具体目标同民族复兴的宏大目标结合起来，让青春在全面建设社会主义现代化国家的火热实践中绽放绚丽之花。

【作者简介】

金慧，河南大学音乐学院团委书记、辅导员。河南大学优秀共产党员、优秀辅导员。曾获河南省第九届辅导员素质能力大赛一等奖、河南大学2021年辅导员素质能力大赛第一名、共青团微团课大赛省级三等奖、河南省新疆少数民族学生教育管理服务工作先进事迹宣讲三等奖。组织、参与多项省级、校级学生工作项目。所带领的河南大学蒲公英文化艺术服务团荣获“2021 年全国暑期实践优秀团队”称号。

第40问　如何以学科竞赛为抓手，构建辅导员助人自助成长模式——建设学院学科竞赛中心该怎么办

四川师范大学　卓　飞　余天威

一、问题阐述

党的二十大报告指出，培养造就大批德才兼备的高素质人才，是国家和民族长远发展大计。全面提高人才自主培养质量，着力造就拔尖人才，是当今各大高校的要务。学生深造率、高质量就业、社会认可度以及学科竞赛成绩是高校人才培养质量的重要指标。开展学科竞赛活动，有助于培养大学生严谨求实的学习态度和勇于探索、积极进取的科学精神，提升学生创新能力、协作精神、理论联系实际能力、动手能力、专业素质等，增强学生深造、求职竞争力。如何引导学生积极参加学科竞赛、搭建专任教师与学生沟通平台、做大做强思政格局是一项高校辅导员大有可为的工作。2022年教育部对全国大学生相关学科竞赛进行动态调整，56项赛事被纳入国家级赛事名单，四川省本科高校学科竞赛平台有80余项比赛。

二、解决思路

四川师范大学生命科学学院2019年成立以辅导员牵头的学科竞赛中心，负责全国大学生生命科学竞赛、四川省环境科技与创新大赛、四川省大学生“生命之星”科技邀请赛、四川省大学生环保科普创意大赛四大赛事。主要工作为：① 加强学生动员、做好引导工作；② 搭建师生沟通平台，促进学生与指导老师的双向选择；③ 引入职业生涯规划课程教学案例，提升学生参赛意识。通过辅导员的引导和指导教师的通力合作，2019年至今学院学生在该四项赛事中获奖人次逐年增加，分别为46人次、79人次、138人次和209人次。从学生的参赛人次和获奖人次来看，辅导员积极融入学科竞赛建设，与专业教师打好组合拳，有助于学科竞赛成绩的提升。

三、实施办法

（一）构建以辅导员、教师为主体的学科竞赛中心提升学生学科竞赛成绩

1. 将学科竞赛融入新生入学教育和职业生涯规划课教学

新生入学教育中，新生辅导员必须对所在学院相关专业、学科竞赛有较为深入的了解，包括但不限于学科竞赛成绩对研究生推免政策加分、综合素质量化加分，还应包括如何参赛、参赛期间的注意事项、如何搭建团队等。通过新生入学教育的开展，让新生对大学期间可以重点参加的学科竞赛有大致了解，此时还可以借助已经获奖的学生、指导教师为新生做进一步的宣传教育，形成育人合力。在大一学年的职业生涯规划课程教育中，学科竞赛中心辅导员积极与任课教师沟通，对授课内容进行“本院化”打磨。在授课中，持续打造具有标志性成果的内容章节，重点强调学业、学科竞赛与未来个人职业发展的关系，把学科竞赛的种子播种到学生心中，巩固前期的育人成效。

2. 用好本科生导师制，辅导员积极引荐学生参与各教师科研项目

全面贯彻党的教育方针，落实“立德树人”的根本任务，践行“24356”办学治校体系，秉承我校学生工作“学生中心，服务需求，守正创新，助人自助”理念，形成“三全育人”格局，创新全员教书育人机制，进一步提高本科人才培养质量。2015年，为增进师生交流、促进教学相长、提高人才培养质量，学校试行本科生导师制。各学院成立了以专任教师为主体的本科生导师队伍，专业教师通过大学生创新创业训练计划、科研课题、教改项目等对自己指导的学生开展科研教学引导，让学生形成初步的科研思维和素养，为后续参加相关学科竞赛奠定基础。传统的本科生导师制由于采取固定分配制，容易出现“师”“生”之间的错配，如分配给有科研项目老师的学生其实并不喜欢科研，这些学生可能更希望从担任学生干部、参与文体活动等方面提升自己的综合素养。为解决此类错配现象，学科竞赛中心辅导员通过对过往获奖学生、教师进行相关调研发现，学科竞赛获奖的学生普遍有一定的“行为画像”，例如在主动性、自律、独立自主性等方面有较为明显的倾向，竞赛中心的辅导员通过对自己学生的了解，将符合该“画像”的学生重点推荐至有科研项目的老师，争取实现师生之间的优化配置。

3. 搭建交流平台，构建梯队化团队

辅导员通过加强与各学科竞赛指导老师的沟通，了解所带学生的竞赛备赛情况，

做到“知己”。同时学生竞赛中心负责人定期召开各年级辅导员会议，沟通各年级学生竞赛组队情况，做到“知彼”。在此基础上，规划第二年组队人员，低年级辅导员做好人员推荐工作，保证后续团队新老交替、平稳过渡。

（二）学科竞赛的多赢局面

1. 学生综合素质提升

学生通过参加相关学科竞赛，有助于将理论知识与实践相结合，同时能为继续深造、科学素养的培养打下基础。学科竞赛通常以团队合作模式为主，成员之间的沟通交流、协作等也是参加竞赛的“附加产品”，虽然这些潜在的素质培养效用并不会马上显现出来，但这些素质对于学生以后进入及适应社会也有重要作用。

2. 辅导员育人帮扶能力提升

辅导员积极融入学科建设对其教育引导能力提出了更高的要求，其不仅要熟悉各大学科竞赛，同时要对自己的学生尽可能地深入了解，通过高频次、深入地谈心谈话，才能全面了解学生诉求和个人发展期望。要完成以上目标，对辅导员自身的育人能力提出了较高的要求，例如需要掌握基本的职业生涯规划知识和技术，能熟练运用心理学、交流技术等谈心谈话技巧与方法为学生赋能，促进学生成长，而辅导员在帮助学生成长的同时也实现了自己的成长。

3. 大思政格局的形成

学科竞赛中心以辅导员与教师为主体架构，旨在以学科竞赛为载体，实现学生在知识、技能、素质等层面的提升，而学科竞赛往往不是短期内能完成的，需要一个持续不断的过程，在此过程中辅导员与教师的高频次互动有利于形成育人合力，有助于大思政格局的形成。

四、经验启示

（一）顶层设计很重要

学校出台了学科竞赛奖励办法、本科生导师制等措施，学院层面成立竞赛中心等，这些顶层设计为学院近几年学科竞赛成绩的突破奠定了基础。

（二）辅导员需要放平心态

“功成不必在我，功成一定有我”应是辅导员在推进学科竞赛建设中的心态。辅导员受限于专业知识或专业知识与竞赛要求有差距，往往很难担任具体学科竞赛的指导老师，但是不能因为无法担任指导老师而慢作为，学生综合素质的提升是专业教师的目标，同时也应该是辅导员的育人初心和使命。

（三）以学科竞赛中心为依托成立辅导员工作室

辅导员在助人自助的成长过程中离不开团队的帮扶和成长，学科竞赛中心要求学生工作队伍内部加强沟通联系，相互交流借鉴学习，该模式与辅导员工作室存在相同的工作思路，所以在条件成熟的情况下，可以依托竞赛中心成立以负责人牵头的辅导员工作室，对相关学科竞赛的组织、指导进行研究。

【作者简介】

卓飞，四川师范大学生命科学学院辅导员。从事高校辅导员学生管理工作10余年。曾获四川省辅导员素质能力大赛一等奖、四川省辅导员年度人物等校级以上奖项、荣誉9项。

余天威，四川师范大学党委学生工作部·武装部副部长、学生工作处副处长兼任教务处副处长，副教授。先后主持参加省部级重点研究课题3项，发表10余篇核心期刊论文，主编和参编著作5部。作为四川省委宣讲团新时代文明实践青年宣讲分团成员，先后为多所高校、企事业单位进行授课、宣讲。先后3次被教育部、团中央评选为全国优秀个人。

第4篇

学生日常事务管理

第41问　如何对违纪学生进行教育转化
——学生违纪后的教育该怎么办

井冈山大学　张　丹　涂　凰　王　静

一、案例背景

近年来在全面推进依法治校的背景下，高校教育管理日益严格规范，因各种原因受到各类处分的学生也越来越多，这类违纪学生如不能正确引导，他们可能会破罐子破摔，主观上放弃努力，最终对未来彻底丧失希望。如何用好违纪处分这把利剑，达到对“违纪学生”的有效教育转化，变挫折为人生成长的宝贵经历，最终引导其走出“违纪”的阴影，实现自身的人生价值，是辅导员同仁需要面对的一个新的课题。

二、解决思路

（一）学生违纪的原因分析

1. 个人层面

一方面是自我管理意识欠缺。进入大学后管理环境由高压紧张状态变为自我管理状态，一些学生无法尽快适应，在思想和行为上对自己的要求较为松懈散漫，自我管控能力较弱容易导致违纪。另一方面是心理承受能力较差，缺乏理性平和的心理品质。受社会环境影响，一些大学生容易滋生不良的心理状态，如攀比、侥幸、从众、逆反和自我等，容易导致违纪行为发生。

2. 家庭层面

受时代发展和家庭教育的影响，“00后”大学生过分追求自我发展，习惯以自我为中心，缺乏团队意识与集体荣誉感，也增加了违纪行为发生的概率。此外，受原生家庭的影响，部分学生没有形成主流的世界观、人生观、价值观，容易引发违纪行为。

3. 学校层面

有些高校存在重教学、轻管理的现象。在一定程度上放松了对学生的思想道德和行为规范的教育,例如仅在开学第一课中进行《学生手册》的学习,这种教育停留在表面,流于形式,没有真正落到实处,入脑入心,从而导致大学生违纪现象增多。

(二) 学生违纪后的共性问题

(1) 学生被处分后内心压力巨大,有很大的罪恶感,容易产生恐惧、消极的心态,担心老师、同学用异样的目光看待自己。

(2) 学生对处分产生的后果认识不清,不知如何面对处分,对前途和未来感到迷茫。

(三) 违纪学生教育转化的目标任务

通过对学生产生违纪的原因以及违纪后出现的共性问题进行分析,对违纪学生的教育转化要达到以下三个目标:

(1) 当下目标:帮助违纪学生正确认识违纪处分。

(2) 近期目标:帮助违纪学生缓解心理压力,进行心理调适。

(3) 长远目标:引导违纪学生改过自新,树立奋斗目标,找到前进方向。

三、实施办法

(一) 全面了解,正视处分

学生违纪行为发生后,要全方面了解该同学的个性特点、兴趣爱好和家庭情况等基本信息,认真倾听学生的心声,了解其违纪行为发生的原因,引导学生正确看待处分。首先要开展批评教育,说清楚处分的原因和依据,引导其勇于承认错误,接受被处分的事实;其次要引导学生直面处分,认识到处分是另一种形式的教育。人不可能一辈子不犯错误,有很多著名人物也曾犯过错误,使学生认识到犯错误不可怕,改正就好。谈话中综合运用倾听、共情、聚焦、案例分析等谈话技术,用真情实感打动学生,消除心理隔阂,引导其主动承认错误,正视处分。

(二) 捕捉优点,重树自信

对于违纪学生来说,其心理方面的压力也是巨大的。在日常管理过程中,要以平等、友善的态度对待违纪学生，缓解其认为别人会以有色眼光看待自己的担忧。在学生改正错误的过程中，要善于看到他们的进步，捕捉他们的闪光点，并放大这些优点，让他们有被关注感和成就感；要增强他们的团队意识与集体荣誉感，鼓励他们在学习生活中积极为同学服务，积极融入集体；要引导他们主动参加各类学科竞赛，在取得优异成绩时及时给予鼓励和点赞，帮助其重树自信。

（三）一人一册，规划引导

建立违纪学生一人一册的成长档案，全程关注违纪学生后续的思想和行为，动态记录学生在班级的表现、参加公益活动的情况、比赛取得的成绩等。学生受处分后容易出现对未来迷茫、失去前进动力的消极状态，结合他们的心理特点和实际情况，安排班主任、班委或者党员与他们进行一对一对接，共同学习《学生手册》，了解《学生手册》中解除处分的相关规定，并通过协商方式和他们一起制定切实可行的解除处分方案，以及未来发展的规划，帮助学生按期解除处分，尽量减少对未来发展的负面影响。在此过程中注意运用循序渐进、由易到难的方法分阶段对违纪学生提出相应的要求，让他们不断体验获取成功、接受表扬的自豪感，从而激发其逐步向好的内驱力，变挫折为成长的财富，最终实现个人的成长与发展。

（四）全员合力，持续关注

对于违纪学生来说，心理压力的来源是持续存在的，自我怀疑与迷茫的状态也会反复出现。因此，要充分调动班主任、辅导员、任课老师、班级同学、家长共同关注违纪学生，形成家校共育的合力。首先，班主任、辅导员深入学生、深入课堂、深入宿舍，在日常管理中加强对违纪学生的关心关爱，主动帮扶违纪学生，及时在一人一册档案中记录学生的成长变化情况，并根据实际适时调整帮扶计划，做到有的放矢，持续关注其思想状态变化情况。其次，要加强与违纪学生家长的沟通交流，定期把学生在校的表现向家长反馈，让老师和家长成为违纪学生努力奋斗的动力源泉。最后，加强班集体教育，引导班级学生正确认识处分，以“关心人、帮助人”的态度帮助违纪学生共同成长，营造良好的育人环境。

四、经验启示

处分只是辅助教育的一种手段，而不是目的，教育引导违纪学生改过自新、重新成长为社会需要的人才才是最终目标。对于受处分的学生要加强关心和教育，注重沟通和帮扶，帮助他们摆正心态，唤醒面对困难的勇气，引导他们改正错误，不断成长，真正做符合社会需要的优秀大学生。

作为辅导员，要存爱心、有耐心、懂方法，平等对待每一位学生，尊重理解违纪学生；要善于把规范管理的严格要求和春风化雨、润物无声的教育方式结合起来，做到“情”与“理”的有机结合，既要讲明白规定和道理，又要从关心学生爱护学生的角度出发，了解学生的真实想法和现实需求，给学生蜕变的时间和空间，真正达到管理育人的目的。

坚持育人和育心教育相结合，把对违纪学生的心理辅导和未来规划教育结合起来。要注重过程教育，真实记录违纪学生的思想、学习和生活的变化过程。通过定期的思想教育、鼓励引导、谈话交流、志愿服务活动等，使他们真正认识到自己的错误，并努力达到解除处分的条件，变挫折为成长的宝贵经历，促进学生更好地成长。

使“三全育人”的理念贯穿到违纪学生的教育管理中，即全员育人，形成人人有责、人人参与、齐抓共管的良好局面；全过程育人，自始至终，时时刻刻，除了违纪后的转化教育，更要关注违纪前的规章制度教育，使违纪行为防患于未然；全方位育人，校园的方方面面、一砖一瓦都是育人的元素，要全面优化学校的校风学风班风，营造良好的育人环境。

【作者简介】

张丹，井冈山大学电子与信息工程学院辅导员，井冈山大学首批辅导员工作室主持人。曾荣获第七届“全国高校辅导员年度人物”入围奖、江西省高校辅导员年度人物等省级以上荣誉20项。在全国高校优秀辅导员博客评选活动中连续四届获得十佳博客奖、优秀博客奖和优秀博文奖等荣誉。主持参与省市级课题9项，发表学术论文10篇。

涂凰，井冈山大学建筑工程学院辅导员，国家二级职业指导师，国家二级创业咨询师。先后获江西省辅导员素质能力大赛二等奖等省级及以上荣誉9项、校级奖项20余项，参与编写《红色基因融入大学生思想政治教育》。

王静，井冈山大学商学院辅导员。先后荣获江西省辅导员技能大赛二等奖、三等奖等省市级奖项10余项。主持省市级课题7项，发表学术论文4篇。指导学生获得江西省大学生职业生涯规划大赛金奖，江西省红色走读竞赛活动一等奖、二等奖各1项，挑战杯“红色专项”三等奖1项。

第42问　如何排解学生转专业失败焦虑，帮助学生平衡理想与现实——学生转专业失败感到失落怎么办

南京理工大学　游　鹏　刘子琛　钟鲲鹏

一、问题阐述

小曹同学在大一学年学习认真刻苦，各门功课优秀，专业成绩在同专业同学中排名前10%。大二时，他申请转至较热门的人工智能专业学习，但因没有通过面试而落选。之后他感到非常焦虑、失落，学习兴趣明显降低，上课没有心情听讲，总是走神，甚至考虑退学复读。年级组织的集体自习他经常不参加，有时参加了但是不学习，做一些与课程学习无关的事情，比如听歌、玩游戏、看剧等。宿舍长、班长向辅导员反映此事，表示该同学如果继续这样下去，期末考试很可能会有多门课程挂科，甚至可能就此退学。

二、解决思路

此案例反映的是学生因转专业失败，心理产生极度焦虑情绪，无法将个人对专业的预期发展理想与当前就读专业的现实处境进行平衡，不能很好地面对自己转专业失败产生的巨大挫败感，进而引发学生心理、学业和职业规划方面的一系列问题。解决该同学的问题主要有以下几个关键点：

（一）及时干预

对于小曹的焦虑情绪，需要尽快辨别其是否存在心理应激等问题，如果是，则需要及时进行危机干预。

（二）注重倾听

引导学生说出内心真实的想法和实际诉求，了解学生的具体情况，从而帮助学生

分析解决问题的思路和方法。

（三）认清现实

帮助小曹认识到现实情况，重新评估未来发展，针对目前所学专业，通过新的职业生涯规划，实现专业提升，重新积极面对学习和生活。

三、实施办法

（一）主动约谈，准确判别学生心理状态

得知小曹的情况后，辅导员主动与他沟通，约定具体谈话时间和地点。在选择谈话地点时，将谈话地点安排在学院心理放松室，该位置环境优雅、让人身心愉悦。辅导员先从个人爱好和游戏入手，慢慢让他主动讲话，辅导员开始进入倾听状态，偶尔附和他的发言。在与小曹的谈话过程中，辅导员特别关注其情绪是否存在过度低落或激动情况，言语中是否存在特别消极的观点。如果出现极端情况，辅导员计划在谈话结束后尽快向学校心理咨询中心和学院分管领导上报情况，启动危机干预手段，首先确保学生的人身安全。经过评估小曹仍可正常学习，仅存在失落、情绪低落等情况，可以进入第二步。

（二）换位思考，从学生的角度想问题

与小曹的谈话过程中，辅导员婉转提醒小曹转专业公示结果的客观事实，同时充分考虑小曹的心理接受能力。辅导员主动询问小曹近期是否存在切实困难或苦恼，引导小曹主动说出真实的想法，倾听小曹的观点和诉求，帮助小曹理性分析解决问题的办法，通过SWOT分析明确利弊和机会。辅导员帮助小曹分析再次参加高考和继续专业学习之间的利与弊，告知高考会导致的个人心理、家庭经济条件等各方面的压力。随后顺势介绍学校辅修第二学位的相关情况，以及研究生多学科交叉所带来的就业优势，告知既不需要复读也可以不放弃自己兴趣的方法，引导小曹重新燃起对学习的兴趣和热情。

（三）多方助力，评估调整生涯规划

通过谈话，辅导员了解到小曹同学对人工智能专业并不是特别了解，转专业主要是因为家长的灌输、与学长的交流和受网络影响产生，大家都认为人工智能是热门专

业，所以随大流转专业。大学生生涯规划本身就是不断评估与调整的过程，谈话结束、心理危机解除后，辅导员根据PDCA循环法，帮助小曹对其生涯规划进行评估调整。同时，发挥学校、学院多方资源，通过一对一的形式交流目前专业就业情况，鼓励小曹参加学校组织的“国防行”“名企行”等活动，赴专业对口企业实地走访调研；同时，利用寒暑假时间开展“跟岗实习”，邀请优秀毕业生交流心得体会等，形成“全员育人”合力，帮助小曹建立专业自信，提升专业认同感，认可本专业的发展路径。考虑到小曹同学成绩一直非常优秀，辅导员充分肯定其在本专业上的学习能力，鼓励小曹在学有余力的情况下辅修人工智能专业课程。此外，针对年级转专业失败的学生群体，辅导员邀请专业课教师和系主任开展聚焦本专业学习内容的讲座，帮助他们明确专业学习内容和行业发展前景。在年级大会上，邀请优秀学长以及业内专家学者为学生开展讲座，帮助学生了解专业发展方向和就业情况，从而使学生获得满足感，产生浓厚的学习兴趣。

（四）后续跟进，打造专业发展典型

在前期工作基础上，辅导员后续定期跟进小曹各方面的发展情况，以一对一谈心谈话、线上聊天、骨干同学侧面了解等方式，持续跟踪其生活和学习状态。同时，发挥标杆管理的有效性，及时表扬小曹在专业学习上的进步，并总结凝练成大学生生涯规划典型案例，参加生涯规划大赛等。辅导员通过传授学习经验和学习方法，在年级、学院、学校内形成示范效应，由点及线，由线带面，提升学院学生的专业认同感。

四、经验启示

（一）辅导员要有充足的心理知识的储备

近几年随着“00后”学生进入大学，存在心理问题的情况越来越普遍，表现形式也更加隐性，要求辅导员掌握更多的心理问题辨别和处理的能力，能够正确识别出学生的特殊表现所对应的可能症状，并对不同风险等级的心理问题对应的处理措施了如指掌，尤其要落实好首位责任制，配合学校专业心理机构及时确定学生心理状况，做好突发情况的应对，将学生人身安全放在首位。

（二）以学生“全周期”生涯规划助推高质量人才培养

“00后”学生更加关注专业对未来个人职业生涯的直接影响，而专业选择受限于分数和认知，容易“人云亦云”，进而陷入“围城效应”。作为辅导员，不能把自己对于

专业的主观喜好或评价灌输给学生，更不应该随意评价学生对于某个专业的喜好，甚至代替学生进行选择。辅导员必须对所带学生的专业及未来发展有全面了解，与专业教师建立良好的沟通关系，紧抓大学关键时间节点，帮助学生建立“全周期、大规划”的生涯认知。南京理工大学高度重视专业认同教育，以经济管理学院为例，在新生入学教育中邀请专业课教师和校友企业家代表做客“青穗会客厅”，以个人成长故事现身说法，并实际走访知名企业，加强整体引导，增加专业认知，增强专业自信，提升专业认同感，从源头解决学生随大流转专业的问题。

（三）坚持解决思想问题与解决实际问题相结合

辅导员要想解决好学生的思想问题，除了及时了解学生思想状况外，更要学会倾听学生的诉求，有针对性地解决学生的实际困难。平时在年级大会、主题班会上，主要以辅导员讲为主，但是在与学生开展谈心谈话时，要学会角色转换，少一些说教，多一些倾听，给予学生足够的尊重，给予其阐述自己观点的机会，听学生讲自己的内心故事，平等对待，尽力帮助。辅导员工作就是用真心换真心，只要愿意用一颗真心去对待学生，帮助学生解决实际困难，自然也能更好做通学生的思想教育工作。

【作者简介】

游鹏，南京理工大学经济管理学院党委副书记、纪委书记。曾获江苏省首届高校辅导员职业技能竞赛一等奖、第一届全国高校辅导员职业技能竞赛三等奖和第五届全国高校辅导员年度人物入围奖等荣誉。主持省部级课题项目5项，1门课程获批江苏省首批一流课程建设项目。指导学生参加“互联网+”大学生创新创业大赛、“挑战杯”中国大学生创业计划大赛，多个项目获全国金奖、一等奖。

刘子琛，南京理工大学经济管理学院团委副书记。主持及参与校级课题3项，多次荣获学校就业先进个人、军训先进个人等荣誉称号。

钟鲲鹏，南京理工大学经济管理学院学工办主任。指导学生参加“挑战杯”中国大学生创业计划大赛、计算机设计大赛，多个项目获国赛三等奖、省赛一等奖，主持参与校级课题4项，多次荣获学校招生先进个人、军训先进个人等荣誉称号。

第43问 如何对违纪学生进行教育帮扶——"优等生"犯错受处分后一蹶不振怎么办

陕西师范大学 陈 琦 贾润泽

一、问题阐述

李某，男，美术学专业，家境贫寒，自幼失母。该生自小乖巧懂事，步入大学后更加努力，希望未来能改变家庭状况，曾获国家励志奖学金、优秀学生干部等荣誉称号。但大三时，由于他在宿舍违规使用"热得快"引发火灾，李某及其舍友被给予记过处分。

受处分后李某失去了获得国家奖学金和推免研究生的机会，这让他觉得自己人生无望，陷入深深的悔恨、羞愧、绝望之中。这些问题导致李某整日忧心忡忡，焦虑不安，食欲不佳，睡眠质量下降，上课较难集中精力，回到宿舍也不跟舍友说话，在班级跟同学间的交流也减少了，出现了逃避集体活动的行为。

二、解决思路

厘清观念，深挖根源，纠正学生的错误思想；多方联动，形成育人合力，缓解情绪困扰；识别不合理信念，描绘美好未来，重燃希望之火；发挥自我优势，重塑奋斗自信；制定科学学习计划，激发学习自我效能感，为成功奠基。

三、实施办法

（一）深挖诱因，纠正错误观念

"热得快"事件之前，李某的优等生人设与违纪违规行为形成了鲜明对比。通过深入交流后，李某违规的底层逻辑逐渐浮出水面——在侥幸心理加持下，由"生活不便”引发试错，从而导致火灾的发生。李某宿舍位于六层，而打水的地方只有一层才有，打水费时费力。一些同学开始在宿舍使用烧水工具烧水，他也仿照学习，最初的顺利使他彻底放下纪律底线，开始质疑学校宿舍规定的合理性，最终演化为不认同。

首先，对于打水不便的问题，辅导员表示理解，承诺将会向学校相关部门反映，尽快改善宿舍饮用水条件，同时指出这种不便可以通过多种渠道向学校反馈，并不能作为违规违纪的理由。其次，以此次事件为切入点，彻底消除李某心中的侥幸心理，强调“哪怕危险发生的可能性是百分之一，但对个体的伤害却是百分之百”，从而引申为万事不可凭侥幸，侥幸可一时一事，但绝不可能时时、事事。再次，重建规矩意识，提升其规矩意识和安全意识，增强其对校纪校规的认同感。最后，通过开展劳动教育、树立榜样等形式，加强李某文明行为的养成，提高其自律能力。

（二）联合多方力量，缓解情绪困扰

联合家长、教师、同学等力量，形成育人合力，帮助李某尽快度过心理低谷期。问题发生后，辅导员第一时间与李某父亲取得联系，告知李某在校情况，希望父亲能给予李某更多的支持和关爱。同时也积极寻求专业教师和同学的帮助，多方关心李某的生活和学习，营造温馨、友爱、积极的氛围，帮助李某缓解情绪困扰。

（三）识别不合理信念，重燃希望之火

受到处分后李某变得一蹶不振，有明显的不合理信念，他觉得自己整个人生彻底完了（不合理信念特征：糟糕至极）、老师同学会对自己失望至极（不合理信念特征：过分概括）。对于这种情况，辅导员采用合理情绪疗法帮助李某走出心理低谷，积极面对人生。

合理情绪疗法认为：个体的情绪反应和行为结果C（consequence）并非由外部诱发事件A（activating event）本身引起，而是由个体对这些事情的看法和评价B（belief）造成的。先让求助者说出自己的想法，然后依照他的想法进一步推理，引出错误观念，使来访者领悟不合理信念，并使他对不合理信念加以驳斥和辩论D（disputing），使之转变为合理的观念，最终达到新的情绪和行为的治疗效果E（effects）。也就是说，求助者之所以会产生消极情绪是因为个体对事物的认知出现了偏差，改变了认知也就改变了情绪和行为问题。

为此，辅导员使用“产婆术”辩论技巧，依照李某的观点进一步推理，最后引起谬误，从而使李某认识到自己先前思想中不合理的地方，并利用合理情绪治疗的自助量表，帮助李某进一步识别自身不合理信念，使其认识到只要自己改过自新，继续奋斗，人生还有出彩的机会。

（四）搭建服务平台，融入学生群体

李某受到处分后，出现了不愿与同学交流、逃避集体活动等问题心理及行为。一方面，辅导员有意搭建服务平台，鼓励李某积极主动为同学们服务。每当李某做出贡献时，辅导员总会当众表扬他，让他感到被认可和需要，消除其自卑感和沮丧感。另一方面，减轻他因处分而产生的负面形象。表扬和暗示强化了李某的责任心和自信心，他更加努力地为同学们做好服务工作，同学关系进一步融洽，情绪也持续向好。

（五）参加专业比赛，重塑奋斗自信

辅导员积极与任课老师取得联系，并鼓励李某参加专业比赛。在备赛过程中李某与专业老师和同学之间的交流增加，情感升温，慢慢地克服了自卑、矛盾的心理，也愿意向同学倾诉内心想法，参加集体活动的频率增加。值得一提的是，他有两幅作品入选省级展览并获奖，这不仅让李某重拾自信心，更是重燃了其希望之火和奋斗之情。

（六）制定学习计划，巩固学习成果

李某丧失推免机会后，投入了备战考研的行列，但他对英语和政治考试没有信心。辅导员为其量身订制了短期目标、长期目标和学习计划，持续反复地与其沟通并进行效果追踪，确保每个短期目标都能够实现，激发其学习自我效能感。分阶段、合理的引导，科学有效的学习计划保证了李某学习效果最大化。

四、经验启示

通过教育引导，生活上李某对校纪校规的认同感提升，规矩意识与安全意识增强，能够正确看待处分给自己带来的影响，逐渐走出阴影，重拾阳光与自信。李某的学习能力进一步提升，多幅作品入选省级展览，并以优异的成绩被国内某"双一流"高校录取。反思整个案例我们可以看到，对违纪学生的处理是教育的一个新开始，帮助违纪学生正确认识问题、改正错误观念、正确看待处分、重拾信心，才能真正达到治病救人、教育学生的目的。

（一）正确引导，耐心教导，增强规矩纪律认同感

要让学生对校规校纪"心悦诚服"，就要求辅导员在进行校规校纪教育时，既要讲

明规矩，也要说明规矩建立的必要性和合理性，与学生在规矩认同上达成共识，引导学生明确规矩意识，自觉自愿地明纪律、守规矩。

（二）细致观察，及时介入，落实教书育人的使命

受到处分后，学生往往存在心理低潮，尤其对于原本学习成绩优异、各方面表现较好的学生，一旦受到处分，会让学生产生自我怀疑与自我否定，很可能会使一个优秀学生一蹶不振，甚至成为问题学生。因此辅导员要关心学生的身心状态，合理利用心理疏导的方法及时介入，对学生的负面情绪进行有效疏导，同时也要帮助学生识别不合理信念，正确分析自身优缺点，使学生在挫折中获取经验，才能更好地达到育人目的。

（三）多方联动，环境重构，营造良好的环境氛围

学生对于自身的否定，往往存在外部环境因素。在外部环境重构方面：一是家校联动，家庭的理解与支持是学生坚强的后盾；二是朋辈联动，动员身边的同学主动接纳和帮助违纪学生，营造关心、友爱、尊重、激励和合作的集体环境，让学生在良好的集体氛围中提升自我；三是教师联动，依据"罗森塔尔效应"，教师的积极期待、回应能够给学生以正能量，可激发他们的潜能，促使学生努力改变自我、完善自我。

本案例的顺利解决，得益于辅导员具有心理学背景，是国家二级心理咨询师，能帮助学生缓解当下的情绪问题，也能帮助学生识别不合理信念，重燃希望之火。在日常工作中，辅导员要注意积累，加强学习，提升自身综合实力，才能更好地解决实际工作中的问题。

【作者简介】

陈琦，陕西师范大学美术学院辅导员，讲师，国家二级心理咨询师。曾获陕西省高校优秀辅导员、校级优秀辅导员、暑期社会实践优秀带队教师等荣誉称号及陕西省心理微课一等奖、首届陕西省高校心理健康教育课程大赛二等奖。主持省级课题1项、校级课题2项，参与省级课题5项，参编教材2部。

贾润泽，陕西师范大学美术学院党委副书记，讲师。曾获学校优秀辅导员、优秀团总支书记、暑期社会实践优秀带队教师等荣誉称号。

第44问　如何化解研究生导学矛盾
——研究生与导师之间发生激烈争执怎么办

南京航空航天大学　陈华华

一、问题阐述

小李，硕士毕业转博，博士一年级时，导师为其分配了一项重要且紧急的研究课题。课题方向与硕士研究方向不同，该生在课题方案论证上与导师意见不同，僵持不下。在此情况下，该生突发心脏不适由120运送急诊入院，后经诊断无大碍。学生自述考研时也曾出现类似身体应激反应，表示自己不适应博士导师的指导方式，不知道与导师如何沟通，感到课题研究和博士发展的双重压力都很大，萌生退学念头。后经辅导员、兼职辅导员、硕士导师、学院领导和博士导师与其的定期、长期交流，化解了导学矛盾，学生课题研究进展顺利。

此案例是研究生教育管理中的常见现象，由于研究生与导师存在一定分歧，引发导学矛盾，引起一系列学业、人际交往、心理等方面的问题，涉及思想政治教育与价值引领、日常事务管理、心理健康教育与咨询、校园危机事件应对等多类别的复杂问题。

二、解决思路

针对此类案例，需要找准问题关键点：一是了解学生的心理健康水平与现实需求。借助心理普查与日常观察判断学生的心理健康水平，通过深入交流掌握学生的性格特点、成长路径、现实困境和需求，明察秋毫方知问题症结。二是了解导师的教育培养模式。每一位导师对研究生知识教学、科学研究、思想交流、行为指导、学习生活等方面的教育方式不尽相同，要通过多途径了解导师的特点，洞若观火才可“对症下药”。三是辅导员主动作为，多借巧力，“心病终须心药治，解铃还须系铃人”，强化辅导员与导师的协同育人，促进导学发展共同体的形成，以解决导学突出矛盾的现实问题。

三、实施办法

（一）聚焦问题关键，坦诚沟通，长期关注

针对学生的表现，首先从关心的角度切入，逐步与学生建立真诚的联系。发挥“校—院—年级—班级”四级网络作用，班委尤其是心理委员常态化做好主动关心班级同学的工作，让学生感受到外部支持系统的存在，加强对老师、同学、学校的信任感。借助学校心理健康教育中心的心理普测、心理咨询等专业力量，对学生进行评估和诊断，摸清症结，如有心理问题，及时就医或以其他方式予以化解。关注学生“此时此刻”的难题，持续关注“那时那刻”的状态，结合日常的观察、沟通，指导学生学会从群与己的角度、从对方的角度思考问题，跳出矛盾本身看发展，并从导学相处的方法、研究生的规划等方面进行具体指导，帮助学生系统脱敏。

（二）营造育人氛围，依托载体，全员参与

结合“5•25心理健康教育月”、入学季、学期初等时间节点，邀请专家面向研究生和导师群体分别开展心理健康知识普及、人际交往等专题讲座与培训，构建四级心理健康帮扶体系，实现从入校到毕业全环境的关注。抓住入学教育等宝贵时机做好专题教育，围绕适应接纳、人际交往、换位思考等设置课程，帮助学生深刻认识自我，理解身边特殊困难的同学，接纳不完美，辩证看待得与失、成与败，精心打造团体辅导、心理剧等互动性、体验类实践平台，实现从理论到实践全环节的教育。面向导师开展师德师风培训、教育教学经验分享、学生心理健康教育知识普及等系列讲座，切实提高导师业务水平，实现从学生到老师全群体的提升。

（三）构建共育体系，一体帮扶，持续推进

导学共同体是导师与研究生在共同道德遵循和价值追求的基础上，以知识传创和全面育人为目的，在共同体验的研习环境中，通过交流、参与和合作，实现自我价值和共同发展的教育形态和交往过程。探索将研究生纵向党支部建立在重大课题组或研究方向的基础上，探索导学团队建设的机制，促进党建思政与业务同行，充分发挥科研育人实效。落实导师在研究生培养过程中的主体责任，构建平等良好的师生互动机制，把导师立德树人职责履行情况纳入导师工作考核，建设基于学术成就、人才培养成效、团队发展成绩三者并行的教师评价体系，选树优秀导学团队典型，发挥榜样引领作用，持续推进导学共同体建设。

四、经验启示

（一）正确分析问题原因，找到问题关键

辅导员要善于找到每一个特殊案例的关键点，不能武断简单处置。本案例中小李与导师的矛盾既有小李个人的心理状态、人际交往能力、适应能力等问题，也有导师未能因地制宜、因材施教，与学生没有充分深入交流的问题，是一个需要“双向奔赴”的案例。在案例处理过程中，辅导员既要从思想上、心理上、方法上加强对学生的教育引导，给予精准的指导和帮助，又要加强与导师的沟通，基于新时期研究生群体的新特点、研究生教育管理的新形势等给导师一些研究生教育的参考和借鉴。

（二）善于挖掘多方资源，发挥育人合力

本案例中的学生非常信赖其硕士研究生导师，该导师也在同一课题组，对博士生导师、学生和所研究的课题都比较了解，可以在解决学生课题研究的实际困扰及与博士生导师的交流中发挥积极作用。在实际工作中，学院返聘了学生工作经验丰富的退休老领导担任兼职辅导员，专项负责特殊学生的关心教育工作，他们在学生的思想引领、生涯规划指导方面有得天独厚的优势。依托学校的领导干部联系学生制度，每一位特殊困难学生都配备了学校职能部门领导或学院领导作为联系人，他们在统筹师生外部资源方面可以发挥较大作用。总之，辅导员要善于充分挖掘多方资源，发挥育人合力，共同促进问题的解决。

（三）科学谋划培养机制，前置教育环节

在研究生教育过程中，导学关系体现着师生双方的理想信念和德行成长，也蕴含着师生双方的道德品质和生命情态。我们可以从制度、评价、奖惩、监控等方面加以限制，但更重要的是导师和学生作为主体的价值和地位。教师工作部、人事处、学院等应加强教师业务、思政方面的岗前培训，切实提升教师指导研究生的业务能力和水平；常态化开展在校生的学情分析并通报教师、管理部门，剖析学生特点，因材施教，提升教育的针对性和实效性。学生工作部门、学院和辅导员应前置学生适应性教育、人际交往能力提升、研究生生涯规划等方面的系列入学教育，切实提升学生研究生阶段的适应能力和应变能力。

(四) 畅通学生诉求渠道，防范化解风险

本案例中学生虽然与导师发生激烈的争执，但无过激的举动，主动找到辅导员提出退学。在实际工作中，还会遇到学生直接在网络空间发言等过激行为，甚至引发网络舆情。应完善师生参与校园治理的组织形式和制度化渠道，打造“网格化”学生网络信息员队伍，提高精准预判和处置能力。

【作者简介】

陈华华，南京航空航天大学能源与动力学院团委书记、辅导员。曾获2022年全国高校辅导员素质能力提升骨干训练营“十佳标兵”、第七届全国大学生百强暑期社会实践团队“最佳实践带队老师”、江苏省大学生暑期“三下乡”社会实践先进工作者等荣誉称号及第九届江苏高校辅导员素质能力大赛一等奖。所撰写案例获评江苏省“苏乡永助”“发展型资助育人工作案例”优秀案例。

第45问　如何疏导刚入学学生的迷茫，帮助其树立目标——学生对所学专业认识不清、产生厌学情绪怎么办

河南农业大学　韩　笑

一、问题阐述

笔者担任辅导员7年，所在学院是相对典型的农林高校理工科院系。概括而言，新生先天存在“两高”特点，即农村生源比例高、调剂生源比例高。在此背景下，新生普遍对专业缺乏了解和接受意愿，专业认同度较低。初入大学，新生在思想、学习、生活、心理等方面普遍存在困惑，尤其是农村生源学生在人际交往技能等素养方面存在“先天短板”，如何进行巧妙引导成为必须面对的问题。

二、解决思路

新生适应性教育是高校开展思想政治教育的“第一堂课”，其效果直接关系到新生能否顺利完成从高中到大学的转变。该问题看似比较浅显，但日积月累影响较深，看似是新生能否适应大学生活的单一性问题，实则是学生价值观树立、技能方法养成的复合问题。在新农科背景下，这也是关乎立德树人成效、关乎乡村振兴是否后继有人的重要议题。辅导员在处理该问题时，应该认真剖析问题产生的实际原因，关照学生的实际诉求，做出综合判断并制定解决措施。

笔者结合实际分析其原因，首先源于新生本身固有特点：“00后”新生怀着对大学生活的无比憧憬与好奇踏入校园，自我意识强，但初入大学面对诸多崭新的学习、生活、社交等方式，多因角色转变而措手不及，在尚未完全适应大学生活和养成科学有效的学习方式前，易对生活环境、学习状况、人际关系等产生不适。学生本身对专业前景不甚了解，自身职业规划不明朗，对学农为农爱农弘农的信念不坚定，信心和底气不足，难免产生较多的矛盾和强烈的转专业意愿。其次源于家庭影响，学生长期受到家庭的关爱与呵护，依赖性强，适应能力和心理承受能力比较差；同时新生90%为农村生源，家庭给予的大学适应教育和职业生涯规划指导有限，学生对本专业的教学

计划、就业前景了解不够，对涉农专业存在刻板印象和固有偏见，影响学生对生活、学习中相关事物的判断。

学生成长的现实需求应当被珍视，思想困惑也应尽快得到化解，解决学生专业思想不稳定、对大学生活迷茫的思想问题，应同加强职业生涯规划指导、大学适应方式教导、爱农弘农价值观引导等长远、实际问题相结合，提升工作实效性，实现新生在新阶段的新发展。对此，辅导员应加强了解教育对象的特点，从学院—学生的教育施受双方纵向主体维度和教育横向内容维度积极调整，因地制宜，做新生大学适应的指导者、成长转变的陪伴者、学习发展的保障者，以爱和智慧交融的工作，助力青春的每一次拔节。

三、实施办法

笔者多角度发力、多年探索实践如下：

（一）突出鲜味，通识＋专业："大学六问"新生适应专题讲座，让新生明大德守红线树理念

每一个专业都有自己的特色等待发掘，每一个量身定制的育人阵地都足以星火释暖。笔者自2015年初任新生辅导员，结合新生起步阶段的普遍困惑，以"我和我的大学"为题，对规矩与自由、越自律越自由、从众还是从己、从心出发、恋爱是大学必修课等10个方面展开互动式专题讲座，其间结合理工科学生人文素养相对薄弱的背景，借助自己文科学缘优势，在专题讲座中引入古诗词，学生接受度较高，也一定程度上缓解了多校区办学背景下，新生所在校区选修课匮乏的问题。后凝练为"六问破雾识大学　三心筑基好青年"新生适应专题，并从院级讲座上升为全校范围内新生入学教育专题讲座。多年耕耘下，笔者所带学生整体语言表达、人际交往、材料写作等综合素养有长足进步，在课堂内外、线上线下及文化浸润、实践锻炼中，志愿服务、朋辈帮扶、互帮互助成为常态，最有爱宿舍、最有才宿舍等层出不穷。

（二）回归原味，技能＋素养："四力四气"能力提升培训，为新生骨干强基铸魂

群雁高飞头雁领。在针对全体新生开展"大学六问"专题讲座的基础上，笔者聚焦其中的学生干部群体，开设学生干部"四力四气"能力提升培训讲座，实现从一般学生到抓稳骨干的多层级培养。讲座通过对新时代学生干部展开画像，结合实例，引导

其着意增强“四力”，提高职业技能，同时涵养“四气”，积淀内在素养，讲座现场连线高年级优秀干部现身说法，创造条件让作为“领头雁”的学生干部群体“真正出场”，激发“火种”力量，发挥榜样示范带动作用，实现新任学生骨干在干中学、学中干，届届学生骨干青蓝相继传帮带。在铸魂强基背景下，学生思想政治素质过硬，新生入党申请书递交率达95%以上，产生“太极晨练”品牌活动班级等，多人获“三好学生”“优秀学生干部”“优秀团员”等荣誉。学生干部对待错误网络言论态度坚定、亮剑发声，在抗疫中乘星光、沐骄阳坚守志愿一线，这些青春的树苗正以不负重托、不辱使命的成长，彰显“驰驱一世豪杰，相与济时艰”的担当。

（三）保持土味，专业＋思政：动物文化节“花开校园”，引导新生深植爱农弘农信念

学院汇聚政工干部、学院专业教学团队力量，结合学生兴趣点，举办了以猪、牛为主题的两届动物主题校园文化节。该文化节面向以新生为主的全体学生，在传承中华民族优秀传统文化的同时，科普动物文化，并探寻新时代畜牧养殖的科技密码。多家行业名企现场设置招聘展位，生动展示行业就业广阔前景。“文化节”旨在以美食之名，传文化之韵，推进耕读文化进校园，引导学生有滋有味尝美食，有声有色学知识。人民网、新华网、河南日报等30余家新闻媒体报道了此次活动，使得校、院辨识度得以提高，也在社会上进一步营造了知农爱农的氛围。学院开创了全国高校中以动物为主题举办文化节的先河，为同类情况下的人才培养提供了全新的视角和切实可行的方案，目前已与多所兄弟院校展开线上学习交流。活动获得学院学生及学生家长的一致好评，新生专业认可度、集体荣誉感大幅度提升，寓教于乐、寓教于悟，学生学农爱农的家国担当情怀内化于心、外化于行，多人应征入伍，成就绿色青春；或扎根西部，成为各民族“石榴籽”中牢不可分的一部分；或聚焦农业农村谋划创新创业，在成为新农人之路上步伐坚定。

四、经验启示

辅导员应紧扣青年特点和青年工作特点，开展有效的新生入学适应教育，真正把工作做到满足学生需求，走进学生内心，让新生心有方向“不迷航”。通过以上案例分析，笔者总结出以下几点经验，希望能为以后解决此类问题提供思路。

（一）找准思政教育和专业教育的交汇点

专业是人才培养的基本单元，是建设高水平本科教育、培养一流人才的“四梁八

柱”。本案例中动物文化节通过思政教育嫁接至专业土壤，自觉正视和利用专业教育环境，主动融入环境，使得专业教育为思政教育助力增效。辅导员可结合专业教育与专业特质开展思政教育，更好地体现“因专业施教”的特点，让专业教育有思政味儿，让思政教育有专业印记，达到思政教育与专业学习“同频共振、同步提高”的效果。

（二）聚焦主责主业和三全育人的衔接点

当前，多元思想观念的影响是迅速的，学生的成长需求是迫切的，对辅导员的能力要求也是逐步提高的。对学生不应当只是枯燥无味地讲道理，这将导致学生的“逆反”与“排斥”；也非仅注重手段求多变、搞花样，失去工作引导力和方向性，而是立足“三全育人”视域，广泛融合各方之力，建立“1+*N*”育人体系，针对学生特点、学科特色，结合辅导员个人特长，打造更专业的思政品牌。辅导员作为入味之盐、穿石之水，要营造课程思政、专业思政、学科思政、全员思政的圈层氛围，让铸魂育人润物无声，让新青年成为新时代的青春弄潮儿、新思想的青春传唱人、新征程的青年先锋队。

（三）探索思想引导与实践活动的融合点

新生适应教育是一个理论问题，也是一个实践问题。在教育内容遵循教育规律的前提下，应立足学生特质，贴近师生实际，充分考虑地域特色、优势、特点，才能与学生实现共情、共鸣、共进。2021年文化节中的“校园寻牛牛　师生牛牛乐”耕读文化研学活动，让“萌宠”走进校园，走向学生身边，引导学生通过零距离的触摸、用心的饲喂，具象化感知农耕妙趣。举办多年的“大学六问”讲座结合河南农业大学百年涉农的历史优势和学院“畜牧养殖”学科特色，引导新生领会为谁而学、学用何处，激发其以己之力反哺农村和农业的志向。因此，辅导员所思所想都应探求合目的性与合规律性的统一，无论是“六问”还是“四力”，无论是B站还是抖音，无论是图文还是短视频，所有举动应是聚焦问题的，所有举措应是解决需求的，都是“在学生成长中会路过的地方等着，假装偶遇”。

【作者简介】

韩笑，河南农业大学动物科技学院党委组织员兼团委书记，国家二级心理咨询师，河南省“学理论”辅导员工作室、“高校辅导员工作室”成员。曾获2018年全国高校辅导员素质能力大赛二等奖、第七届河南省高校辅导员年度人物等荣誉40余项。主持及参与各级各类课题20余项，撰写论文20余篇，多篇网文、多堂微党课在“学习强国”“高校思政网”等平台发布。

第46问　如何帮助学生学会独立自主，使其真正获得成长——学生不适应学校生活、心理出现问题怎么办

长沙理工大学　唐　青　何艳芝　杨舒文

一、问题阐述

从高中到大学、从少年到成年，学习生活环境的变化影响着身心发展尚未成熟的大一学生。新生入学后的不适应现象较为普遍，大部分学生都需要有一段时间去适应新的环境。但是，也有一些学生在适应期内无法协调自己的学习生活，甚至出现了心理问题。如何及时帮助学生获得独立自主的学习生活能力，是辅导员在陪伴学生成长过程中的重要任务。

大学新生习惯于高中阶段“被安排”的有规律的生活，由于各种因素的改变，其在大学生活中产生了各种各样的不适应。

（一）学业方面的不适应

高中的学习目标有共同性、唯一性，以高考为“驱动力”，树立的学习目标感较强，同学们都朝着一个目标前进。而大学的目标则具有多样性、个性化的特征。“迷茫感”在新生心中萌发，不知道在大学学习是为了什么，学习缺乏动力和自觉性。如果上课听不懂或者成绩排名没有达到自己满意的水平，会在一定程度上打击学生的学习自信心，使其失去学习兴趣，产生挫折感，形成学业恶循环，甚至导致学生对自己的全盘否定。

（二）人际交往方面的不适应

进入大学后，面对来自五湖四海的同学、朋友，人际交往上产生了陌生感。有些同学较为内向、敏感，缺乏主动交往的意识和良好沟通的能力，有些同学主观意识强，不能很好地理解他人，导致人际关系紧张，产生不良的情绪体验，很多同学表示在大学很难真正走心地交朋友。所以，同学们心里难免偶尔会出现一些孤独感。

（三）生活方面的不适应

不少新生在大学阶段才开始第一次集中住宿生活，对宿舍环境不满意，独立性有所欠缺，自理能力较差，在与舍友生活习惯的磨合方面出现了不少问题，如在宿舍熄灯时间、宿舍卫生状况等方面都可能出现矛盾点。因为生活适应的困扰，把自己陷入到无限的烦恼中，还影响到自己的学业、人际交往等方面。

二、解决思路

适应问题已成为新生普遍存在的问题，王洪斌、赵金梅的研究表明：大一新生从“陷入迷茫”到“走出困境”，46％的大学生需要3个月左右的时间才可以完成；43％的大学生则需要1年左右的时间；而另外11％的学生则需要更长时间来调整自己。所以帮助新生适应大学生活，首先需要以点带面，从解决个人的问题延伸到解决群体性问题，从解决适应问题延伸到解决思想、品行、学习、人际、自我等问题。其次需要由表及里，找到新生适应不良的主要问题，深入学生当中，了解产生问题的原因，从根本上解决学生的问题，达到授人以鱼和授人以渔的双重效果。最后需要立足当下，放眼长远，认识到适应问题不但是新生需要面临的问题，也是高年级学生，甚至是步入工作岗位的毕业生仍需要面对的问题。

三、实施办法

为了帮助学生学会独立自主，真正获得成长，尽快适应大学环境，形成积极的心态，养成良好的心理品质，针对当前新生普遍面临的各种适应问题，我们提出全员育人、全过程育人、全方位育人的育人路径。

（一）坚持全员育人，画出学生成长的最大同心圆

学校、家庭、社会都有育人的责任和使命，辅导员要充分调动全员力量，让大家共同帮助新生度过适应期。

（1）协同专业课程老师、心理学专业老师，帮助学生更好地适应大学的学习方式。召开专业座谈会，让学生增强专业学习自信，树立学习的目标；请心理学专业老师开展专业性强、趣味性强的心理活动，提高学生的适应能力。

（2）协同父母，帮助学生更好地适应大学生活。加强与学生父母的联系，全面了解

学生的情况。开设新生家长课堂，分析大学生成长的特点，探讨科学培育大学生的方法。

（3）发挥学生的积极作用，让学生学会自我管理、相互帮助。树立学生榜样，让他们用自己的积极行动感染其他学生、影响其他学生。培养一支可靠可行可信的学生干部队伍，对学生的学习进行督促，对学生出现的适应问题及时进行反馈。成立互助小组，针对新生中存在的突出的适应性问题，一起商量对策。

（二）坚持全过程育人，抓好学生适应的关键节点

辅导员要把适应教育融入整个大一的育人计划中，根据大一的培养方案和学生发展的不同节点，有针对性地开展适应教育工作。

（1）迎新开学要迎“心”。做好迎新前的准备工作，培训迎新志愿者，以饱满的热情欢迎新生的到来，深入新生宿舍，及时了解新生的困难并帮助其解决，让新生感受“家”的温暖，让新生的心安定下来。

（2）入学教育树信心。通过开展军训、校长第一课、院长第一课、学习学生手册、组织班会、举行专业教育等，帮助新生了解校史院情和大学环境，积极融入班集体、院集体，缓解新生的紧张、焦虑心理。

（3）心理普查建档案。让新生认识到心理普查的意义，鼓励新生认真对待，以便准确了解学生在大学的适应情况，并根据普查情况建立心理档案。

（4）考试动员育学风。召开期末考试动员大会，与学生共同学习考试违纪处理办法，从根本上杜绝作弊想法，端正学风考风。鼓励同学们树立考试信心，努力复习。针对较难的考试，开展学习方法传授活动，激发学生的学习兴趣，提高学习效率。

（5）社会实践促发展。鼓励同学们寒暑假积极参与社会实践活动，提高实践能力，培养社会责任感，把所学知识应用到实践中，实现自我价值。

（6）学期总结树新风。针对每个学期的期末考试成绩、日常管理等情况，召开学期总结会。对表现突出、有较大进步的学生给予表扬，对出现的突出问题给予通报，并引导学生树立新学期的目标。

（三）坚持全方位育人，引领学生全面成才

辅导员在培养学生的过程中要将思想引领、日常管理、心理健康等结合起来，让学生在适应的过程中获得全方位成长。通过正确的世界观、人生观、价值观引领学生科学规划大学生涯，树立明确的人生目标，赋予其大学学习、生活的意义。通过进课堂进宿舍进班级，在日常管理中全面了解学生的情况，重点关注特殊群体学生，帮助他们解决实际困难，让他们安心学习、快乐生活。通过开展心理健康讲座、团体辅导、素质拓展活动，培养新生良好的心理品质，让新生更好地认识自己，加强人际交往能

力，开发心理潜能，增强心理韧性。

四、经验启示

良好的开端是成功的一半，作为辅导员，帮助新生顺利度过适应期，我们有责任，也有使命。

（一）以“一枝一叶总关情”的责任感对待学生的问题

学生的事无小事，无论是因天气变化而感冒这类小事，还是面对人生重大抉择这类大事，我们都要高度重视，把学生的每一件小事当作工作的大事，不能让学生觉得我们轻视他们的问题，这样才能赢得学生的信任，才能让学生向我们敞开心扉。

（二）以“功成必定有我”的使命感陪伴学生成长成才

适应的过程是学生成长的过程，也是我们引导陪伴的过程。我们的一言一行、一举一动对学生具有潜移默化的影响，学生成长的足迹有我们以身示范的影子，学生进步的步伐有我们充分肯定的鼓励。所以，帮助学生适应大学生生活、顺利成长成才是我们义不容辞的使命。

【作者简介】

唐青，长沙理工大学经济与管理学院党委副书记，副教授，二级心理咨询师，职业生涯规划师，教育部千名优秀辅导员十九大精神“双巡团”骨干。曾获全国辅导员年度人物提名、湖南省高校第二届最美辅导员、湖南省辅导员年度人物、湖南省高校首批党务工作示范岗等荣誉称号及全国辅导员职业能力竞赛三等奖。主持省部级课题7项，发表论文20余篇，出版著作3部。

何艳芝，长沙理工大学经济与管理学院专职辅导员兼心理辅导员，讲师，经济师，政工师，二级心理咨询师，中级人力资源管理师。曾获湖南省教育厅优秀指导老师荣誉称号。

杨舒文，长沙理工大学经济与管理学院专职辅导员兼心理辅导员。曾获湖南省高校辅导员科研能力提升专题培训班优秀学员、暑期“三下乡”校级优秀教师等荣誉称号。

第47问 如何与学生拉近距离，进行真正的师生沟通——学生抵触老师、老师无法走进学生内心世界怎么办

郑州航空工业管理学院 倪大钊

一、问题阐述

大二刚开学，来自贵州的小吴就要申请退学。我问小吴的辅导员李老师：你和小吴谈了几次？小吴退学的主要原因是什么？小吴的心结在哪里？李老师说他和小吴谈了很多次，小吴就是不喜欢自己学的市场营销专业，家人也同意她退学回去复读，小吴的父亲甚至已在申请书上签过字了。李老师对小吴也挺无奈，他说苦口婆心劝了小吴多次，做了很多工作，但是成效不显著。李老师是位非常优秀的辅导员，工作经验丰富，对学生也很负责任，获得了很多校级和省级荣誉，这次李老师确实感到很无奈。我觉得小吴已经大二了，申请退学不太理智，决定要在手续办理前和小吴再谈一次。

二、解决思路

随着个体意识日益增强的“00后”成为大学生主体，学生在面对老师时出现排斥甚至抵触心理的现象越来越常见。如果辅导员与学生之间的沟通没有实现师生关系的重塑，就很难打开学生的心扉，学生也很难信任我们。这既有教育对象的原因，比如“00后”学生主体意识增强、个性化突出、心理压力巨大、家庭背景复杂（留守儿童、单亲家庭比例高）等，也有教育主体的原因，也就是辅导员的角色定位或沟通方式不当无法赢得学生信任。与学生拉近距离，进行真正师生沟通的关键在于“重塑师生关系”，在沟通中能够设身处地为学生考虑，将简单生硬的师生关系转变为知心朋友和人生导师关系，问题就迎刃而解了。

三、实施办法

小吴的退学动机主要有两个：一是离家太远，不适应郑州的环境和生活；二是不喜欢市场营销专业，找不到学习状态。这些都属于思想认识问题，如果能够解开思想认识上的疙瘩，小吴不至于选择退学。我打算按照"释放情绪、建立认知、帮助决策、陪伴实施"的总体原则，结合自身经历现身说法为小吴分析当前处境，并设身处地帮她做出合理的决策。

对于离家太远，我分享了在云南大学读研究生的经历，告诉她当时没有高铁也坐不起飞机，从郑州到昆明需要坐48小时的硬座火车，我把这些经历当成丰富阅历和磨砺心智的机会。如今高铁和飞机随便选，距离和环境怎么会成为问题呢？对于不喜欢所学专业，我结合本科经历，告诉小吴自己也曾因不喜欢专业迷茫过，导致好多课程勉强通过，我甚至拿出本科成绩单给她看。我讲自己的"糗事"是为了让她明白在大学中感到迷茫并不可怕，而冲动的决策则可能抱憾终身。小吴看我这么真诚，就问"老师，您是怎么克服的？"我说："自己虽然不喜欢所学的专业，但是一直保持着积极的心态，读了很多书，也参加了很多实践活动来提升自己。后来随着对专业学习的深入，到大三慢慢喜欢上了所学专业，并最终考上云南大学研究生，如今还在继续读这个专业的博士。"

能看出来小吴听进去了，我就趁热打铁问她有没有喜欢的专业？她说比较喜欢新闻类专业，我就举了几个成功跨专业考取苏州大学等名校新闻传播专业研究生的例子，告诉她如果真心喜欢新闻传播，就多读一些这方面的书，积累知识准备跨专业考研。我特别强调如果选择从现在努力备考，两年半后将有机会考上家乡的贵州大学，而退学复读则是为了一个毫无胜算的结果浪费两年时光。我看她的思想渐渐有些松动，就指着面前的桌子和手机说："你就好比手机上的一只蚂蚁，看到的世界只有手机屏幕这么大，难免会形成错误的认识和判断；而老师的阅历相对丰富，好比是桌子上的一只蚂蚁，能够看到更大范围内的东西，可以为你提供更多看待问题的视角，做出更合理的决策。"我看她眼中渐渐有了光芒，她说回去考虑一下再给我回复。我说没问题，老师随时为你答疑解惑。

中午我就收到了小吴的微信，她说："老师，我想好了，还是留下来继续读完，该做出改变的应该是我的学习态度，而不是学习环境，可能回到高三我还是依旧会难以适应，不如在这里好好端正自己的态度，在这里也依旧可以趁着空闲做自己喜欢的事情。很谢谢老师愿意抽出时间和我说那么多，老师说的很多都是身边的例子，让我知道原来不只有我一个人会有这些想法，先前的决定可能也可行，但着实是走了些弯路，而且不确定性很大，分析了很多，我回去之后也在慢慢想，好像专业爱好也就那么一回事,距离确实不是问题,在以后可能也都会一一实现。”我知道她的心结打开了。

四、经验启示

习近平总书记说:“思政课的本质是讲道理,要注重方式方法,把道理讲深、讲透、讲活,老师要用心教,学生要用心悟,达到沟通心灵、启智润心、激扬斗志。”真正的师生沟通也是一场沟通心灵、启智润心、激扬斗志的过程,通过重塑师生关系、练就工具思维和掌握沟通艺术,从而成为学生真正的知心朋友和人生导师。

(一)重塑师生关系:从知心朋友到人生导师

拉近师生距离、进行真正沟通一定要重塑师生之间的关系。如何实现师生关系重塑呢?由于信息不对称、师生之间有可能存在不信任关系,如果能够让一种不信任关系变成信任关系,由一种冲突关系变成合作关系,那么任何问题都将迎刃而解。走进学生内心主要依靠言传身教,一言一行学生都看在眼里记在心里,这才是最好的引领。唯有用身心信任代替科层权威,以人生导师的角色超越知心朋友的角色,方能实现师生关系的重塑。因此,拉近师生距离最关键的就是通过重塑师生关系改变师生距离,如果在学生心中师生关系没有发生实质性转变,那么老师依然无法获得学生的信任,所谓的掏心掏肺、苦口婆心都是自以为是和自我感动,终将无功而返。

(二)练就工具思维:辅导员的“箭袋”或“工具箱”

在公共管理学科中有一个概念叫“治理工具”,有学者将其形象地称为政府“箭袋”里的“箭”。如果辅导员在工作中能够正确诊断学生的动机,精准运用制度、情感、利益、知识等“引领工具”,将“利箭”射向困扰学生成长的“靶心”,就可以走进学生内心,实现有效的思想引领。比如有的学生重感情,我们就动之以情;有的学生喜欢讲道理,我们就晓之以理;有的学生在乎利益,我们就设身处地为他着想;有的学生崇敬学识,我们就用渊博的知识征服他。可能还有一些学生比较“认死理”,那么就和他谈制度,一只手高高举起制度的利剑,另一只手再把学生揽在怀中,何愁无法走进学生内心?

(三)掌握沟通艺术:真诚、同理心和创造愿景

有效沟通有三个关键词:真诚、同理心和创造愿景。真诚不需要讲多么漂亮的话,而是能够设身处地为学生着想。只有准确了解每个学生的特点,才能真正做到真

诚。只有真诚才能改变师生关系，只有改变关系才能解决学生问题。

保持同理心是人际交往艺术的核心准则，拥有同理心是获得他人信任的最佳途径。有人甚至说“没有同理心，就不可能知道什么是成功，什么是领导力”。每个人都有看待世界和衡量事物的标准，当我们用自己的标准去衡量别人的缺陷时，难免会有很多不符合自己要求的地方。在与学生沟通的时候也是如此，我们如果能够对学生遭受的痛苦、煎熬和折磨感同身受，谈话也就成功了一半。

创造愿景与忽悠的最大区别是：忽悠是说自己不相信的话，希望别人相信，而愿景是说自己相信的话，并能够让别人相信。作为辅导员，要学会为学生创造愿景，让学生对未来的发展充满期待，期望理论告诉我们“人会成为他所期望的样子”。辅导员在工作中要有相应的实践智慧，去识别学生的真实需求，解决学生面临的困惑和难题，激发学生的内生动力和积极心态，引导学生实现从“被动领”到“主动跟”，这样辅导员才能真正走进学生内心，成为学生成长路上的人生导师。

【作者简介】

倪大钊，郑州航空工业管理学院商学院党委副书记。曾获第十二届全国高校辅导员年度人物、第十届全国高校辅导员年度人物提名及河南省高等学校优秀共产党员、优秀教师、优秀辅导员荣誉称号。主持河南省高校网络教育名师培育支持计划、高校网络文化精品项目、高校辅导员工作精品项目。

第48问　辅导员如何深化思政、管理、服务育人工作——如何以学生宿舍为平台打造新时代高校育人阵地

四川文化产业职业学院　黄自立　万里亮　范潇彬

一、问题阐述

学生宿舍是大学生在课堂之外，学习、生活时间最长，人员最为密集的场所。在国家进入新时代高速发展的今天，大学生受社会环境、网络媒体、原生家庭等外在和内在因素影响，他们思想活跃、情感丰富，学习、就业压力较大，部分学生在心灵上需要更多关心关爱，需要更多教育引导。辅导员日常工作任务较为繁重、琐碎，深入宿舍开展思想政治引领、教育管理服务工作时间较少，因此，辅导员如何进一步做好课堂之外的学生育人工作，如何更深入、更好地以学生宿舍为平台开展学生思想政治引领和日常管理服务工作显得尤为重要。

二、解决思路

(1) 辅导员日常工作开展缺乏理论支撑，缺乏以党的科学理论武装青年，用党的初心使命感召青年的具体举措。应坚持落实“立德树人”根本任务，以党建工作为统领，有效实施思政育人工作。

(2) 辅导员日常工作开展习惯于“单打独斗”，缺乏团队协同，学生公寓协同育人的机制有待完善。应以学生公寓为平台，以“三全育人”工作思路，有效实施管理育人工作。

(3) 辅导员日常工作开展重管理、轻服务的现象较为凸显，缺乏对学生“在管理中服务、在服务中管理”的教育理念。应秉持“以学生为中心”的工作理念，强化学生服务，有效实施服务育人工作。

三、实施办法

2020年以来，四川文化产业职业学院在学生工作中提出了“让阳光照进宿舍”——深化思政育人、管理育人、服务育人，打造学生公寓育人新高地的工作思路。辅导员工作秉持“平安、健康、勤学、厚德”的学生发展理念，强化以学生宿舍为重点，深化学生教育、管理、服务工作，助力学生全面发展。

（一）深化思政育人，深入实施大学生思想政治引领

1. 以党建工作为引领，搭建学生公寓党员学习平台

辅导员以学生公寓党建学习室为平台，对学生党员、入党积极分子、班团学生干部进行理论宣讲并以他们为依托开展党建活动。优选学生党员、入党积极分子加入学生公寓自治管理委员会，充分发挥他们的先锋模范作用，在学生群体中树立良好的榜样示范作用，凸显学生自我管理教育服务。定期开展理论学习和党建活动，以党的科学理论武装青年，用党的初心使命感召青年。

2. 以思政进公寓工作为重点，加强学生思想政治教育

深入实施思政育人工作，第一要务是了解大学生的思想动态，加强思想教育引导。辅导员深化思政进公寓工作，进驻学生公寓，在学生中深入开展社会主义核心价值观教育。时常走访宿舍，深入学生群体，认真了解学生的思想和学习生活等情况，将学生安全、学业规划、生活指导等思想引领之种播撒在每一位学生心中，用行动温暖和照亮学生前行之路。

3. 以思政课程进公寓为抓手，构建学校大思政格局

辅导员与思政教师互联互通，携手开展思政育人工作。在学生公寓园区设立思政教师工作室，将学生日常管理、思想政治教育、健康教育、法制教育紧密结合，在公寓园区开展“法治进社区”“行走的课堂”“红色电影”思政主题活动，真正走进学生、贴近学生，增强学生法律意识，传播革命精神、传承红色基因，有力推动学校大思政格局的构建。

（二）深化管理育人，有效促进大学生行为习惯养成

1. 推动“以劳铸人”，劳动教育进公寓

辅导员以劳动教育为依托，以学生宿舍卫生为重点，在学生公寓开辟劳动实践教育基地，建立“劳动＋习惯养成”教育模式，开展劳动教育活动，设置学生宿舍环境卫生、物品摆放标准，学生个人按照标准进行个人劳动和环境维护，辅导员和宿舍管理老师给予指导监督，将学生宿舍和公寓园区公共区域卫生清扫工作纳入第二课堂学分，依托学生公寓，深入推进劳动教育。

2. 实施“早鸟计划”，学风建设、身体素质教育进公寓

结合当代大学生的时代特征，辅导员大力推动学生“早起晨练”行动计划，强化大学生学风建设和身体素质教育。一日之计在于晨，晨光无限、青春无限，辅导员以班级、宿舍楼宇为单位，以“晨练、晨读、晨跑”等不同形式，积极引导大学生迈开步伐，走出网络、走出宿舍，走进操场和教室，营造良好的学习氛围，积极推动学风建设和提升学生身体素质。

3. 落实“信息管理”，学生安全管理信息化建设进公寓

学生的安全关系到生命和财产等安全。辅导员通过“进驻”公寓和学生公寓信息智能化宿舍管理系统，实时掌握学生归寝状态，实现24小时关注，解决学生晚归、夜不归宿、学生请假等一系列一直以来存在的低效率、高风险问题，进一步强化学生行为规范和行为自觉，提升学生的安全防范意识，有效利用现代化信息互联互通的手段加强安全教育和管理。

（三）深化服务育人，构建服务育人长效机制

1. 公寓文化育人，辅导员是学生的引路人

辅导员将学生活动开展延伸至学生宿舍，通过“公寓文化节”活动，指导学生爱护环境、装扮宿舍，营造同寝学生和谐友爱的文化氛围。利用公寓园区“读书吧”平台开展学习交流活动，帮助学生制定学业规划和年度学习计划、撰写学习总结，促进学生职业生涯规划指导。借助公寓园区公共区域开展“啦啦操”文体活动，提升学生文化品位和生活情操。

2. 心理健康育人，辅导员是学生的知心人

辅导员与宿管老师紧密联系，建立“学生心理健康观察站”，了解学生心理健康问

题，通过信息反馈、谈心谈话等多种方式掌握学生心理动态；与宿舍长实时沟通，设立“宿舍心理观察员”，加强同寝学生日常生活中的互帮互助，及时疏导学生异常情绪，帮助学生缓解各种压力；与专职心理咨询师紧密合作，建立“心理危机干预”机制，深入宿舍，开展心理健康教育，有针对性地开展心理疏导。

3. 公寓环境育人，辅导员是学生的热心人

辅导员积极引导学生营造安全、文明、和谐的学习和生活环境。秉持“以学生为中心”的工作理念，以优化育人环境为重点，协同学生工作部、安全保卫处、基建处、后勤管理服务中心等职能部门不断督促优化学生公寓环境，促进社区生活街区建设，添置体育健身器材，建立安全门禁、宿舍报修、请假归寝信息化平台，配备洗衣机、空调、热水直饮水生活用具，将学生公寓打造成积极健康、文明向上、富有内涵、具有特色的育人阵地。

四、经验启示

（一）思政育人方面

扎实开展党建、思政进公寓工作，呈现了“重思想、促进步”的思政教育引领平台。以党建为引领，以辅导员、思政课教师、宿舍管理老师为主导，以学生为主体，以学生公寓为依托，以思政教育为抓手，树立精实导向，形成了党建工作和人才培养深度融合的有效模式。

（二）管理育人方面

摒弃“为管而管”，夯实教育活动和管理基础，建设了“重实效、促提高”的管理平台。打造“让阳光照进宿舍”“早鸟计划”“劳动＋习惯养成”等文化品牌活动，完善安全管理信息化建设，强化以学生公寓为平台的教育管理功能，带动学生整体发展和进步。

（三）服务育人方面

建立融公寓文化建设、心理健康教育和公寓环境营造的服务育人体系，构建“重品质、促成长”的服务平台。构建了辅导员、职能部门、专业教师、宿管老师“四位一体”的全员育人参与体系，以“一站式”综合服务为目标的综合服务保障体系，形成了服务有尺度、教育有高度、引导有深度的服务育人机制。

【作者简介】

黄自立，四川文化产业职业学院学生工作部部长，助理研究员。曾担任专职辅导员，获得四川省优秀辅导员、四川省直机关优秀共青团干部等荣誉称号。就职以来，一直从事高校学生工作，主要研究大学生思想政治教育、日常管理。

万里亮，四川文化产业职业学院学生工作部副部长，助理研究员。曾担任专职辅导员，获得四川省直机关优秀共青团干部、四川省教科文卫体系统优秀工会工作者等荣誉称号。就职以来，一直从事高校学生工作，主要研究大学生思想政治教育、学生公寓日常管理。

范潇彬，四川文化产业职业学院学生工作部公寓管理中心工作人员，研究实习员。曾获得优秀党务工作者、优秀个人等荣誉称号。就现职以来，主要从事学生公寓管理相关日常工作。

第49问　如何让学生接纳宿舍管理工作——新生对宿舍内务要求出现抵触情绪怎么办

新疆大学　张珍珍

一、问题阐述

高校新生适应困难的表现之一——对宿舍内务要求有抵触情绪，是一个困扰高校学生管理者的较为突出的问题。

宿舍不只是学生休息的地方，也是实现高校育人功能的重要阵地，其内部环境对学生成长意义重大。各高校在宿舍管理上下足了功夫，配备了专业管理人员、出台了各类宿舍管理制度等，以满足学生日益成长的对于美好学习生活环境及身心健康成长的需要。但实际中，大学新生宿舍内务状况不容乐观，日常表现在出现生活自律性差、个人物品摆放杂乱、生活垃圾随处乱扔等行为。这不仅严重影响学生的身心健康，也是高校科学有效开展学生管理工作面临的一个重难点问题。

二、解决思路

宿舍内务问题源于宿舍管理出现问题，更源于学生思想认识方面出现缺失。原因可归类为两大方面：第一，管理因素。管理方式较为单一、管理制度不够科学、管理人员能力不足以及家校合作不密切等，表现在管理中对于宿舍内务重视和引导不力、强调专业学习而轻视宿舍内务管理。第二，学生因素。“00后”独生子女是当前大学新生主体人群，他们自幼受宠，入校前的家务活基本由家长包办，缺乏基本的家务能力。独立的大学生活使学生惰性进一步凸显出来。还有部分学生认知上存在偏差，觉得卫生仅仅是个人问题，属于个人自由，对于高校所提出的卫生内务要求出现逆反心理。

三、实施办法

学生宿舍管理所包含的宿舍内务问题，这一话题表面上看起来微不足道，但是它涉及学生个人成长以及学校整体教育管理的各个环节，其问题之紧要、意义之重大不言而喻，是高校思想政治教育中的重要议题之一。基于相关分析，本文有针对性地提出了以下宿舍内务管理措施，以供参考。

(一) 仪式教育

在对新生的教育培养中，注重仪式教育是非常重要的一环。这种仪式不是做给谁看的表象，而是让学生体验每一个阶段背后的精神内涵，让学生有意识地去感知和珍惜。例如，进学生宿舍后拍的第一张照片、与舍友第一次合作开展的宿舍卫生大扫除、入学后的第一堂“三讲教育”课（讲规矩、讲责任、讲情怀）等。很多同学在大一上学期都是以探索式学习与探索式生活的方式度过的，对自己定位迷茫，对未来没有明确的方向，也不知道如何处理好与舍友的关系，这些仪式教育就是为了引导学生从感性走向理性，感受宿舍大家庭带给自己的新成长，增强做好宿舍内务的意识，燃起学生的责任意识、文明意识，激发互帮互助、互相体谅的内生动力。

(二) 规矩树立

大一期间树立规矩是很关键的一环，如果大一时敲定了标准、达成了共识、形成了习惯，那么沿着合适的管理办法，学生宿舍管理工作可以达到事半功倍的效果。树立规矩的核心在于打通思想、共建契约。

1. 打通思想，达成共识

比如宿舍内务问题，直接和学生提要求的效果并不好，从学生关心的自身利益、婚姻爱情等方面给他们讲，学生就比较容易接受。同时，要走访宿舍指导新生宿舍清洁工作，让同室同学一起整理宿舍环境，制定每周宿舍卫生值班表。督促新生关注宿舍卫生，后期跟踪该宿舍的卫生情况，鼓励和表扬卫生好的宿舍，引导他们去带动影响其他宿舍。对内务整理差的宿舍成员进行谈心谈话，了解问题根源，有针对性地采取措施。新生入学初期是学生“听得进去”的时候，对于我们高校教育工作者来说是非常重要的教育契机。很多实际问题其实都是思想问题，因此，先解决思想问题，随之实际问题也就迎刃而解了。

2. 共建契约，守住底线

思想问题的解决并不是一蹴而就的，且因人而异，学生社区的教育、管理和服务必须同步进行。在思想工作基础上，树立规矩的一个重要保障就是共建契约。这里是共建，是社区辅导员与学生共建，不是社区辅导员单方面建立。建立宿舍文明公约，宿舍是很容易产生矛盾的地方，大多都是小事导致的，因此在入学之初让新生针对宿舍管理设立规矩，对于如何整理宿舍卫生、怎么安排值日、违背了怎么办等问题都要讲清楚。同时，配合以团队监督，使违背宿舍文明公约的行为受到舆论监督以及实际性惩罚，这样出现一些小矛盾学生内部就可以消化。这种方式可以增进宿管会干部和学生之间的沟通，美化了环境的同时也锻炼了团队。

（三）制度建立

1. 建立宿舍卫生检查制度

学工部门、学生社区及学生自治组织不定期对宿舍卫生进行检查抽查，及时反馈问题，将新生的宿舍内务表现与他们在校综合成绩、评奖评优进行挂钩，提高学生的重视程度，引导学生培养良好的生活习惯。同时，组织学生之间相互交流参观，激励学生改善宿舍的卫生状况。其次，组织学生喜闻乐见的以宿舍内务为主题的宿舍风采大赛、宿舍收纳大赛、讲座和分享会等活动，提升新生整理宿舍内务的积极性，营造良性竞争氛围，使学生尽快适应大学生活。

2. 制定宿舍卫生管理制度

制定《学生宿舍卫生评分标准》《学生宿舍卫生管理制度》等，在制度上对学生形成约束。值得注意的是，宿舍卫生管理的目标和评价标准要符合学生特点并具有可操作性，目标应当是在宿舍创建清洁卫生、整洁舒适的学习生活环境，而不是脱离大学生追求自由的个性，单纯追求宿舍的整齐划一。

（四）自我教育

社区中的学生朋辈教育的能量是巨大的，引导学生“自我管理、自我教育、自我服务、自我监督”，发挥朋辈教育作用，发挥优秀学生在宿舍内务整理中的示范带动作用。

（1）及时组建宿舍管理委员会，培养好宿舍长、班组长、楼层长等宿管会队伍，及时对宿管会学生干部进行内务整理相关培训。

（2）实行宿管会“包户责任制”，宿舍长包户本宿舍、班组长包户班级所在宿舍、楼层长包户所在楼层宿舍,不定期开展宿舍卫生检查。

(3) 树立文明宿舍意识,共同在学生社区开展文明宿舍创建各项工作,助力全过程育人环境的形成。

四、经验启示

(一) 辅导员要把解决实际问题与解决思想问题相结合

在学生工作中,看似一件小事,其实背后是学生根深蒂固的思维方式,思维问题解决了,后面的实际困难就迎刃而解了。解决思想问题,将为大学新生在新环境中的适应及发展起到"授之以渔"的作用。

(二) 辅导员要重视新生入校后的适应情况

在平时要多与学生进行互动交流,践行"一线规则",充分调研,及时了解新生宿舍内务较差的原因及学生内心的想法,让学生切实感受到来自辅导员的关心和重视,与新生建立信任关系,巧用学生自尊心,把学生的思想工作做通,激发学生整理宿舍内务的内生动力。

(三) 辅导员要善于发挥育人合力

增强与班主任、导师等的协调沟通,加强对学生骨干的培育,完善家校联系反馈机制等,使多方位主体共同参与宿舍管理,助力学生成长,提高学生思想政治教育工作的高度、效度和温度,增加深度,推进"社区育人"新型育人阵地的构建。

【作者简介】

张珍珍,新疆大学"思想舍"学生社区辅导员工作室负责人。曾获省级及以上荣誉2项,多次荣获新疆大学优秀带队教师、优秀指导教师、优秀党务工作者等荣誉称号。主持国家级项目1项、高校思想政治工作队伍培训研修中心重点项目1项,参与国家级项目1项,参编教材1部。

第50问　如何化解宿舍矛盾，发挥集体力量

——新生宿舍出现“小团体”怎么办

浙江金融职业学院　王　舵

一、问题阐述

小王是一名大一新生，入学两周后便找到辅导员，称与室友小常性格不合，要求调换宿舍。经过第一次谈心谈话后，小王调整了情绪，表示愿意再多花点时间与室友相处看看，以缓解矛盾。但好景不长，没过几天，小王再次找到辅导员，表示自己尽力了，真的无法继续住下去了，恳请老师尽快为其调换宿舍。与此同时，宿舍其他5位成员也分别找到辅导员，表示目前宿舍氛围很差，大家相互之间都有矛盾，甚至已激化到无法与其他人共同生活的地步。据悉，在六个人之中，小王独来独往，性格内向，平日里会早起在阳台读英文，影响室友休息；小常性格强势，说话直接，容易因琐事跟人起冲突，但与小施关系比较好；剩下三人因同在一个班级，关系自然更近一些，但会因为晚上看剧、聊天、打游戏影响其他人休息。至此，原本2位同学的矛盾升级发展到涉及多人、多团体、多矛盾缠绕的复杂冲突，6个人的宿舍被分裂成了3个部分，形成1vs2vs3的矛盾对立格局，极有可能严重影响班风、舍风，破坏班级团结，影响校园和谐稳定。

二、解决思路

(一) 条分缕析，找准矛盾主线

理清冲突缘由，找准矛盾焦点，寻找解决问题的突破口。在化解宿舍矛盾的过程中，经常会遇到多种矛盾交织，多种问题并存，想有效化解，找到关键点、突破口至关重要。

(二) 把握特征，精准分析应对

矛盾各方来自不同省份、不同专业，生活习惯、性格特征也不相同，甚至还有可能

伴随心理问题等复杂情况。因此，在处置矛盾过程中，对于涉及学生个人、宿舍之间、班级内部的矛盾和误解，要采用不同的沟通方式，把握每一位学生的特征，有针对性地逐个解决。

（三）合理转化，正向引导化解

化解矛盾的同时，要让犯错误的学生纠正思想错误，改正宿舍生活陋习；要让矛盾各方学会掌握构建和谐人际关系的方式，学会如何在集体生活、在社交关系中建立和谐的秩序，以达到育人成效。

三、实施办法

（一）听：了解来龙去脉，广泛听取意见

在宿舍产生矛盾的时候，每个学生都会成为受害者，因此都只能站在自己的角度上看问题、分析问题。在处理宿舍矛盾的过程中，首先要做的就是认真倾听，多方了解，掌握整件事情的来龙去脉。在事情发生之后，我第一时间与涉事有关的多方进行谈话，了解清楚每一次吵架的矛盾点。另外除了该宿舍成员之外，我还积极与周边宿舍同学、班级同学、班主任、任课老师等进行了交流，根据真实谈话情况整理谈话记录，再通过分类、分重点标记好谈话内容，这才基本摸清了该事件的全貌，为稳妥、公平处置该事件奠定了基础。

（二）辨：明辨矛盾冲突，精准研判起因

掌握事件全貌之后，就要进行甄别，细化矛盾焦点，找到事件有可能被化解的关键点。通过梳理，整起事件虽涉及6位同学，但主要矛盾点集中在小王与小常因作息时间不一致导致不合；小常与其他室友因性格不合引发冲突；几人又因学习生活不同步产生所谓的“小团体”。在这个宿舍中，仅有小常和小施在中学时期住过校，其他同学都是第一次经历集体生活，对于生活习惯上影响到他人的情况未能及时察觉。另外几人又是刚入学不久，再加上班级不同，上课时间不一致，导致出现三三两两搭伴去吃饭、去学习的状况，缺乏沟通，产生刻板印象，导致矛盾加深。在明确了矛盾和起因之后，便能快速找到突破口，达成初步解决方案。

(三) 说:注重安抚情绪,进行说服教育

澄清问题,解决矛盾,关键在说服。首先进行一对一说服教育,扭转错误认识。例如说服早起读英文的小王同学,尽管努力学习是值得表扬的,但不代表这个做法是正确的,在自己刻苦学习之余也要考虑其他同学的感受,如果影响到他人生活,要主动道歉、改正错误。其次进行群体说服教育。让矛盾方换位思考、客观评价他人。本案例中,小常与另外三位室友,会因为生活中的小摩擦产生争吵和不悦,虽无深仇大恨,但争吵次数多了难免会积累负面情绪,因此要积极引导他们站在对方立场上相互理解,矛盾解决就找到了有效的切口。

(四) 构:重构和谐关系,制定宿舍公约

矛盾的化解最终应回归到体制机制上。我聚焦于重建宿舍和谐关系这一关键点,站在学生立场上考虑问题。比如当早起的小王和睡眠质量较差的室友无法找到平衡点时,就没必要强制他们在一起磨合理解。另外,针对何时打扫卫生?洗澡时长不超过多久?晚上几点前要关灯睡觉?……这些日常宿舍生活中潜在的矛盾点,都可以提前写进宿舍公约,在矛盾激发之前就约定好,共同遵守。在此过程中还要积极引导大家学会自省、沟通,懂得宽容、分享,以和谐的人际关系淡化矛盾,促进宿舍和谐。

(五) 查:及时跟踪调查,预防事件发生

初步化解矛盾后,还需要及时跟踪调查,以防矛盾复发。暗中让未涉事件的同学加以关注。令人欣慰的是,小王与小常之间消除了隔阂,小常也与其他室友相处得非常融洽。当然矛盾和"小团体"的出现并不是一蹴而就的,有一个积累的过程,因此做好前置调查,认真排查,尤其是对于成员来自不同省份、不同年级、不同专业和班级的混合宿舍,要更加关注。要积极发挥班团干部、宿舍长的监督作用,提前开展好团体辅导活动及开好主题班会,可有效将宿舍矛盾解决于萌芽阶段。

四、经验启示

(一) 集体矛盾带有普遍性,工作方法要注重科学性和规律性

大学生宿舍矛盾的成因和表现具有普遍性,处理的方式方法也具有一定规律性。

应用好“听、辨、说、构、查”这五把打开和谐宿舍大门的钥匙，针对不同原因导致的宿舍冲突及形成的“小团体”，找到科学合理的解决方式，即可快速有效化解。

（二）矛盾解决注重同一性，重点把握合规律性和合目的性相统一的要求

宿舍矛盾涉及大学生的日常学习和生活。一方面，解决的过程应始终坚持以学生为中心，把实现好、维护好、发展好广大学生的根本利益作为解决问题的出发点和落脚点；另一方面要在解决问题的过程中实现推己及人的教育引领，实现目的和手段的融合。

（三）教育引导坚持“两手抓”，做到契合而不迎合，顺应而不迁就

化解大学生宿舍矛盾既要契合大学生的个性特点，顺应个人需求，但又不可过分迎合、过于迁就。要站在培养“时代新人”的高度，坚持“刚柔并济”统筹做好育人工作，助力学生成长成才。

【作者简介】

王舵，浙江金融职业学院国际商学院学工办副主任、团总支书记。曾获校优秀辅导员、就业工作先进个人、四星级教师等荣誉称号及第四届浙江省辅导员工作案例大赛一等奖、辅导员“说学情”大赛一等奖。

第51问　如何塑造一个温暖的宿舍家庭——大学生对宿舍没有归属感怎么办

山东科技大学　周尚涛　许　琳　肖宜辉

一、问题阐述

学生宿舍是大学生日常生活的重要场所，也是大学生从小家融入大家、从个体融入团体的“启蒙”居所，深刻影响着大学生的思想修养、行为习惯、价值取向、综合素质等，因此，怎样才能更好地筑牢学生公寓这个阵地、发挥学生公寓的育人功能是一个必须面对的重要问题。

二、解决思路

针对宿舍内出现的问题，必须紧密围绕立德树人根本任务，始终以习近平新时代中国特色社会主义思想武装头脑、指导实践，在宿舍管理工作中突出“家”的特征和元素，探索构建学生需求“来当家”、党的组织“先安家”、多元主体“经营家”、缤纷家园“共享家”的可循环、有反馈的“家文化”建设模式，让学生身在宿舍感受到与家中一样的舒适与温暖，并自觉将宿舍作为同学间共有的“家”来建设，切实发挥“家文化”育人实效，提高人才培养质量。

三、实施办法

（一）坚持问题导向，深入调查研究

通过问卷调查、走访考察等途径对学生公寓文化建设现状进行广泛调查研究。本次调研分四个阶段进行：第一阶段：主要通过走访考察以及利用图书馆、网络等资源查找相关资料，了解当前学生公寓文化现状及存在的一些现实问题；第二阶段是结

合实际情况，拟定一份内容较为全面的调查问卷；第三阶段是通过对问卷进行小范围抽样测试，深入观察，听取多方建议，反复修订完善；第四阶段是针对拟定调查对象进行问卷调查，初步提出相应对策。调研结果显示：

1. 开展公寓思政教育缺乏抓手

公寓思政教育是公寓文化建设和学生生活稳定运行的重要保证，能够深入融合社会主义核心价值观教育等，帮助学生提升文化内涵，但是当前缺乏相关的引导机制，使得公寓思政教育比较薄弱，无法与学校思想政治教育形成合力。

2. 切合学生需求的文化活动较少

公寓文化活动是促进公寓文化建设的重要手段，当前公寓文化活动存在开展较少、活动内容不合理、学生参与度不高等问题。在宿舍开展的活动主要包括卫生检查、安全检查等，活动比较片面，内容缺乏深度，没有形成浓厚的活动氛围。

3. 参与公寓管理力量相对薄弱

学生公寓作为学生交往最密集、表现最真实、活动时间最长的场所，被称为学生在校期间的“第一社会”“第二家庭”“第三课堂”，然而当前在公寓管理方面主要是辅导员参与，涉及的学生教育管理也仅限于团学工作对学生提出的要求，领导班子、系室教师等参与力度不够。

4. 公寓文化建设资金投入不足

学生公寓可活动场所有限、环境不够好，生活场所较少，缺乏参与竞赛场所、自习室等场所，也无法运用有效方式对学生进行文化宣传等，当前在学生公寓建设方面资金投入不足，较难满足学生文化生活的需要。

（二）深入组织实施，务求工作实效

1. 党的组织“引领家”，强化“思有所引”

强化党建引领，推进党建进公寓，促进公寓与学院、教师与学生、高年级与低年级、线上与线下思维联动，形成横向到边、纵向到底的“一轴四联动”的党建引领体系；建立“红旗工作站”，推进党团支部进驻学生公寓，定期组织“党章学习”“公寓微党课”等活动，开设“公寓团校”，将公寓打造成政治理论学习的重要阵地。

引导学生党支部及学生党员积极投身公寓治理及服务，设置“党员示范岗”，开展“党员宿舍”挂牌及“党员示范宿舍”创建活动，引导党员亮明身份，在校园文明督察、公寓维护管理、学生应急服务、公共志愿服务等各个岗位组建抗“疫”突击队，发挥先锋模范作用。

2. 学生需求“来当家”，深化“心有所属”

通过召开座谈会，以及发动学生公寓党组织、学生组织参与调研等形式，认真分析学生宿舍区域结构与现有配套服务情况，梳理出学生成长需求具体项目。在传统节假日，给学生送去暖心粽子和爱心月饼，为贫困学子设立“逐梦爱心基金”，深化公寓情怀教育。

建立健全学生公寓“成长档案”，以群消息、推文、直播等多种形式将公寓管理政策、典型公寓成果、公寓生活动态等内容及时传递，向家长进行“第一播报”，实现协同联动育人。

3. 多元主体“经营家”，细化“寓有所规”

将领导力量、管理力量、思政力量、服务力量下沉，在学生公寓开展思想引导、学业辅导、心理疏导、生涯引导、生活指导等“五导”工作；搭建学生导师队伍，在公寓中常态化开展“院士有约”“教授沙龙”等师生交流活动；组织领导班子定期开展“书记院长面对面”等活动，辅导员与各系室负责人齐聚公寓，定期学习研讨拓思路，聚力携手促提升，将思想教育和日常管理的重心延伸至公寓。

完善住宿管理制度，健全公寓管理机制，细化学生住宿管理规定，学生签署住宿承诺书，明确入住流程、退寝流程、归寝管理等，在公寓大厅设置学生公寓宣传板、宿舍卫生评比栏、情聚公寓照片墙等；推行柔性管理，提升学生自律能力，张贴《宿舍文明公约》，提倡无烟公寓、垃圾下楼；建立安全防范体系，以课堂讲授、实训演练、竞技比赛等方式向学生传播安全自护理念和普及安全防范知识，成立学生自治委员会，坚持每日巡检、每周大检、定期抽检，将公寓安全管理与检查做细做实，以查促改，重在育人。

4. 缤纷家园“共享家”，优化“家有所居”

构建“共享家园”，建设红色家园，在公寓公共走廊打造文史长廊，将理论宣讲和情景党课引入公寓；建设文明家园，在公寓充分营造建设文明校园、加强法制教育和弘扬山东科大优良传统的氛围，促进学生文明行为和自我管理意识的养成；建设学科家园，挖掘学科特色和专业优势，在公寓建设“赋‘能’空间”——学科文化阵地，打造“足迹论坛”等学科文化品牌，促进学风建设和生涯教育开展。

构建“五育阵地”，在德育向导室，组织开展入党启蒙教育、党史宣讲、导师有约等活动；在智育先导室，开展读书活动、经验交流、朋辈讲堂等，引导学生养成良好学风；在体育教导室，开展“热血青春体育大讲堂”“能动青春”系列活动，引导学生走出宿舍、积极锻炼；在美育疏导室，开展“倾心有约·语你同行”等活动；在劳育工作室，设置垃圾分类督导员、公寓安全检查员、公寓卫生检查员等实践岗位，引导大学生做到理论与实践相结合，增强使命感和责任感。

四、经验启示

（一）推进“家文化”建设，是强化公寓管理的有效导向

公寓内宿舍成员之间存在着性格不同、成长环境不同、价值观不同等差异，因此在宿舍中难免会出现各种矛盾，开展“家文化”建设，是突破学生适应性难题的重要举措。

（二）推进“家文化”建设，是融合文化育人的有效路径

辅导员应本着更好地服务学科育人、专业育人的目的，开展“家文化”建设，融入高校育人情怀教育，用温馨的环境感化学生，用温暖的细节增强学生归属感。

（三）推进“家文化”建设，是走近青年学生的有效保障

辅导员通过在公寓内定期与学生开展“谈心谈话”，及时了解学生的诉求，明白学生普遍存在的问题，并提供咨询、支持和帮助，能够形成建设同心、师生同向、共同发展的良好氛围。

【作者简介】

周尚涛，山东科技大学能源与矿业工程学院团委书记。曾获山东省社会实践优秀指导教师，校级优秀辅导员、优秀教育工作者、优秀研究生教育管理工作者和科技创新优秀指导教师等荣誉称号。主持及参与市级以上课题5项。指导学生获得国家级学科竞赛奖励10余项。发表思政类论文3篇。

许琳，山东科技大学能源与矿业工程学院党委副书记，副教授。山东高校辅导员名师工作室主持人，国家高级职业指导师，全球职业生涯规划师。曾获山东高校辅导员年度人物荣誉称号及山东高校辅导员讲党史优秀短视频一等奖、山东省高校辅导员工作优秀案例二等奖等荣誉30余项，调研成果获评团中央“面对面”活动主题调研省级一类报告。主持团中央青少年发展研究课题等市级以上课题6项。

肖宜辉，山东科技大学能源与矿业工程学院辅导员。指导学生获“挑战杯”山东大学生课外学术科技作品竞赛二等奖、山东科技创新大赛二等奖、全国高校商业精英挑战赛二等奖等奖励10余项。主持及参与课题5项。

第52问　如何培养宿舍舍长、加强宿舍纪律——宿舍成员不配合舍长管理、纪律意识淡薄怎么办

桂林电子科技大学　丁大海　王德民　吕柏锋

学生宿舍是大学生学习和生活的重要场所，是高校大学生思想政治教育和素质教育的重要阵地，学生宿舍的纪律、同学关系、学习氛围等都关系到学生在校的健康成长。学生宿舍舍长是学校和学院网格化管理的末端，是整个学生教育管理中的细胞，是宿舍秩序和纪律直接的管理者和维护者，其重要作用不言而喻。因此，要提高学生宿舍舍长的素养和管理能力，切实维护学生宿舍的纪律和安全秩序，营造良好的宿舍氛围。

一、问题阐述

学生宿舍人员组成固定、流动性小、相处时间长，且新生代大学生多为独生子女，其人际沟通能力较弱，容易以自我为中心，舍友之间缺少沟通、交流，存在不适当的攀比、炫耀、嫉妒和宿舍内的小团体现象，有的同学有着不好的生活习惯，纪律观念淡薄。

当前，人们的生活水平越来越高，学生们基本都有条件购买智能手机、电脑，在宿舍玩游戏的学生越来越多，中午和晚上休息时间也在玩游戏，严重影响宿舍其他同学的身心健康。此外，宿舍同学晚上出去吃夜宵、外出游玩导致晚归寝或夜不归寝等不遵守学校纪律的现象时有发生，宿舍长没有及时向老师报告宿舍同学违纪情况，部分宿舍长存在不敢管或者不想管的思想，导致宿舍同学的违纪行为没有得到及时制止。

二、解决思路

宿舍同学存在不遵守纪律、宿舍舍风差的现象，除了个别同学自身素质存在一定的问题，根本原因在于宿舍舍长不能很好地发挥自身管理作用，没有很好地承担起宿舍长的责任，没有正确引导宿舍同学树立高尚的思想道德、远大的志向，培养良好的

生活习惯和纪律观念等。

此外，学生宿舍长的选拔、培养和考核监督机制不够完善，宿舍管理制度存在缺陷，宿舍规章制度不完善，学生自我管理意识不强也是引起宿舍成员出现违纪现象的原因。

宿舍长起着信息员、领航员和管理员的重要作用，因此，要设立合理的宿舍长选拔机制，从源头抓起，注重日常培养，对宿舍长的工作要进行经常性的考核监督。

三、实施办法

（一）设立合理的宿舍长选拔机制

要设立合理的宿舍长选拔机制，选拔优秀党员或优秀团员担任宿舍长，引导宿舍长坚持正确的政治立场，带动其他宿舍成员加强自身道德品质修养，提高学习能力和人际交往能力，为建设和谐的宿舍氛围而努力。

（二）加强宿舍长的培养

学校要通过培训班、会议和比赛等形式，定期对宿舍长开展思想政治教育和业务培训，提高宿舍长的政治意识、宿舍管理水平和个人素养。

（三）对宿舍长的工作要进行经常性的考核监督

制定宿舍长考核和监督机制，不定期地对宿舍长的工作开展抽查和检查监督，对工作不落实的宿舍长要进行约谈和批评教育，引导宿舍长认真开展自己的本职工作。

（四）加强宿舍同学的思政教育

学校和宿舍长一起，要加强宿舍同学的思想政治教育，引导宿舍同学树立远大的志向，培养良好的生活习惯，自觉摒弃不良爱好。

（五）加强学生宿舍的管理

学生社区管理人员和宿舍长要加强对宿舍同学的纪律管理、安全管理、卫生管理等，引导宿舍同学树立良好的行为习惯和纪律观念。

（六）提高宿舍同学的自我教育管理能力

定期与不定期对宿舍同学进行自我教育、思想教育，帮助其树立奋斗目标，变责备为激励，取消包办代替。帮助同学明确目标，增强成就感，增强自信心，培养学生独立自主能力。

（七）加强宿舍同学的法制教育和纪律观念的培育

邀请学校法学院老师和相关领导，通过讲座、会议、晚点名、班会等形式，开展宿舍同学的法制教育和纪律观念的培育活动，增强宿舍同学自身的法制观念和纪律观念。

四、经验启示

（一）完善的宿舍管理制度

学生社区管理部门要制定和完善《学生住宿管理制度》《学生晚归寝、夜不归寝管理制度》《关于进一步加强宿舍长队伍建设的若干意见》等相关的管理制度，对学生宿舍住宿、用水、用电、防火、防盗、宿舍长管理和培养等方面制定管理制度，并认真落实。

（二）注重宿舍长选拔

制定宿舍长的选拔机制，明确选拔条件和选拔程序，选拔政治意识强、有担当、有能力的同学担任宿舍长。

（三）加强宿舍长的培养

选拔出宿舍长后，要加强宿舍长思想道德修养、个人素养、业务能力等方面的培养。实行三级培训机制：第一级由班级负责，实行班级内宿舍长培训；第二级由二级学院负责，开展院内宿舍长培训；第三级由学生工作处负责，开展全校性宿舍长培训工作。开展感恩教育、执行力和协调力培训，心理和处理情感问题能力培训以及自我管理和自我教育培训，不断提高宿舍长的组织、管理能力。

把宿舍长队伍纳入学生骨干队伍培养，开展“百佳学生宿舍长”评选活动，对表现突出的宿舍长在评优评奖方面予以重点倾斜。

（四）明确宿舍长的职责

宿舍长带头遵守和落实学校、学院各项宿舍管理规定和规章制度；认真落实学校和学院相关工作要求；主动关心和了解宿舍同学的思想动态和日常行为，以及存在的困难，及时报告反馈；增强服务意识，讲究工作方法；认真做好宿舍安全教育工作等。

（五）经常性地对宿舍长工作进行监督

学校要制定合理的监督管理机制，加强对宿舍长工作的监督，形成制度化的考核体系，开展常态化的考核工作，及时指出宿舍长工作中存在的不足，使宿舍长在工作中不断取得进步。

（六）营造团结友爱的宿舍氛围

宿舍长要学会引导全宿舍同学团结奋进，开拓进取，互相督促，相互提高。主动关心宿舍同学，积极解决同学遇到的困难。

（七）打造积极向上的宿舍文化

宿舍长加强学生宿舍管理、打造积极向上的宿舍文化，是一项重要的日常工作。

加强对学生宿舍文化建设的引导，多开展有利于学生身心健康的宿舍文化活动，强化管理，共同学习，共同进步，利用“卧谈会”开展深入的交流，互相学习，相互尊重和包容。

（八）加强宿舍管理与思政教育的融合

学生宿舍的管理工作要与学生思想政治教育工作相融合，既要注重学生宿舍管理的严格性，又要注重学生的思想政治教育，使学生宿舍管理工作显得有温度。

学生宿舍是学生重要的学习生活场地，是高校思想政治教育工作的重要阵地。宿舍长是学生宿舍管理工作的重要参与者和执行者，是整个学生教育管理中的细胞，我们要加强对宿舍长的管理和培育，发挥宿舍长的管理作用，引导宿舍同学形成高尚的道德品质、较强的纪律意识，营造和谐健康的宿舍氛围。

【作者简介】

丁大海，桂林电子科技大学材料科学与工程学院党委副书记。所带学生团队获2021年广西青年志愿服务公益创业大赛铜奖，为自治区暑期社会实践重点团队；参与2020年自治区级一流本科课程“社会实践”、2020年教育部产学合作协同育人项目“低空多目标无人机防御系统”、2019年教育部产学合作协同育人项目“电子信息类实训项目指导老师培训”。主持校级课题10余项。

王德民，桂林电子科技大学材料科学与工程学院团委书记。曾被聘为广西易班发展研究中心指导老师，主要从事学生思想政治工作及网络思想教育研究。

吕柏锋，桂林电子科技大学学生工作部(处)公寓辅导员。

第53问　如何处理大学生宿舍矛盾问题——不同民族大学生宿舍出现矛盾怎么办

西藏职业技术学院　巴桑卓玛　顿　珠

一、问题阐述

小张是来自甘肃的一名汉族学生，刚入校时，小张由于穿着打扮过于暴露，不符合大学生仪容仪表要求，辅导员与她进行了一次深入的谈心谈话，也从侧面让她认识到在西藏高校就读一定要适应这边的环境和生活习惯。辅导员对她进行了持续关注，发现小张性格开朗，很快融入了新的环境和新的大家庭。

某天晚上，小张给辅导员发来一条微信写道："老师，我想换宿舍，可以吗？"看到微信内容，辅导员马上联系小张，经了解小张与舍友之间并没有发生矛盾，悬着的心稍微放松了些，于是辅导员建议小张先好好休息，第二天见面详谈。小张表示愿意当面说明情况。辅导员想到性格开朗的小张突然要求调换宿舍，内心非常着急。第二天辅导员找了一间空教室与小张进行了谈心谈话，见到小张的那一刻并没有马上询问其原因，而是给了她一个爱的拥抱，让她感受到自己并不是孤立无援。然后小张说明了调换宿舍的理由，并且表示跟舍友之间的关系并没有很糟糕，舍友也挺照顾自己：一是由于生活习惯不同偶尔会出现小矛盾，平常自己在宿舍里有早睡早起的习惯，近期也在准备报考教师资格考试，晚上会很早上床看书，但是宿舍其他成员在宿舍里喜欢吵闹、晚睡，甚至到半夜还在聊天、打电话，严重影响了她的学习和休息；二是因为宿舍只有她一个汉族学生，其他学生说话时使用藏语，显得自己格格不入，感觉到特别孤单无助，因此想调换宿舍。辅导员了解了小张的困惑和无助，对此表示非常理解。但是此事决非仅仅换个宿舍就能解决，因此除了从小张那里了解情况以外，也有必要从宿舍其他成员处了解情况，这样才能从根源上解决舍友之间的矛盾。征求小张的意见后，辅导员与宿舍其他成员进行了谈心谈话。舍友们纷纷表示由于每个人的生活习惯和文化习俗不同，偶尔会发生一些小矛盾，比如小张在宿舍随意跨过洗脸盆等各种生活用品；还有她们习惯在宿舍里点香驱蚊、除味，但是小张不太习惯这种味道等原因引发了舍友之间的小矛盾，但是整体上舍友之间的关系是非常融洽和团结的。

二、解决思路

首先,把握矛盾的根源,从不同民族学生的生活习惯、风俗习惯、语言文化等入手,着重解决紧要和重要的问题,即小张调换宿舍的问题,通过跟她和其舍友间的沟通后发现,在不调换宿舍的前提下处理好目前存在的问题是最好的结果;其次,着眼未来,班级开展丰富多彩的民族团结活动,学习不同民族的文化和习俗,才能在日常学习和生活中做到尊重和理解别人。

三、实施办法

(一) 倾听心声,了解情况

辅导员与小张在第一时间进行谈心谈话,认真倾听了她心中的苦恼和目前面临的问题,通过人心换人心的方式让小张敞开心扉将心中的困惑表达出来。除此之外,辅导员对宿舍其他成员进行了谈心谈话,最终了解到学生想要换宿舍的根源,即因生活习惯不同、语言不通、风俗习惯各异等问题导致舍友之间出现了矛盾。

(二) 找准问题,给予帮助

通过谈心谈话、倾听等方式,辅导员找准了问题所在,及时给予小张关心和理解。通过对此问题进行认真分析,辅导员联合其他舍友,给予小张最大的关心。让其对调换宿舍这件事情冷静对待,毕竟换宿舍相当于换汤不换药。

(三) 共情入手,换位思考

辅导员在分别与小张和其他宿舍成员进行谈心的过程中,与她们真诚地分享了自己的经历:作为一名在内地求学多年的藏族学生,在跟不同民族学生间的相处和交往过程中,深深地感受到了同学们对自己的尊重和关心,是同学们让我感受到了家的温暖,让我觉得自己不再那么孤单。对于小张,现在的她就像是当年的自己,所以辅导员要求其他舍友一定要让这远道而来的朋友感受到西藏学生的热情和关爱。让他们学会换位思考、学会包容、学会交流、学会尊重文化。

（四）座谈和解，加强民族文化的交流，互帮互助，共同进步

为了更好地化解目前存在的问题，辅导员、小张和其他宿舍成员共同开展了一场座谈会，让所有学生敞开心扉，畅所欲言，引导学生主动化解矛盾。大家纷纷表示，通过此次座谈深入了解到了其他宿舍成员内心的想法、民族文化、风俗习惯等。小张表示撤回调换宿舍的请求，日后一定会尊重宿舍成员的风俗习惯，及时沟通和学习民族文化；宿舍其他成员表示会跟着小张养成良好的生活习惯，也会教小张一些简单的藏语，增进学生之间的感情，在宿舍尽量用普通话进行交流，让小张感受到被尊重。

（五）及时跟进，引导不同民族学生之间的交流互动

待该宿舍问题解决后，辅导员对其他宿舍进行走访，并与其他学生进行了谈心谈话，进一步了解学生之间的关系；辅导员与小张每周至少进行一次谈心谈话；辅导员通过网络平台，及时关注学生的状态；在班级开展丰富多彩的民族团结教育活动，让内地学生感受到家的温暖。

四、经验启示

学生事情无小事，特别是不同民族学生形成的宿舍矛盾是常发而又棘手的问题，宿舍作为学生的生活家园，宿舍矛盾一旦处理不好，就会导致更大的问题。因此，作为辅导员，不能学生一提出要求就草率地去落实，而是要查找问题的缘由，才能从根本上解决问题。

处理学生的事情不能片面地了解，要深入学生，能让学生自己主动化干戈为玉帛是最好的解决办法，在这个过程当中辅导员要充当学生的引导者，让学生从内心接受最后的结果。

作为辅导员要深入学生，特别是对于多民族学生共住的集体宿舍要多关心，多了解学生的生活状况，多了解学生之间的小矛盾，把琐事和小矛盾及时处理，大事化小，小事化了，努力营造健康和谐的宿舍环境氛围。

【作者简介】

巴桑卓玛，西藏职业技术学院经济管理学院辅导员，2014年7月毕业于东北师范大学心理学专业，有8年的辅导员工作经历。曾获西藏职业技术学院优秀班主任、优秀党务工作者、优秀辅导员、优秀带训教师等荣誉称号及西藏自治区第五届辅导员职业能力大赛优秀奖。

顿珠，西藏职业技术学院经济管理学院辅导员，2015年毕业于中国青年政治学院政治学与行政学专业，担任辅导员7年。曾获西藏自治区教育系统优秀党员、优秀学生资助工作者，西藏职业技术学院优秀党员、优秀班主任等荣誉称号。

第54问　如何帮助同学们保持文明恋爱
——学生恋爱行为失态产生不良影响怎么办

南华大学　徐婵娟　马　军

一、问题阐述

当前,大学生恋爱已经成为高校的一道风景线。不少大学生认为谈恋爱是一门“必修课”,在踏入“象牙塔”后便开始摩拳擦掌、跃跃欲试。然而,不少大学生还没认真思考“什么是真正的爱情、如何正确对待爱情”等问题就已开始了自己的爱情之路。因此,在草草“修课”的情况下,就出现了一些不和谐不文明的行为现象:① 不少学生主观上以学业为重,实际上恋爱至上,甚至因情感问题影响学业发展;② 热恋时不分场合表达爱意,在公众场合卿卿我我毫不掩饰,行为举止引人侧目;③ 恋爱过程中双方未平等相待,导致一方没有得到应有尊重,甚至遭到另一方的背叛、暴力和欺骗;④ 传统道德淡化,性意识开放,但又缺乏正确的性教育引导,不可避免地造成身心双重伤害;⑤ 不懂得如何处理恋爱中的矛盾冲突,心理承受能力较弱。

二、原因分析与解决思路

以上这些不文明的恋爱行为和现象反映了一些大学生恋爱道德的缺失,主要原因有以下几点:

(一) 身心发展不平衡

大学生的心理成长由于经历、年龄等现实原因落后于生理成长,身心发展不平衡,在面对恋爱中的矛盾冲突时难以正确面对和处理,甚至无力承受失恋的打击。

（二）恋爱观不成熟

部分大学生不懂爱的真谛，不清楚恋爱需要情感基础和道德责任，不清楚爱是相互关爱、彼此尊重和共同成长，容易被表象所迷惑。有些学生是“颜值控”，选对象只看对方长相，没有将性格、人品、三观契合度纳入择偶标准，所以在热恋之后对对方暴露出的缺点就难以接受。

（三）缺乏爱的能力

爱是一门学问，也是一种能力，大学生需要培养接受爱、拒绝爱、给予爱、发展爱的能力以及恋爱挫折承受能力。在现实中，一些大学生在恋爱期间出现背叛、暴力、欺骗等行为都体现出对恋爱的不尊重和不负责任，是对爱的亵渎；面对这些问题而不知如何正确处理也体现出大学生爱的能力的缺乏。

（四）性教育的缺失

全面开放的社会环境导致大学生性观念的开放，但社会、家庭、学校对于青年的性教育却是缺失的。很多大学生对性的理解和认识是通过网络、电视片面了解的，在两性关系中不知道如何尊重和爱护对方，导致婚前性行为、未婚先孕、流产等问题，造成不可估量的负面影响。

作为思想政治教育工作者，在处理学生普遍性问题时应遵循解决思想问题和解决实际问题相结合的原则以及尊重人、关心人、理解人与严格要求相结合的原则。针对此案例，我们需要秉承尊重、关心、理解的原则和态度，先解决学生的思想问题，再解决实际问题：不仅要帮助学生从不文明恋爱行为中认识到恋爱的思想问题，也需要开展普适性的恋爱道德教育活动，帮助更多大学生树立正确的恋爱观，减少不良的恋爱行为，建设和谐美丽校园。

同时，因为是做人的工作，我们在处理此案例时需要注意尊重大学生的个性和人格，要了解学生，学会以学生喜闻乐见的方式开展思想教育，切忌以说教的方式来解决学生的思想问题。

三、实施办法

案例中的不文明恋爱行为折射出当前大学生在恋爱观、人生观上的不成熟。思政教育工作者面对这种共性问题需要积极思索，以点及面开展主题教育宣传活动，同时注意方式方法，帮助更多学生树立正确的恋爱观和责任意识，助力他们更好地成长成才。我们应充分考虑大学生的个性特征，秉承两大原则，以学生可以接受的方式逐步推进恋爱道德教育：

（一）开展问卷调查

在全院范围内开展恋爱情况及恋爱关系问卷调查。了解学生对恋爱的态度、对恋爱关系的认知、对恋爱不文明行为的感受、对恋爱中如何处理矛盾冲突的认识及对婚前性行为的看法等，也在全院范围内提前预热关于恋爱观的大讨论。

（二）开展思想大讨论

以“恋爱观之我见”主题班会的形式在全院各班开展思想大讨论，班主任和辅导员参加，以正确的恋爱观和价值观进行引导，并以新生辩论赛为契机，把“大学生谈恋爱是否为不务正业”“大学生谈恋爱是利大于弊还是弊大于利”“大学生谈恋爱是否可以进行婚前性行为”等敏感话题交给学生，让学生通过充分的思辨和论证来重新树立正确的恋爱观，同时激发对自身责任的考量。

（三）开展主题讲座

学院邀请学校心理专家就《大学生恋爱中的心理困惑和应对方式》开展讲座，梳理大学生恋爱中会出现的几大心理困惑，就恋爱能力的培养特别是对恋爱挫折的应对进行了深入浅出的讲解。同时，鉴于性教育的薄弱，我们请学校附属医院专家以《面对婚前性行为——那些我们要知道的事》为题全方位地向学生阐述了什么是性，大学生在恋爱中如何尊重、理解、爱护对方，如何坚守责任底线等，进一步帮助还处于情感懵懂期的大学生重新审视、树立理性的恋爱观和价值观。

（四）开展主题活动

大学生不文明的恋爱行为导致的焦虑、抑郁等情绪需要得到有效缓解，我们在日常的工作中要充分重视并积极面对。因此，个体辅导、团体辅导以及释压等情绪宣泄活动也逐步开展，特别是“5·25”心理健康教育月集中帮助学生解决恋爱中的情绪问题和亲密关系问题，让学生通过参与活动去认识、体悟“如何在爱情花开中且行且珍惜”。

当然，我们推进这几项工作的主要目的是普及知识、提供可借鉴和遵从的观点立场供学生参考，潜移默化地帮助学生树立正确的恋爱观和责任意识。真正的功夫还是在平时，因此，在日常思想政治教育和学生管理中，应注意加强对这方面思想的引领。

四、经验启示

可以看到，我们处理此案例花了很多时间和心思，也取得了预期效果。同时，作为思想政治教育工作者，我们也充分认识到当前大学生恋爱道德教育的重要性，因为关系到我们培养和塑造什么样的人才这一问题。通过梳理整个过程，我们总结出以下经验：

（一）高度重视，认清问题本质

作为思想政治教育工作者，从现象中看到本质，是工作中很重要的一环。本案例中大学生恋爱过程中的不文明行为看上去是学生成长事件，但本质上是思想问题，是恋爱观塑造的问题，是恋爱道德建设问题，需要先解决思想问题，再解决实际问题，才能真正把工作做到学生的心坎上，达到育人效果。

（二）充分尊重，注意方式方法

当代大学生自我意识强，无论是处理个人问题还是共性问题，我们都应遵循尊重人、关心人、理解人与严格要求相结合的原则。本案例中，我们充分尊重学生的多样性，积极发动学生自己探讨解决，选择的方式也是学生喜闻乐见的，不强迫，不灌输，学生在活动参与中思想得到升华，恋爱观得到修正。

（三）立足大局，加强问题意识

思想政治教育工作者要善于从小事件看到大问题，从个性问题看到共性问题，通过解决共性问题改善育人环境和思想风向。本案例中，我们立足教育大局，由点及面开展学生恋爱道德教育则是我们从大局考量进行的，虽然取得了一定成效，但任重而道远。

（四）加强联动，构建教育体系

大学生恋爱观本质上是其人生观、价值观的体现，三观的塑造和人才培养离不开社会、家庭、学校、个人的多方影响。特别是家庭教育的潜移默化，要充分发挥家长在学生成长中扮演的重要引路人角色。同时，在互联网时代，社会舆论对大学生恋爱观的塑造有着不可忽视的影响，优秀的正能量的影视剧是大学生重要的心理营养来源。因此，我们重视、鼓励大学生建立健康向上的友谊与爱情，需要调动各方面的力量开展综合性教育，使他们能正确处理恋爱与法纪、恋爱与责任、恋爱与学业的关系，促进大学生全面、健康成长。

【作者简介】

徐婵娟，南华大学语言文学学院党委副书记，湖南省高校辅导员年度人物，国家二级心理咨询师，湖南省优秀辅导员团队项目负责人。担任学生辅导员17年，始终牢记立德树人的初心使命，善抓根本，构建“1234”学生培育体系，形成了线上线下相结合的全方位立体工作网络。

马军，南华大学核科学技术学院党委副书记，研究员，担任专职辅导员28年。湖南省名师工作室负责人、教育部精品工作项目和人文社科研究项目主持人。曾获全国高校辅导员年度人物、2021年“最美高校辅导员”等荣誉称号，两次获湖南省高等教育教学成果三等奖。主持国家及省部级各类项目10余项，发表论文数十篇。相关事迹被CCTV1《新闻联播》及CCTV10《闪亮的名字》等媒体报道。

第55问　如何帮助学生走出消极感情
——大学生失恋产生抑郁情绪怎么办

郑州商学院　路　程　贠　芸

一、问题阐述

小美和小强在朋友的饭局中认识并互相留下联系方式，几次见面聊天后发展为恋爱关系，一年多以来双方感情一直很好。某天小强告知小美其父母有安排其出国上学的想法，且由家里安排了更合适的恋爱对象，自己无法与父母抗衡，只能向父母妥协，随即向小美提出分手。小美因为男方态度转变太快，一直不愿接受现实且保留一丝期待，每天失眠、早醒、食欲不振，并且不想与他人接触，对任何事物提不起兴趣，甚至不参加课堂教学和课外活动。作为辅导员，我们可以做些什么从而更好地帮助小美走出失恋的痛苦境地？

二、解决思路

（一）明确什么是失恋

失恋是恋爱中出现的较为严重的挫折，表现为双方恋爱关系的中断，亲密感、依赖感等消失。

（二）了解失恋后会有哪些行为表现

对于刚刚经历失恋的大学生来讲，个人的心情会变得比较差，情绪不能得到很好的控制，特别容易与他人发生争吵，可能还会影响到个人的正常睡眠，导致整夜失眠，个人的精神萎靡；随着时间的推移，自我心理调节能力比较差的大学生，不能很好劝服自己，并开始责备自己，把引起失恋最主要的原因归结到自己身上，会使整个人都变得比较消极或自卑；如果大学生不能很好地从失恋阴影当中走出来，会对个人的心理造成一定影响，可能会引起某些精神疾病，比如抑郁症，甚至有些人还会做出自伤或伤害他人的极端行为。

（三）明确失恋后的必经阶段

1. 第一阶段：否认失恋的事实

在分手最初，被分手的一方会感到震惊，心理防御机制立即启动，抗拒接纳不利于自己的信息。表现为他们会在心里不停对自己说："这不可能，这是假的。"他们无法接受现实，试图用否认来消除一连串的紧张、焦虑和惊吓。在此阶段，他们往往会陷入浑浑噩噩的状态，可能会出现不断纠缠对方，向对方发消息，委曲求全，讨好对方，乞求对方跟自己复合，希望对方能再给自己一个机会。一般来说，这个时间段比较短暂，很快就会过去。

2. 第二阶段：对分手事件的愤怒

人们逐渐接受了分手的事实，随之会产生愤怒的情绪，自责或责怪对方，整个人变得敏感易怒，充满了愤怒的情绪。现实生活中，当一个人在感情中投入越多，分手时就越不甘心。尤其是一些性格极端、恋爱观比较狭隘的人，更容易做出偏激的行为。

3. 第三阶段：挣扎与矛盾

进入此阶段后，人们的主观能动性被调动起来了，他们会想方设法地通过语言或实际行动来挽回这段感情。因此，在这个阶段，人们内心往往充斥着挣扎与对抗，希望自己保持理智但又想要了解对方的生活状态，所以会反复查看对方的QQ空间或朋友圈、抖音等社交平台，甚至时不时向对方发信息以保持联系。

4. 第四阶段：漫长的抑郁期

在这个阶段，人们逐渐接受了现实，常感到深深的无力感，会出现悔恨、悲伤、孤独等情绪，表现为害怕独处，有时在听到一首歌、看到一个电影的镜头、读到书中的某个片段时突然泪流满面，即使是自己平时喜欢做的事情、喜欢吃的食物，也通通提不起兴趣。

5. 第五阶段：接受现实

最终说服自己接受现实，认清分手是既定现实，复合无望。如果一直沉浸在过去，永远也无法迈向未来。

三、实施办法

如果大学生的失恋是由于一时的争吵或误会引发的，则需要积极解决。大学生在心理学意义上正处于青年初期，容易情绪不稳定，双方因某事发生争吵后会由于情绪激动而提出分手。

如果双方的感情已到了无法挽回的阶段，则需要正确调适。大学生要认识到，失恋只是爱情的丧失，并不是失去了全部的生活，更不是失去了生命。帮助大学生了解失恋的几个必经阶段，可以更理性地使其了解自己目前所处的阶段，从而采取有针对性的措施，通过转移注意力、宣泄等方式快速走出情绪的低谷，恢复正常的学习和生活。具体可采取以下几种方式进行调适：

（一）引导大学生合理宣泄

失恋引发的焦虑、抑郁等情绪需要宣泄、排解，告诉大学生可以向老师、父母或可靠的朋友一吐为快，以缓解心理负担，同时听取他们的意见或建议。此外，也可以通过记日记、倾诉等方式进行宣泄，避免因情绪长期低落引发心理障碍。具体有以下几种方式：

（1）可以闭门痛哭一场。

（2）寻找信任的朋友聊天、倾诉或将心中的悲伤和痛苦向家人倾诉。

（3）和自己的家人或朋友进行远足或旅行，将失恋后的忧郁情绪转移到欣赏和领略自然风景、人文景观中去，在山水间感悟人生意义，体验生命真谛，开阔心胸。

（4）运动方式。可以通过跑步、跳操、踢足球等具有爆发力的运动方式尽情发泄。人们在运动的过程中会产生内啡肽、多巴胺等物质，内啡肽能够减少痛苦感，多巴胺则能提升情绪的兴奋度。运动之后会使情绪的愉悦度增加，充满自信，心情也会随之变好。

（二）引导大学生注意转移

一方面可以及时且适当地把情感转移到其他人、事或物上，如尝试结交新的朋友，获得友谊，或积极参加各种文体活动，舒展身心、陶冶性情；另一方面，加强对学习或兴趣爱好的投入，每天尝试一些新的东西，避免长时间回忆旧物、缅怀过去。

（三）帮助大学生建立合理认知

很多大学生将失恋归结于“我不够优秀”或“对方在欺骗我的感情”等原因，这必然将导致强烈的自卑、受伤害的心理感受，或出现愤怒的情绪，使得自己难以走出失恋的阴影，甚至影响下一段感情。因此，在这里介绍美国心理学家埃利斯创建的ABC理论。他认为，事件(activating event)并不是引发情绪结果(consequence)的关键，正是由于人们常有的一些不合理的信念(belief)才产生了情绪困扰。大学生对失恋有非理性的想法和观念，所以才会产生自卑、抑郁等不良情绪。因此，要引导大学生以平和的心态接受恋爱终止的现实，纠正头脑中的非理性观念，建立正确、理性的想法，避免和纠正消极心态和极端心理，做到“既不伤害他人，也不伤害自己”，从而保持合理的情绪。

四、经验启示

作为辅导员，要引导失恋的大学生运用理智将暂时的恋爱挫转移至人生长远目标上，用理智战胜感性。可以尝试着将视线放至整个生命长河，将目前的感受作为生命中某个特定阶段的人生体验。让学生领悟到过去的情感是值得肯定的，但此时情感的逝去并不代表自己失去了所有的幸福。我们同样拥有选择爱的权力和能力，我们要学会理性分析上一段恋情中的问题和不足，不断完善自我，满怀信心迎接新的生活。鼓励学生将自己的感情和精力投入到更有价值的事情中去，积极参加校内外志愿服务和公益活动，使自己的恋爱受挫在更有价值的事情中获得收益和补偿。

【作者简介】

路程，郑州商学院学工部部长、心理健康教育中心主任。曾获河南省高等学校优秀共产党员、河南省高校思想政治先进个人等荣誉称号，所主持的校级学生工作项目爱国主义育人工程获“河南省高校思想政治工作优秀品牌”。主持及参与厅级以上课题20余项。

贠芸，郑州商学院心理健康教育中心副主任，国家二级心理咨询师。曾获河南省心理健康教育优秀工作者荣誉称号及第五届、第六届河南省辅导员职业能力测试大赛二等奖。主持及参与厅级以上课题30余项。

第56问　如何引导学生形成健康恋爱关系——大学生无法正确对待恋爱关系怎么办

吉首大学　杨　川　唐　琪　何　剑

一、问题阐述

歌德曾说“哪个青年学子不善钟情，哪个妙龄女郎不善怀春”，这是人性中至纯至洁的感情。正值青春年华的大学生们，对美好的爱情更是满怀憧憬。特别是“禁止大学生在校谈恋爱、结婚”的规定于20世纪90年代被取消后，大学生恋爱问题在高校中已成为“不提倡，不反对”的事，恋爱已经成为大学里一道亮丽的风景线。可与此同时，因部分学生无法正确对待感情关系所引发的心理或行为问题，甚至极端恶性事件，正在影响着大学生的健康成长，已成为高校思想政治教育和日常事务管理亟须解决的重要问题。

（一）什么是爱情

马克思认为：“爱情是一对男女基于一定的社会基础和共同的生活理想，在各自内心形成的相互倾慕，并渴望对方成为自己生活伴侣的一种强烈、纯真、专一的感情。性爱、理想和责任是构成爱情的三个基本要素。”自20世纪六七十年代开始，心理学家研究认为，爱情是亲密、激情和承诺的统一。

（二）高校恋爱关系建立的形式

根据大学生的主要社交方式和社交圈，高校恋爱关系建立的形式主要分为异地恋、同龄同级伴侣、跨龄跨级伴侣、网恋、与社会已婚或未婚人士的恋爱等。

（三）恋爱的阶段

根据恋爱关系从“朦胧”到“结束”的整个发展阶段，恋爱关系可以分为四个阶段，即恋爱关系正式建立前的暧昧期、恋爱关系发展过程中的甜蜜期、恋爱关系难以继续的纠结期、恋爱关系确定结束后的过渡期。

（四）大学生恋爱关系主要存在的问题

1. 恋爱发展动机不纯

受快餐文化影响，大学生恋爱发展动机逐渐呈现出多元化的趋势。传统的为了“择一良人共度终身”的占比在减少，而为了“消除寂寞”“从众”“满足身心需要”“贪慕虚荣”等而恋爱的占比在增加。这不仅会引发情绪情感的问题，还有可能导致大学生自我价值的迷失。

2. 恋爱态度不端正

感情上的忠贞专一应该是恋爱的基本态度。部分大学生本着感情就是“你情我愿”的观念，在恋爱关系上不追求一心一意，或多角恋，或默许第三者介入，或介入他人感情，或频繁更换恋爱对象，做出一系列严重违反道德甚至是违反法律的行为。

3. 恋爱责任意识不够

部分大学生将恋爱游戏化，遇见忠贞不渝的爱情已不是恋爱的初衷，以玩游戏的心态收获恋爱经验才是恋爱的目的。以“不在乎天长地久，只在乎曾经拥有”的“浪漫”试图淡化恋爱中需要承担的责任。

4. 恋爱相关关系失衡

恋爱中有以下几组关系，如果处理不当，会给大学生带来不少困扰和心理压力：① 恋爱与学业：部分大学生因无法平衡恋爱与学业，导致成绩下滑，丧失奋斗目标。② 恋爱与家庭：部分大学生的校园恋爱得不到家长的支持和理解，甚至受到家长的极力反对，一场“血雨腥风”就在所难免了。③ 恋爱与就业：当任何一方都不愿意有所牺牲或顾全大局，让“面包”和“牛奶”成为了单选题，恋爱关系的维持就成了一个难题。④ 恋爱与互联网：作为互联网的原住民，现在的大学生离不开网络，由此滋生的网恋以其虚拟、幻想、不实的特征正冲击着现实中的交往方式。⑤ 恋爱与经济：当恋爱成为一种攀比和炫耀，感情中夹杂的功利心就会让不理性、不合理的消费观念和消费行为成为情感中的隐患，无形中给学生和家庭带来经济压力和负担。

二、解决思路与实施办法

（一）引导大学生树立正确的恋爱价值观

正确恋爱价值观的树立是高校教育教学活动中不可忽视的重要内容。以第一课堂和第二课堂为载体，通过开展主题鲜明的恋爱观教育实践活动，引导大学生认识和了解爱情的本质，消除不良择偶动机和择偶标准对大学生成长和成才的影响。

（二）增强思想政治教育融入

高校应加强思想政治教育与大学生恋爱教育的结合，将思想政治教育课程纳入大学生恋爱教育全过程，引导大学生提高自我认知能力，调整有关恋爱问题的心理偏差，形成积极、向上、健康的恋爱态度。

（三）加强恋爱责任意识教育

高校应创新和优化大学生思想政治教育的模式，将恋爱双方成长目标的一致性作为恋爱责任意识培养的主要内容，避免因恋爱问题造成行为偏差，在恋爱的安全感中实现共同进步、共同发展。

（四）引导大学生正确处理恋爱中的关系

高校在思想政治教育和日常管理中，应综合运用多种方式和手段，帮助学生学会做时间的管理者，树立理性的消费观念，拒绝虚幻，正视当下，将注意力转移到恋爱以外的学习、工作、生活、实践、家庭等各方面，合理进行学业规划、职业规划，为实现个人目标而奋斗。

三、经验启示

（一）坚定理想信念

大学阶段，学习是学生的主责主业，而恋爱只是人生中的一部分，不是每一位学生的必选项。部分大学生之所以颠倒主次，其实质是理想信念的缺失。高校应全过程、全方位、全员加强大学生理想信念教育，加强大学生道德修养和世界观、人生观、价值观教育，激发原生动力，做好职业规划，引导大学生树立人生远大目标，将自己的小我融入祖国的大我、民族的大我之中。

（二）加强课堂教育

目前高校的恋爱教育呈现碎片化和无序化的特点，对恋爱知识的传授呈现蜻蜓点水的特点。根据目前对恋爱教育的需求，恋爱教育不仅应该进课堂，让高校课堂成为恋爱教育的主阵地，更应该进行系统化课程建设，至少应该包括恋爱的基础知识、恋爱技巧、恋爱行为、爱情心理学、恋爱与婚姻、性健康教育等。特别是性健康教育，高校恋爱教育应该彻底揭开性教育的遮羞布，将性生理、性心理、性卫生保健、性审美、性保护、性道德、性法制等恋爱教育内容搬进课堂，搬上讲台。

（三）依托文化育人

如果第一课堂是恋爱教育的主阵地，那么第二课堂则是恋爱教育的主战场，是对第一课堂无差异化男女同等教育的补充，更是对“灌输式”授课方式的补充。高校不仅可以以主题班会、团日活动、专题讲座等方式作为恋爱教育的辅助，更提倡通过主题沙龙、辩论赛、微视频大赛、绘画比赛、歌唱比赛等学生喜闻乐见、亲自体验的方式弘扬社会主义核心价值观，提高大学生对恋爱的正确认知，一定程度上控制大学生的网络行为，增强现实生活中的社交能力，共同营造理性平和的恋爱氛围、和谐丰富的校园文化。

（四）注重家校联合

家庭是学生成长过程中的第一环境，也是关键环境之一。学生进入大学后，虽然远离了父母、远离了家乡，但家庭教育在学生健康成长成才中的潜移默化作用是不容忽视的。因此，学校要在教育中与家长形成合力，家长更不能放任不管。高校的恋爱教育缺乏针对性、无法满足个性化的需求，高校应鼓励家长在孩子面前大胆说“爱”，重视和尊重孩子的恋爱需求，及时纠正孩子的非理性恋爱心理和行为。父母对孩子的性知识教育恰好是对高校恋爱教育的一种补充。

（五）强化队伍建设

在引导学生正确处理情感问题的过程中，有一支队伍发挥着举足轻重的作用，即由思政课教师、专业心理教师、辅导员、班主任、朋辈辅导员组成的心理健康队伍。充分发挥各方力量，成立校、院、班、寝四级学生危机干预工作体系，确保很多棘手的情感问题能够得到及时缓解和解决。

爱不是与生俱来的本领，是后天习得的能力。爱情是一件美好的小事，更是一件关乎健康成长成才的大事。树立正确爱情观不是一个人的努力，而是一群人的战斗。高校应加强大学生恋爱教育的引导工作，让爱情不再是成长和发展道路上的绊脚石，而是大学生活中最美的回忆。

【作者简介】

杨川，吉首大学一级辅导员，国家二级心理咨询师，湖南省普通话测试员。曾获湖南省高校辅导员年度人物荣誉称号及全国第一届民族(地区)院校辅导员素质能力大赛决赛个人二等奖、湖南省第八届高校辅导员素质能力大赛决赛个人一等奖。主持省部级课题3项、校级课题9项，发表学术论文11篇，参编普通高等教育通识课精品教材《大学生就业指导》。

唐琪，国家二级心理咨询师，湖南省“灯塔”名师工作室项目负责人。曾获湖南省高校思想政治教育研究与实践百佳个人、湖南省“三下乡”优秀指导教师等荣誉称号。指导学生参加“互联网+”“挑战杯”等创新创业大赛获国家级奖项3项、省级奖项3项。

何剑，湖南省湘西土家族苗族自治州创新创业讲师。曾获湖南省高校辅导员工作研究与实践先进个人、湖南省大中专学生志愿者暑期“三下乡”社会实践活动优秀指导者等荣誉20余项。主持湖南省教育厅科学研究青年项目1项。

第57问　如何引导大学生应对失恋情感危机——大学生因失恋产生心理问题怎么办

成都纺织高等专科学校　太扎姆　王　燕

恋爱观是当代学生思想观念的重要组成内容,对学生正确恋爱观的引导教育是开展思想政治工作的常态内容和重要抓手。但是,现实中,大学生的恋爱心理问题复杂多样,对象不定类别、时段不分特征、影响不确定范围。这就需要在恋爱动机、恋爱心态、恋爱行为、恋爱道德等维度引导学生树立正确的恋爱观,并由此逐渐影响学生的世界观、人生观、价值观。

一、问题阐述

李某,女,大一学生,学生会干部,性格开朗活泼,成绩优异,在校期间积极参与各级各类活动,并获得不少荣誉,平时与班级同学、室友相处融洽。她有一个同年级的男朋友张某,相处半年后男友张某因李某学生会事情太多,不能经常与他约会,于是以性格不合为理由提出了分手。自此李某一个月以来情绪低落,经常失眠,食欲降低,无心学习,认为是自己不够优秀导致男友与其分手,从而对学生会的事务也提不起劲,不愿意与人交流,且有休学和自残的想法。

这是一起典型的大学生失恋引发的心理挫折和情感危机。案例中李某因失恋陷入深深的痛苦情绪中,失恋后产生了偏激想法和过激行为。这种情况必须要引起高度的重视,如不及时开展危机干预,很容易引发一系列严重的校园安全问题。

(1) 在认知方面,该生产生了认知偏激的思维模式,认为是自己不够优秀,导致男友与其分手。

(2) 在情绪方面,该生一个月以来情绪低落,不愿意与人交流。

(3) 在行为特征方面,社交行为减退,食欲降低,无心学习,经常失眠,且有休学和自残的想法。

二、解决思路

(1) 多渠道、全方面掌握事件的前因后果和学生思想行为动态，为工作“把好脉，问好诊”。

(2) 多举措、全员化参与处理应对，形成多方合力，为工作“开好方，抓好药”。

(3) 多路径、全程化解决实际问题和思想问题，为工作“查病根，治长效”。

三、实施办法

(一) 打开心结，消除负面情绪，建立合理信念

辅导员得知此事后，立即分别与李某及其室友、同学展开深入谈话，真实、具体、全面了解事情相关情况，并对该事件有了初步判定。当得知李某仍有困惑且有轻微自残的情况时，辅导员耐心倾听李某诉说，充分共情李某所宣泄出来的负面情绪，语重心长地说：“我能理解你的痛苦和难受，失恋对任何人来说，都是一种痛苦的情感体验，会不同程度地造成心灵上剧烈而深刻的心理创伤。很多大学生经历的是人生的第一次恋爱，因为是第一次，投入的感情较多，正因为付出过多，而结果又不像自己想象的那样美好，甚至与自己的想法相背离，心里产生了极大的落差，一时之间会难以接受，因此受挫感更强，郁闷情绪更加难以排解……”听完后李某的心结随之慢慢打开。

辅导员见李某情绪平稳下来，耐心引导其运用“ABC”合理情绪疗法调整认知，改变行为。案例中A是李某失恋这件事情本身，B是李某对失恋的看法和信念，C是李某因失恋后对失恋产生的情绪与行为后果，C与A没有直接的联系，而是个人的看法和信念B在中间起到作用，因此要想改变个体情绪状态，必须先改变个体思想信念。辅导员耐心帮助李某分析失恋原因，查摆问题，对现阶段其感情应对方式进行纠偏引导，帮助其冷静分析，纠正不合理信念，改变其应对方式。辅导员还结合身边案例，通过分析身份角色、生活的多味、生存的技巧、生命的意义等，并在具体分析中嵌入恋爱中人际交往、情绪调节等技巧，引出正确的恋爱观及处理感情的方式，让学生消除负面情绪、停止内耗、建立合理信念、自我接纳、热爱生活、拥抱自我。

(二) 发挥“五位一体”预警系统，合力处理危机事件

辅导员对李某进行情绪疏导和安抚，并安排好宿舍和班级同学、班干部对该生进

行24小时重点关注后，及时把相关情况上报给上级领导。上级领导立即召开心理危机干预工作会议，并依据学校相关规定由学校心理健康咨询中心开展后续服务工作，确定其关注等级，同时与该生家长取得联系，发挥家校共育作用。

（三）乘风破浪，心如花木向阳而生

辅导员始终与李某保持密切联系，在多次交谈后，达成认知一致：失恋学生最需要的是立志，做到失恋不失志，失恋不失德。一个人除了爱情，还有友情、亲情、学业和生涯规划，生涯发展也是一个人生命当中的重要组成部分。辅导员根据李某的特点与自身优势，将“显性”教育与“隐性”教育相结合，与李某一起制定了适合她个人发展的职业生涯规划。通过不懈努力，李某顺利地通过了英语六级考试，通过积极参加各级各类活动，获得了不少荣誉。毕业前，李某通过了党员发展流程，顺利地成为了一名中共正式党员，最后以优异的成绩通过专升本考试，考入了自己理想的本科院校。

四、经验启示

（一）情感关注，加强恋爱心理教育

大学生恋爱受挫产生的心理危机已成为大学生产生心理问题的主要原因之一，做好大学生恋爱心理健康教育对于学生形成正确的恋爱观至关重要。辅导员可通过主题班会、座谈会、演讲、实际案例、有奖竞答、辩论赛、情景剧以及个体辅导和团体辅导等方式，还可以尝试开辟网络课堂，通过雨课堂、慕课等学生喜闻乐见的载体，通过一课堂植入、二课堂渗入、一二课堂深入方式，引导学生做到“知行合一”，加强学生的恋爱心理教育，帮助大学生树立正确的人生观和恋爱观，提升大学生在恋爱中的受挫能力和自我保护能力，实现课堂育人和实践育人的统一。

（二）吐故纳新，开展生命观自我教育

辅导员可以通过入学教育、专家讲座、观看生命诞生的科教图片和影像资料，以及利用母亲节、父亲节等，让大学生能够认识到生命内容的丰富性、生命价值的崇高性、生命意义的可贵性，进而认识到自己应该为生命担负的责任。只有从生命的意义和价值高度认识失恋，才能在面临失恋挫折时，不至于做出自残、自杀等过激行为，从而减少因失恋引发的突发性事件。

（三）未雨绸缪，做好职业生涯规划

辅导员可以通过新生入学教育、新生主题班会、新老生经验交流会、年度表彰大会、国家奖学金及国家励志奖学金榜样巡讲、专升本经验交流会、考研交流会等多种形式的活动，帮助大学生们了解大学期间的主要任务，引导大学生认真思考，制定适合个人发展的职业规划，为他们今后的学习和生活提供源源不断的动力，使他们更加珍惜大学时光，淡化其对恋爱生活的依赖。

（四）用好"五位一体"预警系统，提升突发事件处理能力

在辅导员日常工作中，要形成宿舍长—班干部—辅导员、积极分子—党员—辅导员、学业导师—辅导员—学院—学校—家庭等网状的工作体系，以横到边、纵到底的方式，定期召开班级学生骨干会议，经常找学生谈心谈话，引导学生尤其是学生干部关注班级中处于恋爱期同学的情绪变化，一旦发现情绪异常，要及时汇报。另外还要提高学生骨干的预判能力，提高他们应对危机的技能。

【作者简介】

太扎姆，成都纺织高等专科学校服装工程与设计学院党总支书记兼副院长，副教授。曾获全国优秀教师、全国优秀辅导员荣誉称号；2013年获全国纺织服装行业职业教育先进工作者称号；2013年受邀参加"9·3"阅兵观礼；2014年获得第三届全国高校辅导员职业能力大赛决赛三等奖、片区赛一等奖；2019年3月18日，受邀参加习近平总书记主持召开的学校思政课教师座谈会。先后主持省部级课题3项、市校级课题1项、校级课题6项，发表论文15篇。

王燕，成都纺织高等专科学校服装工程与设计学院专职辅导员。多次获得学校优秀辅导员称号，先后荣获学校举行的相关主题征文一等奖、庆祝中国共产党成立100周年微党课大赛一等奖、大学生心理健康课程青年教师职业技能比赛二等奖。参与省级课题4项，发表论文2篇。

第5篇

心理健康教育与咨询工作

第58问　如何确立心理健康工作思路、普及心理健康知识——面对大学生心理问题不知从何入手怎么办

四川大学　何　苗　蔡明婧　杨晟颢

一、问题阐述

高校辅导员工作中，大学生的心理问题已经成为高校辅导员工作的重点和难点，如何做好心理健康工作是贯穿高校辅导员职业生涯的一项重要挑战。我们常常发现，辅导员在面对学生出现心理问题或处理心理健康相关问题的时候不知从何入手，感觉力不从心。处理学生心理问题占据了辅导员的大部分时间和精力，同时因为缺乏心理督导，心理问题的突发性和持续性让不少辅导员，特别是新入职的辅导员感到疲惫、焦虑，有的人甚至会产生自我否定与怀疑，严重地影响职业信心和工作能力。处理心理危机带来的压力与风险还可能影响辅导员自身的心理健康、工作状态以及职业生涯发展。

二、解决思路

随着国家和社会发展进入新时代，高等教育也进入新的阶段。2018年教育部党组在《高等学校学生心理健康教育指导纲要》中提出：心理健康教育是提高大学生心理素质、促进其身心健康和谐发展的教育，是高校人才培养体系的重要组成部分，也是高校思想政治工作的重要内容。2021年7月，教育部办公厅印发的《关于加强学生心理健康管理工作的通知》，要求进一步提高学生心理健康工作的针对性和有效性，切实加强专业支撑和科学管理，着力提升学生心理健康素养水平。新形势新要求下辅导员应当如何开展心理健康教育工作，切实地帮助学生呢？

三、实施办法

（一）辅导员应当正确认识自身定位

《普通高等学校辅导员队伍建设规定》第五条第五款明确了辅导员的主要工作职责之一是心理健康教育与咨询工作。这项工作主要是"协助学校心理健康教育机构开展心理健康教育，对学生心理问题进行初步排查和疏导，组织开展心理健康知识普及宣传活动，培育学生理性平和、乐观向上的健康心态"。所以，我们要明确辅导员协助者、发现者和组织者的角色，而不是精神科医生、心理咨询师的角色。绝大多数辅导员本身不是心理学专业出身，所以更需要认识到自身在该项工作领域存在"先天性"不足的问题，相较于资深辅导员，他们的理论基础相对薄弱、案例积累相对较少、工作经验相对欠缺、处理方式相对单一，所以出现对于学生心理问题认识不充分、对于心理健康知识不够了解、心理危机干预的方法不多、解决学生心理问题方式不准确、面对问题过度焦虑等情况都是正常的，所以需要在日积月累的工作中逐步探索和学习。

（二）辅导员应当充分了解大学生心理问题现状

当前世界处于百年未有之大变局，同时新媒体的广泛应用加速了网络上的负面情绪和不良内容的传播，对处于"三观"形成关键期的大学生群体心理容易产生消极影响。同时辅导员也要认识到，因为近年来全社会对于学生心理健康工作愈发重视，高校在"三全育人"背景下加强心理健康工作，持续重视大学生群体心理健康水平，这是心理健康问题能够得以检出的重要原因。中国科学院2021年发布《中国国民心理健康报告》称，青少年抑郁检出率高达24.6%，相当于每4个孩子就有1个可能抑郁。《中国国民心理健康发展报告(2019—2020)》中也称大学生中有18.5%有抑郁倾向，4.2%有抑郁高风险倾向，8.4%有焦虑倾向。所以，辅导员需要正视大学生出现心理问题这一情况，通过能力提升和自我关怀等方式保持积极心态，实现"自我疗愈"，以处理心理健康问题为契机实现能力飞跃与经验积累，推动职业生涯可持续的良性循环发展。

（三）辅导员应当积极参加心理健康工作专项培训

共情能力是辅导员的一项重要能力，但在充分共情的同时保持客观、冷静的态度对于辅导员开展工作是必要且更高的要求。在接触心理问题之初，辅导员往往由于职业道德的要求投入了许多的情感，在识别和干预心理问题的过程中让主观情感占据了主导作用。但对于工作的实效性来讲，辅导员，特别是新任辅导员由于缺乏必要的工作经验，在问题的识别和判断中主观情感和客观事实存在一定出入，在处理问题的过程中缺乏理论基础和科学指导，因此新辅导员应当参加专业培训，掌握基本的心理健康知识和科学方法，精准施策，用最为合理的方式化解和应对学生的心理健康问题。例如，学校应面向新任辅导员开展心理健康工作能力专项培训，面向专职辅导员开展持续性专项培训计划和专、兼职心理咨询师胜任力提升计划，根据学时和能力发放能力证书。例如，我校要求所有专职辅导员经过24学时心理专题培训且考核合格后方可获得心理健康教育工作C级资格证书，这应是履职专职辅导员岗位的必备条件之一。掌握必要的知识和技能后，不但可以更专业更高效地教育和服务学生，而且也为自我关怀和情绪调适提供专业支持。打铁必须自身硬，辅导员通过理论学习和实践锻炼逐渐向心理健康领域的专家型辅导员迈进，这也是辅导员职业化、专业化发展的必然趋势和必经之路。

（四）辅导员应当充分发挥心理育人合力

辅导员在开始开展工作时可能会陷入单打独斗且收效甚微的“怪圈”，在筋疲力尽应对学生心理健康问题的同时往往还达不到理想的效果。辅导员应当充分认识到心理健康工作的特点：第一要认识到学生的心理健康问题不是在某个时间节点凭空、独立出现的，不能只“头疼医头，脚疼医脚”，要把心理健康教育贯穿到大学生的成长发展全环节和全过程中。构建由辅导员、导师、班主任、专业课老师、行政管理部门相关人员、学生干部、家长、心理专家组成的多位一体心理育人队伍，辅导员应在该机制中主动作为，作为全员育人的核心紧密联动全员，定期开展培训和学习，依靠这支队伍建立起心理健康的监控网络、心理问题的探照网络和心理危机的化解网络，及时、精准、有效地开展心理问题的预警、识别与干预。第二要认识到开展该项工作需要有大量的工作经验和案例积累作为支撑，因此，辅导员应当通过争取包括资深辅导员团队在内的各方力量，统筹协调各方资源共同助力大学生心理健康。应主动加强与学校心理中心的联络，善于“借力”而行、“顺势”而为，将重点学生情况及时与心理中心的老师进行对接与沟通，获取专业帮助，邀请心理健康领域专家定期开展心理讲座、家长空中课堂和师生骨干培训。在有条件的情况下争取在学校的支持下设置学院、系的二级心理辅导站，有助于加强心理健康工作队伍的工作能力，促进心理育人工作科学化、规范化、品牌化建设。

四、经验启示

积极探索建立有效的心理健康工作思路是辅导员开展心理健康教育、切实帮助学生的"破题之策",在充分正确认识心理健康工作特点的基础上,善于把握时与势,通过借助外力、整合力量、协调资源,充分发挥当前各高校全员参与的心理育人格局、科学有效的心理育人体系、持续良性的心理育人循环,将心理健康工作落在实处,真正成为学生成长成才的人生导师和健康成长的知心朋友。

【作者简介】

何苗,四川大学华西口腔医学院学生工作部部长,担任专职辅导员20年。曾获四川省高校辅导员年度人物、四川省最美教学团队、成都市"三下乡"社会实践优秀指导教师、"挑战杯"四川省大学生创业计划竞赛金奖指导教师等荣誉称号。主持省部级课题8项,研究成果获四川省教学成果特等奖。

蔡明婧,四川大学华西口腔医学院团委书记。曾获教育部"读懂中国"活动最佳征文指导老师、成都市科普工作先进个人等荣誉称号及四川省高校首届创业就业指导大赛三等奖。

杨晟颢,四川大学华西口腔医学院辅导员。曾获生态环境部百名生态环保志愿者、北京市社会实践先进个人、首都先锋杯优秀基层团干部等荣誉称号。

第59问　如何促进心理志愿服务与专业实践的结合——大学生实习基地不够、思想政治工作缺少载体怎么办

江西中医药大学　桂　伟　陈　瑶　鲁　娜

一、问题阐述

江西中医药大学人文学院应用心理学、音乐治疗两个应用型本科专业于2006年开始招生，专业建设之初，学生专业见习实习基地建设无法完全满足学生的专业实践需求，一定程度上影响了学生专业学习兴趣，进而出现部分学生专业思想不稳定的情况。同时，大学生思想政治工作也在一定程度上面临载体不够丰富，出现流于形式、浮于表面、无法入脑入心的情况。

二、解决思路

针对这一情况，我们紧紧围绕立德树人根本任务，积极探索，将理想信念教育融入志愿服务中，号召学生积极参与校内外的心理志愿服务，践行“奉献、友爱、互助、进步”精神，学生在“做中学”，在“服务中学”，既是一种付出，也是一种收获，形成人人争当志愿者、人人参加志愿服务的氛围，在志愿服务中成才成长。2012年5月，我们坚持以“爱心引领成长·实践服务成才”为主题，紧紧围绕音乐治疗和应用心理学专业特点，组建江西中医药大学“心灵乐梦团”大学生志愿服务团队，积极为我校师生提供心理健康服务，同时走出学校，深入中小学、医院、社区、未成年犯管教所等，开展音乐治疗及心理辅导志愿服务，并逐步形成志愿服务项目化、常态化、长效化，积极探索志愿服务与专业实践相结合、与奉献社会相统一的长效机制。

三、实施办法

（一）“我和山区孩子有个约定”关爱山区留守儿童

景德镇程家山村有39个孩子，他们热爱生活，喜欢音乐，但是由于缺乏乐器，孩子们只能想象着弹琴的样子。2012—2021年，“心灵乐梦团”履行自己的诺言，先后10次来到大山深处的景德镇程家山村，为留守儿童开展“我和山区孩子有个约定”夏令营活动。

（二）音你而美·乐动校园——助力“健康江中”

“健康江中”工程是以提升全校教职工健康素质为核心的一项绿色民生工程，“心灵乐梦团”志愿者积极参与其中，成立音乐治疗放松体验工作坊，定期开展鼓圈治疗、聆听式音乐放松与减压治疗、奥尔夫音乐团体活动、舞动治疗等多个项目，提高教职工幸福指数、健康水平、生活质量。

（三）从心出发·乐动校园——助力新生“心”成长

为了帮助新生更快地融入新环境，认识并了解身边的同学，增强班级凝聚力，“心灵乐梦团”组织应用心理学和音乐治疗专业的师生，每年为学校3000多名新生开展团体心理辅导工作。

（四）乐疗我心·轻心轻身——助力“朋辈心理团辅”

“心灵乐梦团”大力倡导朋辈心理团辅，定期组织志愿者为我校学生开展考前减压、团队凝聚力、自立自强等主题团辅活动。同学们在繁忙的校园生活中得到了放松，收获了友情和快乐。

（五）“打开心结·乐动生活”关爱老人

从2013年5月开始，每周五的下午，“心灵乐梦团”志愿者坚持开展“打开心结·乐动生活”关爱老人活动，先后与火神庙社区、百花洲社区、桂旺巷社区开展共建活动，每周一次的献爱心活动已经风雨不变地坚持了8年。

（六）点亮戒毒人员、失足人员“心灯”

从2017年开始定期对戒毒人员、少管所失足人员进行音乐治疗心理干预，缓解戒毒、失足人员焦虑情绪，帮助其达到恢复身心健康的目的。

（七）“执笔连心，情留书笺”关爱青少年

2021年5月，“心灵乐梦团”联合安义县相关部门，启动“关爱未成年人”书信陪伴主题活动。2019级应用心理学专业的同学和两所学校的初一学生结成了帮扶对子，以书信来往的方式进行心灵沟通，构建朋辈支持网络，形成长期有效陪伴，引导青少年阳光快乐成长。

（八）“让爱来，让碍走”关爱自闭症、唐氏儿童

有一群被称为“来自星星的孩子”，拥有清澈如水的眼睛，却从不与你对视交流；拥有灵敏的听力，却对父母的深情呼唤充耳不闻；拥有纯净的灵魂，却独自承受着内心的孤独。他们表达爱的方式大多不是语言，“心灵乐梦团”就用音乐的方式爱着他们，九月，初次相遇；十月，慢慢适应；十一月，逐渐信任；未来还有更多……

四、经验启示

（一）“专业实践+志愿服务”，着力提升专业服务技能，助力学生成才

以志愿服务作为专业实践的载体，紧紧围绕音乐治疗和应用心理学专业学习，主要为留守儿童、空巢老人、失足人员提供音乐治疗和心理服务。学生参与志愿服务前，必须经过严格的专业培训，取得国家心理咨询师等相关资格证书。在志愿服务中，学生会发现自身的不足，及时调整专业学习，完善知识结构，提升专业技能，实现知识向能力的转化，提升了大学生就业创业能力，一大批实践型、创新型、创业型音乐治疗师、心理咨询师受到用人单位青睐。

（二）“教师+学生”，师生共进，学生培育与教师成长相“耦合”

坚持由专业教师、辅导员、班主任、支部书记带领同学们积极参与，通过各种形式的师生互动，构建了全员、全过程、全方位的学生思想政治工作格局，倡导高水平教师

更多地参与指导学生社会实践、科技创新和专业技能大赛，实现了对学生潜移默化的人格影响和专业提升，教师在与学生的互动中也收获了成长。辅导员桂伟老师先后10次带队深入景德镇程家山村开展“我和山区孩子有个约定”关爱山区留守儿童服务，两次荣获全国辅导员年度人物入围奖，江西省高校首届十大最美辅导员。音乐治疗专业教师、学生党支部书记、班主任鲁娜坚持每周带队参加“打开心结·乐动生活”关爱空巢老人服务，荣获江西省最美志愿者、校首届十大师德标兵称号。

（三）“心灵乐梦团”志愿服务形成品牌，社会反响良好

“心灵乐梦团”荣获首届全国高校网络宣传思想教育优秀作品评选三等奖、全国中医药高等院校特色学生工作项目奖等省级以上表彰20多项，完成“音乐团体辅导对新生人际交往的研究与实践”等省级以上研究项目6项，发表相关研究论文8篇，同时在校内外开展工作分享5次，受到搜狐、中青网、大江网、江西日报、江西思政等媒体关注报道100余次。

【作者简介】

桂伟，江西中医药大学人文学院副教授，自2006年7月起从事辅导员工作。曾获第八届和第十届全国高校辅导员年度人物入围奖、全国高等中医院校优秀辅导员、江西省高校十大最美辅导员、江西省优秀团干、江西省高校思政工作优秀论文征集一等奖、江西省高校辅导员能力素质大赛二等奖等省级以上荣誉、表彰20余项。主持省部级课题4项，参与省部级课题3项，发表论文20余篇，参编著作1部，指导完成国家级大学生创新创业训练项目3项。

陈瑶，江西中医药大学人文学院党委副书记、副院长，自2003年7月至今先后从事辅导员工作、研究生管理工作、思想政治教育工作等。主持省厅级课题2项，发表论文多篇，参编著作1部，参与指导大学生训练项目3项。

鲁娜，江西中医药大学人文学院副教授，自2007年7月起从事音乐治疗教学工作。曾多次荣获江西省大学生艺术展演优秀指导教师、江西省青年志愿服务优秀个人荣誉称号。主持省厅级课题4项，发表论文20余篇，参编著作2部，指导完成国家大学生训练项目2项，获得实用新型专利4项。

第60问　如何推动班级心理工作合力的形成
——班级心理健康氛围不浓怎么办

浙江工业大学　陈　央　周婷婷

一、问题阐述

班级作为学校开展教育教学工作的基本单位之一，班集体建设对于教学效果具有十分重要的影响。而班级与班集体往往被视为同一概念，实际上，学生组成了班级，并不代表就形成了班集体。班级组建初期，学生间较为陌生，由于新生适应等压力，往往较难形成集体归属感和认同感，松散的班级群体也不利于各项教学实践活动的开展实施。而班集体则是一个有较强凝聚力的学生群体，是班级群体发展的高级形式。以班级为单位对学生进行心理健康教育和开展心理健康实践工作是高校班级心理健康教育的有效形式，也是助力班集体凝聚力提升和营造班集体心理健康氛围的重要途径，是学生自我教育、自我发展的有效方式。因此，加强对班级心理健康教育的研究和探索，已经成为当下十分重要的问题。

二、解决思路

由于大学生在不同时期的个体心理特征和行为风格会有显著变化，因此班级心理工作的设计和实施要围绕学生心理变化展开，精心设计课程教案、理论支撑、指导要点，力求做到“有的放矢，精准施策”。

在实践教学和师生互动中实现教育和引导学生，努力培养学生健全的人格和良好的心理品质，不断提高学生的心理健康水平，激发个人潜能，真正实现“以育心来育人”的工作目标，引领学生全面健康成长。

三、实施办法

(一) 课程进班级,以“理论+实践”模式提升学生心理健康知识普及度

我校面向全体学生开设“心理学与现代生活”“心理健康与自我成长”“积极心理学”等一系列心理健康课程。其中“心理健康与自我成长”课程是面向全校本科新生开设的一门通识必修课程,在课程设置上以“理论+实践”的模式,将知识传授、能力培养和价值引导相结合,聚焦大学生成长过程中的自我认识、情绪管理、人际交往、恋爱心理、心理障碍、生命意义等主题,帮助大学生认识心理健康与个人成长的关系,了解心理健康的基本知识,掌握心理调适的方法,增强自我心理保健意识和心理危机预防意识,从而提升大学生的心理素质,营造良好的心理健康教育氛围。而实践活动则由课程教师、心理专项辅导员、班级心理委员共同带领同学们完成“观看一部心理电影、走访一次心理中心、完成一轮心理测评、体验一期心理团辅、编写一个心理剧本、拍摄一段心理视频、分享一项心理成长”等七项实践活动。

通过“课程进班级”活动,实现了全院学生100%学习心理健康知识、100%参与心理健康实践活动、100%参加新生心理普测。在提高学生心理健康知识普及度的同时,鼓励学生结合专业特长,充分发挥学生在心理剧本撰写、心理剧演绎、心理微电影拍摄等方面的专业能力,打造出了一批内容好、专业强、传播快、辐射广的心理健康教育作品。

(二) 培训进班级,以“师生共学”模式提高心理育人队伍工作专业度

“师生共学”培训模式体现师生同步学习、实时沟通、共同提升。浙江工业大学人文学院努力构建“三维协同”育人体系,分层推进班主任(专业教师)、思政辅导员、班级心理委员三支队伍建设,从而实现抓关键群体,促全员参与,聚育心合力。针对教师,每年开展“大学生常见心理问题及应对”“心理咨询技能”“学生工作中的会谈技巧”“萨提亚沟通模式工作坊”“危机干预及家校互动”等心理专题辅导培训10余次,教师总培训学时数近300学时。通过培训提升教师组织开展心理健康教育活动的主动性和创造性,确保学院教师具备一定的心理健康教育和心理危机处置能力。

针对心理委员,学院推出“心理委员成长计划”系列活动,定期开展专题学习、交流讨论、实践参观等,进而提升心理委员的工作认同感和实效性。组织全院心理委员参加全国高校心理委员MOOC培训,通过线上专题学习和题目测试,全院心理委员测试平均分达92分,高分通过认证。定期开展新老心理委员交流沙龙,培养心理委员成

为健康知识“普及员”和心理问题“侦察员”，能够对班级同学做到“时刻关注、及时汇报、关爱心灵、互助成长”，切实提高朋辈心理助人工作实效。实施班级心理“半月报”制度，每半个月向班主任反馈班级同学整体心理状态。此外，积极开展心理委员外出实践体验活动。学院先后组织心理委员参观校心理健康教育中心、富阳三院和富阳心理咨询工作室。

（三）团辅进班级，以“全程性”心理团辅激发学生参与心理健康活动热情度

心理团辅是心理健康教育的重要形式，具有针对性强、普适性强、主题丰富、寓教于乐等优势。依托学院“悦心”二级心理辅导站，在“思政＋心理”工作基础上创新性融入“音乐治疗”技术，推出了“全程性”音乐团辅，活动设计和实施围绕学生变化展开，精心设计活动背景、理论支撑、指导要点，旨在在音乐疗愈中实现大学生心理护育、审美教育和人格培育的多重目标，真正实现“悦心、悦己、悦人”。

从“一人讲”到“大家唱”，以合力育心。心理团辅充分发挥心理专家、专业教师、班主任、心理委员等多方力量，针对学生从入学到毕业不同成长阶段面临的不同问题开展活动。通过团辅进班级，在不同年级班级中展开“新生心理适应”“宿舍人际关系”“考前压力调节”“5·25大学生心理健康日”“情绪加油站”“职业生涯探索”等主题心理团辅活动，助力学生直面压力，主动出击，迎接挑战，蜕变成长。

从走“新”到走“心”，以音乐护心。音乐团辅活动形式创新，活动内容走心，一经推出便吸引了各班同学报名参加。每一场活动都遵循“开场破冰”“主题讨论”“分享反馈”“总结延伸”四步走程序。团体成员共同讨论参与，活动逐层深入、动静结合、螺旋上升。

通过团辅进班级，班级成员能够在温暖、接纳的团体氛围中感受到归属与爱，每个人相互尊重。同学间的社交积极性逐渐被唤起，进而实现了自我成长，满足了自我实现的需求，对班级集体心理健康氛围营造、带动学生健康心理的形成起到了重要作用。学生组织开展心理活动的能力得到很大提升，学院班级曾多次在校心理班会大赛荣获一、二等奖。

四、经验启示

在今后班级心理工作建设中，学院应始终坚持“教师主导、学生主体”的理念，让心理教育走进班级走近学生，不断激发学生学习的积极性，提高学生的心理知识水平，切实提高学生心理健康教育工作实效。与此同时，通过不断的实践和总结，逐步

优化心理课程和实践活动的设计方案、实施方法，加强理论与实践的融合，以此提炼出心理健康教育工作经验和工作理念，提升工作实效，努力提升班级心理工作合力，让班级心理工作成为促进全体大学生心理健康教育工作的有效助力。

【作者简介】

陈央，浙江工业大学人文学院党委副书记、纪委书记，副教授，杭州石榴籽党建联盟成员单位负责人，全球职业生涯规划师(GCDF)。曾获全国第十三届“高校辅导员年度人物提名奖”、浙江省“高校辅导员年度人物”、浙江工业大学第三届教书育人优秀奖等国家级、省市级荣誉称号30余项。主持、参与省部级、厅局级课题10余项；指导学生获多项赛事奖项30余项。

周婷婷，浙江工业大学人文学院学工办主任，学生新传党支部书记，讲师，省普通话水平测试员。曾获浙江省高校辅导员工作案例大赛二等奖、省高校思政微课大赛二等奖、校优秀辅导员等多项荣誉，指导学生获各类赛事奖项10余项。

第61问 如何建立心理危机早期预警机制——学生心理问题不能尽早发现怎么办

海南大学 李 洋

一、问题阐述

小茹，大三女生。一天晚上，室友发现其服下大量安眠药，昏迷不醒，于是马上报告辅导员，并拨打120。经抢救，小茹脱离了生命危险。在医生抢救过程中，辅导员向小茹的室友了解情况。室友反映小茹平时比较内向，与室友交流不多，近期未发现有何异常表现。但是，经过辅导员进一步询问，得知小茹曾在半年前有过用小刀轻微割伤手腕皮肤的行为，室友以为她只是喝多了酒，伤口也不严重，就没有向老师报告。等小茹苏醒后，辅导员与其交流，得知她在高考结束后就曾确诊为抑郁症，并服用了一段时间的药物，上大学后停药，再未向任何人提及此事。

与上述案例类似的情况还有很多，很多心理危机发生后，老师、同学均表示此前没有异常，实则不然。一般来说，心理危机的发生都有一个从量变到质变的发展过程，如果能在问题萌芽阶段给予足够重视和关注，就能在较大程度上避免危机事件的发生。因此，建立早期预警机制十分必要。

二、解决思路

预防心理危机，关键是要做到“四早”——早发现、早报告、早关注、早帮扶。为此，可以重点从以下三个方面开展工作。

（一）广泛宣传，形成人人关注心理健康的积极氛围

预防心理危机事件的发生，犹如一场人民战争，单靠辅导员的关注远远不够，必须依靠全体学生的力量。学生们每天学习、生活在一起，哪个学生有异常，同学、室友能够第一时间发现，关键在于他们要知道哪些情况属于异常、什么时候要向老师报

告。因此，要建立常态化的心理健康教育机制，加强对学生心理健康常识的普及教育，提高学生关注心理健康的意识，学会识别自己及身边同学的异常现象，端正对心理问题的认识，让每个人都能成为发现和报告心理危机隐患的积极力量。

（二）精准定位，掌握具有潜在风险的重点人群名单

预防心理危机事件的发生，关键在于精准定位到重点人群，才能有针对性地做好进一步的关注和帮扶。要利用心理测评、心理疾病排查、日常发现等多种渠道，尽最大可能将存在心理危机隐患的学生筛查出来，纳入辅导员重点关注的视线范围，尽量减少“漏网之鱼”。由于学生的心理状态是动态变化的，因此要建立常态化的心理健康状况排查机制，定期更新重点人群名单，并建立“一生一档”，做好每一次帮扶记录。

（三）持续关注，形成家校师生有效联动的多方合力

预防心理危机事件的发生，不只是学校、老师的事，也是家庭和全体学生的事。尽管学生远离家人在校读书，但是家长仍然是学生成长的重要守护人。一名辅导员往往负责几百名学生，但是家长与孩子却是一对一或二对一的关系，可以通过经常视频、电话等方式，及时了解孩子的情况。辅导员不会每时每刻与学生在一起，而室友、同学则是他们日常密切接触的人。因此，辅导员要畅通家校、师生间的沟通渠道，建立多方联动机制，充分调动家长、学生、心理专业人士等各方力量，保持密切联系，形成育人助人合力。

三、实施办法

（一）建立常态化心理健康教育机制

学校应建立“四位一体”常态化心理健康教育机制，通过多种形式和渠道，广泛开展宣传教育。

一是建设好面向全体新生的心理健康教育公共课，普及心理健康知识。

二是定期举行面向辅导员、学生骨干、班级心理委员、宿舍长的心理健康知识培训，提高发现问题和解决问题的能力。

三是定期开展面向广大学生的心理健康教育活动，如定期举行心理主题班会、心理影片赏析、团体心理辅导等，疏解学生心理困扰。

四是利用线上线下宣传平台常态化开展心理健康知识宣传，形成正确认识心理健康的积极导向和良好氛围。

（二）建立常态化心理健康状况排查机制

1. 及时开展新生心理疾病史排查

从有利于学生安全和健康成长的角度教育引导新生和家长，如实报告疾病史，包括身体疾病和精神疾病，要消除其顾虑，并做好保密工作。

2. 每月开展学生心理健康状况调查

每个月通过宿舍长、班级心理委员由下至上逐层上报近期是否有需要关注的特殊学生，对班级报告的名单要严格保密，并及时跟进。

3. 每年开展特定年级学生心理测评

新生心理测评结果在几年后其参考价值会降低。因此，除新生心理测评外，还需要隔年再对该年级学生进行一次全覆盖的心理测评。

需要注意的是，虽然心理测评能够帮助学校及时发现一些异常学生，但是未必精准。辅导员不能过于依赖心理测评结果，对于不在测评结果异常名单里的学生，同样要关心留意。

4. 及时开展学生突发状况的应激评估

辅导员要在日常工作中用心发现学生的突发状况，及时发现、及时约谈，对于在学业、情感等方面遇到困扰、挫折或遭遇家庭变故的学生，及时将可能存在心理危机隐患的学生纳入关注范围。

（三）建立常态化心理育人联动机制

1. 家校联动机制

辅导员定期将学生学业、生活情况向家长反馈，在发现学生有异常时第一时间联系家长，也要告知家长在发现孩子情绪或言行有异常时要及时向辅导员报告。有些学生的心理问题与原生家庭有很大关系，因此辅导员还要充当学生和家长的调和剂，耐心做好家长的工作，家庭氛围发生积极变化，学生的心理状态也会随之好转。

2. 师生联动机制

在保护隐私的前提下，安排室友或学生骨干平日里留心观察特殊学生的动态，建立“一帮一”关系，发现异常及时向老师报告；安排性格合适的学生主动与他们交流，让他们感受到身边同学的关爱；辅导员要主动关心有心理危机隐患的学生，定期约谈，做好情绪疏导，并随时根据发现的特殊情况，调整帮扶方案。

3. 上下联动机制

学校心理健康教育中心细化责任分工，明确对接不同院系的咨询师，及时将咨询中发现的有心理危机隐患的学生向基层院系反馈，并给出下一步工作建议。在对这些学生的跟进帮扶上，基层院系要积极寻求学校心理健康教育中心的专业指导，及时汇报，确保工作流程和方法的专业性、科学性、规范性。

四、经验启示

首先，要从思想上高度重视心理危机的预防工作。处置心理危机事件，对大多数辅导员来说都是最具压力和挑战的工作。一旦发生心理危机事件，辅导员要投入大量的时间和精力去处理，一些严重的事件不仅会对学生个人成长和整个家庭产生重大影响，也会对辅导员的心理造成伤害。因此，辅导员在日常工作中不仅要提升处理心理危机事件的能力，更应该聚焦如何预防心理危机事件的发生，防患于未然。

其次，要做到及时发现和预防心理危机，归根结底需要辅导员聚焦主责主业，关心关爱每个学生。这既需要辅导员树立正确的职业观，把心思放在学生身上，真心帮助那些有心理困扰的学生；也需要学校为辅导员减少不必要的事务性工作，让辅导员有时间深入学生、了解学生，并为辅导员搭建成长平台，开展系统培训，提升心理健康教育的能力。只有全校上下形成育人合力，家校、师生密切配合，才能有效预防学生心理危机事件的发生。

【作者简介】

李洋，海南大学外国语学院党委副书记，国家二级心理咨询师，从事辅导员工作15年。曾获第十三届全国高校辅导员年度人物、海南省优秀辅导员、海南省大学生暑期“三下乡”社会实践优秀指导老师、海南大学优秀党务工作者等荣誉称号及第二届全国高校辅导员职业能力大赛一等奖。主讲课程“新入职辅导员谈心谈话能力的提升”入选全国高校辅导员网络培训百门精品课程建设项目。

第62问　如何开展个体心理辅导工作——对于学生有个体差异的心理问题怎么办

四川财经职业学院　季宁宁　张毛宁

作为学生工作一线的辅导员，根据教育部出台的《普通高等学校辅导员队伍建设规定》，要经常性地与学生进行沟通交流，引导学生形成良好的心理品质，帮助学生养成自尊、自爱、自律、自强的优良品质，帮助学生解决生活中和学习中的困难与烦恼，培养学生克服困难、承受挫折的能力，引导大学生树立正确的学习观、交友观、择业观等。

一、问题阐述

在高校学生教育管理中，随着社会竞争压力的不断增大，学生出现心理问题的频率越来越高。大学生又是一个比较特殊的群体，他们在心理调节上有一定的欠缺，但是又经常因为各种各样的原因引发心理问题，在辅导员工作中，加强学生心理健康教育已经成为一项重要工作。大学生常见的心理问题主要围绕心理适应、人际关系、情感经历、经济情况、家庭关系以及学习和就业等方面产生，常见的包括焦虑、抑郁以及一些隐性心理疾病。

二、解决思路与实施办法

（一）建立心理档案，全面掌握学生情况

大一学生进入校园后，我们会根据学生的基础信息建立信息登记卡，同时，我们要建立学生心理档案，这个档案内容要准确并且涵盖内容比较完整，需要辅导员通过多渠道完善，同时根据学生在学校就读的经历不断更新。比如，在开展新生心理测评后，根据测评和访谈的结果进行记录。档案内容应包括学生家庭人口结构、经济情况、家庭人员既往病史，学生亲子关系、学业情况、个性性格、人际关系等。这个心理

档案将成为辅导员开展学生心理健康辅导工作的一个有力支撑，帮助辅导员完整了解学生在大学前、大学期间的心理发展过程，帮助辅导员全面掌握学生情况。其次，建立档案后要实行分级分类管理，比如一些具有特定人格或者出现行为偏差的同学，心理危机高发人群等。对于特殊类别学生要建立A类档案，其中分别以A1、A2等表示不同类型，对于其他普通类同学建立B类档案，再根据类型细化，以此类推。

（二）开展谈心谈话，用发展的眼光看待学生

学生工作中最重要的一项内容，也是最花时间的一项工作就是谈心谈话，虽然耗时较长，但却是必不可少的一个环节。对于不同学生要有针对性地开展谈话，形式内容都要有所区别，比如对于经济困难导致的心理自卑和学习成绩不好导致的心理自卑就既有共性也有区别，作为辅导员开展工作时就要抓住工作方向和重点进行谈话。此外，在谈心谈话过程中要对学生有充分信任，真诚对待学生，要积极用心关注学生，从而消除学生心中的顾忌，能够真正“暴露”内心。在交流过程中不要把学生当作心理有问题的人，对学生说的内容也不要嗤之以鼻，要能够换位思考学生面临的困难和问题，以平等身份对待学生，比如有些辅导员喜欢说“我建议你，我觉得你……”用说教的方式与学生交谈只会适得其反。对于表现好与不好的学生都要一视同仁，无条件积极关注，每个学生都有其闪光点和潜能，即便还没有被发现，我们也要用发展的眼光看待每一个学生，多加以引导，真正做到站在学生的角度考虑问题，学生必然会从内心相信辅导员，主动表达内心，从而解决问题。

（三）开展家校联动，以合力助学生健康成长

家庭是孩子出生后的第一个场所，父母是孩子的第一任老师，学校与家庭联动开展心理健康辅导是学生教育的重要环节。辅导员要定期联系家长，对于心理出现问题的学生更要经常性地与监护人建立联系，通过电话、交流软件、网站、公众号、学生心理健康宣传栏等多种渠道为家长提供联系平台，在家校沟通的基础上完善学生心理档案，共同探讨学生的成长规划，科学对待学生的未来发展，学校和家庭都要接纳学生，“世界上没有完全相同的两片树叶”，每个学生也有其独特性，辅导员和家长都要接受这一现状，只有尊重了学生的个体差异性，学生才会感觉到被重视、被关注，达到信任的第一步，从而更好地帮助学生的健康成长，更有利于家校共同开展学生的心理辅导。

三、经验启示

（一）用心对待学生，尊重个体差异、换位思考

辅导员的工作是非常神圣的，为党育人、为国育才，要做好青年一代的教育引导工作，心理辅导工作是与人打交道的工作，必须具备一些专业的知识，但是辅导员并不都是学心理学专业的，所以辅导员要多学习了解心理学知识，如果当前技术不足，要用心关注学生。真诚是心理咨询的首要环节，是打开彼此心扉的前提，所以辅导员开展个体心理辅导也是如此，要学会尊重学生的个体差异，用心去了解学生，去体会学生的感受，成为一个真诚的、平等的倾听者、分享者和引导者，在非专业的心理学背景下，自己学会自我心理教育，同时帮助学生学会自我帮助，学习心理健康的标准，参照标准开展心理辅导，让学生做到自我接纳、自我改变、自我服务。

（二）用情对待学生，设身处地关注学生

从心理咨询角度来讲，共情是影响咨询进度和效果的一个关键因素。在辅导员开展个体心理辅导时也要设身处地为学生着想，虽然学生有时候承受能力确实比较弱，对问题的看法比较单一，但设想假如我们在这个年龄会不会也是如此，所以要有同理心，通过对学生的日常交流和观察，能够走进学生内心去体会他们的情感和想法，同时能够帮助学生将人生经历和成长发展过程结合起来，帮助学生找寻解决问题的办法。在用情与学生交流的过程中，学生会感受到温暖、被理解，会觉得自己没有被抛弃，如此会促进学生流露真实情感，有效进行自我探索。

【作者简介】

季宁宁，四川财经职业学院团委副书记，助理研究员，国家三级心理咨询师。曾获四川省优秀团干部等荣誉称号。

张毛宁，四川财经职业学院网络思政干事，助理研究员，国家二级心理咨询师。

第63问　如何做好心理危机跟踪工作——当发现学生有心理问题时怎么办

华东理工大学　刘丽莎　王　珊

一、问题阐述

2022年3月底的上海，晚上10点，有同学在宿舍写作业，有同学在给家人朋友打电话，有同学在和室友聊天预估上海解封的时间，而正在加班的辅导员接到了一通急促的电话，电话里传来阵阵啜泣声，在断断续续的谈话中，辅导员了解到该学生与男朋友分手了，很难受，想要回家。

此刻，回家对于学生来说是最能满足其情感需求的事情。此时的上海已经封控，要乘坐的地铁线已停，叫不到车也买不到票。辅导员赶紧开展疏导谈话，了解清楚事件的起因和发展过程，从晚上10点到12点，终于安抚好了学生的情绪。

二、解决思路

从该生的平常社交平台和周围同学、班导师的角度来看，这个学生总体上是一个活泼开朗、积极向上的女大学生。她说她的男朋友控制欲比较强，种种奇怪要求会给她带来很大的身心压力，遂主动提出分手。同时，该学生和父母关系良好，在遇见困难时首先想到的是回家，说明在她脆弱的时候家庭能给她带来温暖和慰藉，她能感知到父母的爱与理解。和她交谈后，发现她没有自杀等倾向，目前只是情感上难过引起的情绪崩溃。辅导员通过梳理学生所经历的事情，进行开导和安慰，同时向她讲清楚目前上海校外的交通情况，她也很讲道理，在明白了校外情况后选择暂不出校。待她情绪平稳后，辅导员给她安排了心理咨询中心的老师开展定期咨询。在此期间，重点关注她的各类社交平台账号与新动态，有不好的苗头立即干预。上海疫情平稳后解封，大学生陆续返乡，该学生也返回了家乡，此次跟踪时长约两个月。

辅导员在开展危机干预工作时可以尝试通过不断探索的方式来推动心理危机的跟踪工作。在开展危机干预时需要学校及相关老师支持，同时熟知危机干预的流程并明确班导师要重点参与的工作。如果后续发生危机事件时，需要组建危机干预小组开展相关工作。春秋战国时期名医扁鹊开创了“望闻问切”四诊法，而四诊法的作用在长期的社会实践和检验中得到了证明，不仅可以提高工作效率，而且可以迅速发现和解决问题，在学生有心理问题时，可以尝试通过以下四种方式来开展跟踪工作。

三、实施办法

（一）望

一个人的心理状况会通过他的言行举止表现出来，可以通过观察学生的外在情绪或行为，来判断他是否需要帮助。大学生的抑郁和他对自我的负面评价有很大的关系——“我不够好”“没有人爱我”“我没有价值”，他们常常在自我怀疑、自我否定中评价自己。辅导员可以通过增强他们的班级归属感来增加他们的存在感，让他们知道：在这个团体中，他们可以得到认可和爱。

辅导员可以尝试在学生对“自我”充满负面评价时拉他一把。比如某同学出现明显的心境抑郁或者兴趣丧失，缺乏愉悦感，成绩不好，经常旷课还喜欢去酒吧，作业很少按时交。那么辅导员在和这位同学谈话后，让他担任某门课程的学习课代表，让他提醒其他同学该课程学习的相关事宜和收发作业。随着课程的开展，这名学生的状态也会朝好的方向发展。

（二）闻

积极地、无条件地去倾听，通过他说话的语速、语调、内容及方式来判断他目前的心理状态。当学生对你表达他有自杀想法时，他其实是在向你求助，寻求希望。而向别人求助这件事情，本身就不是一件容易的事情，需要决心，更需要勇气。辅导员应在“负面”当中看到“正面”，看到他已经鼓起的勇气，看到生命的力量。

兼听则明，偏听则暗。在互联网时代，同学们现在喜欢在社交平台发布自己的动态，分享自己的生活和心境。辅导员应关注重点学生的微信朋友圈、QQ动态、微博消息，多和任课老师交流这些学生的上课情况及课堂表现，同时可以跟楼长、层长、宿舍管理员交流这些学生在宿舍的表现，还可以通过室友、同班同学、班委等了解学生最近的精神状态。博采众长、耳聪目明，才能更好地开展心理健康教育。

（三）问

和学生谈话的时候，要根据他说话的内容来探究心理问题的根源。有些学生说话模棱两可、概念不清，需要我们不断地去理解。我们还可以这样提问学生：“心情是不是一直都很抑郁？是否觉得生命没有意义？”“最近胃口好吗？睡眠情况如何？”“是否有自杀想法？准备什么时候实施？”关于是否有自杀想法，最好的方式是直接询问，你的提问不会真的促成他的自杀。不要这样问：“你没想过要自杀吧？”“你不会傻到有这种糟糕的想法吧？”“自杀是很愚蠢的想法，是不是？”

当与学生沟通心理问题时，第一条原则便是“保密”，第二条原则是“保密例外”。当学生出现心理危机时，不是说突破保密原则就是出卖学生。如果学生心理问题严重到一定程度，辅导员通知家长、班导师和告知学院不一定是坏事。但告知之前，一定要先与学生沟通好，告诉学生会把其状况通报给院系，并询问其意见，问学生觉得哪些方面需要多注意、哪些内容希望由辅导员帮忙转达给家长，等等。

（四）切

最后一个就是心理测评与心理咨询，为客观诊断提供支持。心理健康测评系统可以更准确、高效地测量个体的心理状态，便于建立个人心理健康档案，有针对性地对心理问题进行疏导及治疗，对心理危机干预起着至关重要的作用。

学校心理咨询中心每年会安排新老学生统一进行心理测试，后续根据测评报告进行统计：学校各年级的整体情况、各专业情况、心理各维度占比情况等，并分享给班导师和辅导员们，这样校领导和老师们就可以很清晰地了解到学生目前的整体心理状况。高校心理健康测评系统专门针对大学生，能对高校大学生的心理健康进行智能化测量与评估，可筛选出5级（正常、轻度、中度、偏重、严重）学生，作为辅导员、咨询师约谈分配标准。其中辅导员负责中度、偏重级别学生，咨询师负责严重级别学生。每年开学做完心理测评后的访谈工作，工作量巨大，如果辅导员可以掌握一些识别心理问题的技巧，并及时和心理老师进行沟通，就可逐步扩大学校的心理育人队伍，在工作中形成良性的互动模式。

四、经验启示

“望闻问切”是一个相互配合的有机整体，四个环节只有密切配合、取长补短才能发挥最大的作用。当代大学生的心理健康状况将会对其生活以及学习产生非常重要的影响，所以高校加强对学生心理危机的干预具有一定的现实意义。从当前高校学生心理状况来看，高校对学生开展心理疏导以及干预是教学活动中必不可少的环节，并且通过相关的疏导以及教育可以使学生的心理承受能力以及心理韧性得到很大的提升，从而使大学生在面对突发事件时采取更加沉着冷静的态度，降低学生心理危机发生的概率。

【作者简介】

刘丽莎，华东理工大学艺术设计与传媒学院辅导员，兼任心理辅导员。曾赴加州大学伯克利分校进行交流学习，致力于心理教育、朋辈指导等方面的研究。

王珊，华东理工大学艺术设计与传媒学院党委副书记。以“艺”路向前的学生思政工作体系推进思政工作，创办“艺”术党课，推进科艺融合、思政与美育融合。主持教育部人文社会科学研究专项任务项目等多项课题。获全国“三下乡”社会实践优秀个人等奖项。

第64问　如何完善大学生社会支持系统
——大学生社会支持系统缺位导致心理及情绪问题怎么办

安徽大学　李瑞瑞

一、问题阐述

社会支持系统是个体在自己所处的社会环境中构建起的一个特殊的关系网络。通过此关系网络,个体能够获得他人物质和精神上的支持。如个体纾解自己的心理压力,获取情绪、心理支持,提升应对环境变化的能力。诸多研究表明,个人的工作绩效、自我意识和身心健康状况均与社会支持有显著正相关关系。对于心理人格发育尚未成熟的大学生而言,在这一时期要面对个人在角色、认知等多方面转型,面临人际关系、学业负担等多重压力,更需要构建能够支撑自己的社会支持系统。

小A,女大学生,主诉疫情期间出现抑郁倾向,严重时有过自杀念头。有主动就医行为,未服药治疗,近来状态更加严重。据了解,3月份小A遭遇了失恋,这是她情绪恶化的导火索。因为她对感情投入很深,却被分手,因而打击很大。当被问及失恋后有无排解倾诉途径时,小A坦言,父母知晓,但认为这只是小事情,过段时间就好,且父母工作繁忙,并未对其施以失恋的开导和必要的陪伴。另据小A口述,自己从小是被父亲打骂着长大的,母亲在家中比较听从于父亲,当父亲有暴力行为的时候母亲也并未采取措施。

我认为小A的问题来源于两个方面:一是家庭环境,主要是父亲对待她的教养方式;二是失恋的经历,给她带来了严重的心理创伤。心理学上有个词叫"厄勒克特拉情结"(恋父情结),是弗洛伊德精神分析术语,他认为个体早期性心理的发展首先需要在最亲近的异性家长处获得满足。当然弗洛伊德的这一学说也因为缺乏足够的科学依据受到人们的批评。今天我们再谈到这种情结时,需要辩证看待。对于过早失去父爱的女孩而言,很容易把对父亲的情感转嫁到生活中的另一个人身上,且随着两者亲密关系的建立,这个人在某种程度上能够成为女孩父亲的替代品,这份情感对热恋期女孩来说刻骨铭心。

精神分析理论认为,"恋父情结"是性心理障碍,一般源于幼年时期(3—6岁)家长不适当的关爱和教育。在这个案例中,因为小A从小经常被父亲打骂,缺乏正常的父爱，其心理很容易发生扭曲。只不过之前因学业压力，她无暇顾及自己的心理，且随着自己成年，自己与父亲的关系依然没有改善，其也未意识到问题的根源。上大学之后，认识了男朋友小C，小C的出现彻底成了小A的“救世主”，她把积累已久对于父亲的感情全部转移到男朋友身上，小C完全成为小A父亲的替代品，小A在小C身上倾注了自己青春期少女全部的爱。

到这里如果小A和小C 的恋人关系继续维持，或许小A的问题就不会暴露出来。但在疫情期间，自己被分手了，顿时感觉天塌地陷了，“活着没什么意思了”，这很大程度上是源于自己的社会支持系统崩塌了。

依据社会支持理论的观点，当一个人面对种种来自环境的挑战时，若能拥有强大的社会支持系统，他便可以很好地从不平衡中走出来，适应新的形势。对于社会支持系统不完善或者利用该网络能力不足的个体，遇到问题时很容易成为脆弱的群体，需要引起社会工作者的关注来及时为他们提供必要的帮助，提高其利用社会支持系统的能力。

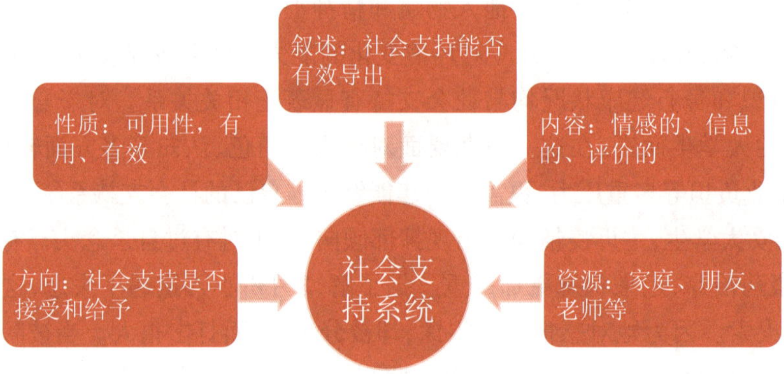

社会支持系统

二、解决思路

通过访谈发现客观存在的社会支持与小A主观感受到的社会支持并不一致。

（一）资源和方向层面

小A几乎接收不到来自其社会支持系统的支持，可以说她的资源是缺失的。

（二）特质、叙述和内容层面

据小A口述，也有同学朋友知晓她的情况并劝说她，但她本人并没有感觉到有效,因为朋友只能善意地劝说“你不要这样啊,你开心一点,不要乱想”。诸如此类话语,我们称其为无效支持,用小A 的话来说“我也不想这样,我也想开心,可我开心不起来”。

正因为社会支持系统的缺失,小A在遭遇失恋时求助无门,负面情绪难以宣泄,又因为疫情期间长期居家,原本可求助的老师、同学均不在身边,缺乏正常的社会交往活动,才导致情绪低落。可见,要想获得健康快乐的生活少不了社会支持系统作为重要基石发挥作用,不管是身处顺境还是逆境,拥有良好的社会支持系统都能够使自己获得信心和能量。情感和爱是双向奔赴的,不存在永远的单一付出,而社会支持系统是一种温暖的、充满正能量的、不以利益为前提的人际关系网,在这个网络中,只有彼此信任支持,汲取成长力量,提升驾驭挫折的能力,才能共同进步。

三、实施办法

(一) 建立“家庭-学校-社会”工作体系

大学生尚处于成长阶段,心理发展尚不成熟,需要来自家庭、学校和社会的支持。因此,合理整合分散的社会支持资源,依托学校资源,广泛联系家庭资源,有助于实现大学生社会支持系统的制度化、规范化和系统化。目前,大多数高校都设立了心理健康教育岗位,努力探索一条有效整合大学生社会支持系统的路径,有助于优化大学生的社会支持系统,帮助他们成长。

(二) 拥有良好的人际关系

马克思指出:“人的本质不是单个人所固有的抽象物,在其现实性上,它是一切社会关系的总和。”可见,人是基于某种需要在一定的社会关系和实践活动中存在的,具备为我性、自觉性和社会性。因此,人际交往是心理健康服务的重要补充,对提高个体的心理健康水平有重要意义。

(三) 提高大学生的自我认知水平

了解自我的专长,拥有足够的自信,是大学生获得“能力感”的前提条件。在咨询过程中,我们深刻地体会到,限制学生发展的一个重要原因是他们被深深的无力感、无助感所裹挟。因此,我们要鼓励学生全面了解自己,正确看待自己的优缺点;教育学生用发展的眼光看待自己,认识到生命和成长的意义,通过努力不断完善自己。

（四）呼吁充满爱的家庭支持

美国心理学家尤里·布朗芬布伦纳所提出的生态系统理论认为有机体与其所处的即时环境相互适应的过程受各种环境之间相互关系的影响。家庭是社会支持系统的重要组成部分，对个人人格心理形成有着重要影响。幼年时期是个体人格塑造和心理机制发展的关键期。这期间，原生家庭的教育方式，家庭成员的情感态度等与人的性格形成呈显著的相关性。因此，父母就不能停留在只是关心孩子的温饱问题，要学会站在孩子的视角去思考问题，以“幼吾幼”的心态与孩子相处，及时发觉他们遇到的困惑，并充分给予孩子心理支持，这些都决定着孩子的人格健全以及心理健康与否。

（五）注重因人而异、因性别而异的家庭教育

父母与子女的教养关系对孩子性格心理的形成具有重要影响。因此，父母在对男孩和女孩的教养方面应当有明显的差异。父母与子女相处时应当把握好度，不能一味扮演“严父”“慈母”角色，需要根据孩子性别和幼年时表现出的性格而有所差异，尽力承担自己的责任和义务，培养出符合子女性别要求的心理特征，让自己的孩子成为人格健全、心理健康的社会人。

四、经验启示

在当前高校教育中，如何让大学生以合适的方式表达自己的情感、有效控制不良情绪、合理宣泄消极情绪至关重要。构建积极健康的社会支持系统能在一定程度上帮助有心理问题的学生合理运用人际交往中的技巧与原则，化解自己的负能量，为高校心理健康教育发挥积极作用。

【作者简介】

李瑞瑞，安徽大学辅导员，副教授，硕士生导师，安徽省学校共青团研究中心研究员，安徽大学青年思想研究中心研究员，国家二级心理咨询师，创业指导师。曾获第七届全国高校辅导员年度人物入围奖、安徽省高校辅导员年度人物荣誉称号及全省高校辅导员职业技能竞赛特等奖、全省高校教师就业创业指导课程教学大赛一等奖等。主持教育部人文社科项目1项，省级、厅级项目6项；参与国家社科基金项目2项。主持建设省名师工作室。担任省级规划教材《思想政治教育学原理》副主编，出版学术专著《〈大学〉间架与当代德育》，发表思想政治教育论文20篇。

第65问　如何与有心理问题的学生及其家长沟通——当学生家长无法理解学生心理问题时怎么办

中国矿业大学　刘　宁

一、问题阐述

大一学生小孙在学校的心理健康筛查中表现出自杀意图，其在宿舍经常和同学谈论关于自杀的话题。经学校健康教育中心专家诊疗，认为确有必要转介小孙同学到相关机构进行进一步确认。学院通知其父母到校配合学校将小孙转介专业医疗机构，并建议家长陪读。小孙与父母关系较差，拒绝父母陪读，家长因担心小孙无法正常完成学业，拒绝承认小孙存在问题，认为小孙仅仅是压力大，很快就会调整好，不配合学校开展工作。

二、解决思路

苏霍姆林斯基曾说："若只有学校而没有家庭，或只有家庭而没有学校，都不能单独承担起塑造人的细致、复杂的任务。"在工作中，我们经常会发现学生的问题往往来自家庭，学生问题的解决需要家庭的参与，家长在心理危机干预过程中起着至关重要的作用。大学生在校出现心理问题，特别是出现严重心理问题的时候，如果能得到家长的积极配合，家校沟通顺畅，往往有利于大学生心理问题好转。家长的参与可以促进学校了解学生心理危机产生的原因，调动家庭资源帮助学生渡过难关，并预防今后可能发生的心理危机。

但我们也要清醒地认识到，受心理危机的突发性、严重性的影响及家长认知水平、情感表达等的限制，在问题告知、转介就医以及后期的跟进阶段，很多家长难以做到"无条件积极关注"。在与家长沟通学生的心理危机时，我们经常会遇到困难，诸如有的家长有抵触情绪，拒绝承认自己的孩子可能存在心理问题的事实；有的家长过分紧张焦虑，一听到孩子有心理危机自己先崩溃了；有的家长态度冷漠，觉得学生心理问题仅仅是压力大的表现，很快就会恢复；有的家长担心影响录取和学业进度，甚至会隐瞒孩子有心理问题的过往经历。

回归本案例，我们梳理一下发现，这是一个有关心理问题的初步识别和干预问题的案例，要关注几个关键点：第一，小孙同学是大一新生，心理筛查重点指标超标，应列为重点关爱学生；第二，专家诊疗认为存在疑似心理问题，建议进一步确认；第三，也是最关键的部分，小孙和家长关系差，家长不配合开展工作。

教育部办公厅2021年发布的《关于加强学生心理健康管理工作的通知》指出，要增强学校、家庭和社会教育合力，学校要积极寻求学生家庭成员及相关人员的有效支持；要大力构建家校协同干预机制，对于入学时就确定有抑郁症等心理障碍的学生，学校应组织校内外相关专业人员进行研判，及时将干预方案告知家长，与家长共同商定任务分工。学生出现自杀自伤、伤人毁物倾向等严重心理危机时，学校应及时协助家长送医诊治。

要解决该案例中的问题，关键要做到：一是学校和家庭相协同，依托《精神卫生法》和教育部相关规定，做好当下小孙同学心理危机识别和干预相关工作，特别要注意保障学生安全和做好家校沟通；二是一时和一直相衔接，既要关注小孙同学当下的困难，又要持续关注后续可能遇到的困难，还要通过筛查和摸排，及时发现其他同学可能存在的心理问题，并予以化解。三是育德和育心相结合，加强心理健康教育，不断增强对于学生的人文关怀和心理疏导，大力培育学生积极心理品质。

三、实施办法

（一）全面了解学生情况，确保生命安全

在了解到小孙同学“自杀意图”“超标”以及经常谈论关于自杀的话题、经学校健康教育中心请专家诊疗认为确有必要转介小孙同学到相关机构进行进一步确认后，辅导员第一时间再次和小孙同学谈心谈话，稳定他的情绪，从关心的角度出发，让小孙感受到被理解、被信任，和他建立良好的信任关系，给予心理支持，做好谈话记录。在此次谈话中，辅导员与小孙探讨了其和父母关系差的原因以及其期待的父母关系，着重从专业的角度，说服小孙应通过就医来帮助自己度过目前的困境。在家长到校前，辅导员安排学生党员和骨干密切关注小孙，防止出现自杀自伤行为。

（二）寻求家长有效支持，形成育人合力

本案例中，小孙同学家长因担心学生无法正常完成学业，不配合学校开展工作。针对这种情况，辅导员再次与家长进行沟通，把学校评估的危机情况清晰、专业、关切

地反馈给家长，强调学校和家长在干预过程中的目标是一致的，都是更好地维护学生的心理健康、促进其成长成才、避免学生心理危机事件发生。辅导员以促进学生成长为出发点，站在家长的立场上询问家长的担心和需要，对于家长担心的影响学业、不知道如何帮助孩子等问题给予针对性的建议和对策，家长最终配合学校实施相关措施。如果家长仍然拒绝配合，小孙同学又有自杀自伤的危险，可以根据《精神卫生法》等要求家长履行义务。

（三）加强教育管理服务，保持工作跟进

小孙从专业医疗机构诊疗结束后，辅导员根据医嘱做好相关工作。如果需要休学治疗，辅导员要做好相关的管理服务工作，跟家长交代好注意事项，在休学过程中保持沟通和联系；如果可以继续学习，建议家长陪读一段时间直至学生状态平稳，建议家长和学生一起参加心理咨询，改善亲子关系。此外，辅导员通过班主任、学生骨干等加强对小孙同学的人文关怀，在学业、生活等方面进行关心和帮扶。

（四）开展心理健康教育，提升健康素质

辅导员要加强对大学新生心理健康知识的普及和传播，通过在入学教育中开展心理健康专题讲座、团体辅导、文体活动等切实培养学生珍视生命、热爱生活的心理品质；要深入学生、了解学生，及时发现新生在学习、生活、人际关系等方面可能遇到的困难，通过谈心谈话、朋辈帮扶等及早疏导各种压力。

四、经验启示

（一）注意与家长沟通学生心理危机的方式方法

在与家长沟通时，要避免以通报的态度或者规避责任的态度和家长沟通。当家长感受到你对孩子全心全意的关心和帮助时，绝大部分家长会很愿意接受老师的建议；当老师对学生危机干预足够专业，可以给家长清晰的指导，让家长明确知道做什么对孩子有帮助，绝大部分家长会主动自发地竭尽全力去做。

（二）完善四级预警网络，建立“一生一策”心理成长档案

辅导员要在新生入学时通过召开家长会、发放调查问卷等方式及时了解学生是否存在早期心理创伤、家庭重大变故、亲子关系紧张等情况，要科学分析和合力运用

心理测评结果，建立“一生一策”心理成长档案。要尽早完善“学校—院系—班级—宿舍”四级预警网络，依托班级心理委员、学生党团骨干、学生宿舍长等群体，和家长、班主任共同构建心理健康教育“家校共同体”。

【作者简介】

刘宁，中国矿业大学人文与艺术学院党委副书记，副教授，国家二级职业指导师、三级心理咨询师、三级创业咨询师。曾获第十二届全国高校辅导员年度人物、全国煤炭行业优秀共青团干部荣誉称号及第七届全国高校辅导员素质能力大赛二等奖等。

第66问　如何提高心理沟通辅导工作效率——心理辅导工作见效慢、学生抵触怎么办

西南石油大学　杨敬

一、问题阐述

“小王，我是杨老师，你现在方便可以来我办公室一趟吗？我想了解一下你的情况。”面对这段话，不知道各位同仁是不是似曾相识，这是作为辅导员经常给学生说的一段话，是辅导员与学生之间谈心谈话的第一个环节。

某一次因事务性工作，笔者给学生打了一个电话，学生来到办公室，向他说了具体事情后，学生说原来以为自己犯了什么错误。不知道各位同仁是否发现，当我们想帮助学生或者学生寻求帮助时，学生本能地会对辅导员有一种畏惧心理。

对于大多数的辅导员来说，辅导员一般都会管理200多个学生，在繁忙的日常工作中，如何发现学生的问题？如何让心理育人从“漫灌”到“滴灌”？让辅导员“抓耳挠腮”。当辅导员发现学生情绪状态不佳或者学生主动寻求帮助时，辅导员都心怀“助人成长之心”，拼尽“引导成长之力”，但有时候1个小时、2个小时，1次、2次的投入，效果仍然不尽如人意，如何能够让心理辅导落地见效、生根发芽，一直是困扰辅导员的重要问题。

二、解决思路

心理健康工作是走进“学生”内心的工作，结合当下存在的问题壁垒，辅导员要坚持“四当四不当”，找准定位，转变角色，创新方法，落地见效。

三、实施办法

作为西南石油大学石油与天然气工程学院心理辅导员，如何让学生“放下戒备”，让心理育人“效果显著”，是我一直思考的问题。在5年的心理健康教育工作中，我摸

索出以下工作方法,供大家参考。

(一) 当"朋友",不当"老师"

辅导员是学生成长成才过程中的人生导师和知心朋友。当学生遇到困难时或者我们发现学生遇到困难时,我们应做到亦师亦友,而对于情绪状态调节、心理调适能力欠佳的学生,辅导员更应该是朋友,才能让学生放下"戒备",真诚与辅导员沟通。辅导员应转变身份,暂且放下自己老师的身份,与学生平等对话,积极主动倾听、共情、理解,拉近彼此的"距离"。心理咨询中的第一步是建立"信任",而与学生谈心谈话开始之前,我都会问学生:"在这附近哪个地方你觉得比较适合我们聊聊?"这也是建立"信任"的一种方式。对于谈心谈话的技巧与方式,简单总结为倾听、共情、开展度量式谈话、提出开放式问题,等等。宿舍这一工作阵地,意义非凡。查寝是了解学生、关注学生的重要途径,若每次查寝都是去看学生宿舍卫生、是否使用违章电器等,学生自然会比较拘谨,应尝试在查寝时与学生聊聊天,关注学生生活、学习困难等,尤其是关注学生在宿舍的人际关系等,可以预防学生心理情绪状况不佳的情况发生。

(二) 当"网络达人",不当"说教先生"

网络思想政治教育与心理健康工作相融相促。QQ、微信、微博、B站(哔哩哔哩)已经成为我们工作的阵地,而对于心理健康教育工作,面对面的方式必不可少,网络心理育人同样能够给予学生力量。学生面临的情绪问题、心理压力等随着环境的变化也会随时变化,作为辅导员我们没有办法24小时不间断关注学生,了解学生情绪变化。我制作了"网络蛋糕",让学生"饿"的时候随时去拿。当前,大部分学生比较内敛、害羞,不会主动暴露自己的疑问、难题,可以通过发布网文的方式,让学生在需要的时候进行阅读以调整自己。我通过学校的微信公众号,发表《哭吧,不丢人》《隔离中的自白:谁动了我的奶酪》,让学生在情绪不佳时找到宣泄方式、接受正确引导。我建立倾诉窗口,让学生"饿"的时候能找到"食物"。当前的大学生大部分是独生子女,朋友相处、同学相处、室友相处,存在着不同的阻碍,当遇到困难无从倾诉时,将引发学生焦虑、抑郁等情绪,应建立倾诉通道,让学生随时随地倾诉、宣泄,我建立了"树洞Y先生"微信公众号,开发"树洞Y先生的秘密空间"小程序,让学生倾诉故事、储存秘密,并及时回复学生疑问,让网络与心理的结合更加紧密。

(三) 当"消防员",不当"男保姆"

增加思想政治教育工作的亲和力,是引导学生树立自尊自信、理性平和、积极向上的健康心态的必要途径，同时也是建立与学生之间“信任”“亲密”关系的途径。“我是学校里面你们最值得信任的老师、朋友，有任何问题都可以与我联系。”在开学第一次年级大会上我如是告诉学生。学生遇到困难时，无论是网络还是面对面等方式，我尽可能在第一时间回复学生、帮助学生；当学生受伤、出现意外时，我更多的不是责备而是关心，第一时间赶赴现场，处理学生各项事务。学生体会到辅导员不仅是“管理者”，更多的是“教育者”。

（四）当“联络员”，不当“告密者”

党的二十大报告指出，应健全学校、家庭、社会育人机制。辅导员是学生在校最亲近的老师，家长是学生成长中的关键人物，应充分发挥家校联动机制作用，提升学生心理素养。新生入学时，通过开展“新生家长座谈会”“新生家长心理健康讲座”“给家长的一封信”等活动，让家长与学校处在同一个战线，让家长成为学校了解学生的重要途径。当学生情绪状态不稳定、有抑郁症症状时，第一时间与学生家长沟通，了解学生近期状况、家庭关系等，为后续开展工作提供依据与判断。让家长成为学生成长中的知情者，应建立家长微信群、QQ群，降低家长与学校沟通的时间成本、破除空间壁垒，等等。期末考试结束后，可通过短信方式，让家长了解学生成绩状况，点对点与部分家长沟通，让家长了解学生在校表现。

四、经验启示

心理健康工作需要守正笃实、久久为功，不是一朝一夕、敲锣打鼓就能落地见效的。作为辅导员，我们要转变身份、用好网络、功在日常，才能使学生信任你，在其真正遇到困难时主动倾诉、寻求帮助。

【作者简介】

杨敬，西南石油大学辅导员，沙盘游戏治疗师，四川省应用心理协会会员。曾获四川省第八届辅导员素质能力大赛二等奖、四川省心理微视频大赛二等奖，入围2023年四川高校辅导员年度人物。主持厅级课题2项、校级课题2项，发表相关学术论文10余篇。

第67问　如何帮助因心理问题或精神类问题休学后复学学生成长——学生复学后该怎么办

成都中医药大学　杨　花　杜　娟　佘　惠

一、问题阐述

新学期开学，班上来了一位曾因抑郁症休学的同学。开学1个多月了，这位同学从未主动联系过辅导员，与其他同学之间的联系也不太多。该同学宿舍长（宿舍心理联络员）向辅导员反映其在宿舍中像个透明人，不参加宿舍活动，不主动与其他同学交流，回宿舍后总喜欢拉上床帘待在床上。辅导员向班委侧面了解该同学情况，班委表示该同学平时话不多，参加活动不太积极；辅导员向其他任课教师了解该同学上课表现，任课老师表示对这位同学印象不是特别深刻。

此案例属于学生教育管理问题的范畴。一般情况下，因抑郁症等心理问题或精神类问题休学的学生，在复学时都会根据要求提供符合复学条件的材料。学生复学后，纳入重点关注学生群体进行教育管理。部分辅导员面对这部分学生时会产生本领恐慌，高度警惕与这部分学生相关的各项工作。对于这部分学生，只要方法得当，以学生的成长发展需求为导向，赋予学生成长动能，便能促进其发展，辅导员自身也会感受到成长的快乐。

二、原因分析

（一）受病耻感影响

虽然随着社会的不断发展，人们对心理健康的认识不断提升，但是仍然有部分有心理疾病的学生（及其家人）会觉得生病是一种“耻辱”，是一种无法对外界言说的东西。这种“病耻感”让学生认为自己和别人不一样，甚至高水平的病耻感会让学生内心非常脆弱，对外非常敏感，不适应环境。

（二）出现适应性问题

复学学生在休学一年后重返学校生活，将面对新的班级，甚至新的老师，他需要适应新的人际关系；一年未在学校学习，尤其对于休学期间学业处于暂停状态的学生，需要适应新的学习内容和学习方法；一年在家，作息时间与在校期间不一样，需要适应新的学习生活作息；因为抑郁复学，还需要持续服药，需要适应身体带来的变化……这些对于学生来说都是适应性问题。

（三）朋辈心理健康教育队伍胜任力不足

朋辈心理健康教育队伍是辅导员做好班级心理工作的有力补充。该案例中宿舍心理联络员能够及时发现重点关注学生的问题值得表扬，但发现后对于如何来陪伴和帮助同学却有些力不从心。

（四）家校合作共育发力不够

复学学生成长既需要学校的培养，也离不开家庭的支持。如果只是单一一方用力，无法全面掌握学生复学后的情况，不利于学生后期成长。

三、解决思路

（一）破——破局建信任

辅导员首先要全面了解关于该生的情况，帮助该生尽快适应环境，打破现在的迷雾之局，从而获得学生的信任。

（二）立——立志赋动能

与学生建立信任后，要运用合理的心理疏导方法，增强学生重新面对新生活的信心，重拾理想，燃起心中希望的火苗。

（三）行——行动促发展

学生内心有了一定动力以后，辅导员要及时跟进，帮助其制定适合的发展规划，并进行督促，从而让学生在实际行动中感受到变化和快乐。

四、实施办法

（一）立即干预，给予关爱

《中国国民心理健康发展报告（2019—2020）》显示，18—25岁年龄段的心理健康指数低于其他年龄段，这一结果显示，青年期的心理健康问题较为多发。辅导员在知晓复学学生情况后，要第一时间与学生取得联系，了解学生在复学后的担心与存在的问题。通过面对面谈心谈话和网络沟通等方式循序渐进地科普心理健康教育知识，减轻学生的病耻感。如果学生仍在服药中，要定时提醒并督促学生有规律地服药；面对学生担忧的适应性问题，可以通过情景模拟的方式提前与学生演练，并及时地给予指导和帮助。

（二）聚焦关键，给予引导

经常说"一切为了学生，为了学生的一切"。《学记》中说"教也者，长善而救其失者也"。教育大师怀特海在《教育的目的》一书中也指出："学生是有血有肉的人，教育的目的是激发和引导他们的自我发展之路。"辅导员要善于从繁杂的事务性工作中和复杂的学生情况中聚焦复学学生的关键问题——复学成长，聚焦辅导员工作根本任务——立德树人。面对复学学生出现的各种问题，要耐心地回到情绪稳定、人际系统支持和有效的认知调整上，帮助学生稳定状态，进而引导学生坚定自己的理想和成长方向。辅导员可以同复学学生一起设计一颗成长树，成长树的树根便是所拥有的外部支持和个人能量，主干就是主体发展，枝丫便是每学期分段规划时间，树叶则是规划内容，树的最顶端便是毕业后的期待。

（三）强化朋辈，给予帮助

朋辈即"年龄相当的朋友"。心理健康教育朋辈队伍通常情况下更能缩小交往距离，有利于帮助同龄人摆脱困扰、解决心理问题。马歇尔夫将朋辈咨询定义为与求助者年龄相当的非专业工作者经过筛选、培训和考核等程序，对求助者进行心理辅导的过程。辅导员要创设平台提升班级朋辈心理委员胜任能力，如参加校内外组织的朋辈心理辅导培训、向其推送线上朋辈心理辅导员知识、定期组织朋辈心理健康教育队伍交流，邀请心理老师对朋辈辅导进行督导等。

（四）多方合作，给予信任

复学学生的发展需要多方通力合作。师生合作：第一时间与宿舍同学、班级学生骨干和任课教师联系，在不泄露该生隐私的情况下运用恰当的方式方法传递出关心复学学生成长的想法并取得支持；家校合作：与家长保持友好联系，传递家校共育的观点并得到认同；校医合作：与学校心理健康教育中心（或医院专科医生）取得联系，在方法上得到指导。通过多方合作建立关爱帮扶体，充分发挥帮扶体优势，多方面多角度帮扶复学学生，促进学生成长与发展。

五、经验启示

（一）运用发展观理解复学学生

发展观认为事物是不断发展变化的，在这个变化发展过程中，事物所处的阶段不同状态不一。复学学生年龄段和个体特质都显示他处于螺旋式发展之中，辅导员要善于运用发展的观念去理解他，通过“破—立—行”的思路促进学生的自我成长。

（二）运用系统观帮助复学学生

将围绕复学学生的资源看成一个系统，可分为内部系统和外部系统。内部系统是学生个人，外部系统则由家庭成员、学校师生、社会中的医生与朋友等构成。要充分发挥系统各要素作用来帮助学生成长。

（三）运用资源取向促进复学学生成长

复学学生自我效能低时会认为自身能够依托的资源枯竭，因而无法前进，辅导员要善于挖掘其身边资源，让其有被支持感和意义感，进而坚定前行方向。

【作者简介】

杨花，成都中医药大学体育健康学院党委副书记，国家二级心理咨询师，四川省高校心理健康教育专委会委员，四川省高校心理健康教育专委会危机干预联盟成员。曾获第五届四川省高校辅导员年度人物荣誉称号。先后主持厅局级课题4项、校级课题7项，发表论文5篇。创办成都中医药大学“仁味”心理委员训练营，开展朋辈心理健康教育内涵式研究；主持“仁味”辅导员积极心理品质培育工作室。

杜娟，成都中医药大学党委学生工作部/学生处/招生就业处副处长，成渝双城经济圈就业创业双百导师、全球职业生涯规划师（GCDF）、全球生涯教练（UCC）。

佘惠，成都中医药大学公共卫生学院党委副书记，国家二级心理咨询师，四川省高校心理健康教育专委会委员。先后主持厅局级课题2项、四川省思想政治工作精品项目1项、校级课题4项。主持学校朋辈心理健康教育载体集成辅导员工作室。

第6篇

网络思想政治教育

第68问　如何提升班级网络思政工作效率——网络思政接受度低、学生不感兴趣怎么办

重庆大学　任　超　焦　健

一、问题阐述

2021年中共中央、国务院印发《关于新时代加强和改进思想政治工作的意见》指出："加强网络思想政治工作，深入实施网络内容建设工程，推动思想政治工作传统优势与信息技术深度融合，使互联网这个最大变量变成事业发展的最大增量。"新技术带来新的机遇，也对高校创新思政工作提出了新要求。如何将新技术、新手段与实际工作相结合，如何提升思政工作的科学性和时效性是当前高校思政工作面临的又一考验。

大学班级作为高校组成的基层单元和基层组织，承载着组织育人的职责。当前，高校实行学分制，学生主导选课权，课程完全个性化，"同班不同学，同学不同班"成为了真实的写照；班级固有功能随之受到冲击，班级归属感、凝聚力逐步弱化。在班级中利用好网络新技术落实立德树人工作，达到固本强基的作用，是当前班级网络思政工作的重点所在。

二、解决思路

移动互联网的出现，给班级建设带来新机遇。"互联网＋班级建设"的提出，是网络新技术和传统班级管理优势的结合，有效的网络载体和平台有助于探索班级建设新模式。重庆大学基于开放、共建、共享的理念，借助易班网络平台，探索线上虚拟班级和线下实体班级的协同建设，在努力丰富活动内容、创新活动形式上下功夫，善用平台功能开展贴近学生需求的网络思政教育，激活三全育人有生力量，建设班级共同体。

三、实施办法

（一）理念革新，探索“内容为王”的网络班级建设新生态

1. 与时俱进，网络班级建设理念的三个转变

（1）改变了以往班级单一的自上而下的信息获取模式，师生的信息获取实现了平等化。班级网络社区信息资源由以往的教师单向传递，转变为专业教师、辅导员、教务人员、学生等多维度的信息传递，三全育人有生力量作用得到了发挥。

（2）让大学生由被动的旁观者，转变为主动的参与者。互联网时代，去中心化，以往由老师主导、班委落实的班级建设，当下更加关注学生需求，班级事务需要每位同学参与其中，学生主人翁意识被唤醒。

（3）实现了由“管理”到“治理”的转变。班级建设从单一的管理到良性发展的自治，为实现“善治”做好了铺垫，将更好服务于学生成长成才的需要。

2. 善作善为，做好内容产出，丰富班级内涵建设

通过开展线上线下主题活动，激发学生内生动力，做好内容的产出，提升活动的吸引力。针对学生面临的实际问题，紧跟时事，围绕他们的思想、学习、生活和娱乐，开展感恩教育类、生活服务类、党团建设类、文化娱乐类、教育教学类五大类别的主题活动，打造出“家书递温情”“旧书新情系列活动”“‘旧’你来淘爱心义卖”“互助工程”“复习资料我帮忙”等一系列品牌活动。活动让易班微社区变得更有用、更好用，解决了同学们生活和学习中的一些痛点和难点，他们的参与程度得到了很大的提高，活动得到高度认可。

（二）形式创新，培育“形式为金”的班级网络文化

1. 创设卡通人物“易小虎”，打造班级网络建设代言人

学校在易班小熊的卡通人物基础上，精心创设了“易小虎”的代言形象，充满活力的“易小虎”成为易班班级建设的吉祥物，通过拟人的造型，构建亲和的形象，抓住当下年轻人的审美观念，让“易小虎”形象深入人心，同时打造与之配套的“校训虎”文创产品，在潜移默化中传递出重庆大学“耐劳苦、尚俭朴、勤学业、爱国家”的校训精神。

2. 用学生喜闻乐见的图文和语言，传递青春正能量

把握好当前年轻人喜爱青春元素的特点，走近青年，融入青年：开辟班级“瞭望

台”“万花筒”等栏目，了解班级学生想法、感受青年脉搏、传递青年声音；挖掘学生身边有趣有料的故事，推出软文“友谊的小船说翻就翻——我与室友话校园”“班级榜样在身边”等专栏，最大限度融入学生圈层；用学生的话语体系，谈榜样，述情怀，润心田，启智慧；用学生善于接受的表情包、H5、图文推送占领网络思政新阵地，打造上接天气、中接人气、下接地气的文化作品，让学生在过程中接受潜移默化的正能量熏陶，让易班班级微社区暖心、贴心、走心，真正赢得学生的认同。

（三）善用平台功能，助力网络思政入耳入脑入心

以易班平台微社区及优课为例，重庆大学积极探索平台功能，打造学生喜爱的网上家园。

微社区作为班级学生栖息的精神家园，可以发表相关时政热点新闻，围绕校园新鲜事谈想法、抒情感，在互动交流中增进成员友谊。辅导员在班级微社区开设“SUPERMAN TALK”（超人说）专栏，旨在运用网络沟通渠道，促进老师与学生零距离地答疑惑、纳谏言、享故事、话心语。

易班优课（YOOC）类似于慕课，可建立班级学习组，学习组有课群话题、课群课程、学习资料、课群投票、在线测评、成绩管理等板块，班级团支部借助该平台开展“五星团员大学习活动”，借助投票功能，实现了班级民主化投票，实现了线上资源的优质利用。

（四）以赛代建，以赛促练，助力打造班级共同体

网络班级的建设，需要有试金石来检验。2015年重庆大学率先推出面向大一新生的十佳网络班级大赛，旨在通过比赛增进班级凝聚力，构筑线上线下协同的班级共同体。目前大赛已成功举办七届，累计1050余个班级报名参赛，活动覆盖3万余名师生。班级成员全员联动打造属于自己班级的logo、班歌、班徽、班旗，梳理班级建设理念，拍摄相关建设视频，让每一个班级成员都肩负班级建设使命。

材料学院作为示范建设学院，以班级大赛为契机，打造具有专业特色的班级“家”文化，探索出网络班级运行新模式。在此过程中充分发挥大学生“自我管理、自我教育、自我服务、自我监督”的作用，助推班级学习成长共同体的建设。组建“超级e班”校级网络文化工作室，孵化培育出多个优秀班级，在重庆大学“先进班集体标兵”评选中也多次获得佳绩。

四、经验启示

习近平总书记在全国高校思政工作会议上明确指出:“要运用新媒体新技术使工作活起来,推动思想政治工作传统优势同信息技术高度融合,增强时代感和吸引力。”重庆大学网络班级的建设是基于当前创新思政工作而提出的,新探索、新方法将有助于网络思政工作的提质增效,将为高校探索智慧校园,打造“互联网+学生工作”的互动社区提供宝贵经验。

(一) 贴近学生话语体系,占领思政教育新阵地

重庆大学在班级网络思政工作中转换话语体系,用学生喜闻乐见的方式传递正能量,营造向上、向善、向好的班级网络文化。微社区推文制作贴合校园生活热点,关注时政方针,研讨学生关心的学习、生活事件,让同学们听得懂、看得见、想得明。以活泼的创作形式,拟人的卡通形象打动身边同学,将社会主义核心价值观融入青年学生乐见的推文、图片、视频中,潜移默化地实施正向引导,增强了校园网络文化的吸引力和感染力,提升了校园网络思政工作的有效性和时效性。

(二) 班级凝聚力提升,大学生网络素养得到提高

班级网络思政工作的有序推进,班级成员内生动力得到了激发,

共同打造班级网上新生态。同时,互动性和自主性的增强为培育班级学习成长共同体拓展了思路,班级同学在构建网络班级中,图文设计、页面排版、H5动画、视频制作、社区运营等新媒体技术使用水平也在不断提升,从而促进了大学生对网络的认识与运用、增进了大学生对网络信息生产与传播的认识,全面提升了大学生的网络素养。

做好网络思政工作是一项长期任务,需要我们高校思政工作者不断更新思维方式,不断跟进网络思政发展的新趋势和新变化,始终重视网络社区内涵建设,努力贴近学生,摸排需求,把握好网络思政工作的时、度、效,让网络思政工作更好服务于校园文化建设,最终为培育时代新人贡献青春力量。

【作者简介】

任超，重庆大学材料科学与工程学院辅导员，学生党支部书记。重庆市军事理论课入库专家，“形势与政策”“大学生网络素养”课程“优秀授课教师”。曾荣获教育部2015年度易班“优秀特色个人公众号”、重庆市大学生“中华魂”主题教育活动“优秀辅导员”、重庆大学“十佳辅导员”、重庆大学“优秀党员”荣誉称号。先后主持校级课题5项，主研省部级课题3项，参研省部级课题3项。

焦健，重庆大学学工部思政科副科长，重庆大学易班发展中心骨干教师。从事大学生网络思想政治教育研究。

第69问　如何提高班级网络思政信息素养——网络信息供给过剩、无法高效甄选思政内容怎么办

华北水利水电大学　涂陈阳　王志勇

一、问题阐述

现阶段，大学生普遍具有信息获取渠道以网络为主、互联网平权意识强、网络表达互动倾向强等特点。但是，面对海量的互联网信息和别有用心人员或敌对势力的蛊惑，大学生辨别真伪是非的能力也面临着极大的挑战，容易成为抵抗意识形态渗透中的薄弱环节。因此，在高校网络思想政治教育过程中，要牢牢坚持党管宣传、党管意识形态的原则，结合“00后”大学生的特点，充分运用网络平台载体和技术手段，做好网络思想政治教育内容供给和甄别工作。

二、解决思路

网络信息供给过剩是网络信息技术和移动互联发展到一定阶段的必然产物。网络信息技术和手机等移动互联产物不断发展，新媒体不断更新迭代，舆论场的典型特征已经由过去的官方权威性转变为主体多元性。全员媒体不断发展，人人都有麦克风局面形成，在网络信息深入交互的过程中，每个人都有可能是信息乃至思想政治教育内容的生产者和发布者，这就形成了网络信息井喷和供给过剩的现实情况。

大学生从来都是意识形态斗争的重要争夺对象。近年来，西方国家和敌对势力更是通过各种方式加强了对大学生群体的意识形态渗透，加上当前“娱乐至上”“饭圈文化”“色情低俗”等不良文化内容泛化的影响，大学生难免受到负面影响。在网络信息过量供给、不良网络信息传播无门槛、敌对势力隐匿性较强等因素的影响下，形成了“无法高效甄选思政内容”的困境。

要解决“网络信息供给过剩，无法高效甄选思政内容”的问题，就要针对问题成因拿出有针对性的解决方案。一是要牢牢把握思想政治工作生命线，坚持党管宣传、党管意识形态的根本原则，掌握思想政治教育主动权，这是做好网络思想政治教育内容

供给，培育合格接班人的根本和关键所在。二是针对信息过量难以筛选的困境，要建强主流舆论发声渠道，发掘思想政治教育优质素材、整合网络思想政治教育优质资源，在大学生群体中建设具有较强传播力、引导力、影响力、公信力的校园官方媒体平台。三是针对网络信息鱼龙混杂、敌对势力隐秘渗透的困境，要推进校园网络空间治理，既要做好校园官方媒体平台的权威性、亲和力、信任黏性建设，又要建立不良信息发现手段和机制，提升工作的针对性。

三、实施办法

上文中论述的三个方面解决方案，在具体实施过程中，要通过五项举措落实到位。

（一）坚持党的领导，高度重视网络思想政治工作

习近平总书记多次强调，办好中国的事情，关键在党。做好高校网络思想政治教育内容供给，关键在学校党委的领导是否坚强有力，学校领导是否高度重视网络思想政治工作和内容供给。以华北水利水电大学为例，校党委高度重视网络思想政治工作，是全国首批建设微博矩阵、微信公众号、校级融媒体中心的高校，建设网络思想政治工作中心，统筹开展相关工作，推动各院系、年级、班级建设新媒体平台阵地，建成了正能量充沛的校园官方媒体矩阵，各级媒体平台在各级党委的领导下，通过新媒体平台开展网络思想政治工作，教育成果显著。

（二）建强发声渠道，搭建全媒体传播体系

班级网络思想政治信息素养的提升，在于学生日常接触到的信息有哪些。随着新媒体的发展、自媒体的崛起，学生日常获取信息的渠道种类繁多，既包括传统的“两微一端”，也包含对学生更有吸引力的短视频、B站、知乎、小红书等新兴平台。这些新兴平台阵地，我们不去占领，别人就会去占领。这就要求我们做到跟着学生走。一方面学校、院系要拓展载体平台，入驻学生聚集的新兴平台，做到学生在哪，思想政治工作就做到哪；另一方面辅导员也要做好两方面的工作：一是要“玩转”几个学生聚集的平台，运用个人自媒体的影响力做好网络思想政治教育，赢得学生认同。二是要做好官方媒体平台内容供给，深入挖掘学生群体中、学生身边发生的有益素材，以身边人、身边事赢得学生共鸣，做到思想政治教育的入脑入心。

通过以上举措，在建好有力传播渠道和做好充沛的网络思想政治教育素材供给

之后，网络思想政治教育内容甄选的第一阶段——使学生“听得到”主流声音也就完成了。

（三）注重生校互动，积累校园官媒信任黏性

学生听得到之后，更重要的是“听得进”“听得懂”，这才是我们提高班级网络思政信息素养、开展网络思想政治教育的最终目标。“听得进”“听得懂”的前提是建立学生对网络思想政治教育传播渠道的信任，也就是对学校、院系、辅导员官方身份的信任。而互动是建立信任的基础。对于高校来说，高效积累信任黏性的互动有两种方式：一是校园官媒评论区互动。无论是传统的“两微一端”还是新兴的短视频、知乎、小红书等新媒体平台，其本质都是发布者和接收者之间的信息交互。对于高校、院系来说，官媒不仅仅是信息发布的平台，更应该是生校互动沟通的平台，一方面要用学生喜闻乐见的题材，用既严谨又活泼的方式，吸引学生对思想政治教育内容的关注；另一方面，要积极融入学生话语体系，主动开放评论区，运用网言网语、新言新语与学生开展互动，辅导员、班主任等思想政治工作者也可以在评论区与学生进行友好互动，营造官媒和思政工作者的“好感人设”，从而使学生建立起信任黏性。二是以“服务为先，引导为重”为思路，运用新媒体开展学生服务工作，例如在校园网络社区开设反馈渠道、在辅导员个人自媒体平台开设意见搜集渠道，吸引学生聚集之后，再面向学生推送思想政治教育内容。

通过以上举措，在积累起信任黏性后，相比网络上的负面内容，学生自然更愿意相信来自于学校官媒和辅导员的主流声音，加上学生更容易接受的话语体系，网络思想政治教育内容甄选的第二阶段——使学生“听得进”“听得懂”主流声音也就完成了。

（四）加强队伍建设，提升工作队伍媒介素养

习近平总书记强调，宣传思想工作队伍要不断增强脚力、眼力、脑力、笔力。以辅导员为代表的基层思政工作者，要做好班级网络思想政治内容供给和甄选，就要不断提升自身媒介素养。一是要深入学习习近平总书记关于教育、思想政治工作的重要讲话精神，筑牢理论基础，才能高效区分网络思想政治教育内容的质量高低。二是要做到实践出真知，辅导员要积极转变角色定位，成为网络思想政治教育内容的生产者和传播者，也就是上文提到的辅导员自媒体建设，在此不再赘述。

以上措施作为网络思想政治教育内容甄选的补充举措，能够进一步丰富主流内容供给，提高网络内容甄选效率。

（五）建立发现机制，推进校园网络空间治理

运用技术手段建立不良网络信息的发现机制是做好网络信息甄选的高效路径。具体手段包括建立信息员队伍和值班制度，建设信息监测系统，掌握学校相关网络社区、平台管理权限等，通过及时发现不良网络信息，及时开展正面引导，必要时进行屏蔽，最大限度消除不良信息的负面影响。

四、经验启示

做好网络思想政治教育内容甄选、提升班级网络思政信息素养，本质上是网络思想政治工作的具体工作内容。一方面，要做到从“为党育人，为国育才”的初心使命出发，要遵循习近平总书记提出的“围绕学生、关照学生、服务学生”原则，做到以人为本、以生为本，站在学生的视角思考问题、解决问题。另一方面，要深刻理解网络信息时代的特点，掌握互联网传播规律，在充分发挥思想政治工作传统优势的前提下，运用互联网思维来审视问题，运用新媒体新技术来解决问题。

【作者简介】

涂陈阳，华北水利水电大学能源与动力工程学院专职辅导员。自2016年至今在一线辅导员岗位工作。担任辅导员期间，先后承担院系学生管理，院系团委、院系新媒体平台建设，学校新媒体平台运营，学校融媒体中心建设运营，学校舆情监测研判，学校网评员队伍建设管理等相关工作，具备丰富的网络思想政治工作理论储备和实践经验。

王志勇，华北水利水电大学能源与动力工程学院学工办主任，讲师，自2012年起开始担任辅导员。曾多次获得校优秀辅导员称号，2022年荣获河南省优秀辅导员称号。发表与学生思政工作相关论文10余篇，参与省厅级项目5项。

第70问 如何推动网络思政与传统课堂教育相结合——网络思政工作出现“重形式、轻内容”现象怎么办

西北工业大学 赵 超

一、问题阐述

自媒体时代，信息传播呈现泛社交化、泛娱乐化及去中心化的特征。大学生日常通过各类网络平台获取海量信息、进行社交生活，网络比现实生活对学生的思想认知和情绪意志产生的影响更加复杂而深刻。可以说，网络是教室、宿舍等传统思想政治教育场域的重要补充和进阶。此外，网络是意识形态斗争的“主战场”，各种思潮和碎片化的信息观点充斥网络，需要引导学生学会鉴别和分析，对错误的观点导向给予有力回击，引领积极正向的网络文化氛围。习近平总书记在全国高校思想政治工作会议上指出：“要运用新媒体新技术使工作活起来，推动思想政治工作传统优势同信息技术高度融合，增强时代感和吸引力。”因此，如何很好地运用QQ、微信、微博、抖音等新媒体平台，拉近与学生的距离，开展网络思想政治教育，引领学生思想成长是辅导员迫切需要掌握的技能。

二、解决思路

当前，“官方”的网络思政教育平台存在着关注度和阅读量不高、影响力式微等问题。一方面缺乏系统化、常态化的网络思政教育体系的设计和构建，缺乏源源不断高质量的思政网络文化产品的供给；另一方面网络思政教育的形式和内容缺乏足够的吸引力和黏性，从而不能够引发青年学生的持续关注，并喜爱和认同。问题的核心在于能否引发青年学生的兴趣和共鸣，精准对接他们的成长需求，契合新时代学生的特点。西北工业大学航空学院秉承“学航空，爱航空，献身航空，报效国家”的精神，积极探索网络思政教育创新，加强网络思政教育阵地、队伍和品牌建设，成立了蓝小空新媒体工作室，打造“空院微视野”、“蓝小空”QQ平台、学院网站等新媒体矩阵，建立起“全方位、多元化、立体型”网络文化宣传教育新阵地，坚持在重大事件时间节点发声，

积极传递正能量，涵育航空报国精神，强化价值引领。

三、实施办法

（一）力争内容上有趣有意义，与学生的专业志趣培养和成长发展密切联系

结合院史院情、学科专业领域的热点事件及重大科研成果，及时发声，强化学生专业思想和专业自信，如我院消防无人机、“魅影”无人机、“信鸽”仿生无人机和倾转旋翼无人机等相关报道引发了同学们的热烈关注。精心打造了“启航课堂”“恰同学少年”“航空新力量”“蓝色学堂”“访学归来”等品牌栏目，从大师引航、朋辈榜样、老一辈航空人精神传承、航空科普等方面持续供给精神养分，这些栏目内容有助于同学们了解专业前沿，拓展视野，分享学习经验，贴近学生自身成长发展和关心关注的生活实际。

（二）探索形式上新颖多样化，与学生的思维节奏和话语体系处于同一频道

用讲故事来讲道理，综合采用图片、音频、微视频、漫画等形式，生动直观地传递思想、联结情感。为消除“官方”天然距离感，着力打造了“阿威”“大鲲”“小凤娇”的虚拟形象，使他们成为学生成长路上的小伙伴儿，可甜可咸，可萌可呆，无微不至，无处不在，激浊扬清，引领思想。以轻松愉快、符合年轻人习惯的口吻来讲述故事，传播思想，拉近与同学们之间的距离，让思政教育更具亲和力。同时，打造IP文创系列产品，作为活动奖品发给同学们，增强其传播力和影响力。

（三）融通线上线下教育活动，与主流价值引导和学生实际需求对接同频共振

开展“飞豹杯”航空科普知识竞赛、“空军日”飞机涂装大赛、“党史知识在线竞答”、“线上厨艺大比拼”、“最美笔记”等线上线下结合的活动，在线进行预告、展示、投票、留言交流、抽取奖品，增强同学们对主题教育活动的参与感和互动性。依托“空院微视野”微信公众号，成立“蓝空”辅导员工作室，开发在线预约功能，面向学生开展个体咨询指导，帮助学生解决成长中的困惑和问题，激发学生主动找辅导员咨询的主体性，为学生成长发展提供支持。

（四）挖掘发挥学生的力量，鼓励引导学生成为“创作者”，做网络思政教育的“主角”

学院“蓝色学堂”航空科普志愿者服务队在学校官方抖音平台上推出航空科普系列短视频，打造了全国首家高校官方特色科普平台。从航空知识科普、国家重大型号航空器、航空科普发明制作、航空史四个角度布局，共制作科普短视频18期，累计播放量超80万次。该事迹代表学校获得了2020年度CAN年度企业文化传播奖。由学生党员和志愿者担任主讲人，摄制“百名党员讲党史”“青春领航　逐梦翱翔”等系列微视频120余个，大大提高了学生的主体性和积极性，实现自我教育和朋辈教育。

四、经验启示

（一）充分运用“以学生为中心”理念指导网络思政教育实践，突出主体建构、多维交互和精准引领

学生是网络思政教育的核心主体和逻辑出发点，因此要深入学生，了解剖析学生的所思所想、重点关切、兴趣困惑、个体差异等，注重学生的心理感受、情感体验以及个体需求和价值的实现。面向学生有计划、有重点地遴选和支持一批优秀的网络思政建设项目，包含网络文化工作室及音视频、有声读物、微电影、知识问答小程序等高质量的网络文化产品，挖掘学生潜能，激发学生创作和传播网络正能量的积极性，引导和培养学生成为网络思政工作队伍的主力军，使得网络思政教育成为学生积极主动地自我建构的过程。

（二）凝练提取学生专业学习、成长发展、生活经验等各方面的思政元素，促成价值引领深度融合，形成“网络+N+思政”的全浸润式教育模式

将思想引领融于生活化、娱乐化的日常生活，扩大传播覆盖面，让思政教育通过网络这种无处不在的介质，像“盐”一样溶入学生的日常点滴和见闻感受，接地气，懂人心，随时随地，润物无声。专业认知、创新创业、综合素质提升等方面都蕴含着大量丰富的思政教育元素和素材，如学科发展史、科学家精神、榜样故事、家国元素等，将价值引领渗透于学生实际成长和自身切实关注中，让学生感兴趣、喜欢看、看得懂、有收获、有参与。

（三）践行融合性思想政治教育，将学生的思维、情感和行为整合起来，着力增强网络思政的人文温度和情感深度

融合教育是指把人的情志活动（情绪情感、态度和价值观）和认知活动（如智力、知识和能力）结合起来，相互作用激发其内在需要驱动下的主观动机。网络从时空和话语权力等角度拉近了教师和学生的距离，用动漫形象作为代言人，用俏皮的口吻、流行的话语围绕他们热衷的话题与学生进行交流沟通，关注他们的关切点，从情感上赢得学生的信任和共鸣，让他们在互动与创作中产生欣喜感、满足感及成就感等积极心理感受，从而达到思想层面的认同，提升育人成效。

（四）利用互联网的新技术革新思政教育的方法和模式，打破传统课堂的“墙”，以“微教育”打造指尖上的课堂

邀请“总师”专家通过“云课堂”在线给学生上“大国重器”系列课程，以真实的案例生动讲解专业知识及飞机设计研制过程中的人物事迹，引导学生树立航空报国志向。开设“历史上的今天”“珍贵的照片”“流动红色放映室”等精品栏目，用短小精炼的文字和一目了然的图片传递思想，打造指尖上的红色学堂。

【作者简介】

赵超，西北工业大学航空学院党委副书记，国家二级心理咨询师，全球职业生涯规划师（GCDF），创业指导师。担任“大学生职业生涯规划”“创业基础”“形势与政策”任课教师。曾获陕西省优秀辅导员、西北工业大学最满意辅导员等荣誉称号及全国第四届辅导员职业能力大赛西北赛区二等奖、陕西省第三届辅导员职业能力大赛一等奖等。主持省部级课题1项、校级课题4项，发表论文5篇。参与省级教学成果奖特等奖项目1项。

第71问　如何推进网络思政与“全员育人”教育理念相结合——网络思政无法形成育人合力怎么办

西安电子科技大学　孙立锐　费　菲　杜永志

一、问题阐述

当前，网络成为信息获取的主要渠道，互动交流呈现去中心化、圈层化特点，主流价值体系遭受冲击。为实现对学生的思想引领，需要善用互联网传播媒介，遵循互联网传播规律，把握学生思想实际，拓展全媒体网络平台，持续输出优质思政教育内容，促进不同育人主体融合，让网络思政教育“有知”“有味”，奏响时代育人主旋律。

二、解决思路

2020年初，西安市疫情防控的严峻形势给高校学生工作带来极大挑战，学生思想引领、教育教学、管理服务等受到疫情的阻隔，所有学生工作只能线上开展，这就要求辅导员通过新媒体平台，凝聚疫情防控坚实合力，做好疫情期间学生管理及思想政治教育。

西安电子科技大学微电子学院紧跟时代，因事而化、因时而进、因势而新，在党和国家疫情防控工作的关键时期，坚持防疫与育人相结合，积极探索、主动发声、正面引导，从阵地建设、内容挖掘和方法创新三个维度构建疫情期间的网络育人体系。阵地建设探索多元媒介，共绘育人同心圆；内容挖掘注重价值引导，共话战疫新故事；方法创新强化服务引领，共促育人不断线。

三、实施办法

（一）阵地建设方面

疫情防控既是挑战也是机遇。微电子学院积极探索网络育人新渠道，打造微信公众号、网站、抖音、视频号、哔哩哔哩及思政育人号等“一微一网一抖一号一站一号”六个新媒体平台，构建“西电微院”新媒体矩阵，开展学生网络思想政治教育。截至目前，平台累计粉丝超过2.1万人，短视频作品450余个，累计播放量超过400万次。疫情期间，学院邀请包括学院国家级人才、思政教师骨干等在内的教师开展直播公开课10余场，辅导员开展云端主题教育及周点名20余次，力求把思政元素、疫情防控、教育教学有机结合，在直播弹幕式的交流中潜移默化育人。

（二）内容挖掘方面

充分调动党团组织积极性，彰显线上行动风采。学院各党团组织在网络平台积极发声、主动作为，发挥战斗堡垒作用。学院各党支部、团学组织发出疫情防控倡议书，参加疫情防控志愿活动，开展“传承‘五四’精神，展现青春风采”主题教育和“战疫有我，共克时难”体育锻炼，组织湖北籍学子相隔千里报平安等活动。2022年，开展线上行业筑梦之旅，进行线上校友访谈、线上青年学子榜样采访社会实践，49名微电子行业校友参与访谈，访谈记录汇编形成30余万字的《“芯”青年》《校友“芯”声》系列作品；精心制作学生喜闻乐见的作品，结合防疫常识、抗疫故事、行业探秘、资讯通知等方面，发布百余个短视频作品；收集整理网络作品，汇编形成学院课程思政素材库。

（三）方法创新方面

助力课程思政建设，总结凝练“齐心战疫　芯火相传：微院师生保教学促成效”系列工作内容及经验，形成11期报道。授课教师结合疫情防控形势，解读微电子技术在疫情防控中的技术应用，通过鲜活的案例激发学生专业荣誉感，引导学生科技防疫、科研报国。助力疫情期间学生返校教育，通过搜集资料及制作视频、海报、漫画、图片等形成返校系列主题教育素材，发布相关推送20余篇，在确保学生顺利返校的同时，增强学生对疫情的正确认识，提升其社会责任感。

学院2020年疫情期间部分原创推文

内容/标题	时间
发挥模范带头作用，红色朝阳支部准备好了！	2020.01.31
红色朝阳班倡议书|面对疫情，我们可以做什么？	2020.02.01
19级红色朝阳班：抗击疫情，我们在行动！	2020.02.05
疫情当前 如实填报|你填写了“疫情通”吗？	2020.02.06
疫情之下：为什么不要提前返校？	2020.02.08
大爱无疆 | 面对疫情，我想和你谈	2020.02.15
疫情之下：从电影《流感》中所思	2020.02.16
疫情之下：如何宅在家完成“腹肌磨练”	2020.02.20
微院湖北籍学子回音：相隔千里报平安，众志成城抗疫情！	2020.02.22
抗疫不易，莫让努力付之东流	2020.02.23
抖音点名|网络思政中的“直播带货”	2020.03.01
雷锋日|微院青年防疫情显担当、弘扬雷锋精神	2020.03.05
思政大课 思想洗礼：微院红色朝阳班学习热议防疫思政课	2020.03.11
学习总书记回信 | 辅导员李欣芮：青春绽放绚丽之花	2020.04.02
学习总书记回信 | 辅导员杜永志：“五者”并行青春战疫，践行责任担当	2020.04.06
返校准备篇：微电子学院返校通知第一弹	2020.04.24
精准对接 层层关怀：微电子学院顺利迎接第一批学生返校	2020.04.27

（四）工作成效与推广

在疫情防控常态化要求下，运用新媒体平台开展网络思想政治教育，保障了网络化学生管理、教育教学、求职就业、疫情防控宣传等各项工作，凝聚了“全员育人”的强大合力。

2020年5月9日，陕西省教育厅以《西安电子科技大学构建疫情期间三维网络育人体系》为题，对学院网络育人工作进行了报道；“划破硝烟的红色电波”网络团课入选2021年“高校庆祝中国共产党成立100周年原创精品推广行动”；《我的疫区见闻》主题党课作品获2020年陕西省高校百佳慕课心理微课金奖；8名辅导员持续为学生邮寄物资相关事迹被学校报道宣传，引发网络热议，视频被人民视频、搜狐视频等转载，播放量超过90万次，微博话题阅读量达到210万次，陕西省教育厅、新浪教育、西安晚报、西安日报等媒体相继转发报道，被学生和家长称赞为“神仙学院”。

学院就网络育人工作一方面凝聚共识、总结经验，在校内工作会议上多次做专题分享；另一方面，相关工作经验总结获得主流媒体报道，工作模式在兄弟院校中得以推广。

四、经验启示

西安电子科技大学微电子学院将网络思政与“全员育人”教育理念相结合，探索形成了一套经验做法。

（一）载体太单一？“新媒体矩阵”丰富话语体系

传播媒介推陈出新，媒体平台百花齐放。传统网站客户端育人功效发挥受限，包括图文式的微信公众号，短视频式的抖音、视频号、哔哩哔哩，弹幕互动式网络直播，沉浸参与式虚拟现实、剧本杀在内的多元化、融合式媒体为网络育人带来了全新体验，这也要求思政工作者需要及时运用并打造网络媒介新阵地，创新话语体系，发挥育人作用。

（二）内容太枯燥？“设置话题合集”提升吸引力

辅导员作为思政教育主导者，在育人过程中，应尽最大可能激发学生的自觉性、自主性和能动性，提升学生参与度与认同度。基于建构主义，网络育人的议题设置应充分考虑当代大学生人性化和个性化的特点，紧贴学生实际需要，通过设置话题、征集稿件开展系统宣传，通过创建合集、搜集资料、整理加工、视频创作形成“打包传播”，提升内容的趣味性、实用性，提高学生的参与度、关注度。

（三）育人没成效？“变要我听为我来讲”增强互动参与

“老师讲，学生听”的传统育人模式是典型的被动学习模式，知识吸收率较低。通过借鉴“学习金字塔”理论，我们让更多青年学子通过“自主学习－自主编码－观点输出”的模式参与到网络育人实践中，通过聚焦主题、线上研讨、强化引导、集体发声、组建团队、青春宣讲，增强互动参与，用青春话语来传递共情，在春风化雨中激发共鸣，提升育人实效。

综上，要发挥网络育人实效，关键在载体、内容和参与者，通过构建“全媒体、全话题、全员”的网络育人格局，形成育人合力，扎实开展网络育人实践，恰如其分地把思政这把“盐”融入网络育人中，实现网络思政与“全员育人”的融合。

学院网络平台话题合集设置情况一览

公众号话题		
类别	话题名称	作品量
党建思政类	思政微课堂	31个
	党史学习教育	102个
	支部风采	97个
	红色朝阳班	48个
	媒体报道	38个
	四史学习教育	15个
	疫情防控	69个
教育教学类	教学科研	69个
	齐心战疫　芯火相传	17个
师生榜样类	郝跃院士专栏	31个
	先锋模范	77个
	楷模在身边	5个
综合类	学院答卷	87个
活动类	科技创新大讨论	7个
	芯视野文化节	10个
	行业筑梦之旅	9个
	毕业季	29个
	工作动态	194个

抖音合集			
分类	合集名称	作品量	播放量
思政类	思政微课堂	22个	10.0万次
	中国IC发展大事记	21个	5.6万次
	西电90年	14个	6.7万次
	我眼中的黄大年式教师团队	14个	8.9万次
	朝阳班	17个	4.5万次
	提升自我,弘扬正能量	16个	7.3万次
	微院好青年	15个	8.3万次
	节日主题宣传	19个	9.7万次
	微电子领域卡脖子技术	5个	4.2万次
	疫情防控	20个	11.1万次
资讯类	学院快讯	45个	90万次
	直播预告	15个	8.7万次
学院介绍类	微电子学院实验室	13个	4.5万次
	学院科研团队	18个	4.9万次
	西电异地研究院	6个	4.6万次
	杰出校友	2个	0.5万次
迎新招生类	毕业季	23个	18.9万次
	开学季	11个	5.3万次
	我在西电等你	11个	5.3万次
	考研加油	19个	45.7万次

【作者简介】

孙立锐,西安电子科技大学微电子学院团委书记。曾获第二届陕西学校团干部素质能力大赛一等奖,所创作的作品入选“百年珍贵记忆——全国高校庆祝中国共产党成立100周年原创精品推广行动”。主持教育部产学合作育人项目1项,所指导的作品获省级及以上荣誉9项,发表相关论文10余篇。

费菲,西安电子科技大学微电子学院辅导员,讲师。主要研究方向:大学生思想政治教育。

杜永志,西安电子科技大学微电子学院辅导员。曾获第五届陕西省高校百家慕课心理微课金奖。主持科研项目6项,发表相关论文5篇。

第72问　如何推进网络思政与学生团建党建相结合——网络课程与党建绑定、学生学习功利性凸显怎么办

长春中医药大学　齐　勋

一、问题阐述

疫情防控对大学生的学习、生活都产生了深远影响，根据疫情防控工作要求，高校师生不聚集、非必要不外出，不随意举办集中性、群体性的活动，这对学生的学习习惯、生活方式、社交空间等均产生了影响。高校多数学生党支部在积极落实疫情防控工作的同时，能持续强化发展学生党员、提升党员管理教育水平、开展主题党日活动等工作。由于学生党员发展、党员的教育和管理，除了要考查首要标准——政治标准外，还有学习成绩、日常表现、民主评议等内容。随着线上授课、线上考试形式推广与普及，线上授课时间较长，近三年有的年级学生最多有3个教学学期均为线上授课，未能进入校园，但成绩考核的形式并没有大变化，且管理机制、监督机制尚不完善，甚至没有。在特殊环境下，学生的心态发生了变化，一定程度上出现了学习功利性的现象：一是在专业课学习中，学生不用非常努力，专业课成绩回报率就会很高，挂科率也直线降低；二是在党的理论学习过程中，学习的主动性、热情降低，进度减慢，只关注学习完成量，而在一定程度上忽视了学习的质量。

二、解决思路

当下大学生党员发展过程中的教育路径、管理手段、考察方式、生活空间都发生了较大变化，出现一些新问题：如何面对“居家-校外”的学习方式与生活空间，如何合理利用“线上”丰富的教学资源，如何严格执行学生党员发展的体系建设、考察途径与考核内容，党员组织生活的质量如何保证，党员身份与行动的外在表现如何统一，等等。

要解决这一类问题，就要建立任务清单，把严政治标准，规范党员培养发展；把牢入党质量，研判学生入党动机；把准考核形式，做好线上线下衔接。

三、实施办法

重点考察学生的马克思主义信仰、共产主义和社会主义信念是否坚定,政治立场、政治方向、政治表现是否成熟;切实解决好“思想上”入党与“组织上”入党的区别与联系;扎实推进对党的最新理论的学习,做好学习宣传贯彻党的二十大精神和《党章》的学习工作。

(一) 把严政治标准,规范党员培养发展,筑牢学生信仰

1. 发挥党组织战斗堡垒作用

学生公寓楼实行静态管理,在校区内学生公寓成立了工作队,建立“学校—楼栋—楼层—宿舍”四级对接模式,负责指导、管理和帮扶学生疫情防控工作,有效开展思想政治教育工作,分别建立临时党支部、临时团支部,充分引导学生向党组织靠拢,以实际行动在疫情防控中做贡献、长才干。

2. 建立全链条培养模式

将党员发展和培养贯穿“新生入学、日常生活、毕业离校”的大学学习生活,新生入学阶段抓好“新生入学教育”,邀请行业大家、时代楷模、专业名师讲好“科技报国”故事,抢占思想阵地,宣传党的理论;日常生活中,针对“入党申请人、入党积极分子、发展对象、预备党员”贯彻好四级培养模式,完善制度、强化过程,特别是在线上阶段更不能忽视每一个环节。

3. 用好线上资源

运用微信群、QQ群、抖音、微博等新媒体,推送疫情防控会议精神、各级政府在疫情防控期间的具体措施;借助学习强国、腾讯会议、钉钉会议等线上平台,开辟好线上学习阵地,定期开展网络集中理论学习,并及时传达光明网、新华社、人民网等主流媒体发布的相关内容,以打卡形式加强理论学习。

(二) 把牢入党质量,研判学生入党动机,认领责任担当

1. 建立任务清单

除常规开展的“入党积极分子培训班”外,制定“推荐理论书籍——读书分享”“专业经典+理论经典”双经典阅读的理论及思想水平提升清单;以每日学习任务打卡、

学习时长签到、学业互助反馈等为载体的专业学习清单；多种形式的“防疫志愿者——思想与心理互助”日常服务清单；“每日健康监测上报——运动打卡”的健康生活清单；“自身素质拓展——学术科研活动”的综合素质清单。

2. 抓好“互联网+党建”

建立青年网络评论员队伍，建立理论学习交流、专业学习交流平台，开展理论宣讲团、榜样的力量分享团团队建设，将党的创新理论与日常学习生活相结合，特别是与专业学习中的理论学习、日常生活中的常规工作相匹配。做好互联网平台上的理论学习宣传，榜样代表人物推介。

3. 讲好思政大课

善于挖掘、培育、讲好校园内的思政元素，比如通过“师生抗疫”“中国精神传承”“建党100周年”“学习宣传贯彻党的二十大”等思政大课元素，进一步学习好、运用好、讲好中国故事。

（三）把准考核形式，做好线上线下衔接，分类设定目标

1. 强化监督机制

按照“入党申请人—入党积极分子—发展对象—预备党员”四级培养顺序，分类设定不同目标，满足相关要求，以签署不同目标“任务书”或“责任书”形式落实具体目标任务。

2. 注重考核细节

在“推优入党—确立计划发展对象—党员发展—预备党员转正”的环节中，做好理论考核、思想评定考核、日常表现评级工作，通过客观数据、群众反馈、谈心谈话效果、个人行为表现等多个方面进行综合评判，特别是疫情防控期间的主要表现。

3. 衔接线上线下

线上依托学习心得体会、理论学习效果、听取讲座报告情况等，线下依托“一站式”学生社区建设，开展“挂牌”行动，做好“平战转换”。

四、经验启示

（一）加强党建引领

始终发挥党组织战斗堡垒作用，让党旗高高飘扬在疫情防控第一线，发挥党建带团建功能，建立临时党支部、临时团支部等机构，为师生注入强心剂。

（二）持续用理论武装头脑

不断加强对党的最新理论的学习，真正做到“读原文、学原著、悟原理”；不断创新教育形式，善于思考，以学生易于接受、喜闻乐见的教育形式吸引青年。

（三）加大对互联网资源的开发利用

面对新形势，要善于做“互联网＋”文章，整合线上线下的教育资源与平台，整合多种形式的理论教育、专业学习，开辟依托短视频、VR、高质量主题网文等的网络教育阵地。

【作者简介】

齐勋，长春中医药大学学生工作部学生教育科、军事教育科科长，讲师。吉林省高校系统党代会、吉林省第十二次党代会党代表，吉林省高层次人才。吉林省高校网络教育名师、吉林省高校首届网络名人、长春市青年讲师团讲师、长春中医药大学辅导员工作室主持人、“时代楷模金春燮事迹报告团”成员。曾获全国最美高校辅导员等省级以上荣誉20余项。

第73问 如何推进网络思政与校园文化建设相结合——校园文化娱乐性与网络思政教育冲突怎么办

内蒙古大学 郭晓飞 汪宏波 屈 涵

习近平总书记在全国高校思想政治工作会议上强调“要运用新媒体新技术使工作活起来,推动思想政治工作传统优势同信息技术高度融合,增强时代感和吸引力”。网络育人是高校落实立德树人根本任务的重要举措,是十大育人体系之一,也是高校辅导员的九大职责之一。网络思政教育如何更好地与校园文化建设相结合,网络思政教育如何在提升吸引力和坚持价值引领之间找到平衡点,实现最优解,是广大辅导员所面临的亟待解决的问题。

一、问题阐述

全媒体时代信息高度碎片化,多样化的社会思潮在网络舆论场的肆意传播,对主流意识形态的权威性和严肃性造成了影响,对于思想认知和价值观尚未完全树立的高校学生而言,也是较大的隐患,同时也对高校网络思政教育的话语空间形成了挤压。就目前高校网络思想政治教育开展情况而言,大部分辅导员在开展网络思政教育的过程中会遇到两种矛盾的情况。

一方面沿用传统的工作模式,依赖于单纯的强制性灌输与纯粹的说教方式开展网络思政教育,就会陷入“自说自话”的尴尬境地,对学生缺乏吸引力,无法真正发挥网络思政教育对塑造大学生价值观念的作用。另一方面,有些新入职的辅导员可能会存在这样的误区:为了吸引学生参与和关注,过分突出校园文化活动的娱乐性,将网络思政教育等同于校园文化活动。表面上看这样的活动形式新颖,特色鲜明,学生参与度高,也容易在网络上收获更多浏览量和关注度。实际上,学生受到的价值引领不够明确,活动存在走过场现象,存在“不入脑不入心”的情况。

作为辅导员,如何更好地解决网络思政教育与校园文化娱乐性的冲突,如何在提升网络思政教育的吸引力和坚持价值引领之间找到平衡点,首先要正确理解网络思政教育的本质逻辑,正确认识网络思政教育与校园文化之间的关系。

网络思想政治教育是指思想政治教育工作者在把握网络与思想政治教育关系本

质属性的基础上，依托网络平台有目的、有计划、有组织地对受教育对象的思想政治素质和道德修养施加影响的教育实践活动。而校园文化是指一所学校经过长期发展积淀而达成共识的一种价值体系，即价值观念、办学思想、群体意识、行为规范等，也是一所学校办学精神与环境氛围的集中体现。

网络思政教育和校园文化在表现形式、现实呈现中有一些是相同的，但是网络思政教育不等同于校园文化。校园文化的自发性决定了它需要更多的娱乐性来吸引学生，网络思想政治教育则具有更多的引导性。因此，网络思想政治教育与校园文化有区别、有差异，甚至有冲突，作为辅导员要正视这种情况，从本质上理解和把握两者之间的关系，合理处理使两者之间互相促进、共同繁荣。

二、解决思路

首先，要立足内容、做实内容、优化内容，用优质内容的正能量促进大流量传播。“坚持共同的理想信念、价值理念、道德观念，弘扬中华优秀传统文化、革命文化、社会主义先进文化，促进全体人民在思想上精神上紧紧团结在一起，是中国共产党建构网络空间马克思主义话语权的终极价值旨归。”[①]其次，成长在互联网时代的当代大学生，习惯于通过特定的话语来表达特定的利益诉求，他们的话语表达呈现出非常强的个体性和分散性。要重构网络思想政治教育路径，就要最大限度地对学生的这种个体性和分散性的话语表达进行有效整合和引导。最后，在网络空间，谁掌握了话语权谁就能依据自我的价值判断来直接或间接控制与影响“他者”的价值观念。这就要求辅导员要注重增强信息技术能力，提升网络素养，提升自身网络育人能力，占据网络育人的前沿阵地。

三、实施办法

（一）坚持正确政治导向，优化网络思政教育内容建设

党的十八大以来，党中央始终坚持自信自强、守正创新，确立了习近平新时代中国特色社会主义思想的指导地位，为新时代思想政治教育提供了相对稳定的话语空间。每个学校也在发展中形成了丰富的校园文化积淀，从校史校情中挖掘育人要素：一方面，从历史与现实的语境出发，在继承、发展与创新优秀传统文化的基础上凝聚

① 中共中央关于坚持和完善中国特色社会主义制度推进国家治理体系和治理能力现代化若干重大问题的决定[N].人民日报，2019-11-06(001).

文化价值共识。另一方面，坚定不移地发挥习近平新时代中国特色社会主义思想的引领作用。高度重视党在不同历史时期开展思政教育所取得的优秀成果，用这些成果引领网络思想政治教育的方向，进一步增强思想政治教育的有效性。

（二）增强主客体互动，提升网络思政教育张力

一方面要在采取灵活多变、贴近生活的大众化的方式，将抽象的理论转换成通俗易懂的大众话语的同时，建立起网络思政工作队伍，这对于如何正确地树立学生中的意见领袖，有效地加以引导，用好网络话语权至关重要。另一方面要兼顾学生个体化的需求，将宏观的理论演变为贴近学生成长经历的微观话语。打破传统网络思政“我说你看（听）”的传播形式，用具象化、生活化的传播形式，让主流意识、理论更加“入脑”“入心”“入行”。例如，很多学校都开展了校园文化活动，学习习近平总书记对青年的寄语。可以对这些寄语进行深入的挖掘，结合学生当下面临的各种困境，比如就业困难、学业困境等实际问题，用理论灵活地指导实践，再用实践去检验理论，让理论与学生的生活实践相结合，用实践构建起学生和网络思政教育之间的互动。

（三）主动掌握话语权，把握网络育人规律

首先，要深入研究网络育人规律，常态化地开展技术开发和普及、网络分析和查看、安全管理和监督，走进网络，了解网络，把握网络。其次，要用好网络载体，办好网络活动，写好网络作品，及时发声，有效发声，牢牢把握网络育人的主动权和主导权。再次，用好“网言网语”，让网络思政教育“有趣”“有序”更“有效”。最后，全媒体时代的到来并不意味着传统媒体的消亡，传统媒体与新兴媒体各有特点，在网络思政教育中扮演着不可或缺的角色。能否紧跟媒介融合发展的时代步伐，打造“全方位、多层次、立体化”媒体传播矩阵，是高校网络思想政教育成功与否的关键。

四、经验启示

在网络时代做好网络思政教育势在必行，并且网络思政教育应随着网络发展的新特点不断进化升级。网络思政教育要想入脑入心，要想真正发挥思想引领的作用，就要把握好网络思政教育与校园文化娱乐性之间的关系。辅导员在工作中要多摸索、多思考、多尝试，在实际工作中不断探寻答案。要真正围绕学生、服务学生、关照学生，唯久久为功、点滴尽责、事事入心，才能推动学生的思想、行为产生预期的正向变化，才能实现网络思政教育的预期效果。

【作者简介】

郭晓飞，内蒙古大学党委学生工作部（学生工作处）副处长。2018年2月荣获“全国学生资助工作‘优秀个人案例典型’称号”。内蒙古自治区高校思想政治工作精品项目“‘大学自我认识与成长’‘课程+平台+社会服务’三位一体精准化协同育人模式的创新与实践”成员。主持及参与自治区级思政课题2项，主编图书7部、主编教材3部，荣获省部级以上奖励15次。

汪宏波，内蒙古大学党委学生工作部（学生工作处）学生思想政治教育科副科长。曾获全国易班优秀指导教师称号，在内蒙古自治区高校易班评选中荣获多项荣誉。

屈涵，内蒙古大学党委学生工作部（学生工作处）学生管理科副科长。曾担任内蒙古大学外国语学院专职辅导员，有较为丰富的基层学生管理经验，主要研究学生思想政治教育和日常管理的融合。曾获内蒙古大学优秀共产党员、内蒙古大学学生工作先进个人、内蒙古大学学生就业工作先进个人等荣誉称号。

第74问　如何聚焦网络思政新平台、提升班级活力——“打卡”形式化严重、学生积极性差怎么办

重庆邮电大学　常　硕　马　玺

一、问题阐述

习近平总书记在全国高校思想政治工作会议上指出：“要运用新媒体新技术使工作活起来，推动思想政治工作传统优势同信息技术高度融合，增强时代感和吸引力。”当前，信息通信技术已成为全世界创新最活跃、发展最迅猛的领域之一，将开启万物互联、人机深度交互、智能引领变革的新征程，互联网日益从平台工具属性转向空间社区属性，深刻地影响着青年大学生的价值取向和思维方式。当代大学生是与互联网同生共长的一代，对互联网和移动终端具有极大的依赖性与黏性，呈现出与网络生态相呼应的自主性和多样性特征，需要高校创新网络思想政治教育形式，不断激发思想政治教育的活力和生命力。

班团组织是高校教育和管理的基本单位，是高校思想政治工作的重要载体和实践单元，是青年大学生增长才干的重要平台、自我教育的重要阵地和社会化进程的重要场域，通过将网络思政平台融入班团组织建设来提升班团活跃度和教育生命力已逐渐成为高校思政领域具有较高共识度的有效路径。但与此同时，以班团微信公众号、班团QQ服务号、班团“易班”主页等为代表的班团网络思政新平台建设，呈现出特色主题鲜明度不足、对象群体聚焦度不足、内容打造吸引度不足三大突出问题，走入“千篇一律”的同质化困境、“隔靴搔痒”的失效化困境、“蜻蜓点水”的浅层化困境，存在打卡形式化严重、学生积极性差的现实困难。

二、解决思路

2000年，重庆邮电大学紧握网络时代发展脉搏，聚焦现代大学生成长规律，充分发挥专业特色优势，传承“爱国、奋斗、团结、奉献”的红岩精神，遵循“党团宣传的窗口、理论学习的课堂、师生互动的纽带、学生喜爱的家园”的建设理念，探索打造网络

思政新阵地——红岩网校工作站团支部。充分发挥基层团组织的战斗堡垒作用，围绕“技术潮流融合、时代热点嵌入、人才培养导向”三聚焦工作思路，历经22年打造形成以“一校五网六平台”为架构的立体化网络思想政治教育主阵地，靶向式应对打卡形式化、学生不积极的网络思政困境，典型做法获得上级领导和社会各界的广泛赞誉，两度荣膺“全国五四红旗团支部”。

三、实施办法

（一）聚焦“技术潮流融合”，全力服务学生成长，不断提升网络思想政治教育的覆盖面、活跃度

一是全力实现多元化青春传递窗口、模块化青春咨询平台、圈层化青春线上家园的目标定位，截至2022年9月，完成红岩网校工作站PC端主站及“重邮小帮手”微信公众号视觉改版、“重邮帮”小程序开发上线、“掌上重邮”APP6.0版本迭代，真正实现从PC端到移动端主流青年平台的全覆盖；目前注册人数超过15万人，日点击量达17万人次，实现了对全体在校学生、部分校友和学生家长的多重、有效覆盖。

二是充分适应短视频社交平台和产品形态兴起趋势，于2022年3月，完成以“青春重邮”为统一命名标识，涵盖微信视频号、抖音、B站、快手、直播的短视频平台矩阵建设及官方认证，创设性开展“青春战疫　为爱发光”云上音乐厅等直播活动，“披甲出征青年人”等主题微视频被浏览、转发数万次。

三是聚焦当下流行的核心视觉形象传播潮流，于2020年3月启动红岩网校工作站视觉形象IP设计项目，先后经过数次全校规模学生意见征集反馈，最终完成并公开发布以“红岩网校”英文译名“REDROCK”首字母“R”为设计原型的视觉形象IP，极大地提升了网络思想政治教育开展的亲和力、感染力和创新力。

（二）聚焦“时代热点嵌入”，做实做亮思想引领，不断凸显网络思想政治教育的针对性、交互性

红岩网校工作站团支部始终围绕“立德树人”根本任务，聚焦青年大学生的发展需求，凸显引领性、交互性和趣味性，充分结合青年大学生的话语体系和视觉风格，通过开发大家喜闻乐见的网络产品来吸引凝聚青年学生。围绕习近平新时代中国特色社会主义思想学习，开发上线了“勤俭节约·祝福祖国”等趣味学习产品，潜移默化地引领正能量的传播。结合重要时间节点、重大历史事件开发线上主题教育产品，如结合马克思100周年诞辰，开发“嗨！我是马克思”线上产品；结合五四运动100周年，开

发“讲青年故事·扬五四精神”线上产品；结合四史教育，更新“新中国史·伟大成就翻翻乐”线上产品；结合新冠疫情防控，开发“青春战‘疫’学霸来帮忙”“重邮菜单”应用程序，积极助力返校复学工作；结合党的十九届五中全会精神学习，与重庆团市委、重庆市学联联合推出“党的十九届五中全会精神学习填填乐”线上产品，上线3周访问量超过300万次，非重复性用户数量超过39万人，作为重庆市唯一的高校学习宣传党的十九届五中全会精神特色做法推报团中央。设计开发爱校荣校特色网络产品，特别是围绕建校70周年，结合“初心系国脉　奋进i时代”的校庆主题，特色开发以“伫立”“薪传”“蓝图”等为主题的“i重邮”系列网络文化产品，浏览量、下载量、活跃量合计超过18.5万，点赞比率达9.82%，正能量留言超过6千条。

（三）聚焦“人才培养导向”，多元发挥育人功能，不断增强网络思想政治教育的实效性、吸引度

红岩网校工作站团支部对标腾讯、字节跳动等互联网领军企业，完成集产品规划、视觉设计、Web端开发、移动端开发、安全维护的部门设置并形成体系化、数字化的培训培养课程，年均培训人次数至2022年跃升至2万人次。这一批又一批志愿从事网络文化建设的学生队伍，负责红岩网校的建设维护工作，同时还参与网络舆情的监测、收集、研判、分析等工作以及开展“清朗网络·青年力量”“网络文明行”“阳光跟帖行动”等活动，进一步提升了学生思想政治素质和信息技术能力；在2022级新生学员中招募4406人，占当年本科新生招生人数的80.96%；截至2022年，站长团这一群体共有116名同学经过红岩网校的锻造走出校园、走向社会，他们中约有5%进行自主创业，30%考取或保送研究生，60%加入华为、腾讯、中兴以及三大运营商等行业领军企业。以上两组数据充分证明了红岩网校工作站团支部在发挥育人功能方面的吸引力和达成度。与此同时，积极拓展校内外联合育人平台，工作站与重庆市青少年新媒体中心合作建设“网络思想政治教育共建阵地”，与重庆红岩联线文化发展管理中心合作建设“红岩精神重庆邮电大学传播研究中心”，与华为重庆DevCloud创新中心合作启动“邮为”青年菁英训练营计划，与腾讯成都分公司合作启动“早鸟”计划，通过校企政三方资源融合，进一步提升品牌性网络思想政治教育的育人实效性和社会影响力。

四、经验启示

（一）注重第一课堂与第二课堂的育人平台融合

紧紧围绕立德树人根本任务，对标德智体美劳“五育并举”，与第一课堂同向同

行，以“红岩网校工作站团支部为基础的青年融媒体中心”建设为主线，一手抓技术革新，一手抓内容拓展，构建功能更加多样、覆盖更加全面的网络思想政治教育综合引领阵地。

（二）注重思想政治教育与专业特色培养的育人目标融合

深度聚焦信息通信类人才培养的社会需求与行业趋势，将学生具有的专业能力转化为开展特色网络思想政治教育的“技术内核”，实现主客体于一身的角色重构，让受教育者释放出更深层次的教育能动性和更具潜力的教育价值。

（三）注重校、企、政三方的育人资源融合

牢牢把握重庆“红岩精神”这一文化名片，与重庆红岩联线文化发展管理中心推动共建大学生网络思想政治教育的虚拟仿真平台，与华为、腾讯等围绕新技术实训推广、职业生涯规划、大学生社会实践等开展合作，在紧跟行业潮流和服务地方发展中，实现校、企、政三方育人资源的多元融合。

【作者简介】

常硕，重庆邮电大学计算机科学与技术学院辅导员、团委书记。入选重庆市辅导员择优资助计划、共青团重庆市委首批“青年百人讲师团”。三度征战全国辅导员素质能力大赛，斩获全国辅导员素质提升骨干训练营“特别表现奖”等省部级及以上奖项5项。主持教育部人文社会科学研究项目等省部级及以上学术科研项目6项。曾获全国高校网络教育优秀作品（网文类）一等奖、全国高校思想政治工作优秀案例三等奖等省部级及以上荣誉12项。

马玺，重庆邮电大学学生处学生公寓管理中心副主任。曾获重庆市第十届辅导员素质能力大赛优秀奖等省部级及以上荣誉5项。主持重庆市高等教育教学改革研究项目1项。

第75问　如何激发思政工作新活力，创造网络思政新形式——学生出现“入耳、入脑、不入心”的现象怎么办

华东理工大学　王　滢

自进入新时代以来，国际国内形势变化莫测，尤其是在常态化疫情防控的新形势下，高校的日常教学、学生管理和思政教育工作都受到了深刻的影响，导致高校的网络思政教育工作逐渐成为思政教育工作的主要模式。而当代大学生面对这百年未有之大变局，学习习惯和认知方式更是发生了巨大变化。这给高校的网络思政工作提出了新要求和新挑战，网络思政工作需要不断创新工作内容及形式，优化工作方式方法，思想政治理论教育才能真正实现入耳、入脑又入心。

一、问题阐述

互联网技术的使用提高了工作效率，当前高校普遍利用腾讯会议、微信等展开线上班会、组织生活以及线上疫情防控会议，虽然缩短了辅导员与学生的时空距离，但也消解了面对面的细微反馈，隐藏了学生内心的真实想法，弱化了思政教育工作的实际效果。疫情防控深深地影响了学生的日常生活，辅导员则要面对大量的疫情防控表格填报、进出校审批以及突发的临时管控，导致思政工作给疫情防控工作让路的现象时有发生。此外，大学生正处于价值观形成的重要阶段，而大学生在网络上接触到的多元化意见，极大地影响了大学生的认知，但辅导员碍于事件敏感不敢在网络上发声，没有及时正面回应学生的关心和关切，导致大学生对党的思想理论、国家政策理解不透彻，以偏概全，出现价值观摇摆、发表错误言论等情况。因此，在高校网络思想政治教育中，要准确把握大学生思想认知的动态变化，并及时调整思政教育工作的方向和方法。

二、解决思路

（一）因事而化：贴近学生，化解学生实际困难

面对新形势下学生产生的困惑、遇到的难题和摇摆的认知，辅导员要能够及时觉察并解答学生的疑问，帮助学生建立解决问题的思维，引导学生树立正确的价值观。但在做思想工作的过程中，要丰富思想教育的内容，避免填鸭式的说教和单向输出，必须要贴近学生的实际生活，解决学生的实际困难，才能让学生接受思想政治教育，将自己的认知和思维转化为行为习惯，加强思政育人的针对性，达到授人以鱼不如授人以渔的效果。

（二）因时而进：把握时机，在生活中开展教育

辅导员一方面要准确把握大学生所处的时代背景，在疫情防控常态化的时代背景下，树立疫情防控和思想政治教育不分家的工作观念，趁热打铁，解读好国家政策，回应学生关注的疫情防控热点。另一方面要认识到互联网本身的特点，以及对大学生认知和生活的影响，利用互联网的优势来消解其碎片化、扁平化、快餐化的特点，引导学生进行深度思考，紧跟时代步伐，增强思政教育的时代感。

（三）因势而新：把握大势，创新网络思政手段

随着社会形势的大变革和网络技术的普遍应用，高校的网络思政教育已经显现成效，但也要根据形势的变迁来调整工作方法，探索新载体、新形式和新手段，推进网络思政育人理念创新、工作路径创新，才能使新时代的网络思政育人工作始终保持新活力。辅导员可以利用微信公众号、视频号、B站等这些学生习惯的网络媒介，开发出新形式，让学生有眼前一亮的感觉，增强网络思政教育的吸引力和亲和力。

三、实施办法

（一）以党性教育为引领，带领学生参与网络思想阵地建设

要坚持用习近平新时代中国特色社会主义思想武装全党、教育人民。华东理工大学艺术设计与传媒学院（以下简称艺术学院）成立了“学习创未来”工作室，由辅导

员带领党员学生创作“学习习近平新时代中国特色社会主义思想三十讲”长图条漫、“手绘接力庆祝建党99周年”等系列推送内容，融合专业优势实现思想理论可视化，以学生喜欢看、能看懂、我想看的形式传播。学生在参与思政教育宣传工作的过程中，不仅可以将理论知识吸收内化成自己的思想认知，还能实现外化输出，通过思想认同、内化吸收、输出传播这个过程，提升思想理论入耳入脑入心的内化力。此外，理论的宣讲内容不能再是干巴巴的纯理论，而是生动的故事和案例。艺术学院在疫情期间举办了“战疫有我，请党放心——艺设党员一线日记”的线上“艺术党课”，从学生身边的现实生活中挖掘动人故事、树立典型，拉近学生与“理论口号”的距离，让学生感到自己也可以是主角，增加学生内化学习和外化实践的主动性，达到思想理论入心又入行的效果。

（二）探索网络媒介“新玩法”，吸引学生在互动中认同思想

自高校开展网络思政教育以来，微信、腾讯会议、钉钉等一众应用平台，已经成为辅导员开展网络思政工作必不可少的工具。学生已经非常熟悉微信沟通、公众号推送等形式，长久以往，学生产生“审美疲劳”是不可避免的，思政教育的实效也会随之大打折扣，这就要求辅导员开发出“旧”网络媒体的“新玩法”。艺术学院利用抖音、B站直播思政课，在疫情期间带领学生在鄂州市博物馆“云观展”，领略荆楚大地的英雄气概；在瑞安国旗博物馆“云升旗”，庆祝建党99周年；在校园管控期间“云游校园”，通过线上线下直播互动，抚慰学生焦虑不安的内心；将腾讯会议室变成云上点歌房、电影放映室和自习室，通过互动拉近师生关系，透过网络传递陪伴的温暖；利用元宇宙平台开展教学活动和毕业典礼，通过这些新颖有趣的形式吸引学生，让学生在互动中增强思想认同和情感认同。

（三）融合利用好“大思政课”，引导学生在实践中增长本领

习近平总书记指出“思政课不仅应该在课堂上讲，也应该在社会生活中来讲”。但仅仅开展网络思政教育而不进行实践，会让学生觉得思想理论是“飘”在空中的，是不“踏实”的，辅导员需要融合网络思政与现实思政，融合理论与实践。例如艺术学院成立学生宿舍文化建设项目组，由党员同志带领成员开展“艺舍营造计划”，结合节日定期改换宿舍楼外墙设计，为在校同学打造有趣味、有温度、有生活的宿舍氛围；学生党员发现党员发展工作的痛点，自发组建“大创团队”，研究后疫情时代发展学生党员的优化措施，最终开发出了相关的微信小程序并获得了专利。这样引导学生通过实践来解决学习生活中的实际困难并获得价值感，才能将入耳入脑的思想理论外化成入心的实践行为，推动网络思政教育工作提质增效。

四、经验启示

新形势下的网络思政教育工作不再是一成不变、按部就班的，需要辅导员不断推陈出新，用学生习惯的网络话语体系吸引学生，在思想沟通和互动形式上与学生同频共振，让学生获得参与感、新鲜感和价值感，最终引导学生将思想理论吸收内化、行为外化和实践转化，为党和国家培养有理想、敢担当、能吃苦、肯奋斗的新时代好青年。

【作者简介】

王浛，华东理工大学艺术设计与传媒学院辅导员，学生党支部书记，讲师。所带党支部获2022年上海高校“百个学生样板党支部”称号，2021年获评华东理工大学“优秀思想政治教育工作者”称号。主持省部级项目1项、校级党建项目1项，开发“艺术党课”系列品牌党课，获得2021年华东理工大学教学成果奖二等奖。

第76问　如何聚焦线上与线下联动，突破网络思政传统模式——线上与线下脱节、学生缺乏氛围培养怎么办

天津大学　赵书航

一、工作背景

习近平总书记在全国高校思想政治工作会议上指出，做好高校思想政治工作，要因事而化、因时而进、因势而新，要运用新媒体新技术使工作活起来，增强时代感和吸引力。利用网络开展思想政治工作是提升基层思想政治工作质量和水平的重要途径，互联网、全媒体的不断发展为思想政治教育守正创新发展提供了广阔空间。

从工作层面看，当前网络思政教育内容的形成主要依靠思政工作者长期积累的工作经验和对少数学生的思想情况把握，多数思政工作者还存在对于新媒体新技术掌握不够、个人能力不足等问题，对于"学生是否需要""需要的学生是否获得"等问题无法给出有效回答。

二、工作思路

主动占领网络新阵地，善于运用新媒体开展工作，特别是要聚焦线上与线下联动，突破网络思政传统模式，这是辅导员职业能力内涵要求所在。出现上述问题的原因在于对网络育人赋能精准思政内涵的理解不够深入，未有效建立网络思政内容评价体系，从而出现线上与线下脱节、学生缺乏氛围培养等问题。

在开展网络思政平台建设和日常维护的实践中，要注重结合问题导向和需求导向精准发力，着力在营造氛围、典型选树、理论解读、引导思辨上下功夫，准确把握网络育人赋能精准思政的内涵与特征，构建精准思政的路径与表征，推动供给侧的优质资源供应，让网络育人理念精准深度融入日常思政，更好地在全媒体融合情境下讲好时代好故事、发出高校好声音。

三、工作举措

(一)建平台,推动供给侧优质资源供应

笔者运营个人公众号“辅导员小赵”满五年(截至2022年11月),关注量5043,共发布原创推文128篇,累计阅读量达到30.3万次,点赞数超过1万个,收获留言2300余条。公众号将学生关注的热点、成长的痛点、发展的难点作为网络思政的切入点,开发出一批积极向上、可读性强、互动性广、传播性高的网络文化精品作品,不断巩固网络思想政治教育独特优势,深受师生读者信赖。以2022全年为例,共撰写原创高质量推文12篇,累计阅读量超过5.2万次,篇均阅读量超过4400次,新增粉丝710余人。特别是自2022年年初首次迎战奥密克戎病毒以来,撰写多篇网文鼓励学生携手并肩、同心战疫,同时在面对嘲讽“小镇做题家”、曲解防疫政策等错误思潮时旗帜鲜明地予以驳斥,2篇8000次以上阅读量的文章有效形成正向引领。

1. 以迎新教育为契机,奠定基础传播力

确定平台预期所面对的受众群体,以新生入学及迎新教育为契机,通过写所思所悟、答青年疑惑、看时政热点等传递身边好故事正能量,特别是在“迎新季”和围绕新生入学后适应性教育上做好主题推送,通过抓住新生入学前的好奇心理和活跃状态,为平台日后的辐射面和影响力奠定坚实基础。

2. 紧扣关键节点时机,发挥主流引导力

辅导员是开展思想政治教育的骨干力量,要坚持以微信公众平台为坚强阵地,紧扣时事热点和重大节点输出充满正能量和底色鲜明的文章,同时让广大学生发声,线上线下共同配合发挥好网上平台的主流引导力,做到“四个正确认识”。

3. 坚持学生需求导向,提升舆情影响力

在坚持遵循思想政治教育规律、媒介融合发展规律和学生成长成才规律的基础上,坚持需求导向和问题导向,将学生关注的热点、成长的痛点、发展的难点作为平台建设的发力点和关键点,提前研判舆情,主动引导学生舆论,及时有效降低潜在的不稳定风险,避免在关键时刻失语无声、乱语杂声现象的发生。

(二)善分析,设计多维度内容评价体系

一个学生信赖、实效突出的网络思政平台是具有生命力和某种特质的平台。要

善于从数据中发现规律反哺平台建设，从而更好服务于思想政治教育的精准化和实效性。这里引入篇数、粉丝数、时间、阅读量四个维度，综合分析研究平台建设的评价体系。

1. 构建“篇数-粉丝数”二维关联，明确平台发展阶段

横坐标为发布文章的篇数，左侧的纵坐标是粉丝数，将每篇实际送达的粉丝数相连呈现其随篇数增长的情况。除去平台建立初期粉丝激增的影响，平台涨粉随篇数基本呈现线性规律，拟合的方程斜率K可以表征平台影响力，即每发布一篇文章可以涨粉多少。通过该关联能较显著体现平台的发展情况，关联显示平台具有基础构建、持续攀升、现象增长三种形态，且后两者呈现交替出现的周期规律，这一现象符合媒体传播规律，对平台建设具有很强的指导意义。

2. 继续引入“时间”维度，分析平台发布规律

固定一个周期，比如100天，从平台建立起每100天用虚线纵向分割，通过观察虚线与实线的交叉情况以及虚线间隔情况，可以分析平台的发文间隔，分析在自然年或学年里哪个时间段发布的文章更频繁。以本平台为例可以发现，抓住迎新教育是奠定基础传播力的绝对契机；坚持更新频率能保证持续影响；平台运行的质量逐年整体提升，说明学生更加认可；平台4月开始易出现持续现象增长，需要抓住这一阶段学生心理变化做到有针对性地精准输出。

3. 继续引入“阅读量”维度，塑造平台人格价值

将右侧的纵坐标阅读量同样与篇数相关联，能更为清晰地发现增长规律，如拥有高阅读量的某篇文章发布后将大幅涨粉，甚至推动平台进入现象增长。同时通过分析特殊节点高阅读量、高转发量、高留言量的文章题材，可以有效分析受众的阅读习惯和期待行为，塑造平台人格价值。要注重将学生思想的盲点、关注的热点、成长的痛点、发展的难点作为发力点，让学生日益习惯这种向日常延伸的精准思政教育方式。

四、经验启示

（一）注重网络育人赋能精准思政

要精准定位网络思想政治教育的群体特征和内容导向，精准供给网络思想政治教育的内容输出和载体设置，精准评估网络思想政治教育的实施过程和实际效果，从而不断提升高校网络思政工作的实效性。

（二）坚持问题导向和目标导向

高校思政工作者要凝聚共识，充分认识到网络思想政治教育的重要意义和紧迫性，不能仅仅将网络思想政治教育当作工作任务，而是要把网络育人理念贯穿日常思政，真正结合学生需求设置网络思政话题，不断推动网络育人实效。

（三）建立网络思政内容评价体系

要从输出到评估反馈形成工作闭环，在依靠阅读、转发、点赞、评论等数量进行评价的基础上，善于将用户体验、平台互动等系统性反馈纳入整体评价，特别是分析反映学生对内容的接受程度、认可程度、理解程度的数据，实现对育人效力的综合评估。

【作者简介】

赵书航，天津大学化工学院团委书记，运营微信公众平台“辅导员小赵”，发布120余篇原创网文，入选天津市网络名师工作室（培育）项目。曾获天津市教育系统优秀党务工作者、天津市普通高校十佳辅导员、天津市优秀共青团干部等荣誉称号及天津市团干部岗位技能大比武一等奖、第四届天津市辅导员职业素质能力大赛二等奖等。

第77问 如何筑牢网络思政阵地
——网络思政平台无法吸引“粉丝”怎么办

桂林理工大学 吴田波 张 瑞

一、问题阐述

习近平总书记在全国高校思想政治工作会议上指出:“要运用新媒体新技术使工作活起来,推动思想政治工作传统优势同信息技术高度融合,增强时代感和吸引力。”随着网络原住民、特征鲜明的“00后”大学生进入校园,处于深入发展阶段的高校网络思想政治教育迎来了新挑战。面临新形势,高校逐渐建设完善易班学生工作站、全媒体中心、大学生网络文化工作室等网络思政平台来应对挑战。但普遍存在“遍地开花没重点”“孤军奋战缺成效”“生产内容不畅销”等问题,导致尽管网络思政阵地配套建设完备,却形成“敲锣打鼓”却依然“门可罗雀”的尴尬局面,无法吸引、凝聚、引领广大青年学子。

二、解决思路

面对网络思政阵地的困境,要以立德树人为根本任务,以“举旗帜、聚民心、育新人、兴文化、展形象”为建设方向,运用全媒体思维,主要解决找准前进爆发力、增强队伍战斗力和提高内容生产力这三个关键问题。提高内容生产力,关键是要找准、完善和包装内容。增强队伍战斗力,关键是要提升教育者媒介素养。找准前进爆发力,关键是要搭建体系、打造生态。

三、实施办法

(一) 以“内外兼修”绘发展布局,夯实建设发力点

网络思政平台发展的内在基础是形成可持续发展体系——领导重视、机制保障、

梯队明朗。外在基础是形成全领域平台生态，明确发展重点。

1. 搭建体系，完善机制

一是加强顶层设计。及时向学校汇报网络思政平台建设进展，主动将平台建设融入学校的发展建设中，并围绕“运行机制、动力机制和约束机制”三大方面建立健全长效发展机制。

二是重视教师梯队建设。邀请校外网络思政专家作为定期咨询顾问，邀请校内党委宣传部、党委学工部、马克思主义学院等部门领导、老师作为日常指导专家，并主动联合校内外师资力量作为开展工作的骨干，携手加强网络思政平台的专业性建设。

三是发挥学生主体作用。以教师为建设指导，以学生为参与主体，给予学生充分的创造、创新空间。对于学生队伍，通过线下培训、网课学习、作品制作、项目建设等方式加强培育。

2. 打造生态，移动优先

面对外部纷杂的网络，将校内网站、报刊、易班、微信、微博、抖音等资源协调统一，建设平台生态。此外，在移动互联时代，“移动优先”是共识。我们要依据移动终端的传播特点，生产出亲和、有吸引力的网络作品，培养出多元化的思政网红等。

（二）以“四网”达“四全”，构建全媒体传播体系

以乐做学生“网友”、善做学生“网管”、争做学生“网红”、会做学生“网咖”为建设思路，全面贯彻全程媒体、全息媒体、全员媒体、全效媒体的全媒体思维，构建全媒体传播体系。

1. “全程”交互，善做网友

在全程媒体层面，师生可以随时随地进行互动交流，时效性显著提升。我们要善用“网言网语”，善做线上的“网友”。如在新中国成立70周年之际进行爱国主义教育，发表《我和我的祖国》一文与青年对话；在疫情防控期间，通过《雷锋月里，写给同学们的一封信》，赞扬青年学子无私奉献，坚定必胜信心等，从而更好地掌握学生思想动态，归纳出学生的思想轨迹，做好思想引领。

2. “全息”呈现，善做网管

在全息媒体层面，可以做到立体化地呈现、沉浸式地体验。我们必须要加强对新媒体、新技术的学习和运用，举办新媒体学生骨干培训班、加强指导教师交流学习等，努力提升网络媒介素养，善做能力突出的“网管”，加强教育效果。

3. “全员”生产，善做网红

在全员媒体层面，每个人都可以是宣传教育的主体，形式从“一对多”变成了“多对多”。我们要不断加强舆论引导的能力，努力挖掘、培养师生群体中的“网红”，如根据辅导员共性特征建设《辅导员说》系列栏目，立足辅导员专长打造个性栏目《“雪”法“慧”法微课堂》等，牢牢占领网络思想政治教育的阵地，把握主动权。

4. “全效”生态，善做网咖

在全效媒体层面，传播效能大大提高，平台矩阵集成了教育、服务、娱乐等各种功能。我们要善于把教育的资源集合成优质的网络育人生态平台，并开展“你笑得真好看”“网络文化节”等活动，打造成学生喜爱的“网咖”，凝聚学生。

（三）以“金课标准”建设网络内容，形成良好网络生态

以“配方”先进、“工艺”精湛、“包装”时尚的思政课金课标准建设网络育人内容，从学生的兴趣“焦点”、思想“热点”和理论“盲点”出发，找准、丰富、包装育人内容，筑牢网络育人阵地，形成良好网络生态。

1. 精“配方”，把握规律，找准内容

“00后”大学生物质条件优越、思想早熟、个体意识强，成长成才规律发生了显著变化。我们要遵循思想政治工作规律和大学生成长规律，以学生喜闻乐见的途径、形式进行网络育人。网络思政平台要积极占领抖音、B站等网络新阵地，通过直播、短视频等新形式，丰富文化内涵，结合优秀的中华传统文化、红色文化、社会主义先进文化教育，创作产出网络文化作品，将思想政治教育融入“焦点”和“热点”中，扫清“盲点”，传播主旋律、弘扬正能量。

2. 强“工艺”，拓展资源，丰富内容

在发挥课堂主渠道作用的同时，将线上和线下有机融合。在发挥教师主导作用的同时，加强学生的主人翁意识，将老师和学生的双主体作用有机融合。网络思政阵地特色化发展既要扎根于校史校情，服务学校的发展大局，如打造云端“院长下午茶”“学霸班”“实验室探秘之旅”等栏目助力专业发展和学风建设。同时，又要走出校园，积极联系各方育人资源。如建党百年之际，大学生党史学习教育工作室发起的“榜样，你好！”活动，全国百名高校思政工作者共同进行榜样宣讲活动。

3. 新“包装”，创新方式，包装内容

网络思政阵地要活起来，对思想政治教育内容进行创新宣传，如指导学生主创的

《课间五分钟》短视频系列，通过学生参与主题情境演绎实现教育内化和宣传外延。教师主创的《安全教育》短视频系列，将老师从讲台搬到屏幕中，从“说教”到“说唱”，使得思想政治教育内容先抓住眼球，再直达心灵。

四、经验启示

（一）内容为王，破解内涵发展不平衡的问题

网络思政平台在建设过程中输出的“共性”内容偏多，“个性”内容偏少，在内涵建设中重“形”而轻“神”。坚持“内容为王”的理念，可以高频次，但更要追求高质量；可以蹭热点，但更要制造热点。我们要立足实际深入研究，有效整合育人资源。

（二）以人为本，破解资源挖掘不充分的问题

网络思政说到底还是“靠人来做人的工作”。“做什么人”的思政工作，要求我们要深入学生，遵循规律。“靠什么人”来做思政工作对我们提出了更高要求，既要整合专业队伍，也要融合本校资源，还要联合校外资源。

【作者简介】

吴田波，桂林理工大学地球科学学院团委书记，主持广西高校首批高水平辅导员工作室——“地学微风”大学生网络文化工作室。曾获广西壮族自治区党委教育工委“优秀共产党员”荣誉称号及广西高校辅导员素质能力大赛一等奖、全国高校思政工作“金微课”三等奖等省部级表彰奖励19项，获学校教职工“奖励系列活动激励担当作为”嘉奖奖励等校级奖项20项。

张瑞，桂林理工大学党委武装部部长、保卫处处长，教授，硕士生导师。入选广西高校思想政治教育杰出人才支持计划，主持完成地厅级课题8项，先后在《思想教育研究》《学校党建与思想教育》等期刊发表学术论文40余篇，出版学术专著1部、教材3部。

第7篇

校园危机事件应对

第78问　如何维护校园安全稳定
——学生之间发生冲突怎么办

西南财经大学　徐天然　王　慧

一、问题阐述

某日午后，一女生宿舍中A生和B生因午休拉窗帘问题发生口角，双方不欢而散。A生因气愤不过，遂发朋友圈吐槽宣泄，该宿舍另一位室友C生随即在该朋友圈下评论附和，历数B生的种种“令人讨厌”之处。该朋友圈及评论被B生看见后，B生委屈至极，在宿舍里失声痛哭。见B生情绪崩溃，近半小时未有好转，A生与C生随即电话联系辅导员报告此事，同一时间，B生也通过QQ向辅导员留言求助。

二、解决思路

该案例的冲突起因本是生活琐事，由于学生之间并未及时有效沟通，而是选择通过网络渠道进行情绪宣泄，结果非但没有解决问题，反而进一步激化了矛盾，导致冲突升级。

因此，辅导员在处理此类纠纷时，要注意区分两个层面：一个是对冲突起因的分析，另一个是对网络行为的评价。针对前者，辅导员要引导学生相互包容、彼此尊重，不宜对学生的生活习惯、个人爱好做出正确与否的价值判断。针对后者，辅导员要在查明事实的基础上，旗帜鲜明地指出网络言行的规范与要求，同时在调解过程中，辅导员要充分了解各方诉求，进而引导各方达成一致。

三、实施办法

在本案例情形下，辅导员主要采取了以下具体措施：

(一) 平复情绪

冲突发生后,B生与A生、C生形成严重的情绪对立,短时间内无法调和。为防止各方持续接触而导致事态升级,辅导员在征求相关同学意见后,临时将B生与另一宿舍同学床位对调,实现暂时的“物理隔离”。同时,安排B生班级中的好朋友陪伴她,帮助B生平复情绪,了解掌握B生的情绪走向。

由于A生和C生情绪相对稳定,辅导员在做了适当工作后,她俩当场删除了朋友圈和评论,并承诺不会再有其他刺激言行。

(二) 倾听诉求

在各方情绪稳定后,辅导员分别与学生展开单独谈话。在与A生、C生谈话中,首先给予她们充分的倾诉机会,主要是关于上大学以来跟B生有关的种种负面感受;其次引导她们自我思考解决问题的方法,包括反思是否做到了沟通努力、自身是否存在相关过错等;最后分析探讨朋友圈及评论的内容是否属实、是否夸大,即使属实,这一行为是否涉及侵犯他人隐私、名誉等。通过教育和引导,A生和C生均认识到自身网络言行的错误,同时表达了希望同B生友好沟通的诉求。

在与B生的谈话中,B生一开始即表明诉求为希望A生和C生公开道歉。辅导员即从诉求本身出发展开探讨,包括道歉的具体内容、形式等,尤其分析了道歉与否和事情最终解决的利害关系。在交流引导中,B生将注意力从道歉逐渐聚焦到宿舍关系上,主动谈到了自身存在的问题以及对良好宿舍人际关系的期待,也表达了愿意同A生、C生深入交流的意愿。

辅导员还同该宿舍另一位室友进行了单独谈话,从该名室友处掌握了对A生、B生、C生相对客观的评价,同时鼓励该名室友同辅导员一起扮演好协调者角色。

(三) 团体辅导

在征得各方同意后,辅导员召集该宿舍四位同学进行了一场小型团体辅导。辅导流程设计如下:

1. 夸赞他人

请每位室友依次总结其他三位室友的优点,并且说出相应的具体事迹予以佐证。

2. 检视自己

要求每位室友说出自身存在的问题,并且分析自己的问题的形成原因。

3. 理想画像

准备好纸和笔，请每位室友画出自己理想中的大学宿舍画像，画像不仅要体现宿舍外观，也要体现宿舍文化、人际关系等。

4. 共商对策

为了共同建设理想宿舍，每个人用笔写下自身对宿舍建设的承诺，承诺必须具体可行，后续由室友之间彼此监督执行。

在团体辅导的引导下，各方从一开始的冷漠尴尬到后来的坦诚沟通，紧张的冲突关系得到大大缓解。

（四）达成和解

为了彻底平息这一冲突，辅导员主动回归到各方之前提出的诉求，提出各方相互道歉的解决方案：A生、C生就朋友圈行为及日常自身过错道歉，B生就日常自身缺点及疏忽过错道歉。至于道歉的形式，为了最大程度上减少事件的影响并避免其他同学不必要的评论和误会，B生放弃了要求A生、C生在朋友圈道歉的诉求，各方最终同意当面口头道歉即可。

在达成和解的过程中，辅导员就朋友圈言行的性质进行了单独解释，指出了依据《学生手册》该事件可能因涉及的侮辱、诽谤他人等处分风险，但同时也指出认错态度如何、当事人是否谅解是处分与否的考量因素。上述解释打消了学生可能存在的面子思想和报复心理，最终促进了和解的达成。

（五）集体教育

为了起到举一反三、案例教育的效果，辅导员将冲突发生的起因、发展与解决过程进行了匿名化处理，在班会上对全体学生进行了一次集体教育。集体教育共涉及三个层面的话题：第一，宿舍文化的建设。号召同学们珍惜室友情谊，理解可能存在的习惯差异，做到尊重与包容，必要时建议制定宿舍公约。第二，网络言行的规范。带领同学们共同学习《中华人民共和国网络安全法》等法律法规，学习《学生手册》有关网络言行的相关规定，进一步强化网络责任意识。第三，冲突的预防。要求每一位同学都要有安全风险意识，如发现任何冲突隐患，应尽力防止事态的扩大并第一时间报告辅导员。

四、经验启示

近年来，由于网络生活成为日常生活的重要组成部分，大学校园里因不当网络言行导致的学生安全稳定事件也层出不穷。辅导员一要做好预防工作，加强规则教育和案例教育，帮助同学们正确认识网络场所的公开性、网络传播的快捷性以及网络记忆的追溯性，做到网上谨言慎行，绝不可将网络当成个人情绪的“宣泄场”、造谣生事的“策源地”；二要做好预案工作，充分利用学生干部队伍，畅通健全信息渠道，教育引导每一位学生有安全稳定风险的基本辨别力与应对安全风险的基本处置力，做好“何时报”“向谁报”“怎么报”的预案教育；三要做好应对工作，区分轻重缓急，首先要控制事态发展，其次要化解冲突矛盾，最后要加强教育引导。要充分运用规则的震慑作用和教育作用，秉持“惩罚不是目的”的教育初心，着眼未来发展，抓住矛盾核心，真正实现化干戈为玉帛的和谐愿景。

【作者简介】

徐天然，西南财经大学辅导员，讲师。曾获西南财经大学“十佳辅导员”“学生工作先进个人”等荣誉称号及四川省2021年高校辅导员素质能力大赛三等奖。主持四川省高校辅导员思政专项课题。发表多篇大学生法治教育论文。

王慧，西南财经大学会计学院团委书记，高级就业指导师，高级心理咨询师。在相关学术期刊发表论文13篇。主持校级科研课题3项，参与国家级、省部级、校级课题11项。

第79问　如何处置高校重大舆情
——校内出现涉稳舆情事件怎么办

广西大学　雷圆媛　陈周硕

当今世界瞬息万变，社会不确定和不稳定因素逐渐增多，以舆情危机方式存在的社会风险层出不穷。作为大学生思想政治教育的排头兵，高校辅导员应该如何应对高校舆情事件？本文将结合罗伯特·希斯提出的“4R”模型，从缩减(reduction)、预备(readiness)、反应(readiness)、恢复(recovery)四个角度，来分析高校突发涉稳舆情和聚集活动的处置，有助于纾解师生的过度焦虑，恢复或重塑高校形象及声誉。

一、问题阐述

高校舆情，顾名思义一般是指发生在高校的舆情，热点信息、敏感问题所触发的讨论都会以极快的速度发散开。高校涉稳舆情事件易处于社会风险的风口浪尖，涉及安全管理、师德师风等的舆情事件层出不穷，部分舆情事件还会转变为线下涉稳事件。

（一）参与主体的相对固定——高校师生

自媒体时代，“00后”大学生正处于思维和心理发展的塑造时期，缺乏相应的信息辨析能力，对网络依赖、敏感，拥有自主发言权和传播权，一旦接触涉及身边事件的非理性内容时，更易产生冲动心理，第一时间对未加证实的信息传播、放大、随波逐流；同时，高校教师在校园中的话语权和影响力相对较大，使得与其相关信息的被关注度也较高。例如疫情初期“新冠病毒来自实验室”“吸烟者感染新冠病毒率远低于非烟民”等博人眼球的字眼，使大学生成为不良网络舆情的易感人群。又如近几年来“某高校教师涉家暴”等涉及师德师风、行为作风等内容也成为高校网络舆情焦点。

（二）事件内容的复杂叠加——校园生活

高校易产生的网络舆情，是以师生共同关注的微信、微博、贴吧、抖音等平台为载体，以大学生关注的校园生活中的管理、安全、学业、情感等事件为核心，大学生情感意见、观点的传播、表达、互动以及事件后续的影响力集合。这些涉稳舆情往往涉及校内多部门、校内外多单位，协调处理有一定的难度。高校涉稳事件本身的社会关注度较高，加之新媒体使用频次较高、信息渠道快速多元化、大学生思想易受煽动挑拨等，使得高校舆情事件频发、舆情内容较为复杂、网络涉稳隐患较多。

（三）事件演化的传播迅速——发酵提速

目前，信息传播者的身份相对隐蔽，将高校热点问题通过情绪化的表达方式进行表达，短期内在同类的大量受众群体中产生轰动效应，“引发共鸣”的高校师生则自发加入舆情话题讨论中，热度居高不下。例如涉及高校师生安全、宿舍环境、学科变动、身份造假等话题，可常在社交媒体评论互动区看到与舆情事件相关联的其他多所高校的关于类似事件的讨论，热度飙升的同时，社会对高校的质疑也在增大。

二、解决思路

高校舆情事件一般都难以预见，处置起来较为紧迫，而且大部分高校目前没有专门的舆情监测管理部门，一旦出现事件升级，处置不当会使舆情再次升温。因此，“对症下药”才能打开解决思路。

（一）从有效信息获取入手，规避信息滞后

大学生接触和使用新媒体频次较高，部分高校管理人员在使用新媒体的方式方法上与学生相比较为简单落后，极易出现校方不能及时掌握信息、引导信息流的情况，导致负面舆情发酵。这里既涉及学校相关部门的管理理念、宣传手段、舆情处置等问题，也涉及高校辅导员掌握、运用新媒体的处理方式等问题。初始阶段，高校舆情监控和引导的技术手段不足，未能及时应对舆情，高校辅导员开展网络思想政治教育不深入，疏导不及时，在舆情发酵高涨阶段难有成效。

（二）从明晰主体定位入手，加强素养提升

目前，大部分高校由学校党委宣传部或学生工作部（处）来负责日常的舆情监测工作，没有建立专门的舆情中心，专业性较弱、即时性较差；另一方面，作为大学生思想政治教育工作最后一公里的排头兵——高校辅导员的网络素养和舆情应对专业性培训未有效开展，实操能力不足。高校的舆情管理与应对主体不明晰、专业应对能力

不强、联动机制不畅通,无法第一时间实现事件要素的联动和共享,导致信息时滞,影响舆情处置效果。

(三) 从把准应对时机入手,完善处置方式

在高校舆情发酵的过程中,某一矛盾的升级极易引起多点暴发,加重舆情危机。应对时机不准、回应态度不诚、回应方式欠缺、回应内容存疑,例如高校新闻发布会回应时用了官话、套话,缺乏针对性,回应前后用语和逻辑不一,高校辅导员在处理舆情引发的学生群体性事件时,说话不妥当、操作不科学等,均会增加舆情事件关注度,激烈的"求真相"情绪一触即发,引发次生舆情。

三、实施办法

舆情处置流程如下图所示。

(一) 迅捷:了解情况、立马介入,在缩减和预备阶段获取处置主动权

舆情发生初期,事件的引发因素开始积聚,但特征一般不易察觉,因此需要依托舆情中心,监测并筛选关联学生工作的涉稳舆情及聚集活动的相关信息。掌握信息后,需要多方联动,舆情监测部门、宣传部门、学工部门,以及涉事的学院、辅导员、班主任、学业导师等迅速形成合力,有针对性地介入,及时找到事件源头和涉事关键学生,了解事件真实性和学生诉求,及时处理。若舆情已发生,作为高校辅导员,在持续关注负面信息是否会继续发酵的同时,及时报告给学院分管领导及学工分管领导,密切关注网络上是否出现集群言论转向网下集众行为的趋势。

(二) 精准:进行说明、平复舆论,在反应阶段向社会澄清不实信息

校方作出回应后,高校辅导员要及时传达信息,安抚学生情绪,关注事件发展情况。若判断为普通舆情,则由发生单位组织相关部门研究商讨舆情处置方案并实施;若判断为重大舆情,则需要报高校主要领导、分管领导,邀请相关单位研究商讨舆情处置。这一过程中,高校辅导员要多次深入学生宿舍、班级,了解学生的主要诉求,通过谈心谈话帮助学生分析不合理部分,并将合理部分及时向上级部门反映,做好协调;同时,还应注意做好家校沟通。

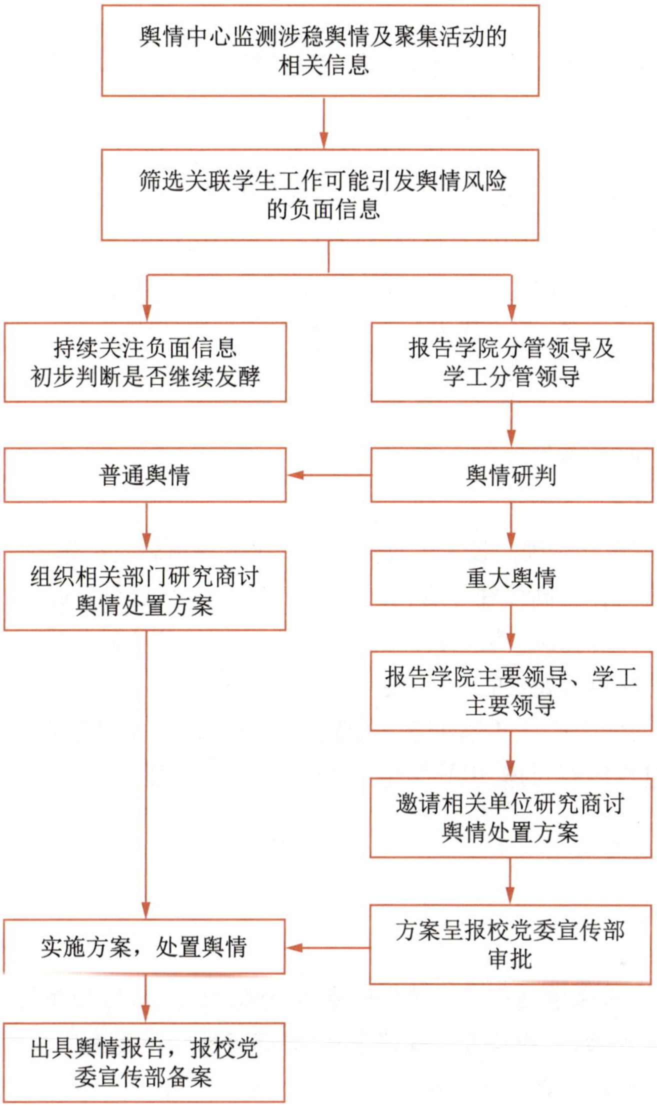

舆情处置流程

（三）减损:以点带面、教育学生,在恢复阶段降低重大舆情的负面影响

舆情得到控制后,事件进入恢复阶段,舆情信息的传播趋向停止,这一阶段的重点是防止事情反转。高校辅导员要密切关注学生情绪是否趋于真正平静,辨别学生是否真正熟知事件真相,还要密切关注舆情事件中的“意见领袖”是否已被“说服”。在舆情彻底结束后,高校辅导员应就此事召开主题班会或团日活动、党日活动等,以点带面、以案铭记,引导学生就舆情处置开展一次研讨,让学生自发认识到应如何看待网络舆情事件,教育学生提高信息辨析能力。

（四）善后：防微杜渐、未雨绸缪，在日常网络思政中提升学生网络素养

舆情结束后，高校及辅导员均要积累处置经验，避免同类危机重现。一方面，高校应进一步加强辅导员队伍建设，定期开展实操培训，提升辅导员网络素养；另一方面，高校辅导员要对事件的处置情况、信息的公开和舆情引导进行总结和反思，为将来应对同类舆情提供借鉴，还要主动积极开展网络思政，善用新媒体、活用自媒体，关注学生思想和行为动态，努力成为大学生思想及行为的“引领人”。

四、经验启示

习近平总书记在全国高校思想政治工作会议上提出思政工作要“因事而化、因时而进、因势而新”，作为高校辅导员，可以通过“三早”来处置重大舆情，“一早”为早发现，要第一时间分析、研判、引导舆情，快速取得主动权，防止谣言进一步扩散；“二早”为早处理，要把准舆情处置的时机，快速启动应急预案，发布官方公告公布事件真相，获取关注群体的信任；“三早”为早教育，要做好引导教育，梳理总结经验，搭建学生新媒体平台，通过校园新媒体，引导学生主动发声、正面传播，传播校园好故事，弘扬校园正能量。

【作者简介】

雷圆媛，广西大学电气工程学院党委副书记、纪委书记、辅导员。曾获全国高校辅导员年度人物、广西最美高校辅导员、广西高校辅导员年度人物荣誉称号，入选广西高校思想政治教育杰出人才支持计划（第一批）骨干教师。先后主持教育部人文社科基金项目等省部级课题6项。

陈周硕，现就职于广西大学党委宣传部，从事学校官方微信、微博、抖音、政务号等新媒体平台的管理和运营工作。参与省部级课题3项，发表核心期刊论文2篇。

第80问 如何解决研究生师生之间的矛盾——师生矛盾冲突引发过激行为怎么办

南京大学　李兴华　闫小娜　魏　志

一、问题阐述

研究生师生关系是导师和学生建立在实现特定的教育目的基础上，彼此通过知识教学、科学研究、思想交流、行为指导、学习生活等直接交流活动而形成的多维度、多性质的关系体系。“师生发展共同体”更加关注追求目标的同向契合，注重教学过程的自由沟通，重视学术科研中的协同合作，强调发展成果的师生共享。

随着研究生招生规模的不断扩张、研究生培养机制体制逐步与国际接轨，在现实研究生师生关系中，师生矛盾现象普遍存在。大多数情况下，师生矛盾都不那么极端。但是如果小微矛盾长期得不到调节，或学生存在潜在心理疾病等情况，师生矛盾可能升级，进而产生过激行为。

过激行为是违反正常社会行为规范的偏激行为，即过头、过分、超越理智的有违传统道德和公共规范的一种丧失理智的行为，并且可能造成不同程度的危害。过激行为一般都由某种特殊环境和事件的强烈刺激而引起，受到外界因素的影响较大。在校大学生中常见的过激行为有：针对行为主体本人的，如情绪崩溃、自伤自残，甚至轻生；针对他人的，如威胁、骚扰、打架、故意损害他人财产或威胁他人生命安全；针对周围环境的，如故意损坏公共设施、制造网络舆情等。

二、解决思路

为防止过激行为的发生，高校、院系、思政工作者等可以通过分析师生矛盾产生的原因，对症下药，多措并举，指导思想是“预防为主，防治结合”。

导致师生矛盾产生的原因主要有以下三种情况：师生站位、立场、角度不同，对学术成果、毕业标准等问题看法不一致；课题组管理制度不清晰，对课题、仪器等资源分配的意见不一致；师生之间的沟通和表达方式欠妥，容易产生误解。

总的来说，师生之间的主要矛盾是课题组运行模式与研究生的需求不匹配，即课题组生存发展和研究生生涯发展之间的矛盾。

研究生师生矛盾导致过激行为的原因可能是单一的，也可能是几种情况交织在一起，根据实际情况，以解决具体问题为原则，从根本上化解师生矛盾才能最大限度地避免或妥善应对学生过激行为。

三、实施办法

（一）规范管理制度建设，搭建师生互选平台

研究生教育管理部门要综合考虑学科发展、培养需求和师生比例等方面的因素，制定出合理的师生互选流程，做到公平、公正、公开。多途径宣传介绍研究生导师的主要学术成果、相关学术背景和当前科研项目等信息，组织专门的学科开放日，具体介绍各学科导师的相关情况，让研究生在师生互选之前全渠道、多层次地了解导师。鼓励研究生导师创建自己的网站或主页，公布导师的电子邮箱等联系方式，引导研究生主动与相关导师、学长学姐联系和沟通，进行科学选择，避免盲目性。

在师生互选环节，研究生教育管理部门可以制定专门的师生互选表格，并尽可能设计成多选项目的格式，比如每位研究生可以选择三位意向导师联系，参加其课题组组会，阅读相关文献等，类似于医学院校的科室轮转制度，借此来提高研究生在互选中的满意度。引导学生把自己的具体情况和真实想法与导师沟通，使导师尽可能全面了解学生的情况和需求，既有利于发现学生的个性与优势，也可以在正式进入课题组之前，校正学生某些不切实际的想法。另外，邀请研究生导师参与到研究生入学考试的面试工作中，可以更多地了解学生情况并进行师生沟通、比较。

经验证明，师生互选阶段，导师和学生沟通得越充分，在培养过程中出现矛盾的可能性就越小。师生互选达成一致后，双方在师生互选表格上签字确认，共同制定可行性强的课题组管理制度，形成统一的价值观，在保证课题组可持续良性发展的基础上，个体的成长需求也得以满足，形成师生共同体，实现师生个体能量同频共振，发挥更强的作用力。

（二）沟通协调，及时干预

师生之间一旦出现矛盾，首选的方案是师生直接沟通双方的需求，合作产生一个兼顾彼此利益的解决方案。如果双方无法自行解决，院系要成立专门的工作小组（可由院长、书记、分管院长、副书记、研究生辅导员、教务员等组成），及时进行干预。此

举一方面可倾听学生的诉求，挖掘诉求背后的原因，另一方面可了解导师的看法，寻找解决问题的方案。一旦当事人出现过激行为，需要及时上报学校职能部门，通过“辅导员和导师”“学科与学院”“学生工作与研究生培养”和“院系与学校职能部门”四位一体的协同育人体系，确保学生和导师的合理利益诉求得以满足，维护和谐稳定的校园环境。

同时，可考虑根据当事学生实际情况，构建家校协同育人体系，请学生家人参与沟通协调工作。对于通过协调能取得成效的问题，可通过纸面的形式形成约定，明确导师和研究生各自的责任与义务。对于个别通过协调也无法解决的问题，学校要制定必要时研究生可申请更换导师的机制。对于以上举措都无法解决的问题，需要制定完善、合理的研究生退出机制（如退学等）。

对于产生网络舆情的师生矛盾过激行为事件，需要及时关注舆情发展、避免谣言传播，防止可能发生的网络暴力和群体性事件等，保护当事师生。

（三）加强通用技能培训，充分发挥校园文化的育人作用

研究生教育管理部门要组织多层次全方位的校园活动，一方面加强新晋研究生导师的培训，重视师德师风教育，普及教育心理学知识，倡导因材施教；另一方面注重学生沟通能力的提升，如定期组织人际沟通工作坊、团体心理辅导活动等；三是定期组织师生沙龙等活动，畅通沟通渠道，坦诚交换师生意见，增进师生的情感互通；四是可组织“我最喜爱的研究生导师”“最具活力课题组”等评选活动，让研究生自发推荐导师参评，加强课题组的凝聚力。

四、经验启示

研究生人才培养的原则就是以提高研究生的培养质量为目标，促进研究生培养过程中的管理制度建设，加强研究生质量保障机制建设，合理配置研究生教育资源，激发研究生导师和学生的主观能动性，更加有效地培养研究生的创新能力。综上，研究生师生矛盾以及对因此而产生的过激行为的处理，是研究生教育管理工作者必须长期面对的问题，愿以本文与同行探讨。

【作者简介】

李兴华，南京大学化学化工学院党委副书记，副教授。从事大学生思想政治教育、职业生涯规划指导、创新创业赛事指导等工作，为全球职业生涯规划师(GCDF)，国家高级职业指导师、创业咨询师。曾获第六届全国高校辅导员年度人物、江苏省高校辅导员年度人物、中国“互联网+”大学生创新创业大赛优秀指导教师等荣誉称号，所在团队入选全国高校黄大年式教师团队。

闫小娜，南京大学化学化工学院辅导员。

魏志，南京大学化学化工学院辅导员。

第81问　如何防范校外矛盾冲突
——学生志愿活动引发冲突怎么办

哈尔滨师范大学　朱婉畅　刘国权

一、问题阐述

在组织社会实践活动中，学生经常会因为住宿环境简陋、饮食不适应等客观原因，以及因为在教学过程中发生的应急突发事件，心情低落，对参与活动的初心产生质疑，产生不良情绪，这对于整个团队的建设会产生负面作用。

这属于典型的思想理论教育和价值引领类问题，同时还涉及社会实践中应急突发事件处理问题。出现此类问题一般基于以下原因：

（一）志愿服务深度不够

后疫情时代，虽然大多数学生有过丰富的志愿服务经历，但很多人第一次面对突发情况仍然会产生畏难情绪，需要提前做好相关培训。很多时候培训主题多为通识类、内容层次浅的志愿服务内容。走出校门的志愿服务活动与日常志愿服务活动有很大的不同，突发事件的种类存在很大的不确定性。

（二）志愿服务温度不够

当下很多志愿服务活动多采用提供志愿时长证明、第二课堂成绩单增加学分等鼓励机制，但缺乏安全保障机制，使得部分同学存在顾虑。后疫情时代背景下，由于外部环境的影响，挫伤了学生参与志愿服务的积极性。

（三）志愿服务广度不够

疫情期间病毒具有传染性强、变异速度快、潜伏周期长等特点，对志愿者的安全造成了极大威胁。出于志愿者自身安全的考虑，开展活动的时空受到一定限制，导致部分学生参与积极性不高，志愿者比例大大缩减。

（四）志愿服务准度不够

志愿者的招募、培训等环节由于缺乏互通的、长期有效的交流平台，很多志愿者不能将发现的问题及时反馈，容易造成管理混乱等情况，影响志愿服务活动的顺利开展。

二、解决思路

面对突发矛盾冲突，应当准确把握问题处理的前后顺序。出现上文阐述的突发状况一定是志愿服务活动的前期——思想沟通、活动初心、活动准备等方面存在了一定程度的偏差。应与学生谈心谈话，了解学生的内心诉求，解决学生所关心的问题；教师以多方式、多手段、多渠道教育引导学生，坚定志愿服务初心，增强团队向心力，并持续跟踪关注、教育引导。

三、实施办法

第一，遇到突发事件后，应第一时间与涉事学生谈心谈话，对其怀揣热忱参与志愿活动的举动给予充分的肯定及鼓励，及时安抚情绪，了解诉求，同时教育引导学生从积极的角度看待遇到的客观问题。鼓励学生化危机为新机，在变局中开创新局，努力在广阔的实践舞台中绽放不平凡的青春力量。

第二，侧面了解志愿服务活动中遇到的突发事件的具体细节，帮助学生妥善处理事件，与被服务方做好交流和沟通。同时，第一时间对涉事学生进行心理疏导，帮助学生重拾志愿服务的勇气。

第三，第一时间联系学生家长，了解涉事学生的相关情况，通过长期的、有效的关怀引导，帮助其重拾志愿服务信心，形成家校合力育人的良好局面。

第四，与志愿服务成员组织一对一谈心谈话，排解队员的不良情绪，教育引导其他队员“团队是一个集体、应当相互治愈，共同成长”。通过及时召开团队工作会议，对全体队员开展思想教育与价值引领，引导学生正确认识责任与使命的关系。

第五，作为新时代辅导员，应长期地、持续地关注参与志愿服务学生的心理状态，与学校、学生、家长建立起联合机制，长期陪伴、引导学生树立家国情怀，以青春之我、奋斗之我融入民族复兴的伟大征程。

第六，将相关案例上报给主管学生工作的领导，将案例整理成册，以便后续进行总结与反思。

辅导员在解决志愿服务活动过程中的突发事件时，应当以对学生的教育关怀为首要任务，帮助学生排解消极情绪，引导学生树立正确的人生观。考虑到大学生情绪的不稳定性，辅导员应长期跟踪、持续关注，一方面加强关怀，家校联合，另一方面注重预防，面向全体学生开展心理健康、责任与使命等方面的教育。辅导员要引导广大青年学生在志愿服务中树立家国情怀，引导学生努力成长为又红又专、德才兼备、全面发展的社会主义合格建设者和可靠接班人，将“奉献、友爱、互助、进步”的志愿服务精神带到走过的每一寸土地上。

四、经验启示

针对志愿者培训和管理不善等问题，一方面要健全志愿者培训和管理机制，重视日常培训和特殊培训的结合。另一方面，采用积分制等激励机制，完善志愿者的多元化评价体系。通过成立专项资金，全力保障志愿者的健康和安全，解决后顾之忧。统筹各类资源，进一步搭建联动平台，增强志愿服务的交互性和便捷性。在志愿服务实践中，淬炼青年学生的家国情怀，彰显时代担当，鼓励青年学生用自己的方式贡献青春力量。

后疫情时代，切实开展大学生思想政治教育工作，要将大学生的家国情怀内化于心，外化于行，厚植于心，提升大学生的中国特色社会主义道路自信、理论自信、制度自信及文化自信，激发他们的民族自豪感，将小我的梦想融入强大的中国梦当中，真正做到与时代同步伐，与人民同呼吸，与祖国共命运。通过构建实践育人平台，精准供给中国精神、中国故事，更好地发挥思政的育人效果和引领价值。

作为新时代高校辅导员，我们要从新时代十年的伟大变革中汲取智慧、提振信心、增添力量，把青春奋斗融入党和人民事业中。今后，育人工作要在党的二十大精神的引领下，立足专业实际，始终围绕中心抓党建，强化大学生思想引领，牢牢把握思想政治教育主阵地，助力思想政治教育与实践环节深度融合、同频共振，为育人发展贡献不竭的力量。我们更要积极响应总书记的号召，不负青春、不负时代、不负党和人民的殷切期望，以自身实际行动更加积极回应总书记对高等教育的殷切期盼，在实现中华民族伟大复兴的中国梦的征程中贡献自己的青春价值，努力成为一名肩上有责、腹中有墨、心中有爱、眼里有光的新时代高校辅导员。用心、用力、用情讲好中国故事，传播好中华文化，传递中国力量，感召引领广大青年学子矢志不渝感党恩、听党话、跟党走，鼓励广大青年将青春投入火热的实践中，在全面建设社会主义现代化国家的伟大征程中绽放青春之花。

【作者简介】

朱婉畅，哈尔滨师范大学辅导员，“新时代 新青年 新担当”辅导员名师工作室成员。致力于大学生思想政治研究，参与教育部高校思政工作队伍培训研修中心开放课题1项、省级校级课题3项。所带学生团队“‘行知微光 逐梦龙江’青年志愿服务队”入选团中央“七彩假期”志愿服务团队，同年入选“守护朝阳 助力成长”全国百所高校“三下乡”社会实践优秀队伍。

刘国权，哈尔滨师范大学马克思主义学院辅导员，讲师。曾获2021年全国最美高校辅导员荣誉称号及第七届全国高校辅导员素质能力大赛一等奖。主持教育部人文社科专项项目等课题。

第82问　如何引导大学生防范极端天气——当台风暴雨等自然灾害来袭怎么办

南方科技大学　陶小月　熊丽萍

超强台风“山竹”于2018年9月16日近距离袭击深圳，从南方科技大学穿过。南方科技大学各单位高效组织，精心准备，措施得力，全校师生众志成城，齐心协力，成功有效防御了台风灾害。除部分绿化树木倒伏、设施损坏、玻璃破损以外，学校无人员伤亡情况报告，总体情况平稳。同时学校化危为机，对全体师生进行了一次生动深刻的安全教育。

一、问题阐述

2018年9月中上旬，我校接气象局、教育局等多部门预警，超强台风“山竹”将于9月16日上午到中午时段近距离袭击深圳，可能成为20年来影响深圳市最严重的台风。

二、解决思路

(一) 灾害发生前，预警充足，提前防范

居安当思危，防灾人为先，应对来势汹汹的“山竹”，唯有合理应对方可最大程度减少损失。2018年9月15日学校党政办公室向全体师生发送了《关于全力做好防御超强台风“山竹”工作的紧急通知》，主要内容为：

(1) 9月16日—17日，学校停止一切教学、讲座、报告等活动。

(2) 请全校师生增强自我保护意识，及时关注气象部门台风信号和报道，确保台风期间尽量不外出或减少外出。

(3) 请各单位要提前做好安全防范宣传教育和应急保障准备，采取主动、有效的安全防范措施，确保师生人身安全。

(4) 请各单位牢固树立安全主体责任意识，做好值班值守，畅通信息。各院系、中心、各部门要严格执行24小时值班制度。如有紧急情况，请随时拨打校内24小时应急电话。

(二) 灾害发生时，措施得当，合理防御

(1) 学校领导、各部门党政负责人，冲锋在前。
(2) 全体辅导员，全员在校在岗，全天候陪伴学生。
(3) 学校后勤所有人员，在校在岗，做好校园生活各类物资储备和保障工作，确保校园生活秩序正常。

(三) 灾害发生后，灾后恢复，爱满南科

台风过后，原本绿树成荫的校园随处可见断裂、倒伏的树木，许多设施也遭到破坏，学校各部门陆续开展灾后恢复工作。

三、实施办法

在收到学校的通知后，致仁书院高度重视，第一时间启动应急管理预案，主要通过管好人、管好地、管好信息、管好物资保障、做好灾后重建五个方面开展工作。

(一) 管好人

(1) 按照在籍学生花名册，以班级为单位逐一落实学生所在位置。并通过比对校园卡、门禁系统数据核实学生在校情况。第一时间通知在深圳而不在校同学尽快返回学校。
(2) 逐一核实不在校学生的情况，包括所在的位置、紧急联络人等。
(3) 辅导员和宿管人员值守宿舍楼一楼，提醒学生尽量不外出。
(4) 全体辅导员当天走访宿舍，核实学生返校及物资储备情况。

(二) 管好地

(1) 台风来临之前，开展一次全面的安全自查工作，及时发现隐患并采取防护和整改行动。重点对悬挂设施、建筑工地、实验室危化品和仪器设备存放点、各场所的排水防涝系统和电力通信设施等部位进行安全排查。

(2) 检查并转移阳台花盆,杂物等,避免坠落砸伤行人。

(3) 将宿舍区过道、走廊的冰箱等物品转移至室内,将无法移动的储物柜等平放在地,防止砸到人。

(4) 提醒学生必要时可用胶带在宿舍窗户粘贴“米”字形,减少玻璃破损,保护自身安全。

(5) 灾害发生后,及时检查宿舍门窗、电源、电路等硬件设施,排查宿舍安全隐患,及时统计并上报受损情况。

(三) 管好信息

(1) 拓宽信息传播渠道。充分利用书院微信公众号发布台风动向、防范知识与技能,并转发至学生年级群、班级群、社区群,做到通知到人、通知到位。

(2) 让谣言止于智者。在台风一路行进的过程中,其他地方、其他时段的受灾画面在网上流传不可避免。如若发现学生传播类似混淆的视频或者图片,应及时私下劝阻其不信谣、不传谣。同时,准确、及时转发官方台风实时卫星云图给同学们,以便于让同学们了解最新权威信息。只有信息准确、及时,才能让处于宿舍之中的同学安心、放心。

(四) 管好物资保障

虽然台风过境只有一天时间,这一天里尽量鼓励同学们待在室内。书院可提前储备一些方便面、饼干、纯净水等生活必要物资。同时,可储备一些创可贴等物资,以备不时之需。

(五) 做好灾后重建

在极端天气之后,辅导员可组织同学开始校园重建行动。包括:

(1) 组织同学们参与志愿队伍,打扫、整理社区,协助绿化工人整理倒伏的树木,让爱洒满校园。

(2) 提醒同学们时刻注意人身安全,防止高空杂物、树枝等掉落伤人。若发现校园其他安全隐患,及时主动联系学校相关部门通报情况。

(3) 提倡同学们到学校食堂用餐,尽量不订外卖,减少“饭盒”等新的生活垃圾的产生。

四、经验启示

在本次防御台风“山竹”工作中，学校后勤部门24小时值守，及时发布安全防范须知，提前做好安全隐患排查，妥善做好各项防御措施；学生工作相关部门积极引导学生做好各项防范工作，确保学生人身财产安全；学校各部门积极配合，有效应对，关键时刻，团结一心、坚守岗位，较好地完成了防台风抗灾工作，体现了南方科技大学优秀的精神风貌和良好的应急工作水平。

极端天气主要是指台风、暴雨等情况。相较于地震等反应时间较短的情况来说，一般情况下，气象部门会进行提前预警。作为辅导员在收到气象部门预警的时候，要注意以下几点：

（一）肩上有责，提前防范

在沿海城市，一年来可能有很多次台风，也有可能出现很多年只有一次台风过境的情况。因此，只有抱着“宁可信其有，不可信其无”的责任心主动做好自然灾害发生的预防工作，才能尽可能将自然灾害造成的损失降到最低，保障学生的生命财产安全。

（二）心里有数，摸清底数

在极端天气下，辅导员首先要保证学生的安全。辅导员要对自己所管理的学生逐一摸清，包括数量、当前所处位置、是否有同伴等信息。这也能确保在出现特殊情况时，我们能第一时间精准定位到个人。

（三）眼里有活，并肩作战

极端天气的处理可以按照发生前预防、发生时防御、发生后恢复三个步骤进行。大道至简，看上去简单的三个步骤，每个细节都需要辅导员想得细致，各种情况都要考虑到。比如同学们在宿舍居家一天，可能出现半夜送医、面试网络中断等情况。作为辅导员，除了要做好各方面准备和预案外，很重要的一个方面就是要做到“眼里有活”，能及时察看到同学们的需求、及时响应同学们的需求，和同学们一起共同战胜极端天气对我们的挑战！

【作者简介】

陶小月，2013年入职南方科技大学至今，一直坚守在一线辅导员岗位。先后担任致仁书院首位团总支书记、致仁书院党支部首位组织委员，曾在学生工作部学生资助管理中心、学生违纪处分工作委员会秘书处、学生申诉处理委员会办公室从事相关工作。现任南方科技大学学工书院党工委委员，致仁书院党（总）支部书记、行政副院长。

熊丽萍，曾担任南方科技大学致仁书院辅导员，负责学生班级管理工作、国际生管理工作、社区网格化管理工作。现就职于南方科技大学高等教育研究中心，担任教学及科研秘书、研究生辅导员。

第83问　如何教育大学生防范火灾的发生
——对于生活区域易发生火灾的安全隐患怎么办

宜春学院　邓　超

面向大学生群体组织并开展消防安全教育，是帮助高校提升其校园防火能力的有效措施，为高校师生提供了基本的权益和人身财产安全保障。本文旨在列举出当前高校校园存在的消防安全隐患，引导大学生提高消防安全意识，掌握必要的消防安全技能，提高自我保护与救助能力。

一、问题阐述

（一）火灾发生的原因

1. 消防安全管理松懈，大学生消防安全意识薄弱

由于火灾发生具有偶然性，部分学校领导容易忽视火灾的危害性，从而疏忽或不重视学校的消防安全工作。部分学校领导觉得，校园消防安全工作职责通常归属于消防部门，在现实的校园管理中，科学、有效的消防安全监督及管理手段比较欠缺。学校管理人员对消防安全工作存在侥幸心理和麻痹思想，消防安全工作没有放到和学校其他工作同等重要的位置，工作缺乏积极性和主动性，忘记管、不愿管、不善管和不想管的情况比较普遍。

2. 消防安全知识缺乏，大学生自救能力差

大学生掌握的学科知识虽然丰富，但消防安全知识、自救技能却非常缺乏。尽管《消防法》有关条款规定：教育行政管理单位应该在教育和劳动活动中引入消防知识及技能培训。然而开设消防常识课程的学校仍旧少得可怜，部分学生仍然觉得消防安全知识毫无用处，缺乏强烈的消防安全意识。

3. 消防基础设施不健全，且缺乏维护保养

相当一部分校园因建设年代久远，未设置室内消防栓系统或消防水池；消防通道不畅、防火间距不足的问题普遍存在。

此外，校园内的一些新建建筑在消防审批和验收尚未完成的情况下就贸然投用，此种情况下，高校校园暴露出了极大的消防安全隐患。

（二）火灾主要隐患场所

1. 图书馆

（1）建筑装饰存在非常大的消防隐患。

（2）安全出口设计缺乏合理性。

（3）消防器材、消防设施不完备。

2. 实验室

（1）易燃易爆危险品存放、使用不合理。

（2）电气线路老化，配电不合理。

（3）对实验室等重点领域的消防管理重视不够，存在诸多灾害因素。

3. 公寓

（1）非法用电。

（2）违章私接电线。

（3）违章使用明火。

4. 人员聚集场所

（1）礼堂。

（2）体育馆。

（3）音乐厅。

二、解决思路

（一）学生宿舍防火

对于在校大学生而言，在宿舍生活中应该严格遵循宿舍管理规定，严禁出现乱扯

私接电线的情况；电磁炉、电热杯等功率较大的电器是严禁使用的；使用充电器等常规电器时，应该短时间使用，对于电器发热点，应该及时散热，停止使用时，要将电源及时切断；在宿舍内，明火绝对不允许出现；宿舍内不能出现并存放易燃、易爆物品；宿舍内不允许焚烧任何物品。存在火灾隐患的，应该及时向宿管或保卫等部门报告。自觉维护消防设施，不能损害或私自挪用消防设备。

（二）实验室防火

实验过程中，严格遵循实验室安全操作流程及各项管理规定。在化学试剂使用过程中，要仔细阅读使用说明，按要求储存这些试剂；仪器设备使用前，将准备工作做好，在此基础上执行规范化操作。实验结束后，及时清理各种物质和器材，及时切断电源、火源和水源，将杂物和垃圾全部带走。在使用易燃易爆危险品时，操作必须足够规范，完成实验后，假如化学试剂还有剩余，需要将其运送到指定地点。需要注意的是，在实验室消防通道上，不能堆放任何杂物。

（三）大礼堂、体育馆、音乐厅防火

就礼堂、体育馆等人员密集的公共场所来看，应该严格遵守消防安全制度及各项规则，汽油、酒精等易燃易爆品不允许出现于上述场所；禁烟，坚决杜绝任何火种；照明时，不允许使用任何明火；场所内的电器开关不可触动；与电线、电路设备保持足够的安全距离，防范因短路所造成的火灾或触电风险；对公共场所秩序要认真遵守和自觉维护，对于放映室、控制室的各类按钮，不能私自触碰。

三、实施办法

（一）灭火的基本方法（火灾初起阶段）

1. 隔离法

移开或有效隔离着火物体或着火点附近可燃物，在可燃物不足的情况下，燃烧会逐步停止。如将电源、气源关闭，将燃烧物附近的易燃建筑物拆除等。

2. 窒息法

隔离燃烧区的空气，或用不燃烧物质将空气稀释，减少或停止氧气输入，让燃烧物失去继续燃烧的可能性。

3. 冷却法

在燃烧物上直接喷射灭火剂，对燃烧物进行降温处理。当燃烧物温度达不到燃点时，就无法继续燃烧了。降温操作过程中经常会用到水和二氧化碳，此方法在电器失火情况下不太适用。

4. 抑制法

在燃烧反应中，向火焰喷射含氟、溴的化学灭火剂，将灭火剂当作干扰剂，切断燃烧反应链，进而达到灭火效果。

面对火灾时，从实际情况出发，对以上灭火方法进行灵活选用，力争在最短的时间内取得最好的灭火效果。

（二）大学生需掌握的基本逃生方法

1. 有逃生机会时

（1）烟气较大时，先用多层浸湿的毛巾或衣物捂住自己的口鼻，防止吸入有毒气体而窒息。

（2）房间内着火时，要弯腰或匍匐，并沿有冷空气进入的方向逃生。

（3）等待救援过程中，要用各种方式发出求救信号，如敲击金属管道、向外抛投衣物等。

（4）着火点离自己较近时，不要大声呼喊，防止吸入高温气体将呼吸道烧伤。

（5）衣服着火时，不要猛跑，防止火势加大。

（6）衣服有很多层的情况下，可脱掉外层衣服或在地上打滚，用此方式扑灭火苗。

（7）穿单层化纤衣服时，不要盲目脱衣服，防止衣服与皮肤粘连后，因脱衣而导致皮肤外伤加重。

2. 无法逃生时

（1）无法逃生时，立即拨打火警电话“119”，可采取关闭门窗、向门窗泼水、用湿棉被等堵住门窗等方法隔离火源，等待救援。

（2）自救时可用水、尿浸湿的多层毛巾或衣物捂住口鼻，防止吸入大量有毒气体而中毒窒息。

（3）可到阳台、窗口等处进行呼救，也可用向窗外抛撒衣物、纸张等方式求救。

四、经验启示

大学校园有着极高的人员聚集度，存在非常大的消防安全隐患。在发生火灾时，一些重要的科研资料将严重受损，学生也可能就此丧失自己宝贵的生命，从而让社会财富白白流失，教学秩序也会被严重扰乱，这将对科技的发展与社会的进步产生极大的影响。就此来看，应该对高校的火灾诱因进行精准的探究，制定行之有效的防灭火措施，对高校火灾进行严格有效的防范，坚决维护高校校园的消防安全。此项工作的组织和开展，不仅要依靠消防部门，而且也需要大学和教育主管单位共同参与进来。

对于大学生群体而言，应该树立强烈的消防安全意识，对各类安全隐患进行精准识别和及时排除，对校规校纪严格遵守，提升自身的安全防范能力，对安全知识进行全面了解，从而提高自救能力。每个人的生命只有一次，只有顺利地生存下去，我们的青春才能充分地焕发活力，所以，我们应该时刻谨记安全这一主题，为生命保驾护航，让人生更加绚烂多彩。

【作者简介】

邓超，宜春学院政法学院辅导员，国家二级心理咨询师。曾获江西省高校“最美辅导员提名奖”、江西省新时代赣鄱先锋一心为民好支书、江西省优秀共青团干部等荣誉称号。所撰写的案例获评教育部“两学一做”风采展示活动十佳精品工作案例，所带学生党支部获评第二批全国高校党建工作样板党支部。主持省级思政工作精品项目1项，主持各级各类课题6项，参编图书3部。为校级首批辅导员工作室主持人。

第84问　如何教育大学生科学对待疫病防治
——学生感染流行疾病怎么办

三峡大学　黄　华

高校是社会各单位中最容易发生聚集性疫情的地方之一，一旦发生传染病疫情，如果防控不当，疫情将会迅速蔓延，影响学生的身心健康和正常的学习生活；严重时，还可能影响正常的教学秩序，如被迫采取停课、停学等措施，甚至产生网络舆论事件，影响学校的安全稳定。因此，如何教育大学生科学对待疫病防治，制定高校突发传染病应急防控预案，意义重大。

一、问题阐述

某学院大三年级学生田某因感冒在校医院就医，被诊断为肺结核，校医院立即将学生送至传染病医院进行隔离治疗，并向学生所在学院及学生处进行了通报。学生王某听说有人感染肺结核，随即在网上发帖"学校发现多人感染肺结核"，引起学生恐慌，私下议论纷纷。作为辅导员，你该如何应对？

二、解决思路

这是一起典型的校园传染病防治突发事件，涉及学生日常事务管理和网络危机事件的处理，应立即启动传染疾病应急处置响应机制。

高校辅导员面对此类事件时，应该对"如何有效遏制传染病疫情的扩散，把突发传染病造成的危害降到最低""如何应对突发网络舆情事件变被动为主动，消除部分学生的恐慌情绪，维护正常教学秩序""如何举一反三，开展传染病防控宣传教育，切实提高师生的防范意识，保护师生身体健康和生命安全"等问题进行思考。

肺结核作为一种临床上比较常见的传染病，在我国的传染病防治法当中属于二类传染病，主要通过飞沫、消化道以及皮肤伤口等传播。高校这种人员比较密集、相对比较集中的地方，传染性疾病一旦出现，传播范围广、速度快，如果处置不及时就易产生聚集性感染和交叉感染，会对广大师生的工作学习带来较大的影响。

该事件的处理应坚持“科学应对、快速反应、健康至上、预防为主”的原则，及时、迅速、高效、有序处理。首要任务是稳定局面、定向隔离，核心工作是组织筛查、控制舆情、避免次生灾害，在此基础上加强预防、科学防治。

一是告知已经确诊肺结核的学生安心治疗，安抚其情绪，解其后顾之忧；二是对有感染风险的师生立即排查，对所涉宿舍、教室进行疫点消杀，切断传染途径；三是对没有感染风险但关心关切此次事件的同学及时回应，正面引导，稳定学生思想；四是对全体学生开展有针对性的传染病防治健康教育，科学防治，精准施策，促进其健康成长。

三、实施办法

（一）果断采取措施，启动校园突发情况处理预案

辅导员得知消息后，应迅速响应，启动校园突发情况处理预案。

（1）第一时间与校医院、学生本人取得联系，了解诊断治疗情况和近期学习生活轨迹，注意安抚学生情绪。

（2）立即向学院分管学生工作院领导汇报情况，通过学校建立的“学校—学院—年级—班级—宿舍”五级网格助手上报“突发事件情况”，获得指导及支持。

（3）及时告知学生家长，建议家长以最快的时间赶到医院照顾学生。

（二）切断传播途径，做好定向隔离保护易感学生

（1）由辅导员召开确诊学生所在班级班会，准确介绍确诊学生病情，邀请校医院的专业医师讲解肺结核疾病的基本常识、传播途径和预防方法，告诫同学们不要恐慌，不造谣、不信谣、不传谣，稳定学生情绪。

（2）统一安排同班（同寝）学生、近期授课教师和其他与该生关系比较紧密、接触较多的外班学生，集中到传染病医院进行肺结核PPD筛查，要求师生全程佩戴口罩，近期减少堂食。

（3）联系学校后勤保障部对学生所在宿舍及整个楼层和上课教室进行全面消毒杀毒。

（4）对PPD强反应者以及有疑似肺结核症状者再次组织到传染病医院进行X射线胸片和痰结核菌检查，排除活动性肺结核。

实际检查结果很好，没有任何人被传染。整个筛查涉及的费用由学校统一承担。

（三）关注网络舆情，对传播的不实信息及时回应

（1）事件发生以来，辅导员密切关注网上“学校发现多人感染肺结核”帖子的跟帖情况，及时与学生深入交流，要求删除不实言论。本案例中，考虑到跟帖数量较少未造成严重的负面影响，且王同学主动删除发帖，学院对王同学进行了严肃的批评教育。

（2）充分发挥学生党员和学生干部引领作用，关注各类自媒体平台，对于传播较广的不实信息要及时回应澄清。如果发生网络舆情，官方应及时通报情况，保证学生准确、全面、及时了解信息，消除因信息不对称造成的不良影响。

（四）及时总结复盘，开展疫情防控知识宣传教育

（1）持续关注确诊学生治疗情况，与传染病医院专业医师联系。医师告知田某应住院进行康复治疗，出院后仍需配合服用常规的治疗性药物，大概持续半年的时间。根据诊断情况，辅导员与田某进行沟通，引导田某将积极配合治疗放在首位，不要延误最佳治疗时间，最终学生同意安心在医院接受治疗，由家长代办了休学手续。

（2）一周后，面向全院学生组织召开疫病防治主题班会，开展传染病防控宣传。帮助学生正确认识与对待传染疾病，指导学生养成健康的生活方式和良好的生活习惯，加强体育锻炼，按时作息。特别强调要坚决杜绝带病（呼吸道、肠道传染病）上课，防止疾病在校园内传播，保护好自己和身边的同学。

（3）学生隔离治疗期间，学院一直与学生保持联系，建立“辅导员、班主任、班委成员、朋辈导师”四位一体的帮扶模式，让真情通过网络传递到田同学的心中。半年后，经专业医院鉴定确认完全康复，田同学顺利回到了校园，目前正在努力追赶学习进度。

四、经验启示

本起校园突发事件是由传染性疾病肺结核引发的，由于同学们对于肺结核等疾病的了解知之甚少，极容易引起恐慌。被感染学生也一度情绪低落，担心因为治疗耽误了学业，不能顺利毕业。但是在各方积极主动的应对下，既避免了传染性疾病的扩散，又顺利地为感染学生缓解了心理压力，最终田同学积极配合治疗，顺利返回校园，恢复了正常学习生活。下一步改进措施：

（一）加强健康教育，坚持预防为本

校园是传染病感染和传播的高风险场所，应定期对学生进行传染病预防控制知识及技能的宣传教育。通过新生入学教育、主题班团会、专题讲座培训、宣传展板、新媒体推送等形式，宣传传染病核心知识和预防控制措施，督促学生养成健康的学习生活方式，提高自身免疫力，教育学生若出现传染病可疑症状或确诊为传染病后应及时向学校报告、不隐瞒病情、不带病上课，坚持规范化治疗，正确对待，积极面对。

（二）提升职业素养，坚持实战演练

常态化疫情防控期间，辅导员参与疫情防控已经成为了高校日常工作的新常态。在此背景下，辅导员自身也要加强传染病防控知识技能学习，掌握基础的传染病防治知识。要有极高的警觉，一旦发现传染性疫病，要第一时间上报；善于把控局面，能够正确引导学生的思想和言论，既要让学生知道事情的进展情况，同时也要避免引起不必要的恐慌。要开展高校传染病防控预案的演练、模拟实践，在行动中找不足，丰富师生实战经验，强化师生应对能力。

（三）完善制度体系，坚持多方联动

高校应建立多部门参与、分工明确、职责清晰、密切配合的传染病防控体系，形成以辅导员为一线、校医院为防治专业部门、后勤部门为保障的多方联动队伍，全面落实新生入学体检、因病缺课登记、病因追踪等措施，根据病情、病种落实患传染病学生休学、复学、退学管理制度，对患有传染病学生密切接触者开展筛查，早发现、早报告、早隔离、早治疗、早处理，防止学校出现聚集性疫情，全面保障师生的生命健康。

【作者简介】

黄华，三峡大学学生处处长，国家二级心理咨询师，国家三级创业咨询师。2020年被湖北省教育厅推荐为第十二届全国“高校辅导员年度人物”暨2020年“最美高校辅导员”候选人。近3年，主持湖北省高校学生工作精品项目1项、参与湖北省实践育人特色项目1项；获湖北省高等学校教学成果奖一等奖1项；指导学生参加第五届中国“互联网+”大学生创新创业大赛获铜奖；以第一作者发表论文3篇。

第85问　如何警醒学生网络危险的存在——学生遭遇网络诈骗和个人信息丢失怎么办

温州大学　叶成良　武晓岚

一、问题阐述

小王，大一学生，工科专业，性格内向。某天，小王上网聊QQ时，网友“小妖精”哄骗他下载了一款名为“比心”的APP。小王根据对方指示点开“比心”APP输入手机号和验证码，点击同意该APP读取其通讯录信息后，该APP便闪退不能再次点开。随后，“小妖精”色诱小王在QQ中进行裸聊，小王照做后，被录下视频，“小妖精”马上以不转钱至指定账户便把该视频发给其手机通讯录中的亲朋好友来敲诈勒索小王。小王原本想吃个哑巴亏尽快息事宁人，但“小妖精”第二天持续恐吓小王索要钱财，小王不知所措，寻求辅导员帮助。

二、解决思路

这是一起典型的大学生电信网络被骗案例。现如今，为什么越来越多的大学生如同小王一样频繁被骗呢？除了网络安全教育缺乏、网络安全技术存在漏洞、监管机制不够健全等客观原因外，大学生自身安全防范意识薄弱、社会经验不足也是主要原因。

针对本案例，辅导员需要及时了解学生情况，做好学生思想工作和心理疏导，发挥家校警协同、朋辈间引领的作用，帮助学生解决当前困难。同时，持续关注学生，鼓励学生多参加校园活动和社会实践，增强人际交往能力，增加社会经验，实现自我成长。另外，通过“防诈骗”主题班会、专题讲座、校园活动、社会实践等形式，开展大学生网络安全警示教育，提高大学生安全防范意识。

三、实施办法

（一）了解情况，及时止损

及时、全面地掌握学生被骗的来龙去脉和前因后果，观察学生整体状态，解决学生实际困难。案例中，小王遭到持续恐吓及钱财勒索，当务之急需要陪同小王前往学校保卫处和辖区派出所报案，寻求帮助。派出所民警介入后，一起深入分析事件经过、诈骗套路和被骗心理，共同引导小王认识到网络诈骗的危害性和保持警惕的必要性，帮助小王卸下心理负担，打消顾虑，避免再次被骗。

（二）家校联动，共同面对

及时和小王的家长取得联系，如实告知事件进展，让家长全面了解小王个人动态，同时要求家长尽快赶到学校，一起协商处理后续事宜。处理过程中，建议家长做好情绪管理，减少对孩子的责备，考虑到小王性格敏感内向，辅导员要在家长和学生中间搭建沟通桥梁，发挥纽带和缓冲作用，共同帮助小王尽快走出被骗阴影。

（三）加强疏导，减小影响

小王被骗后，第一反应是怕被身边的亲朋好友知道，而诈骗分子正是利用大学生的普遍心理，频繁作案，屡屡得手。针对这一情况，辅导员定期找小王谈心谈话，实时了解小王的心理动态，加强疏导，帮助小王进行必要的情绪宣泄和心理放松，避免过分的情绪压抑，对由此可能产生的心理问题需要早发现、早干预、早解决。同时，及时关注小王宿舍舍友和同学的动态，加强保密，减少大家对于此事的议论，避免小王再受刺激，减轻小王心理负担，减小事件影响。

（四）持续跟踪，重塑成长

引导小王主动思考，吸取教训，帮助其树立正确的世界观、人生观和价值观，从根本上改变其原有的错误观念、侥幸心理和不良上网习惯。发挥班主任、学生党员、宿舍舍友等帮扶作用，引导小王合理利用网络，做好时间管理，积极面对困难和挫折，鼓励小王多参加校园活动和社会实践，提高社交能力，同时也可转移注意力，从而淡化被骗的不愉快经历。

（五）教育引导，防微杜渐

以此事为契机，开展校园电信网络诈骗教育，通过主题班会、专题讲座、校园活动、社会实践、形势政策课等形式，对案例进行深入剖析和总结，不断增强学生的安全防范意识。另外，邀请警方走进学校，通过点对点宣讲、面对面讲解、手把手教学，生动介绍当前网络诈骗的新形式和新手段。与警方合力共筑校园安全防线，通过建立信息反馈机制，及时解答疑问、处理难题，谨防网络诈骗。

四、经验启示

当前，校园电信网络诈骗层出不穷、花样百出、防不胜防，大学生涉世未深、心思单纯，一不小心就会很容易上当受骗。作为学生成长成才的人生导师和知心朋友，辅导员应继续广泛开展防范电信网络诈骗宣传教育工作，不断增强广大学生安全防范意识，进一步筑牢安全防线，切实维护校园稳定。

（一）对症下药，解决核心问题

学生问题千头万绪、错综复杂，为了更高效、更精准地开展思想政治教育工作并解决问题，我们势必要善于从多重问题中找到问题的关键。抓住了问题的关键与核心，就好比打蛇打七寸，其他问题自然也就迎刃而解了。从表面上看，小王是由于经受不住诱惑，从而掉入“桃花陷阱”的，实质上还是小王的人生观和价值观存在问题。思想政治教育要透过现象看到本质，解决内核问题，才能有效解决折射出来的表象问题。

（二）见微知著，方能积微致远

辅导员工作需要从大处着眼，小处着手，做好两个维度：前维度是及时及早发现隐患，处理苗头，从源头化解；后维度是针对个别问题反思一般问题，举一反三，由点及面，反思长远问题。针对此案例，应加强思想教育，通过线上线下相结合，营造浓厚的防范电信网络诈骗宣传氛围，不断提高学生识骗防骗能力；结合新生入学教育、开学典礼、主题班团活动等，引导广大学生树立正确的网络安全观；强化线索摸排，健全预警机制，构建“校、院、班、寝”四级网络体系，做好信息员培训工作，提高预警能力。

（三）主动担当，抢占思政高地

新形势下加强大学生思想政治教育工作，要因时而进，因势而新，不仅能解决具体问题，还要及时关注新形势下已经产生或可能出现的新问题。当前，诈骗形式和套路不断翻新，辅导员需要紧跟时代变化，及时掌握相关信息，可以情景模拟等学生喜闻乐见的方式开展防范电信网络诈骗宣传教育。同时，辅导员要主动担当，切实作为，勇于发声，构筑线上线下双效互动平台，结合科技创新、主题班会、校园文化活动、社会实践、志愿服务等载体，占领思想政治教育主阵地。

【作者简介】

叶成良，温州大学计算机与人工智能学院辅导员，国家三级心理咨询师，浙江省创业导师，温州大学辅导员素质能力提升工作室成员。曾获温州大学优秀辅导员荣誉称号及第九届浙江省辅导员素质能力大赛二等奖。指导学生获浙江省“互联网+”大学生创新创业大赛银奖、浙江省“挑战杯”大学生创业计划竞赛二等奖等。

武晓岚，温州大学化学与材料工程学院辅导员，国家三级心理咨询师。指导学生获全国第十一届“华文”师范院校线上教学能力测试一等奖、化学学科教学设计能力测试二等奖，第四届省大学生新材料创新设计大赛一等奖等，学生所在团支部获市五四红旗团支部荣誉称号。

第86问　如何在网络世界保护学生
——学生遭遇网暴诋毁怎么办

西南医科大学　刘　烨　谭群英

随着互联网信息化的高速发展和广泛应用，网络安全问题日益成为危害校园安全的问题。大学生涉世未深，思想单纯，行事冲动，成为非法网贷、网络诈骗等违法分子的狙击目标。此外，网络暴力也因其在校园中屡屡发生、危害严重、影响恶劣，成为辅导员工作中需要关注的重点问题之一。

本文以辅导员经历的学生遭遇网暴诋毁典型个案为例，分享辅导员在学生遭遇网暴诋毁后的行动策略，并探讨此类事件带来的启示，思考如何才能在网络世界中更好地保护和教育学生。

一、问题阐述

女生小X，大四A班学生，成绩中等，性格开朗，平时在班级表现良好。某日，A班班长告诉辅导员他们班很多同学收到了陌生人M的QQ邮件，自称是小X的男友，认为自己被小X欺骗了感情，在表述中使用了大量针对小X的侮辱和诋毁性质的语言。班长同时反映班级内部已有一些对于此事的议论，小X这两天上课看起来闷闷不乐，课间也一直在走廊里玩手机，不和同学交流，与平时的状态判若两人。

二、解决思路

该起案例毫无疑问是急需处置的危机事件，学生遭遇网暴诋毁，已经产生了负性情绪和反常表现，需要辅导员及时介入纾困，避免危机进一步深化和扩大。其次，班级内部的议论说明学生群体对于网络暴力认识不足，不能自觉抵御网暴，网络规矩和网络道德教育亟须加强。此外，案例起因也反映出学生在恋爱交友方面认知不足，情感纠纷处置不当等问题，需要进行后续引导。

基于以上分析，处理此案例时，辅导员既要做“定海神针”，也要做“指路明灯”，充分把握事件中的轻重缓急。当务之急是要切断网暴源头和传播途径，确保遭受网暴的学生受到的伤害最小化，做好学生的情绪安抚和安全管理；而后要抓住时机，在学生群体中广泛开展网络安全、网络文明和道德教育；同时要着眼学生成长，做好大学生情感恋爱观的教育。

三、实施办法

（一）深度谈话，安定人心

从班长处获知情况后，辅导员第一时间请小X来到办公室。刚进办公室没等开口，小X“哇”的一声哭了出来，可想而知这两天她承受着多大压力。辅导员拉着她到沙发上坐下，安慰她不要害怕，告知不管事情的起因如何，老师始终会站在她这边，一定会全力帮助她解决问题。听到辅导员的表态后，小X逐渐缓过来，开始向辅导员倾诉。通过谈话确认是小X在校外认识并交往的前男友M因不满小X单方面提出分手，心生怨恨采取了不当方式发泄愤怒。认真倾听小X的讲述，在她情绪激动时适当予以安抚，看准时机也给她肯定和鼓励……通过2个多小时的交谈，明显感到小X的情绪慢慢稳定下来，这也让辅导员稍微放心了一些。在与小X的交流中，辅导员确认了一些M的信息，为后续的工作做好准备。

（二）制止网暴，控制事态

及时介入了解事实和稳定当事学生情绪只是第一步，解决问题的关键在于切断网暴的源头和传播途径。与小X谈话结束后，辅导员第一时间向学院领导汇报了网暴事件及已经掌握的相关事实，研判下一步措施。

按照研判结果，通过班长和小X提供的信息联系了M，表明身份，要求M立即停止对小X的网暴行为。起初M并不承认自己的所作所为，于是辅导员把M在什么时间、向哪些邮箱发送过何种内容的邮件列举出来，并表示以上信息均已作为证据保留，如果损害小X名誉的行为仍然继续，学校将通过向M所在单位进行投诉、报警、诉诸法律等手段维护学生的权益。自知理亏的M终于表示自己是“一时想不开”，承诺不会再抹黑和骚扰小X了。当晚，辅导员及时把与M的交涉结果告诉了小X，让小X暂时安心的同时，也提醒她关注后续M是否信守承诺，如果仍有网暴诋毁或新的侵害行为发生，及时告知老师，他们将协助她报警处理。同时，请班长、宿舍长关注小X动态，发现异常及时上报，最大限度确保小X的人身和心理安全。

一段时间后，小X本人和学生干部都确认网暴行为已经停止并且没有新的异常行为出现，辅导员悬着的心才终于放下了，小X也恢复了往日的活泼和笑容。

（三）化危为机，引导教育

小X遭遇的网暴事件，是一次学生个体的危机，但从积极意义上看也是一次教育的契机。事件平息后，辅导员召集A班同学开展了一次关于网络暴力的班会讨论。这场班会同学们通过事先收集资料、会上交流讨论的方式，共同学习了“什么是网络暴力”“网络暴力的成因和危害”“如何防范网络暴力”等问题，班会上还有同学主动向小X道歉，表示自己因没有在第一时间站出来帮助同学共同制止网暴感到愧疚，最后同学们还一起设计了《向网络暴力说“不”》的海报，并共同签名。在本学期的心理发展月活动中，辅导员特意请来了心理教育专家，为学生开展了一场以“大学生恋爱心理”为主题的讲座，帮助学生树立健康的恋爱观，学会在恋爱交友中识人察人，能够积极面对恋爱挫折。

四、经验启示

确保学生安全、维护校园稳定是辅导员的重要责任。当学生遭遇网暴诋毁时，不论学生本人是否存在过错，辅导员的第一要务是“宽”以救急，坚定地站在遭受网暴的学生一方，以“护犊子”的态度让惊慌失措的学生消除恐惧和焦虑，减轻网暴诋毁事件对学生的心理伤害，有助于学生卸下压力，鼓起勇气直面困境。

透过“网暴诋毁”这一事件表面，辅导员要能准确抓住“缺乏网络隐私安全意识”“欠缺网络文明与道德”等关键问题，“严”以引导，通过后续教育施策，帮助学生树立正确认知，培养学生明辨是非、抵御网暴的能力。在此过程中，“输出式”和“说教型”的教育方式往往难于打动人心，如果能以“启发式”和“交流型”的谈话技巧，引导学生自我反思、自我剖析，辅导员加以适当点拨和观点补充，往往更能达到教育效果。

个体学生遭遇的网暴事件具有偶发性，但也提醒我们在网络时代，要更注重加强学生的网络安全文明教育引导。辅导员要善于把每一次个体学生危机转化为教育的新切入点，思考引发偶然事件背后的必然因素，抓住和围绕这些“必然”，长效施策，才能更好地在同类型问题上防患于未然，切实护航学生成长成才。

【作者简介】

刘烨，西南医科大学外国语学院学生科科长、学生党支部书记、分团委书记，西南医科大学启航筑梦辅导员工作室秘书。从事辅导员工作6年，曾获西南医科大学十佳辅导员、团干部年度人物荣誉称号及第八届四川省辅导员素质能力大赛三等奖、2021年西南医科大学辅导员素质能力大赛一等奖。

谭群英，西南医科大学学生工作部部长，副研究员。主要研究方向：思想政治教育基础理论与人的全面发展。为学校哲学社会科学创新研究团队负责人、成渝地区双城经济圈高校就业创业“双百”导师。

第87问　如何处理学生在网络上的舆情发布——学生发布网络信息导致舆情怎么办

合肥工业大学　李丽鹏

一、问题阐述

2022年国庆节前夕，恰逢学校所在地疫情较为严重，按照属地疫情防控政策，要求高校师生国庆节假期非必要不离校、非紧急情况不出省。某日下午，学院正在召开疫情防控工作领导小组会议，处理师生请假离校出省事宜。突然，手机铃声响起，学校学生工作部一名老师急切来电提醒相关人员速上网查看处理百度贴吧一篇关于假期请假的贴文，并转来了帖文链接。一名学生发帖称："××学院厉害了，××辅导员真有人性，同学母亲癌症晚期在医院化疗请假回家探望，被认定不属于紧急情况，到底什么情况才算紧急？"帖文中涉及的辅导员了解该名请假学生的具体情况，前期已批准该名同学离校回家探亲，并提醒学生路途做好防护，网上怎么会出现该谣言？在全校学生高度关注假期请假离校的敏感节点，谣言如果不能及时处理，一旦形成网络舆情焦点，将会给学校疫情防控和安全稳定工作带来极大的负面效应。

二、解决思路

经初步调查了解，该发帖同学对学校国庆假期请销假制度产生误解，其向辅导员老师提交的离省参加亲友婚礼的申请没被批准，对辅导员老师解释也未真正从心理上理解和接受，恰又道听途说一位母亲患癌症的同学请假也未被批准，冲动之下没有核实信息真假即在网络上宣泄自己的不满和负面情绪，很多不明真相的同学跟帖发表评论，引发了这样一场网络舆情。辅导员立即向学院、学生工作部相关领导进行了汇报，经过研判，拟立即与请假探母同学联系，由其在贴文下跟帖驳斥不实言论，辅导员老师在贴文下详细介绍学院学生请假离校审批原则和总体情况。同时，提出了舆情处理的原则和注意事项：要把握"第一时间"原则，及时发布事实真相，使同学清楚全面了解舆情的全部情况；要坚持线上引导与线下引导相结合的原则，提高舆情引导的针对性；要坚持解决思想问题与解决实际问题相结合的原则，对发帖及跟帖同学的思想困惑、实际困难和合理诉求要及时分类分众给予回应解决；要坚持统一协调原则，由学校宣传部、学生工作部、学院相关负责人及工作人员组成网络舆情处置小组，保持内外协调和信息发布口径一致。

三、实施办法

（一）舆情监测预警，及时识别危机

高校网络舆情是大学生在网络场域对与自身利益密切相关的话题进行讨论、表达意见的过程中产生的情绪化网络宣泄。构建校园网络舆情的监测预警机制，通过对微博、贴吧、知识问答社区等虚拟社区的舆情信息监测，有助于高校思想政治工作者清晰地了解参与相关讨论的学生的思想、情绪和态度，正确识别可能存在的危机，增强工作的针对性和实效性。本案例中，学校网络舆情主管部门通过成立校园舆情监测团队，常态化开展涉校网络舆情信息的筛选、甄别、梳理、监测和预警工作。学生团队发现该学生在百度帖吧所发布的敏感信息后，捕捉到了迹象性、倾向性和群体性危机，第一时间向相关部门领导进行了汇报，按照网络舆情处置规程，迅速反馈到了学院分管领导和一线辅导员手中，为妥善处理好该网络舆情提供了先机。

（二）真诚交流沟通，有效回应关切

网络舆情是一个从无到有、从小到大的演变过程。高校网络舆情发生初期，所有的学生和网民都存有各种疑问，期待着学校或主要利益相关者发布事实真相，或者给发帖者或网民一个满意的答复，如果漠视网络舆情，将会贻误引导处置良机，小道消息就会占上风，导致网上小事情演变成现实大事件。案例中，学校和辅导员在关注到网络舆情后，没有采取回避遮掩的态度，及时利用心理学上的首因效应，主动发声。首先联系帖子中涉及的请假探母学生，由其作为当事人及时公布请假已获辅导员和学院的批准，不存在帖子中所描述情况，用事实真相主动回击网络谣言；随后辅导员主动跟帖，介绍了帖子中同学请假获批情况，年级学生请假离校批准总体情况，真诚回应广大学生和网民的关切和质疑，及时纠正了网络谣言；安排学院学生网络评论员，适时跟帖，澄清事实真相，引导广大学生和网民理性思考，使网络舆论走向实现反转。

（三）找准问题症结，化解现实矛盾

高校网络舆情的发生往往由大学生关注度较高或关乎大学生群体自身利益的事

件引起，而大多数情况下又与高校学生教育管理服务工作中存在的纰漏或短板相关。网络舆情发生后，高校应当组成网络舆情处置工作小组，调查清楚网络舆情的背景和发展脉络，事件的来龙去脉和事实真相，找准网络舆情发生的根源症结，及时还原事实真相，回应广大学生和网民的关切，妥善化解网络上的非理性情绪；坚持解决思想问题与解决实际问题相结合，在最短的时间内找到发帖人，从根源上归结舆情发生原因，及时解决发帖学生的思想认识问题和现实合理诉求，并对其进行批评教育。案例中，学校宣传部门、学生工作部门、学院协调配合，第一时间确认了发帖学生身份。了解到舆情发生的根源在于发帖同学本人请假离省参加亲友婚礼未被批准，对辅导员老师告知的未批假理由并没有完全接受和信服，在心理上怀有抵触和怨恨情绪，并道听途说有一名母亲生病的同学请假也没有被批准，冲动之下在网络平台上发布了不实信息，引起了这场网络舆情。舆情妥善处理后，辅导员耐心向该同学介绍了学校所在地严峻的疫情形势，属地和学校采取的疫情防控政策其目的是维护师生的生命健康安全和学校的安全稳定，告知该同学请假未被批准的缘由。同时，对该同学在网络平台的造谣行为进行了严肃批评，网络不是法外之地，不能在网络上造谣、传谣。该同学深刻认识到自身错误，并提交了书面检讨。

四、经验启示

（一）辅导员思想政治教育工作要有温度

作为网络时代的大学生，他们思想独立，注重自身权益的维护。部分大学生习惯以不断的情绪变化思考问题和解释现实，思想、态度和行为往往具有偏激和片面性。辅导员开展工作时，仅靠单纯的说教、严格的管理、事后的处理难以满足学生对学校更高质量和水平教育管理服务的期待，要坚持解决学生思想问题与解决实际问题相结合，用心去发现学生的差异化需求，真心关爱学生成长成才，真正走进学生内心，搭建起师生同心同向同行的交流沟通平台。案例中，辅导员在告知学生请假未被批准时，由于工作繁忙，未耐心细致地做好学生的说服解释工作，让学生感受到的是生硬的、不含温情的拒绝，有意或无意地造成了师生之间的误解。要想做好学生思想政治教育工作，辅导员必须要明确职业角色，不仅要做好“消防员”“勤务兵”，更要履行好“知心朋友”和“人生导师”的职责。

（二）辅导员网络素养教育工作要有力度

辅导员要坚持把大学生网络道德行为规范教育纳入学生养成教育体系，将其纳入新生入学教育方案和第二课堂活动体系，通过开展专题讲座、案例分析、警示教育、实践示范等途径，切实构建学生网络素养提升的长效机制。同时，对于学生违反国家法律法规和社会公序良俗的网络失范行为，辅导员应严格依据法律法规、校纪校规等来规范和警戒学生的网络行为活动，让学生知晓网络不是法外之地，对自己的违法违规行为需要承担相应的责任，以此来促进学校网络文化的健康有序发展。

【作者简介】

李丽鹏，合肥工业大学电气与自动化工程学院党委副书记兼纪委书记，副教授，全球职业生涯规划师(GCDF)，安徽省思想政治工作中青年骨干，安徽省弘扬社会主义核心价值观辅导员名师工作室负责人。曾获第二届全国高校网络优秀作品推选展示活动二等奖、全国高校辅导员优秀论文评选二等奖、全国高校优秀学生工作学术成果二等奖。主持教育部人文社科辅导员专项项目2项、全国高校辅导员精品工作项目1项，在《思想教育研究》《思想理论教育导刊》等期刊发表学术论文多篇。

第8篇

职业规划与就业创业指导

第88问　如何引导大学生科学规划职业生涯
——学生对学业和职业缺乏规划、目标缺失怎么办

山东大学　邱　瑶

一、问题阐述

小刘是工科学院一名大一新生，怀着激动的心情踏入大学校门，以为“考取大学就轻松了”，直到在“大学生职业生涯发展与规划”的课堂上，老师郑重地提醒同学们从现在开始就要做好大学生涯规划并进行严格的管理，为今后的职业规划打下坚实的基础，这时候小刘感觉自己被高中老师“欺骗”了，并在朋友圈里说：“说好的大学里的轻松呢？”经过和老师、同学以及学长的沟通，小刘还是静下心来规划自己的大学生涯。

二、解决思路

大学生职业生涯规划在帮助大学生明确学习目标、习得过硬本领上起重要作用，但在现实过程中，大学生职业生涯规划如何真正发挥作用，帮助学生找寻大学学习目标仍存在诸多方面问题。像小刘同学这样的情况，在大学中不是个例，部分学生对职业生涯规划不够重视，或者对于自身或外在环境分析不够客观充分；有的同学虽然进行了职业生涯规划，但存在与实际情况脱节或者职业路径盲从等情况。学校对于职业生涯规划投入力度仍需加大，相关课程覆盖面有限，数字化信息服务平台服务学生开展职业生涯规划仍有缺失。

职业生涯规划对大学生在校学习和未来择业就业有重要意义，将有效帮助大学生确立职业方向和目标。在中小学教育中，教师及家长过多重视成绩而忽视个性化指导，对于学生长远规划与未来目标无明确引导；在进入大学后部分学生对当下没有动力和对未来产生迷茫，开展职业生涯规划将有效教育帮助学生解决目标确立等问题，让自身的职业生涯规划符合个人志趣，同时符合国家社会需求。

(一) 社会层面，就业形势日趋严峻

目前高校扩招导致的毕业生人数居高不下，就业市场岗位需求与毕业生人数和素质要求并不匹配，大学生就业市场仍需完善。用人单位对大学生要求日益增高，毕业生的知识能力结构与用人单位岗位能力需求之间存在错位，部分毕业生专业能力难以达到用人单位要求。

(二) 学校层面，职业生涯规划重视不够

职业生涯规划方面，高校不能全方位全过程给予学生科学的职业生涯规划指导，缺乏系统性，缺少学校层面的整体规划与顶层设计。同时职业生涯规划缺少实用性，在实际操作过程中，受限于师资力量等原因，无法真正做到对每个学生的个性化关注，部分高校职业生涯规划为完成就业率引导学生尽早就业，忽略了学生自身条件和外在环境。

(三) 家庭层面，传统就业观念影响

部分家长在对孩子进行职业选择时，仍拘泥于传统行业，对于目前社会新兴行业与新的就业市场了解不够充分，往往以稳定舒适作为工作选择的重要考察点，学生的职业期待过高，不利于学生在职业生涯规划时理性对待。

(四) 个人层面，就业心态不成熟

大学生在进行职业生涯规划时，部分同学存在从众心理，个人职业选择不够理性，同时自主性不高，探索自我和外部世界动力不足，有时不能从实际出发进行科学的职业生涯规划。

三、实施办法

(一) 提高对大学生职业生涯规划的重视程度

针对大学生职业生涯规划中存在的问题，高校应引起充分重视，并提高对其重视程度。在工作设计中，高校应发挥职业生涯规划在学涯生涯职涯中的优势，通过课程设计、学分纳入考核标准等方式，让学生充分了解职业生涯规划的内容和意义。让学

生通过职业生涯规划真正实现自身发展路径明晰、未来目标可达等，提高职业生涯规划的质量，确保学生在大学期间的高质量发展。

（二）加强大学生职业生涯规划教育

大学生职业生涯规划教育是开展这项工作的主要抓手。首先应加强职业生涯规划教育的顶层设计，针对科教兴国战略布局提高人才培养质量，制定与时俱进的职业规划教育发展纲要，各个高校充分根据自身情况进行扩充，并通过教学评价机制，及时反馈职业规划教育效果，不断提高方案完成度。其次加强师资队伍建设，职业生涯规划教育的落地需要教师来执行，师资队伍的专业性程度是取得教育效果的关键，在选拔人选时，应优先选拔有工作经验的辅导员老师，同时引入社会资源，扩充教师力量，将理论与实践充分结合。再次，加强对职业规划教育的研究，通过课题立项等方式助力职业生涯规划教育进一步细致深化，将理论性与实用性有机结合，落实学生实践。

（三）构建大学生职业生涯规划体系

大学生职业生涯规划贯穿学生的大学生涯，从入校开始到毕业走向工作岗位，所习得的职业生涯规划本领在工作之后仍可以发挥重要作用。应建立科学的职业测评体系，并通过信息化手段形成学生成长档案；建设高素质职业生涯规划教育师资队伍，给予学生有效指导；加大对职业生涯规划的投入力度，加强交流学习。通过体系制度建设，保证职业生涯规划真正落地并有效进行。

四、经验启示

职业生涯规划在各个高校中已经有序开展，但过程仍有许多不足，新形势下国家对于人才的需求与新时代下大学生对于个人价值的定位都产生了新的变化，如何适应新变化，坚守高校的初心使命是我们需要认真审视的问题。我们应通过加强顶层设计，强调终身发展的理念，保证实用性与适用性的统一，建立科学的职业生涯规划体系，引导学生将国家需要与个人价值相连接，最终实现青春不负、强国有我的人生目标。

【作者简介】

邱瑶，山东大学电气工程学院团委书记。曾获2021年度山东高校辅导员年度人物，山东省大中专学生志愿者暑期“三下乡”活动优秀指导者，学校优秀青年工作者、优秀辅导员、就业工作先进个人等荣誉称号以及第八届全国高校辅导员素质能力大赛二等奖、第五届山东高校辅导员素质能力大赛特等奖、山东省高校心理健康优秀论文三等奖。通过全国高校就业指导人员高级培训认证等，承担多项教学任务，主持及参与多项课题研究并参与编写《幸福创业》一书。

第89问　如何帮助学生做好职业生涯规划管理——学生将职业生涯规划束之高阁、不能真正实行怎么办

中国石油大学(华东)　窦雅琴

职业生涯规划作为一种系统、科学的理论和方法体系,受到越来越多高校师生的重视。高校普遍通过开设职业规划类课程、举办主题讲座、开展专项竞赛及生涯咨询等方式推动大学生明确方向、制定规划、积极行动。评价职业生涯教育的效果,关键看教育受体,也就是学生对生涯规划的理解程度、规划目标和路径的科学与否以及有没有促成有效的生涯行动,其中最核心的评价维度就是行动。

一、问题阐述

小石是带着满脑袋的问题来找辅导员咨询的。在面谈之前查看他的预约登记表,发现这是一个总体上"优秀"的学生——刚上大三,成绩中上,有丰富的校园活动和竞赛经历,担任过学生干部,也取得了不同领域的奖励荣誉。这样一个可以评价为全面发展的学生,却因为对未来的迷茫和焦虑发起了这次咨询。我很好奇,他会如何建立现在与未来的关联。

在第一次40多分钟的咨询面谈中,他说的最多的四个字是"我不知道。"

——你们专业主要的就业去向有哪些?

——我不知道。

——这个专业学出来,你会获得哪些核心能力?

——我不了解。

——你自己的优势能力分布在哪些方面?

——没整理过。

——你选择未来职业的标准是什么样的?

——没想清楚。

与他的"一无所知"形成强烈对比的是他参与过的生涯教育活动:

——你们学院举办过生涯规划的讲座吗?

——有的,听过。

——你上过生涯规划课程或者写过职业生涯规划书吗?

——大一就上了,规划书也交了。

——规划书完成之后,有没有按照里面的行动计划做?

——不太记得了,也有一些吧。

——有没有每学期把规划书拿出来评估调整一次?

——还需要这样吗?

一番“灵魂问答”下来,辅导员已经基本了解了他困惑的焦点,可以概括为“三有两缺”:有端正的态度,能把应该做的事做好;有积极的追求,想要提升自己的综合能力;有指向未来的思考,想要及时谋划一个选择和努力的方向。缺乏职业生涯规划的系统性思维;缺少实施规划的有效行动和积累。有无之间,他虽然有一定的发展积累,却无法站在现在预见未来,也没能用未来目标指导当下。

由于缺少进一步讨论的基础,所以我在这一次面谈中只能给他重新梳理了生涯规划的核心逻辑和关键环节,结合他的困惑提出几项建议,预约下一次咨询。

二、解决思路

对于接受过职业生涯规划教育的学生来说,出现错位是非常可惜的,这种情况也不是个例,它呈现的是学生开展规划中的一个断裂点:规划与行动未能有效衔接。职业生涯规划的主体是一套理论和方法,但其教育目标并不仅仅是让学生理解或者“记住”理论,它所指向的是学生将科学的规划作为自己的行动指南,不断趋近目标的过程。

“小石”们的困惑反映了目前的职业生涯规划教育的两个短板:一是理论教学与实践应用的脱节。如果课程、讲座只聚焦于理论知识的传递,它就只是一门课程,势必导致学生“学完即忘”。二是即时教育与长效推进的脱节。职业规划的实现过程需要个体持续的行动和优化调整,“点状”开展的课程化、单次活动式的教育方式势必导致学生“交完即放”,无法达成全程化、持续性的推进。

生涯发展和就业选择是学生的“人生大事”,更是辅导员的主责主业。职业生涯规划教育不能只依靠生涯课程的任课教师,也应该是辅导员的重要工作平台和抓手。

从辅导员的工作实际出发破解这两个短板,有三个着力点:一是做好生涯规划意识的引导培育,通过日常教育让学生接纳生涯规划的基本理念,重视课程教学与实践体验活动。二是用生涯发展的理念引领学生积极思考和主动成长,将个人的专业学习、学科竞赛、实践活动、社会工作等都纳入规划行动清单,达成目标与行动的一致性。三是将生涯教育与价值引领融合推进,增强学生对专业和行业的认知认同,无形中也会促进学风建设、科技双创、社会实践等各项工作的有效开展。

三、实施办法

中国石油大学(华东)自2013年起组建辅导员专业发展团队,由专门队伍开展大学生职业规划教育和就业创业指导工作的理论研究与实践探索。经过10年的摸索,以生涯规划的核心逻辑为主线,探索构建了全程化的生涯教育体系,实现了规划与行动的衔接,让职业规划真正成为大学生职业生涯发展与辅导员推进成长教育的“主线”。

(一)把握关键时间,启蒙生涯规划意识

在入学适应性教育“启航课堂”中专设生涯启蒙模块,组织团队成员向全校新生讲解职业生涯规划的基本理念和方法,将职业生涯规划分解为大学的阶段性目标,建立专业与就业的关系,让学生理解生涯规划的重要性。

将生涯教育与专业教育结合,利用“院长第一课”、专业见面会、朋辈宣讲等形式向新生介绍专业历史沿革、课程与实践体系、人才培养平台和升学就业情况,为学生呈现未来的可能性。

(二)科学指导规划,明确大学发展主线

将职业生涯规划理念融入辅导员日常工作。年级大会和主题讲座上讲生涯知识,团体辅导和班团活动中开展生涯体验活动,谈心谈话里专设规划主题,学期始末发布规划专题问卷,扩大生涯教育覆盖面。

用职业生涯规划串联学生的大学发展。举办生涯体验周、推广生涯测评,促成初步体验;印制《成长手册》分学期记载大学发展过程和生涯成长进度;鼓励学生广泛参加学业竞赛与专业实践增强专业竞争力,拓展第二课堂平台提升非专业可迁移技能;举办各就业流向的专题工作坊促进学职转换,推送重点企业明确职业要求,邀请企业人员宣讲行业发展,引导择业观念,增强生涯教育的贯穿性。

(三)全程验收成果,持续推进行动

分年级布置全程化生涯规划寒假作业,促成生涯行动学期跨越;分学期回收《成长手册》,检查发展积累;职业规划书与梦想简历逐年修订,确认趋近目标路线图,增强生涯教育操作性。

分学年举办职业生涯规划大赛、专业发展报告会、个人能力分析报告撰写、模拟

求职、岗位分析报告撰写等主题活动，验收生涯教育成果；举行优秀作品推选展评和竞赛获奖主题分享，用好朋辈示范力量，增强生涯教育持续性。

四、经验启示

全程化生涯教育是施教者与受教者持续互动的过程，辅导员需要具备职业规划指导的基本能力，掌握学生成长规律和发展需求，才能有力有效地推动学生完成由梦想到现实的转换。

（一）接纳学生的“不积极”

生涯规划的思维在根本上是用未来指导现在，这是超出学生一般性认知的思维方式，因此学生不主动、不积极是可以理解的。辅导员要做的恰恰是用高阶思维引领学生跳出现在，找到“远虑”，激发学生开展生涯规划的内在动力。

（二）增强生涯教育的“隐蔽性”

在全程化生涯教育开展过程中，理论讲授只是极小的一部分，毕竟“讲知识”本身是枯燥的，对生涯教育来说也是无效的。重点在于将生涯规划的理念“渗透”到工作的各个领域，用生涯成长这条线索去串联辅导员的日常工作，将“我给你讲讲道理”变为诸如“我带你了解一下自己”“我带你总结一下个人能力”“我带你看看未来你能从事什么职业”，教练式的工作思维能大大增加学生的主动性。

（三）提升辅导员自身的“专业度”

生涯教育是一个助人自助的过程，也是辅导员助人达己的过程。要将生涯教育真正落地，辅导员要具备驾驭生涯基本理论和工具方法的能力，能够结合学生特点和需求开展工作设计，对于学生的生涯困惑能做出科学的回应和解答。因此，辅导员要通过参加知识学习、实践体验和案例督导等方式提升自身的生涯指导能力，才能树立起专业形象，获得学生的信任和跟从，才能让每一个梦想落地。

【作者简介】

窦雅琴，中国石油大学（华东）化学化工学院辅导员，副教授。全球职业生涯规划师（GCDF），全球生涯教练（BCC），高级职业指导师，心理咨询师，生涯团体动力导师（GCT）。开展讲座100余场，为千余人次辅导就业。曾获2019年全国第十一届高校辅导员年度人物提名、2019年山东高校辅导员年度人物荣誉称号及山东省高校辅导员优秀工作案例二等奖、青岛高校思想政治工作个人创新奖、山东高校辅导员工作论坛优秀论文一等奖、第七届全国高校辅导员素质能力大赛三等奖、第四届山东高校辅导员素质能力大赛特等奖等。发表论文14篇。

第90问　如何帮助学生进行就业创业信息筛选——学生面对校招网聘不知道如何筛选怎么办

中南民族大学　安树庭　王　卫

习近平总书记在党的二十大报告中强调："就业是最基本的民生。强化就业优先政策，健全就业促进机制，促进高质量充分就业。""完善促进创业带动就业的保障制度，支持和规范发展新就业形态。"就业率和就业质量是高校人才培养成效的"晴雨表"，也是学校人才培养质量的重要检验环节，如何更好地帮助大学生进行就业信息筛选是其中的关键环节，也是本文探讨的主要问题。

一、问题阐述

受国际形势和常态化疫情防控的影响，我国经济下行压力仍然较大，高校毕业生人数持续增长，企业用工需求有所下降，开启了大学生"更难毕业季"。一方面毕业生定向就业扎推，趋向于国企、银行、事业单位以及公务员等体制内岗位；另一方面受疫情影响，许多中小微企业招聘时间点后移，强化了"等、靠、要"就业的学生"慢就业"意识；同时许多想提升学历的大学生选择考研乃至二战三战，这些使得学生面对以中小微企业为主体的就业市场环境难以确定就业方向，给学校就业工作带来很大困难，其原因主要体现在以下几个方面：

（一）市场方面

疫情常态化防控期间，线下招聘宣讲会少，许多高校采取线上集中推荐、学生自主选择的方式帮助学生提供就业机会，但庞杂纷繁的企业信息铺天盖地而来，缺乏精准性，学生眼花缭乱，无法第一时间获取所需信息。

（二）学生方面

学生对就业形势认识不到位，对自身职业发展定位不准，等待和观望心理较强，面对网上推荐态度犹豫，很容易错过最佳的就业机会。

（三）教育方面

学校对学生的培养是一个相对固化的过程，人才培养方案不能随时根据市场需求进行调整，因此学校人才培养一般会滞后于市场和企业需求，也在客观上加剧了疫情下大学生就业的结构性矛盾。

二、解决思路

（一）稳中求进，对症下药

就业是系统性、基础性工程，打牢基础才能更好地帮助学生就业、筛选信息。学校教育、指导要分层级式递进：针对大一大二年级学生，注重方法论的培养和灌输，打牢求职基础；针对大三大四年级学生，重在开展提升大学生就业技能和技巧多方位的指导，提高其应试能力。

（二）"早""准"结合，"精""实"互补

所谓"早"，即启蒙学生就业规划意识要早，大一新生入学教育中要嵌入职业规划教育，在学生心中埋下就业的种子。所谓"准"，要准确把握大学生的规律和特点，紧紧围绕学校人才培养体系，服务就业大局，掌握学生就业诉求，有针对性地引导学生成长成才。所谓"精"，是精心组织大学生开展提高求职技巧和求职面试模拟等活动，根据学生的具体情况及时调整方案。所谓"实"，一是开展职业规划教育一定要务实，不能为了组织而组织，而是要基于学生的成长规律引导学生就业；二是辅导员的能力要厚实，要切实提升帮助大学生进行就业信息筛选时的真功实效，提升职业能力；三是工作要扎实，培养教育要扎扎实实贯穿大学生学业四年，久久为功。

三、实施办法

辅导员在就业指导的过程中，应结合不同年级、不同专业的学生的学习情况，分年级、分专业、分阶段，有侧重地制定不同的就业指导培养体系。

（一）注重方法引导，使用“面上喷淋法”

1. 针对新生

以各类讲座、分享会、交流会以及相关公选课程为依托，让新生刚进校就有针对性地认识专业、树立职业意识，初步了解所学专业与职业的关系以及职业所需要求，有意识地培养其职业理想，规划自己的人生。

2. 针对大二大三阶段学生

把准专业知识的舵，以学好专业知识为底线，以丰富的第二课堂为依托，以创新创业大赛为关键，着重开展就业能力和技能培养等，重点帮助他们确立职业目标，客观定位自我，通过社会实践、创业大赛、学术竞赛等形式，帮助学生拓宽知识面、提高就业能力、增强就业的自主性以及对将来职业生涯做出决策的能力。

3. 针对毕业班学生

着重开展树立正确的就业观念教育、给予就业形势与政策教育、提供就业指导与服务、指导考取职业资格证书、指导求职简历制作和开展模拟面试等，做好充分的求职准备。

（二）注重实操技巧，使用“精准滴灌法”

1. 坚持以校内校园现场招聘会为主阵地

依托学校就业办部门，邀请各类企业及社会资源来校进行线下宣讲即招聘会。依托访企拓岗提供就业岗位。与企业构建合作关系，搭建互动平台，了解企业人才需求，进行岗位对接、人才输送，缓解供需脱节等问题的同时从源头进行就业信息的筛选和把关。

2. 着重关注筛选线上招聘会信息

引导学生充分利用新媒体就业资源，包括收藏相关就业网站，如国资小新、国聘行动、留客APP、海投网、智联招聘、前程无忧等，同时可关注各省高校人才招聘、人事考试网等公众号，留意相关信息。

3. 对线上招聘企业进行全方位的了解把握

引导学生充分利用企业查询平台——天网查APP，对招聘企业的注册资金、信贷情况、经营状况、员工人数等信息进行一一核实，做到心中有数。

4. 做好高质量就业信息的遴选和传递

通过互联网挖掘各类平台和各地人社部门举办的网络招聘会，收集国家及地方相关就业优待及招录政策，以及本校和其他高校就业招聘网站信息，及时解读、推送给毕业生，做高质量信息的遴选者、传送者。

5. 建立有关学生需求信息的台账

可按照学生所学专业、就业意向、地域倾向、期待薪酬、企业性质、工作性质等需求，同时按照企业招聘的时间节点进行排序，有选择性、有针对性地为学生筛选、推送相关企业信息。

6. 充分挖掘教师、校友资源

鼓励教师参与推荐就业、联系校友链接就业资源。教师可为面临求职的学生提供就业信息咨询、记录及回访等服务，密切关注学生从求职到后续入职的动态发展过程，为之后的毕业生积累经验。校友可为求职学生提供求职经验、求职技巧以及求职信息等。

7. 对就业信息进行精加工

毕业生收集到的信息一般较为粗糙，甚至有的鱼目混珠、虚假不实，往往不能直接利用。因此辅导员要帮助学生进行把关，结合学生个人实际情况，如就业意向、专业特长等信息进行匹配和加工处理，有针对性地进行排列、整理和分析。

8. 鼓励学生在实践中进步

求职初期可不断地投递简历，尝试面试，从而积累经验。也要定期和学生总结面试经验，不断复盘，为后期的面试打下坚实的基础。

四、经验启示

（一）更新传统就业工作模式，适应时代特点

构建全程式培养机制，就业工作不是大四独有，必须四年一贯、整体规划、统筹协调、持续发力、全员参与。同时也要紧跟时代潮流，贴近实际为学生进行就业信息的筛选和指导。

（二）根据学生发展规律，形成良性互动

引导学生树立“先就业再择业”的就业帮扶观念，传统的就业帮扶更多地关注于学生的“技”这个外部硬件，而忽略了学生“能”这个内部软件，学生就业能力提升的前提是解决学生的就业不自知问题，调整合理就业期望值。

（三）全面提升职业能力，帮助学生就业顺利起航

积极开展职业生涯规划活动，能结合大学生实际，做到解决思想问题和实际问题相结合，帮助学生树立正确就业观念的同时，依托就业指导课和第二课堂活动提高就业竞争力，促使学生尽快适应社会、融入社会。

【作者简介】

安树庭，中南民族大学经济学院学生工作办公室主任。主要研究学生教育管理中的信息化建设。曾获第十三届全国高校辅导员年度人物提名、2021年湖北省优秀共产党员、2022年湖北省五一劳动奖章等荣誉称号及2020年第八届全国高校辅导员素质能力大赛一等奖、第一届民族（地区）高校辅导员素质能力大赛一等奖。指导学生参加创新实践活动获得省部级及以上奖励20余项。

王卫，中南民族大学管理学院本科生专职辅导员，学院党务工作联系人，协助学院党委做好党校培训工作。坚持真心换心、仁而爱人的教育理念，踏实履行辅导员九大职责，求实创新、奋楫笃行。

第91问　如何帮助学生理解职业选择、确立方向——就业压力大导致学生“躺平”怎么办

中南大学　高佩茹　连　选

一、问题阐述

目前,我国高校毕业生规模不断创高,劳动力供求矛盾仍然突出,加上新冠肺炎疫情迁延反复,使得我国高校毕业生就业形势更加严峻。在此背景下,我国高校毕业生面临着巨大的就业压力,越来越多毕业生出现求职困难、盲目考研、回避就业、就业预期过高等现象,呈现出一种“慢就业”“懒就业”的“躺平”状态。高校毕业生“躺平”的原因究竟是什么,怎样破解这个“困局”?这是高校辅导员亟待解决的重要难题。

二、解决思路

全面剖析现象,可以拆解为三个层层深入的关键点:一是学生面临着巨大的就业压力;二是产生压力的原因主要是严峻的就业形势;三是造成的结果就是学生产生消极的就业心理和面临实际求职的困难。这实际上是大学生职业生涯规划和就业创业指导的问题。深入剖析该现象形成的原因,可以概括为以下几点:

(一)背景环境

一方面,不断创出规模新高的就业群体、“就业难”与“招人难”并存的矛盾导致大学生就业竞争压力越来越大;另一方面,新冠肺炎疫情的迁延反复导致就业市场岗位的需求缩减、校园招聘减少,学生就业渠道缩窄。

(二)自身内因

思想层面,由于认知局限,许多学生存在就业行业、岗位绝对化的非理性就业观

念;心理层面,缺乏职业自信心,心理耐挫力较低,存在消极的就业心态;知识层面,缺乏职业规划相关的知识储备,面对选择难以决定,存在职业选择困惑;能力层面,缺乏与岗位匹配的就业竞争能力,求职成功率低。

(三)家庭因素

一方面,可能由于父母的期望过高,忽视社会需求的变化,导致学生求职落差较大;另一方面,随着经济社会发展,家庭经济水平提高,学生所负担的家庭责任压力减少,择业动力相应降低。

针对案例的关键点和所分析的原因,明确努力的目标就是帮助学生解决就业的思想问题和实际问题,理解职业选择,明确努力方向。对此,提出以下几点解决思路:一是在思想层面上帮助学生研判形势、分析原因,解决非理性就业观念;二是在关键举措上教授就业知识,提升自身能力,增强就业自信;三是在延伸发展上拓宽选择渠道,鼓励学生在基层就业、创业。

三、实施办法

(一)深入调研,研判就业形势

“凡事预则立,不预则废”,高校辅导员做就业指导工作,对形势的研判很重要,这有助于帮助学生知己知彼,从而把握好就业时机。一方面,要对外研判就业形势,全面了解如今大学生就业呈现的特征,分析特征背后的问题根源,形成对外部环境的客观分析,同时详细了解国家积极的就业政策和就业单位实际招聘的岗位需求,从而找准调整就业策略的突破口;另一方面,要对内调研问题根源,通过采取毕业生问卷调查、与就业困难学生谈心谈话等方式,深入调研学生就业困难、消极就业的原因,有利于找准靶标,有针对性地提出解决措施。

(二)调整心态,增强求职自信

许多学生在求职过程中存在“第一份工作我一定要找好”“我各方面都比他差,我没办法找到比他好的工作”等担心、自卑甚至焦虑的非理性就业心理,这就需要进行积极的自我调整。一方面,转变非理性就业观念,我们要帮助学生理性认识自我和研判外部世界,利用决策平衡单等工具帮助学生明确职业选择,邀请企业人力资源主管开展就业形势报告,引导学生认清现实处境,合理调整职业预期;另一方面,做好求职心理准备,许多学生的焦虑来源于对未来的恐惧和不确定的实现路径,而清晰明确的职业规划则能有效增强确定性、降低焦虑感，我们要指导学生根据自身意向和情况，细化职业规划步骤，明确解决问题的办法，使学生方向明确、心里踏实，有效缓解焦虑和压力。

（三）提升能力，增强竞争优势

就业形势严峻是外部原因，解决学生就业困难的关键还是要提升学生就业能力。“打铁必须自身硬”，能力是为实现就业目标做的综合实力准备。一是开展生涯教育，教授学生职业规划相关知识，学会借助霍兰德职业兴趣测试、MBTI性格测试、职业锚测评等工具制定适合自己的生涯规划内容和步骤；二是提升求职能力，组织“求职技能提升”“职业素养提升”“行业探秘”“模拟面试”等就业指导活动，鼓励学生积极参与实习实践，增强应试能力和动手实践能力；三是精准施策、分类指导，针对学生不同的情况和目标企业的需求给予精准化的指导，特别是对于不同类型的求职困难学生，建立“一人一档”帮扶台账，联合家庭、教师、朋辈力量合力帮扶。

（四）拓宽渠道，扩大求职视野

大学生受传统观念影响和自身了解范围局限，在择业时选择范围较窄，容易产生“找不到好工作”的焦虑甚至求职失败，这需要辅导员帮助学生拓宽就业渠道，扩大求职视野。一是广泛借助校友资源、导师资源、合作单位资源、重点就业单位资源等，通过多种校企合作、供需对接的方式，向学生一对一精准推荐人岗适配的企业，为学生提供更多的就业机会；二是鼓励引导学生到基层就业，向学生详细介绍大学生村官、三支一扶、西部计划等基层项目，做好政策宣传和支持引导；三是培养创新创业意识，大学生创业也是国家越来越倡导的一种就业方式，这不仅给大学生提供了更多自我价值实现的机会，也有利于缓解大学生就业压力。

四、经验启示

（一）聚焦主责主业，做好思想引领

严峻的就业形势导致学生产生就业压力，指向的根源还是学生的思想认识问题，这个问题不解决，后期的就业指导工作也难以推进。所以首先要聚焦根源问题，转变学生非理性的就业观念，帮助学生理解职业选择的真正含义，再向学生指明具体可行的实施路径，减缓面临不确定因素的焦虑，从而增强就业自信心。

（二）抓住问题关键，解决实际困难

此案例的核心还是就业问题，因此关键是解决学生就业困难的实际问题。我们要对外研判形势，对内调研原因，将解决思想问题和解决实际问题相结合，针对薄弱环节，联动多种资源，分类精准指导，确保落地见效。这也对辅导员就业指导能力提出了要求，需要我们总结经验，提升能力。在本案例中提升学生就业能力是关键。

（三）构建长效机制，防范化解风险

大学生就业指导工作是当前高校一项极端重要的工作，也是一项需要长期重视的工作。我们要前置职业生涯规划和就业创业指导工作，充分发挥高校人才资源和企业社会资源优势，根据不同年级的特点分阶段、分层次、全覆盖地开展就业指导培训，以提升高校毕业生就业能力为目标，健全人才培养体系，实现高校全员抓就业、促就业，校内外优势资源共同发力的良好氛围。

【作者简介】

高佩茹，中南大学机电工程学院辅导员，学生党支部书记，高校就业指导师，中南大学职业选择能力训练实验中心老师。曾获教育部中国大学生在线校网通“十佳指导教师”荣誉称号及中南大学新生及新入职辅导员素质能力大赛一等奖、党史学习教育微党课竞赛二等奖等奖励20余项。主持及参与辅导员专业化职业化建设项目7项，发表论文2篇，参编著作2本。

连选，中南大学自动化学院辅导员，全球职业规划师（GCDF），全球生涯教练（BCC）。曾获第十三届全国高校辅导员年度人物、湖南省高校首届最美辅导员、湖南省就业创业工作先进个人等荣誉称号及全国高校辅导员职业能力大赛二等奖。

第92问 如何帮助学生进行专业能力及职业技能培养——学生专业能力出现短板怎么办

山西农业大学 温 娟 李晓扬

一、问题阐述

小高，某专业大四学生，在校期间担任学院学生干部，思想积极上进，性格较为内向，学习成绩处于班级中游。工作踏实认真，积极参加校、院组织的各项活动，团结同学，乐于助人，关心班集体，是老师和同学们心目中的好学生干部。

小高的学生干部经历和众多的荣誉让他自信满满，在众多的求职者中脱颖而出，他很容易就找到一个令自己满意的实习公司。然而，小高的实习之路并非一帆风顺。第一份实习工作中，他没有主动和公司领导、同事沟通，耽误了工作进程，多次受到领导批评，两周后小高失望地离开了该公司；不久，他又找到另一份实习工作，却总是眼高手低，对于领导安排的很多工作，心不在焉，导致经常出错，受到领导多次批评后，他又提出了辞职。面对第三份实习工作，小高虽然端正了工作态度，但由于缺乏扎实的专业技能，令他在工作中感到十分吃力，导致不能很好地完成领导交代的任务，不久后小高又离开了该公司。多次被拒后的小高开始感觉到焦虑、浮躁，甚至自我否定，失去了往日自信、乐观的心态，于是，决定放弃寻找工作。

从小高基本情况可知，他存在沟通能力欠缺、自我认知偏差、专业能力不足等问题。尽管小高在校期间表现十分优秀，但他没有及时转换社会角色，导致实习屡次不顺。此外，面对目前高校毕业生竞争日益激烈的就业环境，专业知识储备、动手实践能力、学习能力以及分析问题和解决问题的能力显得尤为重要。虽然小高在校期间表现突出，是一名优秀的学生干部，但是专业能力欠佳，导致核心竞争力不强。同时，没有调整好心态，最终因实习不顺而自我否定。作为一名高校辅导员，根据辅导员九大工作职责中的要求，应当帮助和引导小高尽快走出职场不适，顺利找到理想的工作。

二、解决思路

当前，高校毕业生就业已成为国家、社会和高校共同关注的话题，尤其是在近年来毕业生数量逐年增加的情况下，高校毕业生就业难问题就显得更加突出，部分毕业生在校期间担任学生干部且表现优秀，容易产生骄傲自满情绪，这部分学生离开校园走向社会后，不能很好地摆正自己的位置，不能很快适应现实工作的落差，就会出现案例中小高的实习不顺的情况。

（一）沟通交际能力欠缺

小高很容易就能找到实习单位，说明其在大学期间的经历受到了用人单位的认可。但小高与领导、同事沟通不畅，多次受到领导批评，说明他的沟通能力还存在欠缺。事实上，小高性格内向，不爱说话，他应该积极改变自己，与领导、同事主动地进行沟通。

（二）自我认知出现偏差

小高积极寻找实习机会，说明有较强的就业意识，但实习中出现眼高手低、心不在焉、粗心大意，说明小高没有正确认识自己，自我评价不够客观，自身认识不够准确，职业素养认识不到位，导致其无法摆正自己的位置，错失第二份实习工作。

（三）专业能力较为欠缺

小高在求职过程中表现出对工作岗位的期待，对未来职业有较高期望值，但对自己所从事的岗位缺乏专业技能和社会实践经验，导致其在实习过程中，产生较大的压力和焦虑情绪。

（四）抗挫折能力较弱

小高在多次实习受挫后，表现出萎靡不振、失去信心、否定自我的状态，因而陷入焦虑的状态，严重影响到之后的求职效果，产生就业焦虑、自卑、迷茫、回避选择等情况。

三、实施办法

小高在临近毕业出现的焦虑情绪,更需要辅导员老师的关心和指导,帮助其重塑信心,树立正确的就业观念,顺利就业。

(一)进行谈心谈话,增强就业自信

辅导员与小高进行了谈心谈话,肯定了其在校期间担任学生干部的表现,分析了实习不顺的原因。告知小高求职受挫是非常正常的状况,只要能找到自身原因,并且积极改正,主动面对各种挑战,所有困难都会迎刃而解。同时,建议小高多去操场跑步,参加体育锻炼,宣泄自己的情绪,缓解就业心理压力。在那之后,小高开始慢慢重新找回以前的自信。

(二)提升职场沟通能力

在了解到小高沟通能力较弱的情况下,辅导员给小高讲述了沟通的技巧和方法。主要包括:一是适时倾听,即认真领会领导安排的任务、同事嘱咐的事情,要有清晰的了解;二是善于表达,在职场中不能忘记沟通的目的,要正确表达自己的想法,表达自己的意见和建议,最终达成共识;三是及时反馈,在职场中遇到困难时,要及时向领导或同事反馈,以便寻求帮助,避免耽误工作进程。在之后的实习中,小高主动和领导、同事进行沟通,圆满完成工作任务,多次受到领导的表扬。

(三)正确认识自我

小高自我认知存在偏差,导致其过高评估了自身的实力,在工作中眼高手低、漫不经心。辅导员向小高介绍了SWOT分析法,引导他了解到自身的优点、缺点以及面临的机会和风险,小高在填表的过程中,慢慢意识到了自身不足,以及就业形势的严峻,明白自己不应过分自大,应认真对待每一次实习机会。在客观认清自己后,小高慢慢放下了心理的“包袱”,开始虚心听取他人的建议和意见,顺利地走上了新的工作岗位。

(四)提升专业能力,做到人岗匹配

在了解到小高实习受挫、求职碰壁后,辅导员积极联系优秀校友,为其提供帮助。

另外，辅导员向小高推荐了大学生求职常用官网、微信公众号等，帮助其拓展求职渠道。同时，辅导员向小高介绍了提升专业技能的方法：一是多看书，尤其是多看和岗位相关的专业书籍，丰富自身专业知识储备。二是多与职场前辈交流。辅导员向小高介绍了职场内的优秀校友，让小高与他们一起交流与沟通，帮助小高进步。三是多实践。在实践中了解自己的不足和缺陷，通过参加专业的培训和学习，提升自己。在此之后，小高的职业技能得到很大提高，职场之路变得更加顺畅。

四、经验启示

本案例是学生自我认知和专业能力欠缺导致职场不顺的典型案例。

大学生在实习和求职过程中缺少经验，部分学生依然抱有“天之骄子”的心态，但是又仿佛“井底之蛙”，缺少对职场的了解和认识，缺乏职场所需要的沟通能力、知识储备以及专业技能。

面对此类案例，辅导员应把握以下三点：一是要利用科学的方法，引导学生客观认识自己、发现自身不足并予以改正；二是要关注学生就业心态，帮助其实现正确择业和顺利就业，引导大学生保持积极、谦虚、付出、坚持的心态；三是要通过日常的班级管理以及专业实践活动帮助学生提高专业技能，增强求职的竞争力；四是要引导学生做好职业规划，提前为未来就业做好知识和能力的准备。

【作者简介】

温娟，山西农业大学公共管理学院党委副书记，副教授，国家二级心理咨询师、高级职业指导师、国家生涯规划师。从事辅导员工作12年，为中国教育电视台《我是辅导员》栏目第39期嘉宾。曾获教育部第十三届全国辅导员年度人物、全国优秀教育工作者、第十一届全国高校辅导员年度人物提名等国家级、省级荣誉20余项。主持省级课题5项。出版个人专著1部。

李晓扬，山西农业大学公共管理学院本科生辅导员，团委副书记，讲师，获法律职业资格、证券从业资格、基金从业资格等职业资格证书。曾获山西省学宪法讲宪法知识竞赛季军指导奖教师荣誉称号。

第93问　如何帮助学生实现“角色转换”
——学生初入职场不适应怎么办

成都师范学院　赵　云　胡珊珊　李敏慧

一、问题阐述

小李是贸易经济专业2018级毕业生，学习成绩较好，家庭经济条件一般，父母离异，随父亲生活。父亲教育方式简单粗暴，导致小李性格内向。毕业前应聘到某外贸公司上班。刚到单位时，小李热情较高，积极表现。但在两周前因一件小事当众受到部门领导的批评，感到特别委屈。同时对比学校，小李认为公司管理混乱、任人唯亲；同事都不够热情，向他们请教问题他们总是爱理不理。参加工作以来，工作没做多少，但学习内容多、强度大，时感力不从心，越想越觉得前途一片黑暗，个人发展无望，想另谋高就，投了无数简历，却都石沉大海。觉得愧对家人，也无颜面对大学同学，这种心理负担加剧了焦虑症状。如今，小陈情绪很低落、身体疲惫、食欲不振、经常把自己关在房间里，对未来没有信心。

工作中，经常有刚毕业不久的大学生电话反馈初入职场遇到的各种问题，大学生毕业进入社会，将实现重要的“角色转换”：从大学生到职场人。由于一些主客观原因的影响，很多大学生都会遭遇到“角色转换”困境。如何解决这一困境，切实构建招培就服全链条一体化育人格局，已经成为辅导员老师考虑的现实而紧迫的问题。

二、原因分析

该生由于实习就业问题与从学生到职员角色转换不及时引发心理焦虑与情绪紧张等问题，出现思维难以集中、精神疲惫、食欲不振、空虚无助等情况，如果不及时进行干预可能引发严重心理问题，甚至造成心理疾病。造成小李此结果的原因有以下几点：

（一）耐挫能力较弱

小李在学校成绩较好，但在公司因工作失误受到批评导致心理受挫，并未能正确地认识学习与工作环境不同所带来的差异，不能够正确地处理工作上的挫折带给自己的打击。

（二）信心较为缺乏

小李性格较为内向，认为公司同事不如校内教师热情，在工作上受到批评之后产生自我怀疑，再加上适应职场能力方面还存在薄弱环节，未能与同事快速地建立起人际关系，面对工作的新形势新要求缺乏必要的信心。

（三）适应能力较差

认为公司学习强度大，没有快速适应从"学校"到"职场"的角色转变，在职场受挫后未能及时调整自己的心态。公司管理混乱、感觉自己未受到重视，且认为个人发展无望，在工作岗位上得不到职业归属感与认同感。

三、实施办法

（一）树立正确挫折观，培养抗压能力

挫折对于人的一生来说是难以避免的，是每个人成长的必经之路，挫折会带来痛苦，但是另一方面我们也要清楚地认识到挫折也会带来磨砺和成长，应把挫折当作进步的阶石、成功的起点，从而不断取得进步。小李在工作中被领导批评是他在进入职场后遇到的第一个挫折，小李可以选择寻求外界帮助，找到自己最信任的亲人或者朋友，向他们吐露心声寻求帮助，在这个过程中产生共情并找到解决问题的方法。或者通过自我抒发的方式来发泄心中的情绪，包括写日记、写博客将自己的情绪通过文字的形式表达出来等。情绪发泄后就应该迅速调整心态，正确认识领导批评自己的原因，并不断改进，将工作的压力转化为继续前进的动力，在挫折中不断提高自己的抗压能力。

（二）树立正确的就业观，增强职业认同

认识到个人价值和社会需要的关系，小李在贸易经济专业毕业后顺利进入外贸公司工作，在目前就业形势严峻的态势下能找到专业对口的工作，将自己所学的专业知识运用于实践证明小李还是有一定的工作能力的。小李目前职业认同感低，主要是因为和同事关系不佳、工作胜任感不强。职场和学校是两个截然不同的环境，职场同事并不会像老师一样教导你，职场关系相对微妙，既要正确地认识自己也要正确地认识他人。要善于接受别人，多看别人好的一面，而不是一直觉得同事对自己不够热情就灰心丧气，每个人的性格不同，并不是不热情等于不愿意帮助，应该继续和同事加强沟通，并用心对待每一位同事，注意方式方法，少一些误解，多一些相互间的支持和帮助，长期下来一定能够建立稳定和谐的职场人际关系。

（三）提高个人能力，建立职业自信

每个人都是独立的个体，能力也各有差异，我们要对自己有一个全面的认识和了解，要看到自己的优点，不能因为能力不如别人就妄自菲薄。也要清楚地知道自己的不足之处，还要知道怎样避开缺点，发挥优势，争取最大限度地展示自己长处。小李应该积极参加公司组织的各类培训，不断提高自己的核心竞争力，也要适时调整期望值。小李应该清楚，自己作为一个职场新人如果以一个职场精英的水平要求自己，对自己的期望值过高，很容易因为难以实现而对自己能力产生怀疑，就会因此产生焦虑、消极懈怠等负面情绪。小李应该针对自己的实际情况，制定符合自身发展的长期目标和阶段性目标，并在实践中不断调整，在这个过程中不断感受到达成阶段性目标的喜悦，逐步建立职业自信。

四、经验启示

（一）大学生求职应遵循的原则

大学生就业问题已经成为社会和高校的一大难题，解决大学生的择业观、就业观、就业心理等问题是高校辅导员工作的重要组成部分。辅导员平常在对学生的教育里，就应该把未来学生可能在实际就业中面临的问题纳入其中，强化五大原则，使学生能够快速适应从“学校”到“职场”的角色转变。

一是强化个人愿景的原则，积极主动。教育学生平时学习工作要积极主动，对自己负责，面对困难挫折要积极采取行动加以解决。

二是强化自我领导原则，有始有终。“有始有终”适用于生活工作的各个不同的层面，而最基本的目的还是人生的最终期许，我们做任何事都要先做好计划，制定好目标和路径，然后付诸实施并不断反馈修正。

三是强化时间管理原则，有效处理。事分轻重缓急，我们要把重要而紧迫的事情放在第一位，掌握重点，强化自制，避免被情绪左右。

四是强化互利共赢原则，与人为善。凡事做最坏打算，但对人往好处想，坚持原则与灵活性并重，工作中学会协同，追求综合效益，化阻力为助力，最终形成大家的合力。

五是强化自我平衡原则，不断更新。把磨炼当成人生最有价值的投资。明白工作本身并不能直接带来获得感和幸福感，而具备良好的学习与思考、适应与创新能力，才能在未来的新征程中不断取得新的胜利。

（二）职场教育应做的改变

教育要牢牢把握服务发展、促进就业的办学理念。除需要学生主观上加强以上原则之外，学生的入职教育需要关注学校教育与企业需求的融合，关注学校规律与职场规律的融合，即加强学生的“职场学习”。依托第一、二、三、四课堂，开展典型项目教学，营造真实的工作流程和人际环境，促进学生能力不断提升和进阶。具体需要从以下几方面着手：

一是在人才培养方案制定上。学校的人才培养要精准对接社会需求，以工作职位的发展要求来考虑学生职业能力的培养路径，进而明确教学目标、教学主体，并努力将教学资源与之适配。通过改革课程、学分互认、课赛融通等方式，将一些行业的竞赛、企业的工作和项目直接用于教学过程。

二是在教学组织与实施上。重视教师团队的安排，可以围绕岗位发展梯度、学生能力培养路径以及对应的项目实施构建多元化的教师团队，包括专业负责人、指导教师、行业专家、企业管理者。重视学生实践教学环节，根据企业工作的需要灵活安排实践教学时间，即确保学生职场学习的落地，也方便企业灵活安排员工。

三是在职场教育的协同保障上。职场教育需要各行各业广泛参与，学校应建立企业参与职场学习的制度环境，构建以学校为主体、企业为支撑、政府为依托的职场学习体系，三者之间配合协同、相互补充。让校、政、企全方位协同育人模式贯穿大学生职场学习的全过程，并根据专业规律和学生发展规律分步实施。这既是需要校、政、企三方共同研究的课题，同时也是促使学生角色转变、培养学生职场胜任力的关键所在。

【作者简介】

赵云，成都师范学院经济与管理学院党委副书记兼纪委书记，副教授，SYB创业培训师。曾获四川省"脱贫攻坚先进个人""援藏援彝对口帮扶先进个人"荣誉称号，四川省事业单位"记功"奖励获得者。致力于学生思政工作、创新创业和乡村振兴的研究和实践，主持和参与省部级重点项目、规划项目9项，发表学术论文10余篇。指导学生参加互联网+、创青春相关比赛项目获银奖、铜奖。

胡珊珊，成都师范学院经济与管理学院辅导员，团总支书记。承担"形势与政策""职业生涯规划"等课程的教学工作。主持省厅、校级课题2项，参与省部级课题、教改等项目6项，公开发表论文数篇。

李敏慧，成都师范学院经济与管理学院辅导员，学生党支部书记。承担"职业生涯规划""军事理论"课程的教学工作。曾发表论文数篇，参与横纵项目10余项，主持及参与国家级、省级项目10余项，组织学生参加"全国心理情景剧大赛"并获得二等奖。

第94问　如何指导学生就业应试
——学生面试没有经验怎么办

云南大学　黄瑞琪

一、问题阐述

一件T恤、一双球鞋、身披长发、一张单薄的简历，这是我们在高校招聘会现场经常看到的毕业生青涩的求职身影。每一位求职的同学在应聘的时候都很紧张，但似乎大多数高校毕业生并不知道求职面试是怎样一种形式，应该如何进行面试准备？面试的时候要怎么进行自我介绍？怎样的面试准备才有效？招聘单位到底想要招聘哪一类的学生？怎样的面试表现才能得到用人单位的青睐？作为即将踏入职场的高校毕业生，如何快速地进行角色转变？这些都是高校毕业生亟须掌握的求职素养，同时也是高校辅导员在就业指导方面需要开展的工作所在。

二、解决思路

目前，高校应届毕业生在就业应试时普遍存在以下四个方面的问题：一是就业择业意识模糊，对自身职业定位不清晰，找工作迷茫；二是实战经历不足，在校应届毕业生的实习、实践经验少，对于职场应聘存在迷茫，畏难情绪多，应试表现力较差；三是简历制作同质化，没有针对性、精准度，不能抓住招聘单位对于岗位需求的关键点；四是语言表达能力不足，在应试中语言的传达力、针对性不强，思路的逻辑性、清晰度不高；五是面试技巧缺失，对于自身形象塑造，礼仪举止等方面重视度不够，导致用人单位对毕业生的第一印象分不高。

三、实施办法

综上所述，高校应届毕业生在校期间受到的全方位、系统化的就业创业求职训练较少，导致其在秋招、春招找工作的黄金关键期，错失求职的最佳时机，屡屡挫败后自信心不足，对应聘求职产生畏难情绪。作为辅导员要想有效地指导学生就业面试，提升学生面试的通过率，可以从以下几个方面来展开：

（一）就业规划是前提

辅导员在开展思想引领、日常事务管理、学业指导工作的同时，要有针对性、系统化地对学生进行职业生涯规划的整体性思考和阶段性指导。将精准化、特色化的职业生涯规划与就业指导融入学校人才培养体系中，主动融入学校育人工作中。以学生的实际发展为出发点，针对不同特点的学生，定期举办讲座、分享会、模拟应聘等系列活动，旨在帮助学生进行能力、兴趣、价值观、性格等方面的探索，分析职场形势，制定个性化的职业发展计划，使之明确今后学习、工作的方向。

一是组织就业分享会，辅导员可结合全院乃至全校的毕业生资源，建立就业指导资源库，充分发挥好朋辈教育作用，邀请本院毕业生开展考研经验交流会（保研、考研、跨专业、调剂）、求职应聘经验分享会、基础教育教师岗位经验交流会等，将就业工作前置化，帮助学生更清晰地了解求职应聘、面试具体要做什么、怎么做。

二是开设就业应聘专题讲座，邀请校内外专家开设就业类讲座，让学生了解企业到底需要什么样的员工，从而让学生大学生活更有目标性，对大学四年进行合理的学业、职业规划。辅导员就业意识启蒙要贴合学生实际需要，提升学生就业竞争力，助力学生学习成长。

（二）求职简历是亮点

求职简历就像打开求职单位那扇门的钥匙，钥匙是否能开锁，关键在于求职简历是否精准投递。所以求职简历的针对性、精准度非常关键。辅导员要针对每一位学生进行具体的、有针对性的简历制作指导，递送求职简历是为了能获取用人单位面试的机会，能够更好地、全方位地展示自我能力以及岗位胜任力。简历主要是用平面、文字的方式展示自我，展示内容主要包括个人能力、学业成绩、获奖情况、个人品质、学习实践经历、教育特长等几个方面。怎样的简历才会得到用人单位的青睐，内容很重要，定位要准确，同时有一定的特色创意。有针对性地制作简历，要根据不同单位、不同岗位的岗位需求量身定制适合岗位的简历，而不是一"历"多投，广泛撒网，指导学生对岗位需求进行深入分析，结合企业所处行业、主营业务、企业文化、部门功能、岗位职责有针对性地撰写简历。在简历中充分展现学生的专业知识、技能水平、综合素质、经验经历、特长爱好，突出学生在求职中的核心竞争力，匹配岗位需求。

（三）面试训练是关键

应聘面试是招聘单位常用的一种现场考察方式，结构化面试是求职过程中一种最为常见的面试方式。它是根据特定职位的胜任特征要求，遵循固定的程序，采用专门的题库、评价标准和评价方法，通过考官小组与应考者面对面的言语交流等方式，评价应考者是否符合招聘岗位要求的人才测评方法。开展常态化、系统化的应聘面试实训活动，针对毕业生做好应聘模拟训练，提升学生的面试技能，增强学生面试竞争力至关重要。作为辅导员可以在以下几个方面帮助学生提高面试技能：一是进行有针对性的授课，从基础知识教学入手，向学生讲授面试基本要素、着装礼仪规范等方面的知识，向学生讲清应聘面试第一步应如何准备的问题，指导学生做好应聘面试过程中印象管理工作，帮助学生赢在起跑线。二是开展阶段性的训练，通过阶段性常态化的分组训练，使学生将面试素养内化于心、外化于行，让学生能够活学活用，通过不断模拟训练，一方面可以克服学生现场语言表达的紧张感和畏难情绪，另一方面可以多方面多视角地加强对不同面试题型的思考和锻炼。三是开展高精准度的指导，针对每一位学生个体的不同差异及模拟训练时的不同表现，辅导员要建立"一生一策"进行精准指导帮扶。根据每位学生面试过程中的优劣项进行单项技能辅导提升。

四、经验启示

在求职过程中，高校大学生普遍存在高就业期望值与应聘素养度低的矛盾现象，耽误个人求职进度以及学校就业工作。辅导员要扮演好学生职业生涯规划者、模拟训练策划者、简历制作指导者、面试应聘引导者的角色，全方位全过程地将就业工作贯穿学生在校生涯始终，帮助学生更好地提升求职面试的核心竞争力，找到心仪的工作。针对高校不同年级的特点，辅导员可以分阶段、分年级，有针对性地做好就业创业工作：

（1）从新生抓起，辅导员做好学生就业启蒙工作，帮助学生树立正确的就业观、择业观，帮助学生做好自身的职业规划。

（2）大二、大三时的过程培养很重要，辅导员应为学生提供各类就业平台，通过开设讲座、分享会及开展面试求职技能提升培训、比赛，全方位、系统化地提升学生的求职应试核心竞争力，为毕业求职面试找工作做好充分的理论和实践准备。

（3）从容应对大四，经过前期长时间的就业应聘准备工作，辅导员应引导好学生树立正确的择业观，帮助每一位学生走好走出校门的第一步。

（4）建立后期回访机制，针对已毕业的学生，做好调查问卷和个案访谈工作，不断反思和总结辅导员自身开展就业工作的问题，为下一步就业创业指导工作打好基础。

【作者简介】

黄瑞琪，云南大学文学院辅导员，全球生涯教练(BCC)，云南省“青年讲师团”讲师，云南省“云岭百姓宣讲团”成员。曾获全国大中专院校暑期“三下乡”社会实践优秀个人，第五届全国高校辅导员素质能力大赛复赛二等奖，第六届全国高校辅导员素质能力大赛复赛优秀奖，云南省第五、六届高校辅导员素质能力大赛一等奖等荣誉及奖励20余项。

第95问　如何对学生进行创业心理调适——学生因性格内向不敢踏出创业第一步怎么办

黑龙江中医药大学　杨玉赫　白　宇　冷德生

一、问题阐述

(一) 案例背景

当前,我国高校大学生创业的兴趣逐渐提升,许多学生有了创业想法,形成了一定的创业意识。在“大众创业、万众创新”背景下,大学生有积极的创业意愿是值得鼓励的好事情。但创业不可避免地会遇到一些问题和困难,如果大学生在心理适应方面缺乏调试能力,面对创业路上的困难时很容易产生烦躁、焦虑等不良心理问题,无法及时调试心理问题会影响创业的持续性,导致创业终止或失败。

(二) 案例介绍

小佳同学初入校园的时候,很内向,不善交际。在老师的带领下,经过了四年的学习和磨炼,她逐渐积累了一定的工作经验。小佳同学逐渐变得外向,动手能力思维能力有所增强。她积极组建创新创业团队,参加“互联网+”、知识产权杯、TRIZ杯、挑战杯等比赛,在锻炼能力的同时取得了良好的比赛成绩。她成立了医药科技发展有限公司,申请了国家专利、商标并发表了学术论文。小佳同学创业典型事迹被收录于全国高等学校学生信息咨询与就业指导中心编辑出版的“闪亮的日子——青春该有的模样”系列丛书。就这样,小佳实现了从内向到外向、从不敢参加创新比赛到创新创业成功的转变。

二、解决思路

（一）完善大学生创业心理健康教育制度

加强大学生创业健康教育和咨询工作，形成咨询与指导相统一的工作机制。加强创业心理教育队伍与创业心理咨询工作队伍的建设，提高创业心理教育的实效性；对于大学生创业的团体加强关注，从这些特殊的团体中找到适合大学生创业心理教育与辅导的普遍方法。

（二）发挥朋辈群体示范引领和帮扶作用

整合本校毕业生创业成功案例，定期邀请创业成功者来校座谈，组建大学生创业小组并给予指导，在实践中总结经验，形成一套适合当代大学生的朋辈心理健康教育理论，为以后实践工作提供理论依据。

（三）加强创业理论知识和实践技能培训

在培育大学生创业心理素质时不能忽视创业知识的教育，因为创业知识是创业心理素质培育的知识基础。只有丰富大学生的创业知识储备和加强实践锻炼，才能促使大学生创业顺利，同时为培育大学生良好的创业心理素质奠定基础。

三、实施办法

（一）营造大学生创业外部环境

从舆论导向、典型宣传、价值观念方面鼓励创业，尊重大学生的创业选择，为大学生创业提供强有力的支持，同时营造良好的校园创新创业氛围。通过媒介渠道宣传大学生中的创业典型，鼓励大学生向这些先进人物学习，投入到火热的创业生活中去，为祖国的建设多做贡献。

（二）发挥家庭教育的基础作用

大学生创业者的意识、价值取向等与家庭相关，有的家长不愿意子女远行，希望子女能够进政府机关、事业单位或者有一份稳定的工作，对孩子创业的看法存在偏差。加强大学生创业环境的营造，有利于改善家长的教育观念，为大学生创业提供家庭、社会的支持力量，增强其创业自信心。

（三）夯实创业心理素质的培养

在日常生活与学习过程中，帮助学生相信自我、肯定自我，在不断的创业实践过程中积累经验与自信，完成创业前期所需的各项准备工作。帮助其在创业挫折中不断锤炼自身的创业意志，加强自身独立化解创业困境的能力。针对具有创业意愿的大学生，教育其学会冷静思考，提高自身的适应能力，促进自身积极创业心理素质的养成。

（四）发挥大学生的主观能动性

指导具有创业意愿的大学生定期开展自我观察和评估，不断挖掘和放大自身在创业活动中体现出的优势，深刻认识到自身在创业过程中存在的短板，在自我尝试中整合一些积极的经验，从而不断增强自身对于自主创业的信心，促进自身优势在自主创业过程中的充分发挥。

四、经验启示

创新创业心理素质是在整个大学生创新创业活动过程中学生个体所表现出的相对稳定的心理素质，既包括先天基础，同时也包括后天学习训练和环境影响的结果，是学生创业应具备的能力、习惯等综合素质。大学生创新创业成功的概率与自身心理品质有一定的关系，大学生要积极学习创业心理课程，进而提升在面临挫折时的困难抵御能力，要正确认识创业的艰辛，正确对待创业面临的风险等问题，同时要从自我评估、外部激励、自我培养以及自我提升等方面入手，培养自信、开朗、乐观、向上的心理素质，解决创业过程中存在的心理问题，提升创业成功率。

（一）正视大学生创业者心理问题

1. 具备创业意愿而缺乏创业意志

目前，大多数学生对于创业有较强的意愿，并且对所创业的内容自信心较强，个人憧憬依靠自身努力实现创业理想，但是未正确认识创业过程，尤其是在创业时未能充分认识各种风险问题,一旦遇到挫折很容易失去方向,甚至产生放弃的念头,最终导致创业失败。

2. 具备创业技能而缺乏创业精神

大学生在开展创新创业时一般会注重发挥个人擅长的技巧技能,而缺乏团队协作以及吃苦耐劳的精神,尤其是在创业初期,确保创业成功的关键是团队有效协作,但学生在开始创业时往往缺乏提升团队凝聚力的技巧,缺乏协作精神,一旦成员存在分歧,由于缺乏融合能力,会导致团队离散。

3. 具备创业行动力缺乏心理调试

在创业初期学生对创业具有较强的行动力,为完成目标通常能够承受超出个人正常承受能力的压力,甚至会为完成任务而超常发挥,但缺乏持久动力。创业中不可避免地会存在一些问题和困难,但大学生在心理适应方面缺乏调试能力,面对困难时很容易产生烦躁、焦虑等不良心理问题,一旦无法及时调试心理问题,会影响创业的持续性,导致创业终止或失败。

(二) 积极培育大学生创业者心理素质

1. 独立、自主的心理素质

大学生创业者要有独立自主的个性品质,它主要体现在自主抉择,即在选择人生道路、创业目标时,有见解和主张;自主行为,即在行动上很少受他人影响和支配,能按自己主张决策贯彻到底;行为独创,即能够开拓创新,不因循守就、步人后尘。

2. 善于交流、合作的心理素质

大学生创业需要与客户、媒体、员工打交道,需要通过语言、文字等多种形式,与周围的人进行有效的交流与沟通。创业需要通过合作排除障碍、化解矛盾、增强彼此信任、降低工作难度,合作有助于事业的成功。

3. 敢于承担风险、勇于拼搏的心理素质

在市场经济大潮中,机会与风险共存。只要从事创业活动,就必然有风险伴随,事业的范围和规模越大,取得的成就越大,伴随的风险也越大,需要承受风险的心理负担也就越大。立志创业,必须有胆有识、敢于实践、敢冒风险。

4. 坚持不懈、不屈不挠、顽强努力的心理素质

大学生创业者需要有百折不挠、坚持不懈的毅力和意志。能够根据市场的需要

和变化，确定正确而且令人奋进的目标，并带领员工摆脱逆境实现目标。创业者必须有一颗持之以恒的进取心。

【作者简介】

杨玉赫，黑龙江中医药大学第二临床医学院辅导员。2022年获“龙江最美高校辅导员”荣誉称号。荣获全国高校网络教育优秀成果奖、学生工作特色项目奖、黑龙江省辅导员论文大赛三等奖、黑龙江省暑期“三下乡”社会实践“优秀个人”等荣誉及奖励30余项。主持教育部产学合作协同育人项目、黑龙江省哲学社会科学规划项目等课题8项；参与编写著作教材5部；发表论文40余篇，其中10篇发表于核心刊物；申请专利15项；为黑龙江省《社科成果要报》《科技工作者之声》及黑龙江省委教育工委撰写政策建议4篇。

白宇，黑龙江中医药大学第二临床医学院辅导员，学生党支部书记，国家二级心理咨询师，全国就业指导中级教师。先后获得2021年获“龙江最美高校辅导员”、全国高等中医药院校优秀辅导员、黑龙江省优秀共青团干部等荣誉称号及黑龙江省高校辅导员优秀论文一等奖。

冷德生，黑龙江中医药大学第二临床医学院党委副书记、副院长。先后荣获第十届黑龙江省高校辅导员年度人物、黑龙江省大学生暑期“三下乡”社会实践活动先进个人、黑龙江省普通高等学校学生工作先进个人、全国中医药院校优秀辅导员等多项荣誉称号。

第96问　如何培养学生就业意识
——学生找工作屡屡受挫怎么办

同济大学　王晶晶　杨宁汉　卢慧楠

一、问题阐述

党的十八大以来，中央高度重视就业工作，明确把就业摆在“六稳”“六保”之首。近两年来，中央仍在持续释放“就业优先”的信号。党的二十大报告指出，就业是最基本的民生，要强化就业优先政策，健全就业促进机制，促进高质量充分就业。各高校非常重视就业工作，及时部署，开展了一系列工作，确保学生高质量充分就业。

大学生在找工作过程中，大部分会比较顺利，但仍有学生就业困难，甚至屡屡受挫，这些学生能否顺利就业关系到就业工作的全局。培养这类学生的就业创业意识，帮助他们顺利就业，是亟待回答的问题。

二、解决思路

就业困难特别是屡屡受挫的学生，往往在就业过程中不能认清整体就业形势，不能正确认识评估自己，进而未找到个人期望与用人单位需求之间的结合点，未能树立“先就业再择业”的意识。针对这个问题，同济大学航空航天与力学学院学工办在实践中摸索出了一套行之有效的做法。

（一）不了解就业形势？“就业形势政策”专题报告来详解

受高校扩招及近几年新冠肺炎疫情等影响，就业难使大学生备受困扰。开展深入的就业形势政策专题报告，可帮助学生克服就业观念认知误区，树立正确的就业创业观，在宣讲政策的同时还起到就业动员的作用，对毕业生顺利就业非常重要。此外，首次专题报告开展后，定期召开未就业毕业生就业难点研判和工作推进会，解读新形势，对毕业生来说也很重要。

（二）不清楚自己能力？“认识你自己”主题班会来帮助

除不明白就业政策和不适应客观就业环境外，大学生往往存在不了解自身能力、不明确职业规划、不清楚就业与择业主次关系等问题。因此，组织开展“认识你自己”主题班会，可使学生更加清晰地认识自身的兴趣和方向，树立“先就业后择业”的理念，找到个人期望与用人单位需求的契合点，增加就业筹码。

（三）找工作屡屡受挫？“一对一”指导见实效

在就业的过程中，每名学生的情况不同，特别是个别就业困难的学生仅靠单纯集体指导是不够的，此时就需要重点关注相关学生，开展“一对一”指导，分析原因，精准施策，实行“一生一策”，以动态管理解决问题。

综上，将“一对一”精准帮扶的“个体指导”与“就业形势政策”专题报告和“认识你自己”主题班会构成的“集体指导”相结合，能有效培养学生就业创业意识，帮助就业困难学生顺利就业。

三、实施办法

（一）召开“就业形势政策”专题报告会

在秋季学期和春季学期开学初以及春季学期中期组织3次毕业生就业形势政策专题报告会。专题报告前，教师应做充分的策划和准备。报告既应有国家最新就业政策解读、全国大学生就业形势等国家层面的背景信息，又应有本校本院实习与就业形势、毕业生就业去向等详实数据；在宣讲前，需要做好毕业生就业意向摸排，了解就业遇到的难点、痛点等问题，从而深入分析研判当前就业形势和用人单位校园招聘新变化。

在秋季开学初的专题报告会上，介绍全国大学生就业形势、学院实习与就业形势、上一届学生就业去向分布、就业工作流程，提醒学生了解就业政策、清醒认识就业形势、增强就业自信、做好职业规划；在春季开学初的宣讲会上，则进一步介绍全国大学生就业形势和学院就业工作进展，提醒未落实工作的学生及时调整心态，抓住春招的关键期积极就业；在春季学期中期，除介绍学院最新就业进展外，还特别介绍就业相关的各类专项计划，提醒学生调整就业心态，适度降低心理预期，树立先就业再择业的观念。大多数学生经过这三次的全员宣讲会，可较为充分地了解就业政策、形势，并结合自身对行业、地域的要求以及志趣，做出较科学的就业选择，顺利就业。

（二）“认识你自己”主题班会

帮助大学生“认识自己”的第一步是培养大学生主动探究与分析的能力，学会正视自己的优缺点，肯定自身的独特性，提升就业自信；第二步是引导大学生树立独立自主的理念，养成独立思考的习惯，对所学专业及行业发展动态有清晰的认知，明确就业规划；第三步是培育大学生正确的就业择业观。

在开展“认识你自己”主题班会前，学院通过举办简历制作指导、模拟面试辅导等特色主题活动，开展“航力榜样分享会”“学长学姐见面会”等分享交流活动，组织学生赴中国商飞、中国航发商发等学院专业实践基地参观，为引导学生全面了解自我、了解所学专业及就业行业情况做铺垫。在“认识你自己”主题班会上，学生结合前期参与的各类活动，从“态度”“知识”“技能”三个方面，围绕“自我认识”进行交流分享。其中，“态度”包括生涯规划意识、就业择业概念，“知识”涵盖自我特性、职业特性、就业形势和政策法规等，“技能”表现为自我探索、求职技能、信息检索、生涯决策等。学生侧重一到两个方面，谈一谈对自己未来就业择业的认识。同时，主题班会邀请专业教师、班主任代表、辅导员对学生的行业选择、就业规划、生涯发展、择业观念等进行详细指导点评，帮助学生更进一步认清自己兴趣方向、读懂行业需求、树立正确择业观、提升就业能力。

（三）“一对一”精准帮扶

对就业困难的学生来说，单靠集体指导是不够的，需要“一对一”的个体指导，精准帮扶。

就业困难的原因有多种，如学生的就业理念存在偏差、就业水平不高、实践能力较弱等。具体表现在：有的学生缺少目标，盲目跟风知名企业、热门岗位；有的学生非高薪不干、非大城市不去；有的学生对自身评价较低，找工作时有自卑心理；还有的学生在求职屡次失败后产生了焦虑等。这些问题表象虽不同，但有共同的深层次原因，即学生的个人认知和期望与用人单位的要求没有达到契合。对于这样的学生，在“一对一”帮扶过程中，首先要向学生进一步解释就业政策，结合“认识你自己”主题班会上对自身的认识，与学生深入沟通，帮助学生更客观地认识自己；其次要与学生谈心，了解学生诉求和就业意向，匹配用人单位要求，精准推送招聘信息，辅以“一对一”职业发展咨询和简历修改、面试指导等；最后要持续跟踪学生就业动态，如学生经过面试仍未能就业，则帮助其提升面试技巧，必要时提醒学生调整就业期望、调试就业心理，并直接推荐就业岗位，直至其成功找到工作。

四、经验启示

通过"集体指导",开展全员教育引导,全方位多角度助力学生成长;通过"个体指导",贯彻"精准滴灌"理念,实现分类指导常态化,以个性化辅导助推学生成长成才。"集体指导"和"个体指导"相结合的工作方式,对学生心理健康教育、学生干部培养等多项学生工作有重要的推动作用。

近年来,笔者所在学院大部分学生经过"集体指导"顺利就业,少数就业困难学生经过"一对一"帮扶后也顺利就业,学院整体就业率、"四重"就业率保持在高位,获评同济大学"青松计划"贡献奖,负责就业工作的老师获评上海高校毕业生就业工作优秀工作者。

【作者简介】

王晶晶,同济大学航空航天与力学学院党委副书记,上海市学校心理咨询师(中级)。曾获上海高校毕业生就业工作优秀工作者、上海市大学生暑期社会实践优秀指导教师、同济大学师德师风优秀教师等荣誉称号30余项。主持及参与省部级党建、思政类课题项目5项、校级项目20余项。

杨宁汉,同济大学航空航天与力学学院团委书记,研究方向为党史、党建、思想政治教育。曾获同济大学优秀学生思政工作者、资助育人工作先进个人、征兵工作先进个人等荣誉称号。

卢慧楠,同济大学航空航天与力学学院学工办副主任,研究生辅导员。曾获荣泰健康航天奖教金等荣誉和奖励。先后主持同济大学思政、党建类相关课题7项,具有较丰富的大学生思想政治教育工作经验。

第97问　如何帮助生涯方向迷失的学生重拾人生理想——学生出现人生迷路怎么办

江南大学　吴　垚

一、问题阐述

小琪(化名)是集成电路专业二年级硕士研究生,性格内敛,有轻度抑郁史。保研本校后,自感科研压力大,多次出现严重焦虑。新冠疫情期间,与他人的交流减少、科研任务也没赶上进度,焦虑症状更为严重。

她主动联系辅导员,表达对所学专业失去兴趣,并感无力继续学业,提出退学要求,且自述已经出现了轻生念头。

二、解决思路

此案例是典型的理工科女研究生心理出现问题,且受疫情影响加重,导致学力减退、目标茫然,存在潜在心理危机,需要有效开展危机干预的案例。案例中的关键问题在于:

(1) 如何疏导学生科研压力,平稳度过当前危机。

(2) 如何引导学生评估学力,制定学情应急方案。

(3) 如何帮助学生重拾信心,重新树立人生目标。

三、实施办法

辅导员可依照下图开展心理危机干预及职业规划指导。

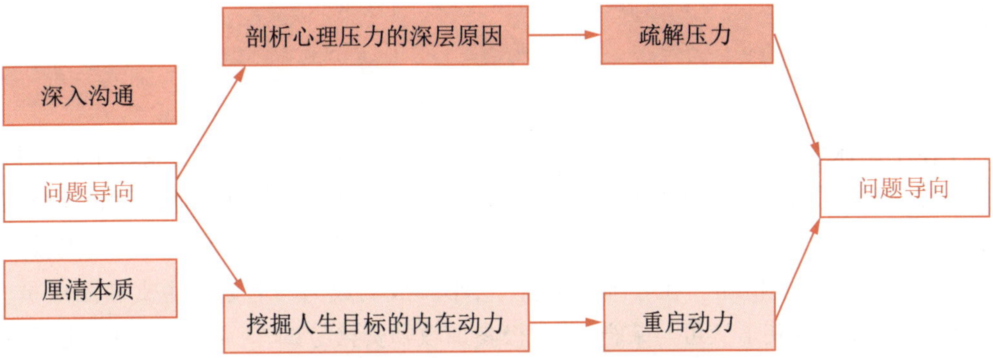

辅导员心理危机干预及职业规划指导策略图

(一) 厘清“真压力”,解除心理危机

1. 析——科研压力大在何处? 解压力心结

通过与学生谈心谈话,辅导员了解到小琪的压力主要来自于无力面对科研任务中自感“高深”的理论学习。面对这些难啃的基础理论,小琪在自学上“既畏难又封闭”,最终形成学而生厌、积少成多的恶性循环,也成为她的压力根源。在与辅导员谈话中,她不断梳理和倾诉这些学业症结,也逐步正视了问题、释放了压力、启发了深层次思考,渐渐打开了心结,并建立了与辅导员之间基于信任的沟通渠道。

2. 追——心理问题源起何时? 建支持体系

在深入交流中,小琪也说出曾因不堪高考压力被诊断为轻度抑郁的心理疾病史,虽然该疾病因高考结束而解除,但本科阶段仍时有出现。研究生阶段,巨大的科研压力袭来,潜意识认为自己已经成熟,耻于与家长沟通;加上疫情期间与老师和同学日常交流不畅,最终导致社会支持体系缺失,心理危机重现。辅导员通过引导学生积极开展心理咨询和治疗,帮助她重建社会支持系统,并逐步解除了危机。

(二) 挖掘“真动力”,重树人生目标

1. 思——所学专业是否真爱? 解发展之惑

心理危机解除只是“治标”。在不断交流中,辅导员了解到小琪对专业前景是认可的,但在个人前途发展上是存在畏难情绪的。并且她在高中文、理选科时,也曾因家长的原因,掩藏了自己对文科的兴趣。这次暴发的心理危机,使他重新审视自己的未来,难以坚持对当前专业的学习,因此提出退学的要求。辅导员在帮助其分析退学问题时,从慎重选择和遵循意愿两个角度作了分析,认为她可改“退”为“休”,让自己先恢复良好的状态。通过与家长深入交流,获得家人的尊重和支持,选择积极的人生

发展方向。

2. 明——人生价值志在何方？拾最初梦想

在小琪休学期间，辅导员经常就“价值和志向”与小琪进行线上交流。小琪也打开心扉，畅谈了自己曾担任兼职教师、参加支教活动的经历，表现出对教师职业极高的认可和热情。于是，辅导员向她推荐了“研究生支教团”项目，并针对研究生支教团的选拔对她进行了指导。在导师的支持下，小琪成功成为一名研究生支教团成员。在支教期间，她收获了认可与荣誉，并积极参加教师资格考试、应聘等，更加坚定了自己的职业方向，重树人生目标，重塑青春自信。

四、经验启示

（一）不断巩固危机干预的“内核”

在研究生心理危机干预中，应该建立一个“以辅导员为核心，研究生导师和学生家长共同配合”的危机干预内核。其中辅导员负责连接各方，凝聚合力，担起职责，发挥作用。

（二）善于拨开心理问题的“迷雾”

研究生心理危机中，心理问题存在很多“迷雾”，正如此案例中的“科研压力”“疫情影响”等，更多是表象而并非本质。探寻根源，专业认同和社会支持系统的问题才是本质，应拨开“迷雾”，看清本质，从根本上解决心理危机。

（三）全面播撒心理健康的“种子”

研究生群体的心理健康问题既有普遍性，也有特殊性。一是在年龄、压力、社会关注及评价等方面与本科生有所不同；二是在排查方面，也更具隐蔽性。需要面向这一群体及导师、家长等广泛开展心理健康普及，种下更多心理健康的种子，提高意识，防患于未然。

（四）勇于破除生涯发展的“枷锁”

此案例中，小琪的专业选择和生涯发展都具有典型性。研究生阶段的生涯发展，更受到来自家庭、社会、年龄及专业等方面的叠加影响，一旦遇到改变发展方向的问题，受到的束缚更多。在生涯规划指导上应更加前置、广泛，并及时深入地进行指导，让青春冲破枷锁，激发更多活力。

【作者简介】

吴垚，江南大学团委副书记，曾任江南大学物联网工程学院学工办主任兼分团委书记、辅导员。曾获江苏省优秀共青团干部、“三下乡”社会实践先进工作者等荣誉称号及2021年度江苏省高校教育学会辅导员工作案例三等奖。

第98问 如何让学生认识到求职中社会资本及人际关系重要性——经济困难学生不能高质量就业怎么办

中国计量大学 吴 昕

一、问题阐述

2022年，我国大学毕业生达1076万人，与1999年的100万相比增长十倍之多。高校毛入学率从1999年的10.5%增长到2021年的57.8%，实现了高等教育普及化。过去“寒门学子”可以凭借积累人力资本来实现高质量就业，但截至目前，我国受高等教育的人口达到2.4亿人，新增劳动力平均受教育年限达13.8年，大量实证研究表明：社会资本正与人力资本一起成为影响“寒门学子”高质量就业的重要因素。

【案例1】小芸（化名），河南人，大一女生，工科专业，性格腼腆。自小跟随爷爷奶奶长大，家中还有弟妹两人，家庭经济困难。心理健康课上，同学们热烈讨论“社牛”和“社恐”的话题，小芸自称“社恐”并当众落泪。在与辅导员的谈话中，她表示自己从农村到城市求学，对同学们经常交流的话题和事物插不上话，感觉交不到朋友，不会社交也惧怕社交。

【案例2】小志（化名），云南人，2022届毕业生，家庭经济困难，多次求职受挫，感觉家里社会资源较少，回乡就业找不到什么“门道”，在经济发达城市就业机会相对多，但竞争对手也多。后来因为考虑要早点为家里分担压力，于是匆忙就确定了岗位，现在正考虑是否要换一家更符合自己发展需求的企业。

二、解决思路

马克思主义哲学认为，“人的本质是一切社会关系的总和”。社会资本是指广泛存在于社会网络关系之中并能够被行动者投资和利用以实现自身目标的社会资源。以上案例源于笔者2021年参加教育部“宏志助航”计划培训课程研发时针对“寒门学子”社会资本及就业质量的30个个案调研，折射出这类群体原生家庭人脉资源普遍匮乏，争取人脉资源的能动性和自信心普遍偏弱的问题。

（一）“寒门学子”对社会资本的情感态度不一

调查中，已经踏入职场和正在求职的学生能充分意识到社会资本对于求职信息、就业机会、就业质量的积极作用。低年级学生或者暂时没有求职意向的学生分为三种情况：一种是意识到社会资本的重要作用，但没有意识到人际网络在进入大学初就需要拓展和维护；第二种是意识到社会资本的作用，但由于个性、家庭背景、经济基础等原因较为排斥社交活动；第三种则是没有意识到社会资本对于职业发展的作用。

（二）“寒门学子”的社会资本质量参差不齐

(1) 存量上的差异。先赋型社会资本存量由其原生家庭所嵌入的社会网络所决定，而后致型求职社会资本存量则因人而异，那些综合素质高、性格外向、善于开拓、社交能力较强的学生能获得更多该类资本存量。

(2) 结构上的差异。首先，位于社会网络顶端的资本往往具备获取更多资源的能力，但在调查中学生这一类高质量的社会资本是稀缺的，主要受其先赋型社会资本限制。其次，异质性的后致型社会资本对于提升就业质量更有助益，但现实情况是多数学生更倾向于同与自己有相同背景和生活经历的朋辈进行同质性交往，这限制了网络外部的资源流入。

（三）“寒门学子”对社会资本的运作能力各异

(1) 社会关系的建立和维护需要长期持续性的交互和积累，这要求学生从低年级开始就要树立拓展人际网络的意识。往往是正在求职或者已经就业的高年级学生才能认识到人际网络的重要性。

(2) 社会资本是相对静态的，为了实现求职目标，需要对其进行协调、调动、沟通。但现实中囿于个性、家庭背景、经济基础等因素，“寒门学子”运作社会资本的能力参差不齐。

三、实施办法

我国是典型的“人情社会”，个体的行为都深深镶嵌在不同的社会关系网络之中。社会资本在劳动力市场上对“寒门学子”就业质量的影响还将持续较长时间。基于此应从以下三方面应对：

（一）聚力高质发展拓展高校社会资本

高校自身发展状况和社会影响力等因素与学生发展息息相关。例如，某学校一旦在劳动力市场形成良好口碑，将会与用人单位产生持续“链接”，形成助益本校学生发展的新社会资本，学生就业后良好的表现又将继续提升学校的口碑形象。这样的良性循环越大，该校毕业生就业的社会资本也越多。同时，高校需要更加重视建设母校与校友发展共同体，促进校友资源在学生就业中发挥更大作用。

（二）搭建实践平台挖掘优质社会资本

(1) 科研创新平台。学生应在科创活动中增进与专业教师的联系频率和深度，获取更加精准的求职信息和被推荐机会。

(2) 校友联络平台。学生可以通过社会实践等形式走访校友，积累优质校友资源。

(3) 企业“链合”平台。在实习见习、职场体验等过程中，不断加深对职场的认识并收获校外社会资本。

(4) 校园活动平台。在丰富多彩的校内外文化活动中，学生通过社会交往能打破学校、院系、专业、年级、班级间的界限，摄取更多异质性社会资本。

（三）与时俱进持续优化生涯教育课程

就业指导课程针对“寒门学子”如何合理利用社会资本提升就业质量这一需求的回应较为鲜见。依托教育部“宏志助航”项目，笔者与团队研发“建立求职网络”课程，由全国135所高校基地开展培训，已有80万“寒门学子”受益。

(1) 课程第一部分：增强学生对建立人际网络重要性的认识，解决“为什么”的问题。内容主要包括实证“人脉”在求职中的作用、相关影视剧作品中的典型案例以及社会资本理论；活动训练选择典型案例分析的方式，让学生通过分析学长在求职准备阶段所用到的社会资本，树立起求职不是单打独斗、善用社会资本能够事半功倍的意识。

(2) 课程第二部分：聚焦如何初步建立起人际网络，解决“怎么做”的问题。内容主要包括弱关系理论、如何用好社交圈积攒人脉以及盘活人际网络的若干实用方法，提振学生建立求职网络的信心，增加勇气，同时也为建立和盘活人际网络提供理论依据和方法指导；活动训练让学生从分级分类管理好自己的微信朋友圈入手，利用现有的资源初步建立起自己的人际网络。

(3) 课程第三部分：侧重拓展有效求职网络，解决“做什么”的问题。内容主要包括六度空间理论的核心观点，为学生拓展自己期望的人脉资源提供理论依据和行动指导；活动训练为让学生制定联接职场榜样的行动方案，并着眼于利用参加校内外活动特别是就业指导和实习实践的机会，有针对性地结识和积累求职人脉，把握好身边拓展求职网络的各种宝贵机会。

四、经验启示

(一) 以系统性思维看待“寒门学子”就业问题

党的二十大报告指出，强化就业优先政策，健全就业促进机制，促进高质量充分就业。从系统性思维出发，“寒门学子”及其家庭是我国实现第二个百年目标新征程上不可忽视的重要部分，在实现中国式现代化的道路上“一个都不能少”。作为就业工作中的特殊群体，应当从宏观层面：政府营造良性就业生态环境；中观层面：高校协同提升社会资本质量；微观层面：学生加强社会资本开发利用等三个方面引导“寒门学子”正确认识社会资本的意义和价值，系统合力提升就业质量。

(二) 以发展性眼光认识“寒门学子”资助工作

2017年，教育部颁布《高校思想政治工作质量提升工程实施纲要》，将“资助育人”纳入高校思想政治工作“十大育人体系”之一。相对于基本单一的保障性资助，发展性资助是从“输血式”向“造血式”的转变。多数“寒门学子”在面临就业或者已经就业后才意识到社会资本的重要性，缺乏建立人际网络的实践训练。因此，高校资助工作应当将学生社会资本的积累以及运作能力等纳入发展性资助的工作体系中来，根据学生的发展规律和实际需求，通过物质帮扶、精神引导以及素质拓展等方式，促进学生综合能力全面提升。

【作者简介】

吴昕，中国计量大学量新学院学工办主任。曾获“浙江省辅导员年度人物”提名奖、浙江省高校辅导员职业能力大赛二等奖等41项校级及以上荣誉。主持及参与省、厅级课题6项，发表学术论文5篇。曾指导学生获得浙江省大学生职业生涯规划大赛一、二等奖，全国第三届大学生就业创业人物，全国大学生自强之星等荣誉；所指导的团支部荣获全国高校活力团支部、浙江省冠军团支部等称号。

第99问　如何对就业困难学生进行帮扶
——学生因学业困难导致就业困难怎么办

南通大学　李宇辉

一、问题阐述

胡某,男,汉族,1998年12月出生,2021年6月毕业于地理信息科学专业。新冠疫情期间,地理信息科学发挥了巨大的作用,毕业生就业形势良好,出现了供不应求的状况。但是胡某在面试过程中屡屡失败,心情烦躁,主动找到辅导员诉说。

据了解,胡某父母经营一家汽车修理厂,家境优渥;在学习中其学习动力不足,学习困难,大二曾出现降级;无学生干部经历。胡某在大四第一学期专业实习过程中,对专业有了进一步认识,亲眼目睹专业前景形势大好,改变了回家子承父业的想法,萌生了去对口单位工作的念头。但是因为学分有积欠,所以在秋招中屡遭拒绝。胡某并未气馁,将正常毕业作为自己的目标,发愤图强,大四第一学期结束时未新增不及格课程,并且将积欠的五门课程学分降至两门。寒假期间,胡某找到了对口单位实习,用人单位反映他专业基本功不够扎实,不能胜任工作岗位,未予录用。自此,胡某认为自己不管怎么努力,也无济于事,毕业不了就回家继承汽修厂。父母觉得孩子干什么工作无所谓,但是要拿到一张大学文凭,否则太丢人。看到旁边同学纷纷找到优质的工作,谈论的也都是专业问题;父母天天逼他学习,并扬言拿不到毕业证书就让他不要回家了,胡某感到很痛苦。

二、解决思路

(一) 生物学原因

胡某为男性,22岁,属于成人前期,生理和心理方面会发生很大变化。各种生理机能在成人初期达到完全成熟,活动效率达到顶峰。从生理和心理发展特征看,正处于奠定事业基础的关键期。外在表现包括需要承担新的角色和责任;内在表现包括扩大自己和父母的区别，并进行更多地独立决策。

（二）社会学原因

（1）存在负性生活事件：求职失利，从开始的被动求职到后来的主动求职，但是屡遭失败；多门课程学分积欠导致降级，大四开学初期仍有5门课程的学分积欠。

（2）缺乏社会支持系统的帮助。父母缺乏正向的指导，前期的纵容加上后期的功利导向，亲子关系出现了裂痕。

（三）心理学原因

（1）存在错误认知：自我认知不足，不能客观评价自己的真实水平并制定切实的目标；认为只要付出了努力，就一定会获得很好的工作；认为短期内找不到对口工作就肯定找不到工作。

（2）个性特点：胡某前期对父母较为依赖，独立性差；性格较为冲动，耐挫力差，缺乏社会磨炼；自我调节和自我控制力不强。

（3）缺乏情绪调节方法和应对问题的策略和技巧。

三、实施办法

针对胡某的问题，挖掘背后的真相，采取相应的对策与措施，协助其提升专业能力、增加就业竞争砝码；改正错误认知，增强求职自信心，促进其融入社会；提升面试技巧和就业能力，并利用学校的社会资源，为其提供一系列就业援助，促使其顺利就业。

（一）营造和谐的谈话氛围并认真倾听，进一步强化信任关系

胡某在求职失利后主动找到导员诉说，正是前期辅导员长期关心的结果。在胡某降级后，辅导员经常和其联系，督促其学习，关心其生活。大四最后一学期2门课程的学分积欠已经是其前期努力学习的正向结果。在胡某吞吞吐吐表达自己困惑的时候，辅导员马上转换谈话场所至谈心谈话室，尽力缓解其紧张情绪；在其表达主观情绪时，注意倾听不做对错判断，强化信任关系。因此迅速了解到其学习懈怠背后深层次的原因，这得益于辅导员前期已经和其建立了比较良好的关系。

（二）运用专业的心理知识，谨慎判断，初步确定问题性质

在耐心倾听胡某陈述的过程中，辅导员结合其神态、语言和坐姿所发生的细微变化，结合专业的心理知识进行分析：胡某身体状况良好，主要是求职失败及其背后的学业困难，与父母的矛盾引起的现实刺激。将心理冲突与现实处境相联系，具有明显的道德性质，属于常形冲突。这种不良情绪持续一个月，时间较短。社会功能基本没有受到影响，无泛化现象。初步判断胡某为一般心理问题。

（三）运用合理情绪疗法积极调试，协助其改变错误观念

结合胡某的家庭成长环境、性格特点等多方面因素，了解其问题的本质在于学习目标不明确引发了学业困难，最终导致求职失利。加上对求职失利的躲避心理和不良归因出现了与父母关系敏感，社会退缩。通过就业测评软件，让其充分认识到自身在就业中的优势和不足，为其树立合理的就业目标；通过合理情绪疗法的积极运用，经过五次谈话，包括对不合理信念的梳理、产婆术式的辩论技术等帮助其缓紧张烦躁情绪，改变其错误观念——短期的学习不能立马提升专业技能，暂时的求职失败不代表他永远都找不到合适的工作，重新构建合理的认知模式。

（四）制定详实的学习和求职规划，逐步提升其自信心

胡某的问题表面来看是求职失败问题，但其根本在于大学前期没有进行合理规划，专业基本功不扎实，最终导致了就业困难。辅导员建议其端正学习态度，强化专业知识；联系学院实践基地，主动实践，提升实战技能；通过模拟面试帮助其掌握面试技巧；与其父母主动沟通，缓解家庭紧张气氛，为其提供支持。

四、经验启示

作为一名大学生，胡某具备一定的学习能力；通过一系列帮扶举措，其取得了毕业和学位证书。学习的成功让他重获自信，在实践基地实习过程中，他主动作为，任劳任怨，用自己谦虚的态度征服了领导，最终留在了南京某信息产业有限公司。

本案例的处理可归纳出以下教育经验：

（一）用心相待，畅通倾诉桥梁

要让学生愿意向辅导员倾诉。这则案例中师生的良性互动是最终就业帮扶成功的关键一步。这归功于平时辅导员和学生建立的良好关系。作为一名辅导员，要用爱心、耐心和诚心与学生相处，努力成为学生的知心朋友。要尊重学生、平等对话，让学生从内心接受你，愿意向你倾诉。

（二）全面撒网，健全信息网络

学生一开始的陈述，表面上看就是就业困难问题。但是经过深层次挖掘会发现，学生因为家庭原因导致学习动机不足，学习困难，个性懒散。这些信息来源于学生自述、室友和班主任反馈、家长沟通等方面。健全的信息网络可以更好地判断学生的真实状况，为后续选择合适的方法奠定了良好的基础。

（三）主动学习，提升教育能力

在了解学生的实际情况后，针对问题进行正确判断，采取合适的方法解决问题，这对辅导员的综合素质提出了较高的要求。本案例中辅导员在学生学业指导、职业规划方面具有丰富的经验，指导多名学生获得省级职业规划大赛奖项；同时作为一名二级心理咨询师，具有一定的心理咨询能力和技巧，能够熟练运用心理咨询技巧对学生进行心理辅导。

（四）对症下药，根治深层问题

学生的表面问题必定有深层次的原因，找准问题是关键。本案例中的胡某表面看是就业困难引起的一般心理问题，但深层次的问题其实是独立性差、耐挫力差、自我调节和自我控制力不强，并由此引发学业问题。所以根据实际情况，对学生进行学业指导、职业规划辅导和就业帮扶，才能从根本上解决问题。

【作者简介】

李宇辉，南通大学地理科学学院学工办主任，副教授，国家二级心理咨询师。曾获南通市优秀共青团干部，多次获得校级优秀辅导员、优秀共青团干部等荣誉称号。主持并完成团中央课题1项，课题成果获得江苏省学校共青团优秀研究成果三等奖。所撰写的案例获得2021年度全国高校思想政治工作优秀案例征集活动优秀奖。

第100问　如何激发大学生创新创业训练热情——依托双创训练开展学风建设该怎么办

华东师范大学　陶　洁

一、问题阐述

开展创新创业训练是高校人才培养的重要环节，鼓励大学生参与创新创业训练项目的过程，也是培育优良学风、开展思想政治工作的有利时机，可以借此机会树立榜样标杆、营造优良学风。

辅导员可以先摸排学生的现状以及影响其参与积极性的关键问题，针对不同学生群体的问题开展针对性指导，了解学生的真实需求并拉动资源对接，营造氛围、树立典范让学生看到机会和可能，有效帮助学生建立勇敢尝试的信心，探索个性化的发展方向，并营造出浓厚的整体学习氛围。

二、解决思路

在具体工作中，辅导员可以先摸排学生的现状以及影响其参与积极性的关键问题，通常，学生会存在"理念认识不足产生畏难情绪""相应指导缺乏影响入门探索""项目虎头蛇尾导致后劲不足"等问题，我们也从这三方面为大家提供一些破解的思路：

（一）双创没动力？种下一颗勇敢尝试的种子

新生入学、新学年开始都是开展学风建设的好时机，通过主题班会、政策宣讲会等形式向学生系统介绍大学期间参加创新创业训练的意义、作用、时间周期和支持政策等，能够从面上覆盖相应的学生群体；还可以通过经验分享、优秀项目展示等朋辈活动生动地介绍创新创业训练的过程和成果。在这个过程中要特别注重理念的引领，帮助学生克服畏难情绪，鼓励学生勇敢尝试并提供个性化的支持方案。对于创新创业研究没有方向的同学，可以鼓励他们从课程作业中深挖研究主题，并邀请任课教师担任指导教师；在其感兴趣的生活领域中从专业视角分析并发掘创新解决方案，进而设计出自己的创新创业项目。

除此之外，还可以设立“点子基金”支持学生开展创新创业训练，鼓励学生把一个想法逐步细化成一个研究方案或者创客产品。

（二）双创没途径？开设双创训练营提供支持

动员做好了，我们已经发现了部分积极主动的参与者，并在学生群体中做好了氛围铺垫。建设积极的学风要趁热打铁，帮助学生扫清障碍，引导学生行动起来。在实践过程中，我们采取的方式是理论与训练课程＋创新创业训练营的模式。创新训练项目主要是通过本科生进实验室、课题组的形式进行推进的，指导教师是创新训练项目的重要支撑，其联动教务办公室，建议为创新项目的指导教师开设理论与实践专业选修课，通过课程指导学生顺利推进项目；创业训练项目重在创新思维的培育和商业相关内容的学习和实践，通过在第二课堂开展“创新创业训练营”，借助立项指导、细分步骤讲解、双创赛事剖析等阶梯式的系列讲座及工作坊，指导学生逐步完善自己的创业训练项目，并进行实践尝试。

（三）双创难持续？建立创赛迭代模式持续孵化

大学生创新创业训练的目的是什么？对于大部分同学来讲，这是一次科研创新的系统体验，从问题发掘到方案设计，从调研实验到数据分析，从团队协调到经费管理，从撰写论文到路演、汇报。但要想让训练的成果进一步彰显，还需要进一步地孵化培育，树立“卓越人才培养”的典范。不断挖掘优秀的创新项目，鼓励学生在导师的指导下撰文投稿，鼓励学生参加更高级别的大学生创新创业训练论坛，以及本专业的学术年会等学术交流活动；不断发现优秀的创业训练项目团队，进一步邀请专家开展项目论证，进行孵化打磨，并以参加不同类型的创新创业比赛为契机，不断促进项目迭代与完善，以赛促学、以赛促创。

三、实施办法

以创业训练为例，华东师范学心理与认知科学学院通过开展“创新创业训练营”推进双创训练，邀请名师、专家开展讲座、设立工作坊，引导学生参与创新创业训练与实践。在此基础上，陆续结合“互联网＋”大学生创新创业大赛、电子商务“创新、创意及创业”挑战赛、中美青年创客大赛等契机举办学院选拔赛，形成以赛促学的良好氛围，根据项目质量决定下一阶段重点孵化的种子项目，提供更多资源和学习机会。同时，训练营重视对学生综合素养的培养，以创新引领创业，以创业带动就业，增强学生在创业就业方面的核心竞争力。

（一）创新创业训练营的设计理念

创新创业训练营一方面从项目式学习切入，开展项目的发掘和孵化，分阶段对项目的立项和完善进行指导，旨在让学生在做项目的过程中达成学习的目的。在各个阶段的指导课程结束后，学生能拿出一份较为成型的项目策划书，并能够进行路演展示。为后续以双创竞赛为契机开展的项目孵化迭代打好基础。

另一方面，将已经成型的项目纳入双创项目“蓄水池”，鼓励学生在各类竞赛中不断打磨、优化项目，并以三创赛、互联网＋、中美创客大赛等比赛为契机对已有项目开展一对多的专家指导论证，不断升级迭代。

（二）创新创业训练营的代表性活动展示

1. 立项动员：“创业训练及比赛”宣讲会

宣讲会安排在每个学年的10月份，面向低年级同学，着重介绍双创教育的基本理念，参加双创训练的时间节点及支持政策，介绍重要的双创竞赛及参与方法等，并通过路演展示获奖项目，分享优秀项目团队的经验。宣讲会结束后可以建立双创项目兴趣微信群等，明确感兴趣的学生群体。

2. 项目提出：打造“心”产品工作坊

宣讲会之后即成立工作坊，重点回应以下几个问题：本专业领域的创新创业项目可以从哪些角度着手选择题目？如何产生自己的项目原型？如何像产品经理一样设计运营产品？此次工作坊以小组为单位，通过案例分享开拓项目选题思路、通过头脑风暴汇总项目原型要素，通过产品经理的流程模拟在原型基础上优化出产品，并形成团队的项目策划书初稿。

3. 以赛促学：赛事介绍系列讲座

赛事介绍系列讲座主要介绍互联网＋、三创赛、中美创客大赛等重要双创竞赛的赛事特点、评审要点、获奖案例等。并将前一阶段课程中的产品设计、商业模式、商业计划书撰写、路演技巧等内容整合起来，通过案例解析的方式进行复习巩固，并鼓励团队结合自己的项目不断操练。

4. 项目迭代:碰撞·心理学科创新创业项目论证会

碰撞·心理学科创新创业项目论证会旨在对重点孵化的项目进行评析,促使其优化迭代。活动采用项目路演的方式进行,专家在答辩结束后对项目进行提问并予以细节指导。帮助项目成员看到问题,优化提升。经过类似的多次演练,可以高效地对项目进行优化和迭代。

通过开展创新创业训练营,能够帮助大学生系统地学习创业项目设计、运营的基本知识,并促进其开展实践,同时借助竞赛的契机帮助项目实现优化、提升和迭代。

四、经验启示

综上,在通过双创训练开展学风建设的过程中,帮助大学生树立积极地参与学习的观念是基础,设置并推进相应的引导扶持是关键,选树典型以赛促学进行推广是助力。学风的营造,并不是学生工作队伍单一力量可以完成的,还应善于开展协同育人、全员育人,围绕人才培养工作调动专业老师的积极性、争取领导班子的支持,比如推进组建学院本科生双创指导委员会,编撰《创新创业指南》,制定《创新创业工作推进促进办法》《本科生创新创业训练培育项目立项申报工作管理办法》等进行制度保障。在工作模式上,可以借鉴"点子基金+理论与实践课程+创新创业训练营+大学生双创比赛"形成的"一体化、阶梯式"的双创孵化格局,鼓励赛、创、学三位一体的创新人才培养模式。

【作者简介】

陶洁,华东师范大学辅导员。曾获上海市青年五四奖章(个人),第七届上海市大学生创新创业训练计划成果展"优秀指导教师",第四届中国"互联网+"大学生创新创业大赛上海赛区"优秀指导教师",上海市暑期社会实践优秀指导老师,华东师范大学"创新创业工作先进个人""优秀思政工作者""毕业生身边最可爱的人"等荣誉称号及2015年上海高校辅导员职业能力大赛一等奖。指导学生获第十二届"挑战杯"大学生创业计划赛全国银奖。

第9篇

理论与实践研究

第101问　辅导员如何提升理论素养
——辅导员炼就理论本领该怎么办

郑州大学　聂　娜

习近平总书记指出："年轻干部要胜任领导工作，需要掌握的本领是很多的。最根本的本领是理论素养。"辅导员是我国高等学校思想政治工作队伍中的重要力量。新时代对辅导员的角色定位提出了新的要求，其角色和职责具有典型的中国特色，往往被称为"十八般武艺"加身的全能辅导员。在夜深人静、身心疲惫的时刻，许多辅导员也会有一种深深的职业迷茫感，那就是平时承担的事务性工作太多，根本无暇顾及其他。如何将"经验"上升为"理论"，将"辛苦"转化为"成果"？如何在面对学生时不仅"以情感人"，更可以"以理服人"？如何使辅导员的工作从"量变到质变"，实现专业化、专家化的跃迁？这些都离不开理论素养的提升，从而使辅导员的工作既有人文关怀的温度，更有思想境界的高度，既有思维视野的广度，亦有切中肯綮的深度。

一、问题阐述

2022年教育部工作要点中的"加强高校辅导员素质能力，提升精准赋能平台建设"值得我们关注。从过去常提到的"辅导员工作精细化"，到现在的"辅导员素质能力提升精准赋能"，深层次体现出高校思想政治教育从主体性到主体间性的转变。辅导员工作是一门科学，需要理论思维的涵养与贯穿，正如恩格斯所言："没有理论思维，的确无法使自然界中的两件事实联系起来，或者洞察二者之间的既有的联系。"理论素养不仅可以提升辅导员理论认知、逻辑思维、实践创新等方面的能力素质，而且关乎其政治上、理想信念上是否坚定执着，同时也是在职业化发展中超越经验主义和事务主义的最佳跃迁路径。

目前高校辅导员九项工作职责的履行及贯穿离不开多学科的理论指导体系。与辅导员工作最直接相关的理论来源是马克思主义思想政治教育理论，同时也需要教育学、心理学、社会学、管理学等学科的支撑与融合。古人云："万物得其本者生，百事得其道者成。"综合运用理论对工作实践中遇到的各种问题进行提升和概括，可以深入把握辅导员工作的内在规律与联系，逐步打造出专业化、专家化的职业角色，来满足青年学生日益多元化的发展性诉求，从容应对工作中的各种挑战并胜利突围。

二、解决思路

觅得源泉，深挖疏浚，清渠如许，为有活源。辅导员的教育引导之力、因材施教之法、服务管理之术、自身成长之道，都可以在理论的辽阔海洋中找到答案。灵活有效地运用理论可以将经验思维与创新思维进行联结，使辅导员的工作更有底蕴，更具特色，更显魅力。

（一）蓄力：理论自信是辅导员工作导航的“指南针”

马克思说：“理论只要彻底，就能说服人。”当辅导员实现了理论的“彻底性”，就能更好地“以理服人”，更有底气对学生进行正确的价值引导、精神激励、品格塑造，了解大学生的所思、所想、所为、所欲，科学解决学生的思想困惑和人生问题，准确把握当代大学生群体的思想和行为特点，科学遵循思想政治工作规律、教书育人规律和学生成长规律，进一步提升工作的效率和水平。理论思维不仅能丰富辅导员的人生智慧，提高辅导员的学识修养，还能超越工作的难度和跨度，从而提高辅导员在学生心目中的专业威信、人格魅力和影响力，提升辅导员的职业能力、尊严和素养。

（二）聚焦：理论指引是辅导员职业规划的“定盘星”

诚如毛泽东所言：“有工作经验的人，要向理论方面学习，要认真读书，然后才可以使经验带上条理性、综合性，上升成为理论，然后才可以不把局部经验误认为即是普遍真理，才可不犯经验主义的错误。”理论思维能够帮助辅导员超越经验主义和事务主义的局限，在成为专家型辅导员的道路上不断塑造创新思维、高阶思维，结合个人优势、辅导员工作发展态势、个人的经验与技能，更加清晰地描绘出自己的职业图景。当有了理论思维的指导，即使经验不足，在面对思考、决策、规划类的工作时，辅导员也可以面对挑战得心应手，甚至更可以体现出迎难而上的创新思维优势。

（三）赋能：理论思维是辅导员克服倦怠的“发动机”

“两眼一睁忙到熄灯”“五加二白加黑”是很多辅导员工作的真实写照，在单调、重复和琐碎的事务性工作中产生职业倦怠。明确未来的专业化、专家化发展道路，成为大学生思想政治教育某个领域的专门人才，是增强自我驱动力、克服辅导员职业倦怠的激励手段之一。理论思维可以促使辅导员通过对工作问题的思考和理论探索进行理论提升，探索工作规律，提升工作效果，找寻工作乐趣，提升自己的实践能力和理论水平，推动大学生思想政治教育理论的不断生成与纵深发展，在成就学生的同时不断见证自身的成长与进步。同时，辅导员个体的精进成长，又有助于推动整体队伍的专业化专家化进程。

三、实施办法

（一）以学为先，治心养性，强读强记，常学常新

治天下者先治己，治己者先治心。治心养性，以学为先。辅导员修身治己，方能当好学生成长的引路人。在工作之余腾出点时间，将读书学习作为一种微习惯，或读纸质书，或进行电子阅读，点滴思考，随手一记，带着工作中的困惑去寻找答案，书就会越读越“厚”；内化于心、外化于行，书才会越读越“薄”。在孜孜不倦的学习中涵养出“剑胆琴心”，勤于学习，乐于学习，日积跬步，渐增“内存”，辅导员的工作便逐渐有滋有味，辅导员有趣而丰满的灵魂便可影响学生人格的塑造。

（二）以学促知，提升格局，拓展视野，凝聚智慧

当下流行一种理念，叫做“数字时代零存整取式学习”。辅导员理论知识的输入大多是碎片化的，难免出现内容离散、过程随意以及成果的不确定性等问题，解决的关键就是在知识之间重新建立关联，在海量的理论信息中按照与辅导员工作需求匹配的关联度，筛选出有效学习信息，原则就是以“问题解决”和“个人兴趣”作为参照标准，从而构建以提升辅导员素质能力为中心的“蛛网式”知识结构。同时，辅导员岗前培训、骨干培训、专项培训等集中性学习方式，可以与个体移动学习模式相互补充，线上资源还可与线下渠道相互促进，兼顾学习模式的灵活性与学习渠道的多元性。

（三）以学促行，精准赋能，学以致用，知行合一

习近平总书记强调“深入学、持久学、刻苦学，带着问题学、联系实际学”。辅导员理论素养的提升在于切实将理论运用到实际工作当中，发扬理论联系实际的学风，在干中学，在学中干，在实践中锤炼，以真学求真知、在真干中长真才，不断增强服务学生的能力和本领，方能担起立德树人的重任。在工作一线的实践输出中，彰显辅导员的职业能力与情怀并不断提升与丰富，致力于研究当前大学生思想政治教育及管理服务工作中的热点、难点问题，守正创新，开新图强，为辅导员事业提供坚强有力的思想保证。

四、经验启示

辅导员理论素养的提升是一个漫长精进的过程。面对不断变化的时代发展，辅导员要做的不仅是筑牢自身思想之塔，更要主动求变、积极应变，守好传承，勇于创新。在为党育人、为国育才的前行路上，勤于学习，敏于求知，不断增强辅导员职业的认同感和归属感，胸怀“国之大者”，甘当“能工小匠”，关心关注学生学习的不易、成长的烦恼、理想的困惑、择业的焦灼，积极与学生进行思想沟通和交流，为学生指点迷津，努力成为新时代有人格魅力的思想政治教育实践者和开拓者，致力于培养具有世界眼光、家国情怀，立大志、明大德、成大才、担大任的时代新人。

【作者简介】

聂娜，国家二级心理咨询师，国家二级创业咨询师。曾获全国辅导员年度人物提名奖、河南省首届高校辅导员年度人物、第十五届“河南青年五四奖章”、河南省教育系统先进工作者、河南省高等学校优秀辅导员、河南省高等学校优秀共产党员、郑州市首届十大道德模范等荣誉称号及全国高校辅导员工作优秀论文评选一等奖、全国高校网络宣传思想教育优秀网络文章评选二等奖、全国高校辅导员职业能力大赛三等奖、全国高校思想政治工作优秀案例三等奖。

第102问　辅导员如何将工作经验进行理论提升——发表不了思想政治教育高质量论文怎么办

江西财经大学　周海燕

一、问题阐述

科研能力是辅导员职业能力的重要组成部分，也是辅导员的核心竞争力之一。近年来，从各教育主管部门到高校，都非常注重推动指导辅导员开展研究工作，从战略层面推进了课题、论坛、培训、访学、攻读博士学位等一系列举措。从辅导员自身成长和职业认同感提升来看，“专业化”“职业化”发展是必然趋势。辅导员如局限于日常事务性工作，缺乏反思与研究，容易产生职业倦怠，“专业性”“专业化”更无从谈起。而理论与实践结合能激励自身成长，提升个人职业认同感。从提升工作实效性、创新性来看，学生工作日趋复杂，管理服务对象日新月异，辅导员要能从理论的高度促进工作的有效开展，不断提高工作的效率，推进工作守正创新。

二、解决思路

辅导员将工作经验进行理论提升的本领越强，能力越扎实，其工作有效性、创新性就越高。辅导员需要深入学生，分阶段、分时期了解分析大学生群体和个体的身心特点及发展特征，关注学生成长中出现的问题，运用科学的研究方法和思维方式切入问题、开展研究、凝练成果，并将成果应用于实践工作，使辅导员的理论研究成为实践工作的坚实基础和有力指导，加快辅导员队伍的专业化和职业化进程。

三、实施办法

做好大学生思想政治教育工作中新问题、新形势、新要求、新课题的研究，将工作经验进行理论提升，应该从以下七方面着力：

（一）强化科研意识

强化科研意识是开展研究的第一步。“人生在勤，不索何获？”科研确实是一件时常让人感到“痛苦”的工作，大部分科研工作都是“为伊消得人憔悴”，可也正是在一次次奔赴“憔悴”的过程中，才能发现沿途“绽放”的美丽风景。在科学研究的道路上不能“赶时髦”“蹭热度”，需要脚踏实地，终身学习，聚焦学生全面发展过程中的热点、难点、痛点问题，围绕当代大学生的心理、学习、兴趣特点，进行积极的探索研究，才能终有所获。

（二）找准研究选题

所谓“选题”即“选择问题”，选题是开展科学研究的起点，问题意识是科学研究的基本精神，只有带着问题开展实践工作，才能将工作经验上升为学术探讨。辅导员既要有发现问题的意识，也要有解决问题的办法，学会发现实践工作中层出不穷的新问题、筛选需要把脉问诊的真问题、成熟应对常谈常新的老问题，不断增厚自身的科研功底。如“佛与卷”“宅”“尼特族”“斜杠青年”等新问题，又如网络育人、价值引领、就业观教育等老问题，在解决这些真问题中所积累的工作经验非常值得从理论和实证的角度进行研究，而这些研究对于理论建构和工作开展都有重要意义。

（三）做足文献工作

文献工作的楷模和典范是马克思主义经典作家树立的“理论良心”。文献的阅读是一个从“厚”到“薄”、再从“薄”到“厚”的过程。阅读文献首先可以选择性地阅读本专业本领域内的顶刊，了解研究动向后结合工作实践确定选题，然后再选择性地挑选一些经典书目，为自己的论文增色。如需要撰写思政领域内的高质量论文，则需要大量阅读《思想理论教育导刊》《思想理论教育》等权威期刊文献，全面了解所关注领域的研究脉络、研究现状、研究前沿，不断模仿优秀论文中的遣词用句、理论基础、论证分析等。此外，参加线上线下的学术活动，可以有针对性地扩大科学研究的格局和视野，也是文献工作的有力补充。

（四）掌握方法工具

熟练掌握一套实证研究方法和工具非常有用，特别是调查研究和统计分析的方法及工具。辅导员要顺利将工作经验上升为理论，需要有计划、有步骤地研究选题，搜集和整理资料，定性与定量相结合地开展研究，全面分析各种因素，从而找准其中的本质和规律。如运用职业生涯规划理论开展大学生就业工作研究，注重学生就业状况的跟踪调研，通过搜集和积累掌握丰富的第一手材料，对所掌握的历届毕业生就业的相关材料进行分析、统计、加工，从而及时把握学生的就业的思想变化与存在的问题，将研究成果用于指导新一届毕业生的就业指导工作，切实做好就业这个最大的“民生工程”。

（五）制定研究计划

辅导员具体开展研究工作时要密切联系实际，不能盲目进行理论猜想、设想和构想。要根据研究时间、研究内容、研究特点等因素制定研究计划，同时了解所研究的论题在现实中的研究进展，诸如各高校、区域、省份以及教育主管部门的推进举措、实际成效、工作经验、存在问题等，避免闭门造车，脱离实际。制定研究计划也有多种方式，可以结合工作实际来思考，可以聚焦本省、本校、本学院实际工作，制定具体的路线图和时间表。

（六）善于独立思考

独立思考是取得高质量研究成果的重要支撑。人云亦云、拾人牙慧，难以有自己的独立见解，也难以在科研的道路上走深走远。要把工作中关注的实践问题弄得更清楚，理解得更透彻，要善于独立思考，形成自己的“一家之言”。独立思考能力的培养：一要通过学习研讨，增强学术思维能力、逻辑论证能力，将工作话语转化为学术话语，提高工作的系统性、前瞻性和创造性。二要在学以致用方面下功夫，从实践中来，到实践中去。科研成果最终目的是指导具体工作实践，具有推广示范价值，为大学生思想政治教育工作、教育部门政策文件的制定等发挥积极作用。

（七）恪守学术道德

在有限的时间内想最快速地提高论文写作水平，最高效的方式就是借鉴式模仿，但模仿不是抄袭，学术道德是研究开展的底线。辅导员本为人师表，更应以认真严肃的科研态度，如切如磋的科研精神，坚持引用原始文献和第一手资料，如实列出参考文献，注明引文出处，如实说明转引文献，不允许有任何伪注、伪造、篡改文献和数据等学术不端行为。

四、经验启示

马克思说过，“在科学上没有平坦的大道，只有不畏劳苦沿着陡峭山路攀登的人，才有希望达到光辉的顶点”。科研是辅导员的一种职业态度，更是一种生活态度。辅导员要紧密联系工作实际，将辛苦转化为成果，将经验上升为科学，切实提升自身的核心竞争力，做到脑勤、脚勤、手勤，知行合一，踔厉奋发，在科研实践中收获学术成长的快乐，在辅导员的职业化、专业化道路上大有作为、大有可为。

【作者简介】

周海燕，江西财经大学工商管理学院党委副书记，副教授，国家二级心理咨询师，国家一级就业指导师。长期坚持在辅导员工作岗位，从事思想政治教育工作。近5年来获得全国思想政治工作论文二等奖、江西省“最美辅导员”、全省优秀团干、全省党建论文一等奖等省级以上荣誉10余项。出版专著1部；发表论文6篇，其中3篇发表于CSSCI来源期刊（含扩展版）。主持省级课题6项。

第103问　辅导员如何将成功经验实现成果转化——不知如何申报课题怎么办

南昌大学　胡邦宁

一、问题阐述

从如今的社会发展状况来看，做项目、承担课题是推动辅导员专业化、职业化的必经之路。很多年轻辅导员其实也想申报课题，但往往感叹项目难而止步：时间、能力、经费、平台、基础……面对一个全新的项目，往往是从“又想吃，又怕烫嘴”开始的，不断纠结要不要参加，到底行不行，这个项目到底好不好，然后出现自卑、畏难、浮躁、失落、懈怠等负面情绪。

二、解决思路

年轻辅导员往往止步于感叹项目难，这一步的主要原因是实践能力和科研能力不足，对于科研项目的分析和实践经验不足。《全面推进“大思政课”建设的工作方案》指出辅导员要在思政工作中强化实践活动，提升科研能力。本文结合笔者自身长期从事科研的实践，总结研究选题、文献阅读、笔记撰写、学术交流等科研基础工作中的相关经验，为高校辅导员如何将成功经验实现成果转化，即申报与立项思想政治教育类课题提出建议，激励各位辅导员尤其是年轻辅导员主动参与思想政治教育类课题的申报，从而更好地落实好立德树人根本任务，培养担当民族复兴大任的时代新人。

三、实施办法

（一）前期准备

想要做好思想政治教育类课题的申报与立项，首先要突破四大“心关”。分别是畏惧之心、轻视之心、枯燥之心、挫败之心。提升课题的申报与立项效力的最首要的就是要突破“心关”，系统认识思想政治教育类课题工作的必要性、可行性和价值性，摒弃“应需之写”“应急之写”“应时之写”等侥幸、浮躁和急功近利的心态，端正研究动机，养成良好的研究习惯，培养“十年磨一剑”的研究精神。

1. 发现选题

马克思说过“主要的困难不是答案，而是问题”，我们要认识到科研不是选择“题目”，而是找到“问题”，这就需要我们练就一双火眼金睛，看清事物本质。首先，要扩大阅读面，做到泛读加精读，保证自己有足够的知识储备和认知能力；其次，在日常工作生活中要做到“三善于”，即善于疑问、善于结合、善于定位；最后，就是要会正确解读政策，及时分辨出全局性、重点性、现实性的问题。

2. 鉴别选题

我们不仅在工作中要实事求是，在鉴别选题上同样也要实事求是，即调查研究要与实际情况相结合。鉴别选题时要从不同角度去判断。一般会有真假问题、好坏问题、大小问题等，可以借鉴SMART分析法，考虑这个问题是否符合辅导员的研究方向、这个问题是共性的还是个性的、我的创新之处在哪、有什么研究意义等。

3. 确定选题

给大家提以下几点建议：① 确定好研究方向：最好选择自己擅长的方面，或与所从事的工作息息相关的。② 用战略思维确定研究问题的角度：选题一定要新，视野一定要广，从多元角度寻求突破。③ 学习实践经验，明确待研问题：对研究目标进行分析，确定问题的研究方法。

（二）打牢基础

1. 阅读基础

课题的基础首先就是要学会阅读文献，即勤读书、读好书、立足时代前沿读书。具体而言，就是要知道“怎么读”“怎么记”“怎么写”。首先是“怎么读”，要正确阅读文献，即要读好书、勤读书、会读书；其次就是“怎么记”，要做好各类笔记，即工作笔记、文献笔记、灵感笔记；最后一项便是“怎么写”，也就是要勤于动笔写作，动笔就是按照由简到难慢慢养成写作习惯，之后还要学会定期回头看，及时修改。

2. 构建人脉

辅导员们要不断参加学术交流，学会共同分享、共同借鉴经验，才能在思政教育这条路上越走越远。最重要的就是树立“走出去、请进来”的交流意识，广收博采，革故鼎新。“走出去”实际上就是让我们的学术思想，思维方式，学术成果等“走出去”，“请进来”相对于请专家学者来交流，这里更偏向于把我们写的东西、我们的设想，向“请进来的人”展示汇报，向别人请教，请别人提意见，“请进来”请的是别人的科研思想、建议、思维等。

“走出去、请进来”的方法有很多。无论是在生活中还是在工作中都要“走出去”，即要主动和别人交流，在工作中可以主动和领导同事交流讨论，在日常生活中和朋友讨论，和作为我们的工作对象的学生讨论，或者参加学术会议、听讲座报告、尝试公开宣讲等。

在这个过程中我们要注意以下细节：首先是怀着不卑不亢同时又虚心请教的态度；其次是不能抱着太强的功利心，要始终坚守学术交流的初心；再者就是在这个过程中要胆大心细，要敢于展示自己；最后是要及时整合交流的成果。

好的课题研究一定是从一个点到一个面，由简至繁，由浅至深。做好思想政治教育类课题工作要有边界意识，不要东一榔头，西一棒子，应该“找一块自己的地”，然后认真耕耘。在这个过程中要摆正好心态，也许基础、时间、能力等各方面都有限，也许环境糟糕，有规划上的冲突等，但也要坚持，辅导员缺乏的不是机会，而是坚持。当机会出现，要懂得“敢”比“会”更重要，果断抓住。当机会匮乏时，要努力创造机会，已有研究的终点，就是现有研究的起点。

3. 读懂申报通知、课题指南及答疑

(1) 分清项目申请书和论文的异同。项目申请书用来展示你在该领域的研究能力和研究路径，是超前的，是假设的，是不确定的，比较宽泛，内容较杂，是探讨一种可能性，没有明确的结论。论文往往是围绕一个明确的论点展开的，有明确的主体、客体和介体，是客观真实存在的。

(2) 明确评价标准。一篇好的项目书通俗地说就是自己较满意、同行看得上、外行看得懂。从三个方面来看：一是选题，二是论证，三是研究基础；同时把握好理论与实践、历史与现实、国际与国内、学科与借鉴的关系。

(三) 具体撰写

1. 定题立意

定好题目即立项成功了一半，什么是好题目、怎么确定好题目以及注意事项等都很重要。好的题目如何选定：基于个人、借助特色、结合大势、面向未来；选题依据一般包括两大内容：研究动态和研究价值。注意以下几点：一是要述与评相结合，“述”要高大上全，“评”要究其要害；二是一定要逻辑清晰；三是要使用权威资料，如高被引、著名学者的著作和论文；四是评价要客观；五是要考虑专家视角，所研究问题应有

意义，对问题了解很全面，该项研究能解决问题。

2. 主体部分

研究内容一般包括研究对象、总体框架、重点难点、主要目标、研究思路、研究计划、研究方法，还有创新之处、预期成果、研究基础、参考文献等。在这一部分要注意的是结构要合理，同时应精炼不要重复，不要勉强联系。

3. 反复打磨

初稿撰写是通过写作来帮助我们重新整理脑海中的想法，就好像回答一个又一个问答题。初稿完成后建议间隔一周左右修改，在修改时不断反复问自己：我现在在做什么？是否已达成目的？并逐字逐句逐段地修改完善，使文章更具条理性及连贯性。最后将修改好的项目书分别请专家、同事、工作对象看，收集他们的意见和建议，进一步提升完善。

四、经验启示

青年辅导员要善于汲取养分，注重日常积累。对于课题申报与立项，不管结果如何，我们要做最坏的准备，尽最大的努力，做好总结工作，在保质保量的基础上开启新的篇章。如果申报项目有诀窍的话那就是勤奋，所以建议大家坚持"五个不停"：不停地阅读，不停地写作，不停地申报，不停地思考，不停地实践，因为课题申报就是要找一块自己的地，扎根下去，再等风来。

【作者简介】

胡邦宁，南昌大学人文学院党委副书记，副教授，硕士生导师。江西省首批辅导员名师工作室负责人。参加了由习近平总书记主持召开的学校思想政治理论课教师座谈会。曾获2022年度全国最美高校辅导员、第九届全国辅导员年度人物提名等国家级、省级荣誉30余项。承担省部级课题20余项，发表论文30余篇，出版著作、教材6部。

第104问　辅导员如何找到自己的科研坐标
——不会撰写文献综述怎么办

井冈山大学　黄志兴　赵婷婷　丁小歌

一、问题阐述

在与高校辅导员同仁的交流中，我们发现有一部分辅导员不知道如何着手开展理论科研工作，总是辛辛苦苦写完一篇文章后，发现知网上有很多类似的文章。写的文章和项目申报书经常被专家认为是重复研究或者创新价值不足。很多辅导员也坦言，申报书的其他部分好写，国内外研究现状这一部分不知如何起笔。

二、解决思路

以上现象反映出高校辅导员不了解文献综述的意义和撰写方法，不知道通过撰写文献综述找到自己的科研坐标，导致不知从何处开始着手自己的科研工作。这样的迷茫也是导致一些辅导员撰写的学术论文和项目申报书质量低下的重要原因。

要走出这样的困境，首先要让高校辅导员了解文献综述的意义和作用，让有志于从事理论研究的辅导员愿意花时间和精力来学习文献综述的写作方法，将理论科研工作建立在文献综述的基础上，从而明确自身的科研坐标，知道从哪里出发，到哪里去。

三、实施办法

（一）文献综述的意义

1. 防止重复工作，避免前人错误，提升理论研究的价值和效率

通过撰写文献综述可以全面地了解现有研究的现状，避免重复做已经完成的研

究,也可以借鉴前人的经验,不重复犯错误。

2. 寻找选题的切入点和突破口

通过文献综述可以深入了解目前选题的研究基础、研究进展、研究的薄弱点和空白领域,可以据此寻找到推进目前选题的切入点和突破口。

3. 获得研究启示和基础材料

通过收集整理现有文献,能够对已有研究方式、方法进行借鉴,从而获得研究启示。已有的研究成果也能为下一步的选题推进提供相关的基础资料。

(二)文献综述的撰写方法

1. 确定主题

确定文献综述主题的大小要依据时间精力多少与研究项目大小来确定。一般要满足研究项目的需求,同时也要考虑自身能够投入的时间精力的多少。

2. 收集文献

(1) 尽量收集原始文献。原始文献具有最高可信度,具有说服力,因此要尽量收集原始文献,二手、三手等间接性的资料要尽量少用。

(2) 文章与书籍并重。为了保证文献资料的全面性和可信性,收集文献要做到文章与书籍并重、电子文献与纸质文献并重。

3. 阅读文献

(1) 阅读顺序的选择。一般先阅读原始文献,在这个基础上参考二手、三手文献。这样可以避免被其他作者的观点影响自己的思考和判断。

(2) 确定阅读目的。漫无目的的阅读会导致效率低下。要明确阅读目的是借鉴思路、学习方法,还是寻找证据等,然后根据阅读目的对阅读的方式和内容进行选择。

(3) 快速阅读的方法。快速阅读篇名、摘要、关键词、标题和结论,可以对文献进行第一次筛选,从而快速了解文献的概况并确定需要精读的文章。篇名揭示了作者研究的主题,摘要是对整个文献的简要介绍,关键词聚焦了文献的关键问题,标题就是文献的主干,结论是前期研究的结果。

4. 文献综述的撰写

(1) 材料整理。对文献中的内容,按照不同的主题,记录每篇文献的研究问题、论证结构、研究方法和结论。

(2) 综述撰写。按照一定的结构对文献材料进行撰写。一般采用四种文献组织方式:时间、地域、学科、主题。其中按照研究主题组织文献是最常见的方式。当文献符合以下特性时,按照文献出版的时间排列组织文献:同时期的文献的研究成果类似、不同时期的文献和文献之间有着继承关系或者明显不同,时期的转折点明确。不同地域的文献有着明显的地域特色时按照研究对象的地域组织文献。当研究主题符合跨学科研究条件,并有多个学科对它进行了研究时,就可以用不同学科名称来组织文献。

5. 文献综述的格式

(1) 导论:

开头段落:简单介绍主题、意义和主要内容。

简介各篇(例如A、B)文章、作者以及它们的不同或互补之处。

(2) 主文部分(3种示范):

1.1 分析A的理论/观点

1.2 分析B的理论/观点

1.3 比较A与B的理论/观点

2.1 找出A与B的共性

2.2 找出A与B的差异性

2.3 探讨出一个中心议题

议题1:探讨A与B

议题2:探讨A或B

议题3:探讨A和B

(3) 结论。

6. 具体步骤

(1) 引言:

① 用社会背景、事件、研究数据、研究趋势等引出研究主题,并说明研究的重要性。

② 说明收集文献的方法、步骤、操作标准。

③ 说明文献综述的总体结构。

(2) 正文:

按照框架结构,把文献描述出来即可。

有过突出学术贡献和与自己研究主题最相关的文献重点介绍,其他补充类文献次要介绍。

如果文献比较多的话,可以用表格来梳理。

(3) 结论:

① 对综述正文部分的内容进行总结。

② 通过文献综述，发现研究现状存在的问题(研究不足)。

③ 展望未来有潜力的研究角度。如果这个综述是学位论文的一部分，要引出自己的研究，说明它的创新贡献。

(4) 文献目录列表。参考文献是综述的重要组成部分，一般参考文献的多少可体现作者阅读文献的广度和深度。对综述类论文参考文献的数量不同期刊有不同的要求，一般以30条以内为宜，以3—5年内发表的最新文献为主。

学术论文参考文献的著录格式：

[1] 专著：[序号]作者.书名[M].版本(第1版不著录).出版地：出版者，出版年.起止页码.

[2] 期刊：[序号]作者.题名[J].刊名，年，卷(期)：起止页码.

[3] 会议论文集(或汇编)：[序号]作者.题名[C]//.编者.论文集名.出版地：出版者，出版年：起止页码.

[4] 学位论文：[序号]作者.题名[D].学位授予地址：学位授予单位，年份.

[5] 专利：[序号]专利申请者.专利题名[P].专利国别(或地区)：专利号，出版日期.

[6] 科技报告：[序号]著者.报告题名[R].编号，出版地：出版者，出版年：起止页码.

[7] 标准：[序号] 标准编号，标准名称[S].颁布日期.

[8] 报纸文章 ：[序号] 作者.题名[N].报纸名，年-月-日(版次).

[9] 电子文献：[序号] 主要责任者.电子文献题名[电子文献及载体类型标识].(发表日期)[引用日期].电子文献的出处或可获得地址.

[10] 各种未定义类型的文献：[序号]主要责任者.文献题名[Z].出版地：出版者，出版年.

7. 撰写文献综述的注意事项

(1) 收集文献要做到全面准确。掌握全面、准确的文献资料是写好综述的前提，这需要科研工作者的耐心和细心。

(2) 引用和参考文献要具有代表性、权威性和规范性。唯有具有代表性、权威性的材料才有说服力，才能起到论证的作用。规范性主要是指格式方面要符合投稿期刊的要求。

(3) 引用文献要准确、恰当。文献综述撰写需要引用大量的文献，但不能罗列和堆砌，引用文献够用就好，只引用相关部分。引用文献的准确性主要体现在两点：一是忠实文献内容；二是要找到原文，没有特殊情况，不做二次以上的引用。

四、经验启示

（1）工欲善其事，必先利其器。高校辅导员做好理论研究工作必须首先了解文献综述的意义，学习文献综述的撰写方法。

（2）文献综述的撰写需要花费大量的时间和精力，高校辅导员要在工作之余写出一篇高质量的文献综述实属不易，但是，通过撰写文献综述找到自己的科研坐标、学习借鉴科研方法是高校辅导员做好理论科研的必由之路，也是提升高校辅导员学术论文撰写质量和科研项目申报书质量的不二法门。

【作者简介】

黄志兴，井冈山大学商学院党委副书记，副教授，硕士生导师。江西省高校党的二十大精神师生巡讲团成员，井冈山大学理论宣讲团成员，江西省首批辅导员名师工作室黄志兴工作室主持人，共青团江西省委送培下县专家。曾获江西省首批百名优秀思想政治教师、江西省优秀共青团干部、江西省高校优秀辅导员等省市级奖项30余项。主持及参与教育部委托项目等课题20余项，出版著作3部，发表学术论文20多篇。

赵婷婷，井冈山大学商学院团委书记、学生科科长，国家职业指导师、创业咨询师、三级心理咨询师。先后荣获江西省职业生涯规划大赛“优秀指导老师”等省市级奖项20余项。主持参与市厅级课题10余项，参编教材2部，发表学术论文6篇，获批1项实用新型专利。

丁小歌，井冈山大学化学化工学院专职辅导员。江西省省级工作室精品项目“赋能成长营”负责人，荣获井冈山大学考研工作先进个人等荣誉称号。

第10篇

辅导员职业规划

第105问　如何加强辅导员队伍的专业化、职业化建设——辅导员工作满足新时代学生发展需求乏力怎么办

厦门大学　丁　渡

一、问题阐述

教育部数据显示，截至2022年3月，全国高校专、兼职辅导员达24.08万人，31个省(区、市)辅导员配备实现整体达标。在人数增长的同时，辅导员们也感受到了工作压力的增加。这种压力来源于：一是工作环境，我国高校面临的风险与挑战日益凸显；二是工作对象，新生代高校大学生的思想愈发复杂、多元。新形势下，高校思想政治教育工作面临着比以往更多的新情况和新问题，也对辅导员工作提出了更高的要求。不管是工作还是生活，担任多重角色的辅导员长期处于精力、情感等方面的高强度状态，角色紧张、职业倦怠、职业迷茫的现象也越来越普遍，由此导致工作实效“打折扣”，做了但是不“到位”；个人发展“温吞吞”，付出但是不“出彩”。

二、解决思路

“思想政治工作从根本上说是做人的工作，必须围绕学生、关照学生、服务学生”，但同时，这份工作也是人做的工作，因辅导员个体态度、价值、行为的不同呈现“百花齐放”的局面。回答辅导员工作如何满足新时代学生发展需求这一问题，更需要从辅导员自身寻找答案，要看到角色紧张、职业倦怠、职业迷茫这些现象背后，根本的是辅导员队伍专业化、职业化建设不够深入的问题。

德国著名哲学家雅斯贝尔斯说：“教育的本质是一棵树摇动另一棵树，一朵云推动另一朵云，一个灵魂召唤另一个灵魂。”辅导员队伍专业化、职业化建设的深入，需要挖掘辅导员每个个体的内生动力，提振精气神，激发新作为。从历史层面看，了解高校辅导员制度的源起、确立、发展、完善过程，有助于辅导员了解自身职业的初心与使命，从而坚定自信，增强职业荣誉感；从现实层面看，新时代学生发展的需求需要辅

导员从内容设定、体系建设、方式方法上保持思想定力、创新育人实践，从而沉稳从容，充实职业成就感；从发展层面看，如何加强辅导员队伍的专业化、职业化建设既是问题，也是出口，辅导员的成长与发展必定需要在“千针万线”中精耕细作、谋划自强，提升职业幸福感。

三、实施办法

对历史、现实、发展这三个层面的思考与探索，形成了推动辅导员工作满足新时代学生发展需求的“三驾马车”。

（一）从历史中坚定自信，增强职业荣誉感，解决“从哪里来”的问题

区别于国外大学，辅导员是我国高校的“特殊群体”。新民主主义革命时期我们党在军队中探索建立政治指导员制度，而后依托“红军学校”这个载体，该项制度从军队过渡到高校。从1951年全国工学院试行政治辅导员制度，到1965年高教部出台《关于政治辅导员工作条例》，高校辅导员的源起、确立具有鲜明的政治色彩，始终秉持“教育工作要为政治服务”的基本方针。改革开放后，“中央16号文件”的发布、“教育部24号令”的出台、“全国高校辅导员队伍建设工作会议”的召开等一系列重要举措，推动了高校辅导员队伍建设开启专业化、职业化新局面。党的十八大以来，围绕立德树人根本任务，伴随全社会对高校思想政治工作的愈发强调和重视，高校辅导员制度迈入深化发展的新时代。这份职业的源起有着特定的历史环境，也有着鲜明的政治属性，并且始终与国家的发展、时代的召唤同心同向同行。了解了这些，再去体会辅导员的定位，如“开展大学生思想政治教育的骨干力量”“高校学生日常思想政治教育和管理工作的组织者、实施者和指导者”，这区别于专任教师、其他教育管理人员的身份，会让辅导员更深切明白自己的独特和必要，坚定自信，增强底气，提高站位，这是做好一切工作的原动力。

（二）在变化中保持定力，充实职业成就感，解决“要怎么做”的问题

面对新鲜多元的学生思想动态以及随时需要接收的通知、随时可能联系的学生，不可控的变量让辅导员的日常工作忙碌且充满挑战，一不小心就会身陷其中，被负能量的情绪“绑架”抑或是迷失在日常的琐碎中。“任凭风浪起，稳坐钓鱼船”，保持定力，能够让辅导员们思想上有主心骨、定盘星，不惑于纷乱现象，不畏于艰难险阻。一方面是要保持战略定力。“工作千万条，政治第一条”，辅导员承担着思想政治教育、日常

管理服务、理论实践研究等多项职责，但在这其中，思想政治教育是主责主业，是重中之重。“做时代新人的思想引领者和价值引领者，是高校辅导员承担的第一职责，也是高校辅导员职业定位的核心角色”，只有保持政治清醒，提高站位认识，分清工作主次，才能在立德树人的实践中把稳航向。另一方面，是要保持学习定力。在数字化、网络化、现代化的时代浪潮中成长的这一代学生，思维多元活跃，行为自由洒脱，无论是面对面还是“键对键”，只有保持不断地学习才能因事而化、因时而进、因势而新。学习和青年人交流、相处的方式，关注其所思、所想，争取成为愿意讲真话、诉真情的知心人；畅通获取学生思想、生活动态的渠道，关注其所忧、所盼，争取成为信得过、靠得住的热心人；提高自身政治素养和理论水平，完善思想政治教育的传播手段和话语方式，争取成为身正为范、学高为师的引路人。在变化中保持定力，让“变量”在可控的实践中成为“增量”，增强育人的成就感。

（三）于细微处谋划自强，提升职业幸福感，解决“到哪里去”的问题

“出路”关系着队伍的稳定和干劲。党的十八大以来，党中央对新时代高校思想政治工作做出了系列决策部署，从教育部到各大高校，都在加强顶层设计、推动专业建设、促进职业发展、推进典型示范等方面不断探索完善。政策的温度激发自强的力量，辅导员们可以借着这股“东风”，思考自己的“专业化”发展，在繁杂的事务性工作中圈出自己的“一亩三分地”，让奋斗留下印记，让自己亮出“名片”。内容上可以选择思政课程、生涯规划、心理健康、理论研究、第二课堂、高等教育管理等方面，形式上可以考虑自媒体、工作室、课题组等载体，通过谋划品牌、输出产品、宣传成果，强化专业能力，树立专业形象，让“看得见、记得住”的成果记录自己的专业化成长道路，在学校客观评价和发展体系之外找到自己的“精神养分”，不断汲取干事创业的动力，体会深耕创造的快乐，提升职业幸福感。

四、经验启示

青春孕育无限希望，青年创造美好明天。习近平总书记在党的二十大报告中指出，当代中国青年生逢其时，施展才干的舞台无比广阔，实现梦想的前景无比光明。全面建设社会主义现代化国家的火热实践离不开有理想、敢担当、能吃苦、肯奋斗的好青年，也离不开政治硬、业务精、素养高、敢创新的青年引路人。“欲流之远者，必浚其源泉”，回应新时代学生的发展需求，更需要关注辅导员的内生动力。挖掘政治属性的“荣誉感”，不忘初心；挖掘价值属性的“成就感”，激发探索；挖掘发展属性的“幸福感”，专业专注。以自信推进自强，以自强绘就学生成长成才和个人职业化、专业化

发展的多彩人生！

【作者简介】

丁渡，厦门大学材料学院团委副书记，国家级心理咨询师、职业指导师，持有国家法律职业资格证书。曾获中共福建省委教育工委通报嘉奖，厦门大学优秀辅导员、优秀共产党员、优秀共青团干部等荣誉称号及第六届全国高校辅导员职业能力大赛三等奖。

第106问　如何解决辅导员队伍专业化、职业化的矛盾——高校辅导员队伍专业化建设滞后怎么办

天津职业技术师范大学　玛日耶姆古丽·吾布力喀斯木
云薏霏　张艳霞

《高等学校辅导员职业能力标准(暂行)》等文件的陆续出台为辅导员更好地发挥教育引导作用、履行思想引领职责提供了参照准则、指明了前进方向。然而,一些主客观因素让辅导员成为一项具有完备专业体系的专门职业还任重道远。

一、问题阐述

(一)一般化职业素养和理论基础缺乏

辅导员岗位需要强大的多学科专业素养和理论背景作为支撑,但当前高校辅导员岗位的聘任并没有严格的专业限制,辅导员具有多样化的学科基础。因此,具有自然科学教育背景的辅导员就存在理论功底方面的劣势,开展学生工作和科学研究时表现出专业知识技能不足,能力欠缺的情况。此外,大部分高校辅导员只具有本科学历,这样的学历构成也导致高校辅导员成长为专家化辅导员的后劲不足。这些问题会引发辅导员对于自身职业选择的迷茫,以及对于专业化发展路径的怀疑,从而面临难以突破的发展瓶颈期。

(二)个性化知识技能和专业本领不足

当代大学生具有多元化价值取向,熟练掌握网络语言和操作技能,能够紧跟时代前沿快速完成信息迭代。基于此,辅导员面临着思政教育工作的新局面和新挑战。一些辅导员的工作方式、沟通方式、知识储备等陈旧落后,更新不及时。而且不能与学生的实际需求相适应,没有充分考虑到大学生的成长环境和认知发展特点。因此,在工作实践中就不能满足大学生群体的个性化发展诉求,进而造成与预期目标南辕

北辙的效果。学生对辅导员的信任度和接受度降低，并容易产生排斥和逆反心理，严重阻碍了思政教育工作的实效性。

（三）职业双重性质的根本制约

高校辅导员岗位具有双重属性，即专业性和公务性。这导致辅导员的身份界定并不明确，既属于高校教师的范畴，同时承担着行政管理岗位的各项事务性工作。正是因为身份界定的模糊性和工作任务的多样性，致使辅导员需要在有限的时间精力下兼顾两种不同性质的工作。这会在很大程度上限制辅导员进行专业化、精细化的学习和研究。大部分辅导员体验到较大的心理压力，并认为辅导员的职业发展前景并不乐观。

（四）低职业认同度的消极影响

对辅导员双重身份的界定使社会对该职业缺乏认同度，并认为辅导员对“专业”部分的探索是浅尝辄止，专业化发展的程度和潜力较低。因此，大部分辅导员基于社会固有评价同样认为辅导员是过渡型职业，且工作强度较大，晋升竞争激烈，从而产生缺乏职业自信和职业认同的现象。这将进一步引起辅导员的自我卷入度下降，投入相关工作的意愿和动力显著降低，从而导致工作创新性不足，工作效率较低，并且个体感知不到这份职业所带来的价值感、成就感和愉悦感。

二、解决思路

辅导员岗位的专业化是实现职业化的必要条件，即专业化更加侧重于对辅导员本身内部素质能力的要求，而职业化发展还需要国家、社会层面在政策、制度、舆论导向等方面给予支持。

（一）适应个体专业化能力发展差异

以往研究中，辅导员专业化能力是指处理各类思想政治教育问题情境时普遍适用的专业能力。但心理学将能力划分为一般能力和特殊能力。因此，前人侧重于从宏观角度界定辅导员岗位应具备的基本胜任素质，这是一般能力的体现，但却忽视了从微观视角考量个体的特殊才能，没有充分考虑到个体发展的差异性。综上，专业化与职业化发展的关系如下图所示。

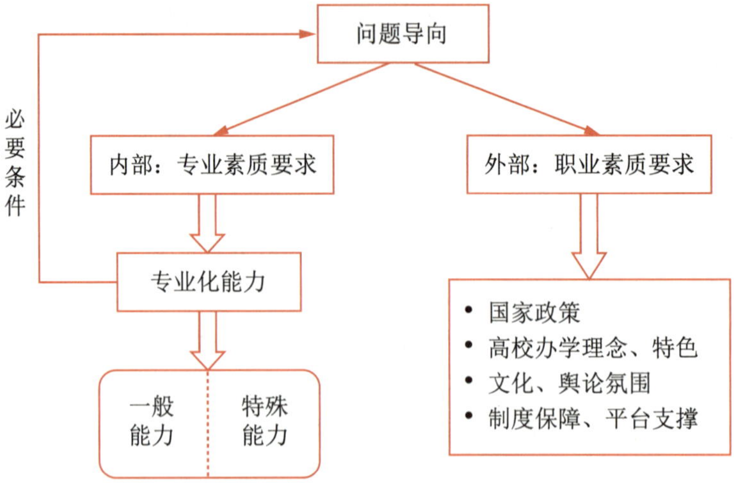

专业化与职业化发展的关系

辅导员自身应以提升适应能力、增强职业认同为出发点。首先建立清晰的自我认知，挖掘自身专业化发展和职业化成长的特点和优势。其次，要适应专业化能力发展的个体差异。找准职责定位或身份定位，认清适合做什么类型的辅导员，例如，事务型、研究型、艺术型等。并且有针对性地强化特色专业化能力、打造优势项目，进而提高自我效能感，提升身份认同和职业自信。

（二）适应专业化、职业化发展生态环境

辅导员在把握和发挥自身专业优势的前提下，需要最大限度地适应高校人文环境、办学理念和特色，通过感知和解释外部环境中的关键信息来塑造自我意识和适应行为。此外，要紧跟时代发展，融合国家政策，在各方支持下激活专业化职业化发展巨大潜力。借助外部平台最大化发挥自身专业优势，从而拓宽专业化职业化成长路径，增强职业认同。

（三）创设适应性、差异化支持保障体系

辅导员个体与高校之间是双向适应关系。高校应以辅导员在特殊专业化能力方面的发展差异为基础进行制度等方面的调整和改革，从而塑造差异化的、与个体专业化优势相适应的支持保障体系，做到因人而异，求同存异。另外，高校也应塑造适宜专业化、职业化发展的文化舆论氛围，创造更多能够展现辅导员风采、发挥专业优势的平台。

（四）实践模型

基于以上思路，本文构建了高校辅导员专业化、职业化发展的适应性、保障性、循环式实践模型框架，为实践提供依据，如下图所示。该模型强调了辅导员指向内部的适应（路径 1 ）以及指向外部的与高校之间的双向适应关系（路径 2 、3 ）。路径1、2是以辅导员为主体的、与自身专业化优势及外部生态环境条件适应的路径；路径3是高校根据辅导员专业化能力发展差异进行调整和适应的路径。

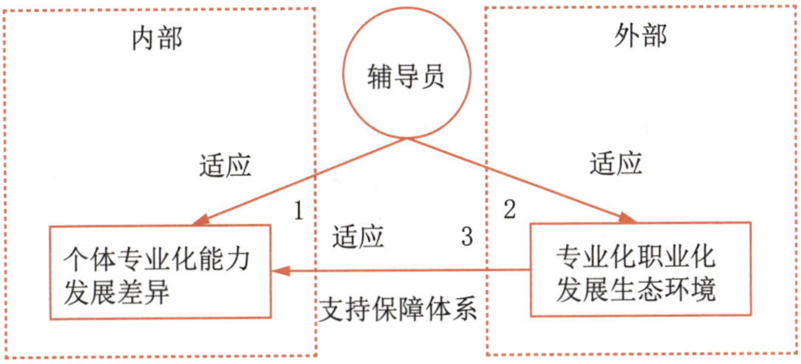

高校辅导员专业化职业化发展的适应性、保障性、循环式实践模型

三、实施办法

(1) 高校应定期为辅导员提供主题为职业认同、职业认知等方面的培训；在辅导员入职前统一进行职业性格测验（MBTI），使辅导员明确自身的职业兴趣和职业性格；各二级学院应通过访谈、问卷等方式，帮助教师认清自身的兴趣特长和自我成长需要，引导教师树立适应性、差异化的职业价值观和职业意识，为教师的职业定位和发展方向提供初步建议。

(2) 高校可针对辅导员开通职业指导咨询服务通道，帮助教师及时了解国家政策及学校落实举措；实施"一师一档"制度，为辅导员提供职业成长途径建议及相关平台资源，制定可操作的实施计划和方案，帮助辅导员找准前进方向和发力点。

(3) 各二级学院应以"一师一档"为依据落实具体工作的对接分工。以明确工作重点，突出工作特色，发挥专业优势为原则，让教师理清工作思路，尤其需要合理化事务性工作与科研工作的比例，使教师有充分的时间和精力从事专业化活动。

(4) 高校应以培养专家型辅导员为总目标，推动体制机制的调整和完善。例如，为了对辅导员进行多层次、全方位的考核，就应评价其在某些特殊领域是否具有突出表现和特殊才能，以更加合理的制度激励教师提高职业科学化水平。

四、经验启示

该案例为高校辅导员专业化、职业化发展的创新实践提供了新的视角。第一，辅导员应始终聚焦与高校之间的双向适应关系，主动发掘独具特色的专业化能力，借助政策和平台的支持最大化、专业化能力的发挥；第二，高校应积极探索适应性保障体系，为辅导员的专业化成长保驾护航。

【作者简介】

玛日耶姆古丽·吾布力喀斯木，天津职业技术师范大学职业教育学院党委副书记兼副院长、纪委书记，党的二十大代表，天津市政协委员。原校少数民族学生管理服务工作室辅导员、天津市少数民族学生教育管理服务工作室教师。曾获全国民族团结进步模范个人、全国最美志愿者、全国向上向善好青年、天津市优秀共产党员等荣誉称号。

云蕙霏，天津职业技术师范大学职业教育学院心理系教师，讲师。研究方向：危机沟通。

张艳霞，天津职业技术师范大学职业教育学院团委书记，研究方向：思想政治教育。

第107问　辅导员如何提升自身素养——辅导员素养提升方向不明怎么办

辽宁中医药大学　葛骁欧

一、问题阐述

辅导员素质能力提升的关键点来源于2018年全国辅导员素质能力大赛，而素质能力不仅仅包括知识、技能，更重要的是它包含着价值观、自我定位、驱动力、人格特质等方面。知识、技能等因素明显、突出并且容易衡量，但真正决定一个人能否成功的因素，是隐藏在水面以下的因素，它们难以捕捉，不宜测量。素质能力是个体具备的多种条件的综合，它是一个整体的、综合性的概念，在这一框架中，各种不同的知识、技能与职业素养共同作用、影响个体行为，它们的组合便构成了个体的素质能力结构。

二、解决问题

辅导员素质能力的四"梁"为"知、情、意、行"；八"柱"为"强、健、广、特、精、专、新、明"。可以从认知、情怀、意志、行动、政治理论素质、身心素质、管理视野、工作方法、业务素质、科学素养、思维模式和归纳梳理等方面进行总结分析。

三、实施办法

（一）如何打造辅导员素质能力的四"梁"

辅导员素质能力的四"梁"指向辅导员的内功。

1. 知乃认知

即对高校辅导员职业的认知，从内心对职业高度认同，对思想政治教育工作充满热爱，用习近平新时代中国特色社会主义思想武装头脑，自觉树牢“四个意识”，坚定“四个自信”，做到“两个维护”，有政治敏锐性和辨别力。应深刻领会党的二十大精神、全国高校思想政治工作会议精神、全国教育大会精神、全国思想政治理论课教师座谈会精神等，要深入思考“培养什么人”“如何培养人”“为谁培养人”的高校思想政治工作根本问题。高校辅导员需要导航青春，导航就应该明确前进的方向，这个方向就是在中国共产党领导下，引领学生“有理想、有本领、有担当”，坚持立德树人基本导向，把培育和践行社会主义核心价值观的相关要求贯穿始终，注重引导并培养学生的道路自信、理论自信、制度自信和文化自信，着力增强学生的社会责任感、创新精神和实践能力，为中华民族伟大复兴的中国梦贡献力量。

2. 情乃情怀

高校辅导员对大学生思想政治教育工作情怀要深，马克思在他17岁完成的论文《青年在选择职业时的考虑》中确立了这一信念：为人类大多数人的幸福工作。正如马克思在文中所说：“如果我们选择了最能为人类而工作的职业，那么，重担就不能把我们压倒，因为这是为大家作出的牺牲；那时我们所享受到的就不是可怜的、有限的、自私的乐趣，我们的幸福将属于千百万人，我们的事业将悄然无声地存在下去，但是它会永远发挥作用，面对我们的骨灰，高尚的人们将洒下热泪。”辅导员的工作就是一份高尚的职业。习近平总书记强调，教师是人类灵魂的工程师，承担着神圣使命。传道者自己首先要明道、信道。高校辅导员如果没有情怀，就会很难真正为学生做好教育和引导，真正让学生亲其师而信其道。

3. 意乃意志

郑板桥曾说：“千磨万击还坚劲，任尔东西南北风。”高校辅导员要有使命和担当，高校辅导员为中华民族伟大复兴培育“梦之队”，而高校辅导员就是“梦之队”的筑梦人。高校辅导员工作是辛苦的，但是有成就感的，是高尚的。高校辅导员要把筑梦当作自己的使命，不能轻易放弃。要为身为高校辅导员而自豪，为当初选择做高校辅导员而坚守，要愿意当好辅导员，心无旁骛，甘守学生身旁，做到“春蚕到死丝方尽，蜡炬成灰泪始干”。“要成为塑造学生品格、品行、品味的‘大先生’。”做辅导员就要执着于立德树人，有热爱教育的定力、淡泊名利的坚守。

4. 行乃行动

知行合一，有知有情有意更要有行动，要以高校辅导员标准严格要求自己，规范自己的教师礼仪，高校辅导员的一言一行都对学生存在显性或隐性的教育影响，成为学生锤炼品格、学习知识、创新思维、奉献祖国的“引路人”。当前学生能够了解老师的途径越来越多，高校辅导员要发挥模范带头作用，高校辅导员影响的不是一名学生，而是一批学生，进而影响众多家庭的发展。高校辅导员要开展好行动，要和学生一道成为堪当民族复兴大任的时代新人。要深刻理解辅导员职业发展的内在规律、师德师风新的时代内涵。

（二）如何打造辅导员素质能力的八“柱”

1. 政治理论素质要强

习近平总书记指出年轻干部要“坚持把学习贯彻新时代中国特色社会主义思想作为重中之重，坚持理论同实际相结合，悟原理、求真理、明事理”，应该广泛阅读，特别是习近平总书记系列讲话精神，会运用与时俱进的思想政治教育话语体系，增强语言魅力，把握宣传的时效性，加强记忆，为自己创造提升宣讲能力的平台，树立自信心，不断反思反省，不断提升，架好天线、接足地气，坚定大学生的理想信念，厚植大学生的爱国主义情怀；提升写作和宣讲能力，广泛收集素材，树立逻辑思维，围绕中心工作有效阅读、化零为整、追求卓越、善用自媒体、积极投稿和把握宣讲机会。

2. 身心素质要健

要成为优秀辅导员，我们一定要锻炼身体，自律生活，练就健康的体魄，保持阳光心态。如果高校辅导员内心不能保持阳光，而是充满抱怨，那一定会对学生造成影响，大学生也很难真正把辅导员作为自己人生导师和知心朋友。要优化办公环境和家庭环境，环境整洁对情绪有正向性影响，学会用琴棋书画、旅游、摄影、骑行、烹饪及享受美食等来进行减压，善于调和人际关系，提升人际交往能力，和领导要敬、和同事要和、和家人要睦、和学生要爱、和社会要信、和学生家长要通。与他人有良好沟通的机制，为人做事把握分寸、自信大胆、把控情绪、关注细节、舍己为人、互利共赢、常怀感恩、胸怀宽广，也要努力形成良好的家风，这样都可以促进身心健康。

3. 管理视野要广

高校辅导员在掌握常规思想政治教育工作方法的基础上，还要从中华优秀传统文化例如《周易》《论语》《资治通鉴》《史记》了解古人智慧并应用在思想政治教育工作之中；要努力学习现代科学管理方法，用好类似马斯洛需求理论等，探索高校学生管理的规律性；要利用好管理软件，学习心理学相关知识，善于共情，增强与学生谈心谈话的效果，走进学生心里；提升应急事件处理能力，善于化解矛盾，学习开会技巧（例如毛泽东的《党委会的工作方法》十二条）。

4. 工作方法要特

以思想政治教育质量提升工程实施纲要为指南，充分发挥课程、科研、实践、文化、网络、心理、管理、服务、资助、组织等方面工作的育人功能，挖掘育人要素，完善育人机制，优化评价激励，强化实施保障，切实构建“十大”育人体系。要从这些育人体系和辅导员职责中寻找特色工作方法，至少打造一个自己的思想政治教育精品项目，并且项目要体现跟党走、听党指挥，因地制宜、善于借力，因事而化、因时而进、因势而新。

5. 业务素质要精

按照高校辅导员职业能力标准（暂行）所提出的要求夯实专业业务知识，积极参加各类辅导员培训班，确立职业榜样，学习老领导、老专家、最美辅导员、全国辅导员年度人物等行业楷模的先进事迹，同时也要向文献学、向同事学、向兄弟单位学，利用零散的时间不断学习、充电。工作中要多调研、多请示、多思考、多记录、多关注。努力参加一次辅导员素质能力大赛，任何层次的都可以，因为备赛期间可以深入细致学习一次，可以找回学生时代的拼劲，可以以赛自省、以赛交友、以赛学习，使得自己的业务素质更加精深。

6. 科学素养要专

要善看文献；多参与科研团队，众学而乐；要善于发现和归纳，大胆尝试申报课题，形成独特视角；围绕中心工作，善于从小处切入大主题，久久为功。揣摩学生特点，善于开展调研，习近平总书记指出：“调查研究是谋事之基、成事之道，没有调查就没有发言权，没有调查就没有决策权。”要确定好研究方向，紧跟时代，请教专家，提升内涵，积极申报国家、省部、市级课题，培树科学素养，把思想政治教育研究得专、精、透。

7. 思维模式要新

现在学生接收新事物的机会和能力很强，要给学生更多的指导建议；要适应喜“新”厌“旧”，与时代同行，善用运用画布、思维导图等新的工具；广泛涉猎，使不同领域交叉。习近平新时代中国特色社会主义思想是当前最新的中国化马克思理论，作为高校辅导员要深刻领悟，例如将五大发展理念融入大学生思想政治教育工作之中，把一系列前沿思想寓于大学生思想政治教育之中，深度挖掘专业课程蕴含的德育要素，结合不同专业特点，推进实施系列卓越计划，在人才培养模式改革中多渠道、多层次、多形式开展思想政治教育。要了解最新国家方针政策，有效利用学习强国平台，既要学思结合，更要乐于分享。

8. 归纳梳理要明

高校辅导员工作辐射面是广而多的，千根线从一根针过，怎样能在工作中明晰、明朗、明清？举轻若重、举重若轻要辩证施用，既要有整合思维又要有分类思维，工作计划与工作总结要首尾呼应。至少认真参加一次评比、评选，认真梳理一下自己的劳动成果。归纳梳理时要提升格局，站在高位思考，最后做到成果转化、思想升华。把经验上升为理论，把理论升华为科学，把科学固化为制度，把辛苦转化为成果。

四、经验启示

打造辅导员素质能力的“四梁八柱”应该时时刻刻地打造、内心坚定地打造、自觉快乐地打造、同心同行地打造。素质能力提升要在坚定大学生理想信念上下功夫，在厚植大学生爱国主义情怀上下功夫，在加强大学生品德修养上下功夫，在增长大学生知识见识上下功夫，在培养大学生奋斗精神上下功夫，在提升大学生综合素质上下功夫。真正做到“苦干、实干、巧干”，把辅导员事业注入热爱、融入血液、汇入大海，把辅导员职业生涯规划成自己的一个职业、一项事业、一门学问、一种生活，用自己的兴趣和责任去经营它。真正打造辅导员素质能力“四梁八柱”，为培养社会主义接班人不懈奋斗。

【作者简介】

葛骁欧，辽宁中医药大学护理学院党总支副书记，副教授，硕士研究生导师。兼任辽宁省高校辅导员名师工作室主持人、辽宁省青年讲师团成员等职务。曾获全国辅导员年度人物提名、辽宁省辅导员年度影响力人物、辽宁省高校党员示范先锋岗荣誉称号及全国首届辅导员职业技能竞赛团体第一名、个人二等奖等20余项国家、省、市级奖励及荣誉。主持1项国家社科基金项目、5项省级课题、3项市级课题，参与国家、省、市级课题30余项。

第108问　如何提升高校辅导员职业素质能力——把握不了辅导员素质能力大赛关键点怎么办

江西师范大学　胡园慧

全国高校辅导员素质能力大赛自2012年开始举办，截至2022年已成功举办9届。从最初的“全国高校辅导员职业技能竞赛”，到如今的“全国高校辅导员素质能力大赛”，变化的不仅是大赛的名称，还有比赛项目、比赛规则等。例如，比赛项目从理论基础(网文写作)、自我介绍、主题班会、主题演讲、案例分析、谈心谈话六个环节，到基础知识、案例研讨和谈心谈话三个环节；从参赛选手分两轮晋级产生优胜者到全部赛满三个环节进行综合评价；从设置专家评委到同时设置了辅导员评委和学生评委。10年的发展变化，变化的是大赛的形式，不变的是通过大赛达到以赛促学、以赛代练、以赛促进的初心。从目前的大赛内容设计来看其更加凸显辅导员工作的真实性与实战性。

一、问题阐述

大赛的变化一方面是与时俱进，另一方面是在大赛中针对出现的问题进行整改。在笔者参加第八届全国高校辅导员素质能力大赛的赛前培训时，大赛主办方明确提出：杜绝辅导员在比赛中使用套路、模板。确实，很多辅导员都四处寻找大赛取胜的技巧和绝招，认为有套路、有模板就可以无往而不胜，其实，这是对大赛最大的误解。世界上没有两片相同的树叶，也没有完全一样的学生，用统一的模板无法解决所有学生的问题，也会让辅导员无法找到问题的真正关键所在，反而适得其反。所以，大赛的不断变化，也是不断“去套路化、去模板化”，使比赛能真正检验选手真实实力，与实际工作对标对表。

二、解决思路

高校辅导员素质能力大赛是通过比赛展示工作案例，交流先进经验，讲述育人故事，传递价值认同。将日常“赛场化”，在日常工作中不断思考、总结归纳，把辛苦转化成成功、把经验上升为科学，做有思想的行动者和关注实际问题的研究者。在比赛前自然不会寻找模板、套路，而是“自成一派”。

三、实施办法

目前，大赛设置的理论基础、案例研讨、谈心谈话三个环节究竟怎么准备，我认为重点看“三个关键”。

（一）理论指导实践，关键在输出

理论水平是辅导员工作能力的基础。没有理论积累，辅导员工作是无源之水，无本之木。国赛的理论知识涉及面很广，考试时间90分钟，题量很大，包括20个单选、10个不定项、4个简答、2个对策分析。并且，简答题不是“是什么”的题目，而是“请你谈谈”的题型，所以更考验辅导员对知识的运用和能力的考验，对理论的深刻理解以及活学活用。同时，理论知识不仅仅用于理论考试，在案例研讨、谈心谈话环节，都要用到理论知识作为支撑，将静态的理论知识运用到实际工作中，用理论知识指导大学生在价值取向、情感困惑、学业规划、职业规划、社会交往、创新创业等方面的各类问题。

辅导员对于理论输出的基础在于对材料的深刻理解，聚焦材料的时代背景、主旨结构、主要目标、关键点等。例如，习近平总书记在全国高校思想政治工作会议上的讲话，明确了“为谁培养人、培养什么人、怎样培养人”的问题；对《普通高等学校辅导员队伍建设规定》从24号令到43号令开展对比学习，我们会发现党和国家对辅导员队伍建设的定位，从后备干部培养和选拔的重要来源，到现在辅导员专业化、职业化发展，做专家型辅导员；从《教育部八部门关于加快构建高校思想政治工作体系的意见》《高校思想政治工作质量提升工程实施纲要》中提炼框架，抓住主干。在阅读原文的基础上，主动学习相关的解读、评论文章，将学习材料化繁为简，融会贯通，形成自己的理解和认知。打牢理论功底，才能做到敢于发声、善于发声、掷地有声，走稳走远辅导员专业化、职业化发展之路。

（二）聚焦主要矛盾，关键在规律

案例研讨是两位辅导员就一个案例以“你问我答”的方式，共同“解剖麻雀”，总结规律。国赛的案例也是辅导员工作中普遍遇到、学生中最常见的问题，例如“贫困生要面子不要补助”“宿舍人际关系”“校园贷”等。两位辅导员一起研讨，在研讨过程中相互切磋，取长补短。当然，在研讨过程中，要懂得把握节奏。有时间的问题不在点上，要把对方“拉”回来。而当另一方回答不准确或有遗漏时，要及时纠正及补充，这样才是共同分析，一同解决。

“物有本末，事有始终”，学生的成长与发展，也具有阶段性特征和内在成长规律。例如把握大学适应期、大学成长期、大学收获期，不同关键期的不同问题和不同的教育重点。把握不同学生群体的特点，如入党积极分子、学生干部、转专业学生、贫困生、学困生、心困生等，要认识和把握规律，遵循和运用规律，善于总结和反思，提高科学化工作水平。

（三）谈话由心生，关键在日常

谈心谈话是辅导员开展工作最常用的方式。通过谈心谈话，帮助学生处理好学习成才、择业交友、健康生活等方面的具体问题，提升思想认识和精神境界。国赛的赛制，一改以往的提前看题，而是进入考场和学生见面后由学生提出问题。就像我们平时工作中，学生直接到辅导员办公室寻求帮助。赛制的修改，更加考验辅导员的临场反应和工作经验。10分钟谈话、2分钟总结、2分钟回答问题，是管中窥豹，全面考察辅导员在实际工作中有没有经常性地和学生谈话，有没有通过谈话引领学生成长、解决学生难题。

我认为谈心谈话有四个阶段：导入阶段，背景调查是关键。找学生谈话前要多方位了解事情的相关情况，才能在谈话时做到有的放矢。如果是突发情况，可在谈话时了解清楚情况。入题阶段，理清事实是关键。了解清楚情况后要和学生一起理清事情的关键，发现矛盾的关键点，澄清错误认识。正题阶段，解决问题是关键。教育转化，引导正确认识，辅助决策。第四个总结阶段，号召行动是关键。总结谈话，制定行动方案，持续关注。

四、经验启示

习近平总书记在全国高校思想政治工作会议上强调：传道者首先要明道、信道。高校教师要坚持教育者先受教育，努力成为先进思想文化的传播者、党执政的坚定支持者，更好担起学生健康成长指导者和引路人的责任。辅导员应不断夯实理论基础，把握学生成长规律，围绕学生、关照学生、服务学生，不断提升职业素养和育人效果，在专业化职业化发展道路上行稳致远。

【作者简介】

胡园慧，江西师范大学美术学院团委书记。曾获第八届全国高校辅导员素质能力大赛一等奖，江西省高校辅导员素质能力大赛一等奖、“十大最美辅导员”、暑期“三下乡”社会实践活动先进个人、辅导员优秀博文奖，江西师范大学“十佳辅导员”“优秀共产党员”等荣誉。主持参与国家级、省级课题10余项。发表学术论文10余篇，出版专著1部。所录制课程入选国家教育行政学院课程库，参录全国高校百名辅导员讲党史故事展播。

第109问　辅导员如何进行个人职业规划——辅导员对职业规划不清、没有意识到该职业的重要性怎么办

吉林师范大学　赵东方

一、问题阐述

“我”是一名基层辅导员，每天的工作琐碎而繁忙，疲惫且没有成就感，这让“我”很困惑。我应当怎样摆正位置、调整心态，把本职工作做精做好呢？“我”的奋斗方向在哪里？“我”未来的出路在哪里？

二、解决思路

辅导员在入职适应后的一段时间内会产生迷茫感和困惑感，这源于职业目标不清、奋斗方向不明。因此，要对辅导员角色加以分析，找到合适赛道，明确目标及方向，做好职业规划，才能更积极地投入到学生工作中，我们可以从两个方面入手解决辅导员的困惑。

三、实施办法

（一）机遇即使命：辅导员需回应新时代思政工作的变化

时代赋予思想政治工作更多的内涵，同时也赋予辅导员更大的责任，我们应当把思想政治工作做得更具特色、更鲜明，把思想政治工作和学院学科建设相结合，助力专业建设和教务教学，让大家看到学生工作的实际作用和特色亮点，打造并树立自己的“IP”，这是未来辅导员工作的发展趋势和努力方向。

1. 坚持育人导向，突出价值引领

“坚持把立德树人作为根本任务”在教育管理中突出价值引领，在党团建设等各项活动中要把思政元素像汤中撒盐一样蕴涵其中；在四个课堂正面发声，引导学生树立正确的价值观。

2. 优化育人功能，强调大思政格局

将学生基层党的活动与团的活动放在同一范畴内通盘设计，把载体创新作为学生实践活动的增量，在统筹规划的基础上实现资源共享和优势互补，实现学生思想教育工作效果的最优化。

3. 坚持育人育己，明晰职业发展路径

突破辅导员的天花板效应，从自身职业能力的提升角度加强理论学习、技能锤炼、经验总结；明确职业成长期的路径方向，缩短和克服职业倦怠期的迷茫懈怠，快速且从容有序地过渡到职业发展的黄金期。

（二）期待即目标：辅导员要明确职业成长路径

1. 分析成长历程，把握专业化、职业化规律

辅导员要用工作线推动幸福线，缩短入职适应期、提早过渡到收获成长期，用实践成果的积淀、成长期待的达成和精神期待的满足来消解职业倦怠感，把收获成长期稳定、拉长。

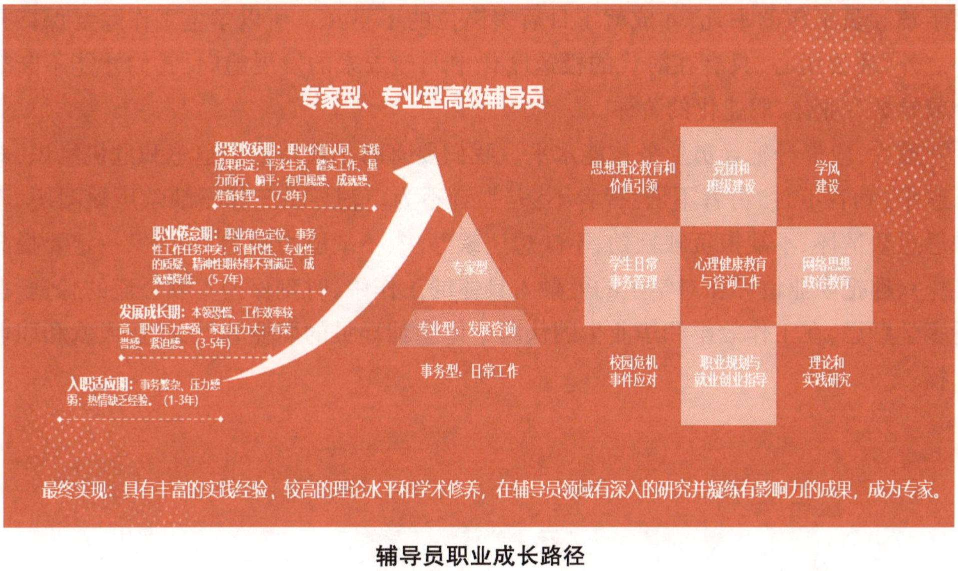

辅导员职业成长路径

2. 比对工作职责，锚定专业化、职业化方向

教育部2017年10月施行的《普通高等学校辅导员队伍建设规定》和2014年施行的《高等学校辅导员职业能力标准(暂行)》从3个维度、9个标准明确了辅导员的主责主业。辅导员可从9大工作职责出发，围绕着其中的1—2个方面，精耕细作、潜心探索、深入实践，用5—7年的时间逐步在思想政治教育、党团和班级建设、学业指导、日常事务管理、心理健康教育与咨询、网络思想政治教育、危机事件应对、职业规划与就业指导、理论与实践研究方面积淀成果。锚定方向、向下扎根才能向上生长，逐渐成为一名具有丰富的实践经验、较高的理论水平和学术修养，在辅导员工作领域有影响力成果的专家。

3. 对标前辈经验，突破专业化、职业化瓶颈

辅导员的工作门槛低、知识弱、技能少，具有较强的可替代性。但是想要做好、做精、做出特色，职业化是最终归宿。学校应努力锻造学工团队文化与精神，辅导员则要从职业归属、价值认同和兴趣路径出发，从学生成长的反馈、实践成果的升华、教育本领的提高、精神期待的满足中去体会做辅导员的动力。

首先，要突破辅导员成长的天花板瓶颈。按着固有的思维来看，辅导员的行政职务一般是从团委书记晋升到副书记，然后“优转”到总支书记或其他行政岗位，这就是辅导员的天花板。但随着辅导员专业化、职业化的进程的不断推进，很多高校已经有了更高级别的辅导员(如江苏大学的刘洁老师、武汉理工大学的靳敏老师)，未来我们也可能在辅导员岗位上干到退休，还可能在辅导员岗位上评为教授，成长为思想政治教育实践领域的专家。

其次，要对标前辈们的成长经历。每所高校都有很多领导做过辅导员，他们都立足于辅导员工作的平凡，才成就了日后多岗位的不平凡。所以学生工作除要保持初心之外，还要用心，只有在时代的极速度化中明确未来的发展趋向，我们才能不断攀登辅导员专业化、职业化的阶梯。

最后，应提升辅导员业务技能水平。我们要有时不我待的紧迫感和危机意识，对于躺平，勤者不甘、勇者不屑、智者不法、强者不为。辅导员工作不缺学历缺阅历、不缺思想缺情怀、不缺抱负缺韧劲、不缺想法缺办法、不缺能力缺魅力，大家一定要提起工作兴趣把职业情怀和对学生的爱融入具体的工作中，时刻保持本领恐慌的感觉，多看多学勤思，在工作效果和毕业生的认同中体会辅导员的职业尊严、职业成就和职业幸福。

四、经验启示

“育人者必先育己，立己者方能立人”，辅导员的工作首在育人，次在成人，又在达人，方能立人。

（一）育人

就是像“蜡烛”一样燃烧自己，照亮学生。白加黑、“5＋2”、手机24小时待机……辅导员经常是“两眼一睁，忙到熄灯”。虽琐碎、艰辛但我们仍要像蜡烛一样，温暖和安慰学生，引导和教育学生，坚守和回归教育的本身——一切为了学生。所以，当若干年后我们回首学工经历的过往，一定是花香弥漫、不觉悲苦。

（二）成人

要像“火炬”一样温暖和照亮更多的同行。辅导员的成长需要“破圈”，也需要“合群”，作为副书记要加强对下属辅导员的约束和培养，让年轻的队伍感受到专业化、职业化的后续动力；做得好的辅导员，例如国家和省级辅导员年度人物、就业或心理等领域有专长的辅导员，要发挥领军作用，引领和带动整个辅导员队伍职业向心力的聚合。

（三）达人

辅导员要像“充电宝”一样能够不断地释放能量，自己也可以随时充电，收放自如。辅导员是熬心血的活儿，学生的大小事务都是我们的工作，手机只要一会儿不看，各种信息的数量马上就“99＋”，半夜接到学生打架、生病、出现心理问题的电话，前往派出所协助处理事务、去医院陪诊的情况比比皆是。但我们不能让事务性工作的忙把我们的精力耗尽。曾国藩说：“盖士人读书，第一要有志，第二要有识，第三要有恒。有志有恒，则断无不成之事。”所以，辅导员始终要有学习向上的动力和知识技能储备，这样才能长期释放动能，成为学工达人。

（四）立人

向榜样看齐，多角度分析辅导员标兵人物，学习他们的先进事迹，从点滴的小活动开始学习，逐渐找到突破口，找到专业化、职业化的努力方向；向年长的辅导员学习，从身边人身上找到可学习的闪光点，以“三人行必有我师焉”态度，从好的做法开始学习，塑造自己的风格、打造个人“IP”；从精细化事务管理入手，每件事都做好做精，循序渐进地向高处攀登。

作为辅导员，我们从来没有像今天一样振奋、像今天一样幸福，迎接我们的是蓬勃的春天和黄金的时代。辅导员工作不是因为坚持而喜爱，而是因为喜爱才坚持。希望所有的辅导员都能以更旺盛的精力、更饱满的热情为思政事业不懈努力、再创佳绩。

【作者简介】

赵东方，吉林师范大学学生工作处副处长，副教授，二级心理咨询师。曾获第十二届全国高校辅导员年度人物、首届吉林省辅导员年度人物、吉林省网络教育名师荣誉称号及全国高校网络教育优秀作品一、二等奖，全国“易班优质公开课征集评选活动”一等奖，全国思想政治教育金微课二等奖等。主持全国辅导员百门精品培训课程，累计荣获市级以上奖项33项，其中国家级奖项10项、省级奖项18项。

第110问　如何明确辅导员的职业方向
——辅导员只把自己定位为行政员工、产生故步自封的心态怎么办

湖南师范大学　张明明　朱天爱　罗宇涛

一、问题阐述

当前,高校教师及较多的辅导员对辅导员岗位的管理人员身份具有较强认同感,但对于辅导员岗位的教师身份普遍缺乏认同感。在职级和职称提升时,辅导员对职级的重视度普遍高于对职称的重视度,所以有些辅导员只把自己定位为行政员工,产生了故步自封的心态。

二、解决思路

(一)辅导员和任课教师在工作的形式与内容上存在区别

辅导员工作内容更偏向于日常学生管理与服务。学校和学院在工作安排上,会将辅导员与其行政管理人员统一归为同一类。辅导员工作的核心任务其实是开展思想政治教育。这一工作任务将辅导员的教师身份鲜明地凸显出来,只是辅导员进行的思想政治教育与思政课教师进行的教育在方式上有一定的差异,但两者之间又有一定的互补性。辅导员更多在实践中开展思想政治、理想信念教育等,通过非传统的教育方式将思政教育寓于日常管理与服务工作之中。且教育部第24号令明确提出:"辅导员是高等学校教师队伍和管理队伍的重要组成部分,具有教师和干部的双重身份。"

(二)辅导员自身职业的认知存在误区

较多辅导员容易陷于繁多的日常管理与行政工作中,并在其中迷失工作方向与职业初衷,进而导致对教师身份的缺位与忽视。辅导员作为教师队伍中的一员,要充

分发挥第二课堂和第三课堂的重要作用，不能把“三尺讲台”狭义地等同于教室前的“讲台”，要深刻领会“三全育人”教育理念的深刻内涵，把育人的各个环节工作落到实处。教育部第24号令第四条对辅导员的工作要求中，明确提出辅导员要认真做好学生日常思想政治教育及服务育人工作，坚持继承与创新相结合，创造性地开展工作，注重运用各种新的工作载体，提高工作的针对性和实效性，增强工作的吸引力和感染力。

三、实施办法

教育部针对加强大学生思想政治教育工作以及辅导员的职业发展颁布了一系列文件，面对着政策文件的认定以及现实工作的偏差，如何提升职业认同感是辅导员当前面临的迫切问题。

（一）增强辅导员的教师意识

辅导员具有干部与教师双重身份，只有两种身份协调发展，辅导员才能真正走上职业化、专业化道路，从而走出“单纯是行政管理人员”的困境。现在很多辅导员对教师身份意识不强，对三尺讲台退避三舍，甚至不愿上讲台，对讲台产生畏惧心理，人为地缩小了辅导员的工作领域。提升教师身份，需要辅导员主动融入教学课堂之中，主动研究思想政治教育的专业知识、理论。诚然，确实存在辅导员个人的学科背景为非思政、政治学、教育学专业等。但是，这不妨碍辅导员通过自身开创性的研究，使自己成为辅导员的里手、行家。思政教育本身就存在着较强的实践性，辅导员可以通过自身不同的专业背景，在日常工作中寻找空间、找准切口，实现学科交叉融合，开展相关研究工作，从而通过自己的实践让不同学科产生碰撞与交流，扩展学科空间。这不仅有利于课程与学科建设、提升辅导员教师意识，更能让学生感受到多元学科要素，更好地服务学生成长。

（二）提升辅导员的科研能力

提升辅导员的科研能力，是辅导员教学工作的需要。因为没有较强的科研能力，辅导员工作得不到深厚理论功底的支撑，就不可能实现向专业化的转变。缺乏足够的科研能力，辅导员很难从日常工作中提炼育人规律。对于专业课程教师而言，科学研究是不断更新学科知识的需要，是教师身份价值的重要体现。开展科学研究，是辅导员专业化、职业化发展的重要方面和重要标志。辅导员作为大学教师队伍中的一员，必须及时归纳和提炼日常工作的重点，形成科学研究成果，提高作为高校教师的认同感，同时立足岗位做好育人工作。要坚持循序渐进地开展工作，跳脱思维固化的模板。辅导员的科研成果并非只表现为专业论文，也可以是由各种思政网络平台板块、期刊征文板块等各种其他形式组成的；辅导员老师要注意阶段性地进行梳理、总结，提炼工作中的点点滴滴，勤于思考，勤于实践，勤于动笔，总是会有收获的。这个方法也是如何将这份工作变得更职业化和更专业化的必要途径。

（三）提高辅导员的教学能力

对于教师而言，课堂教育主要就是解决“传道”的问题，教师通过课堂教学让学生学会知识、学会生活，课堂教学内容既包括科学文化知识，也包括思想道德素质，其中思想道德素质更为关键。作为辅导员，所要提升的教学能力，既可以是科学文化知识教学能力，也可以是思想道德素质教育能力。通过提高教学意识、提升科研能力，能够让科学文化知识教学能力与思想道德素质教育能力结合起来，正如中共中央在《关于改进和加强高等学校思想政治工作的决定》中所指出的，“把思想政治教育与业务教学工作结合起来。要按照各个学科的特点，引导学生正确认识在校学习与今后工作之间的关系，解决好为谁服务的问题”。对于辅导员而言，提升教学能力，需要结合岗位特点，充分利用第二课堂并进行拓展、丰富，以便更好地开展思政工作，这是除传统的专业课程活动之外的重要舞台。例如，开好晚点名的班会、班团会，以传统教师的角色定位注重主题化、课程化、体系化的学生活动的升级，深入参与到班会活动中；引导学生或学生团队（组织）进行各种实践，甚至直接参与，积极尝试发挥带头作用，增强教师的认同感。

四、经验启示

（一）明确岗位职责，做到心中有数

辅导员要始终坚持自身教师与干部的双重身份，在不同的“讲台上”为学生讲述新思想、新理论，开展思想政治教育工作。作为学生日常思政工作的组织者、实施者和指导者，广大辅导员要明确工作范畴与工作边界，将全国教育大会、全国思政工作会议以及教育部下发的相关文件、标准落到实处，把自己从繁重的事务性工作中解脱出来，专心做好本职工作。

（二）参加岗位培训，做到术业有专

为进一步提升辅导员的职业能力，各高校应结合实际情况开展辅导员素质能力

培训及各专题培训，积极参加国家、省级和高校三级辅导员培训。除参加相关培训之外，应结合不同任职情况的辅导员群体，相互之间联系开展院际及校际团队互动交流，也可以通过资深辅导员指导新任辅导员开展实践活动，实现辅导员人力资源的优化配置。

（三）厘清职业方向，做到未来有为

辅导员要通过自身工作总结与提升，厘清职业发展方向，促进自身职业化、专业化发展，让辅导员工作成为向美而行的伟大实践。在日常工作中，辅导员要及时确立自身擅长的研究领域，成为辅导员工作中某一方面的专家。在辅导员实践工作中，明晰“角色定位”“工作方式”，树立正确的教育管理观念，提升思想政治工作的实效性。

在高校思想政治教育工作中，与大学生接触最多最密切的是辅导员。辅导员要不断提升职业素养与职业能力，从而适应大学生成长过程中的新变化与新要求，正如习近平总书记所指出的：“做好高校思想政治工作，要因事而化、因时而进、因势而新。”进入新时代，国家正朝着第二个百年迈进，如何才能做到真正走进学生心里则更需要辅导员在工作中坚持理论教育与社会实践相结合，不仅要走进课堂更要扩展思政工作场域走进教室、宿舍、食堂、网络，从而增强思想政治工作的实效性。辅导员应时刻牢记自身的双重身份，在“三全育人”的理念指引下，进一步提升辅导员专业化、标准化水平。

【作者简介】

张明明，湖南师范大学医学院团委书记，讲师，湖南省思想政治工作研究专家库成员。曾获2021年湖南省辅导员年度人物、湖南省高校第七届辅导员素质能力大赛一等奖、湖南省高校思想政治研究先进个人、湖南省辅导员思政工作研究百佳个人等荣誉30余项。主持省厅级课题5项，发表论文5篇。

朱天爱，湖南师范大学医学院辅导员。

罗宇涛，湖南师范大学医学院辅导员。

第111问　辅导员如何借助团队力量做好个人规划——辅导员缺乏团队意识怎么办

北京科技大学　翟文洁

一、问题阐述

辅导员的工作关系一般归属院系，按照专业或年级分配职务，院系辅导员少则三五人，多则10余人甚至20余人，共同承担学院学生相关工作，在重大任务或专项工作中以团队合作的方式开展工作。但因每个辅导员有要负责的学生，常出现各年级、各专业辅导员在学生教育工作中“自选方式、各自为战”的情况，导致工作中的问题不能及时被发现、好的经验不能得到推广和传承、协作效应得不到充分发挥。一些院校辅导员队伍具有年轻化、流动快的特点，但缺乏团队合作意识和能力，而这对于辅导员个人成长和队伍建设较为重要。

此外，辅导员在日常工作中还需要与院办、学校职能部门以及班主任、任课教师、学生家长等打交道，同样需要具有团队合作的意识和能力去解决相关问题。

二、解决思路

团队合作不够，主要是合作意识不足和合作机制不完善。我们从内部合作和外部合作两个方面来分析解决这一问题的思路。

对于内部合作，即院系内学生工作队伍，从队伍负责人和辅导员个人两个视角来考虑。作为队伍负责人，一般为院系党委副书记，可从结构机制入手，通过建立合理便捷的沟通渠道、营造分享互助的合作氛围，调动辅导员团结合作的积极性和主动性。作为辅导员，应将“团队合作”从理想化的美好愿景转变为主动出击的实际行动，在工作中主动寻求帮助、主动总结分享经验，与同事建立起密切的合作关系。

对于外部合作，即与各部门、专任教师、学生家长等人的交流合作。外部合作一般是针对学生的特殊问题进行的沟通，应提前考虑到双方因视角不同、掌握的信息不同而可能导致的困难，从扩大共识圈、消除信息差入手，建立相互信任的合作关系。

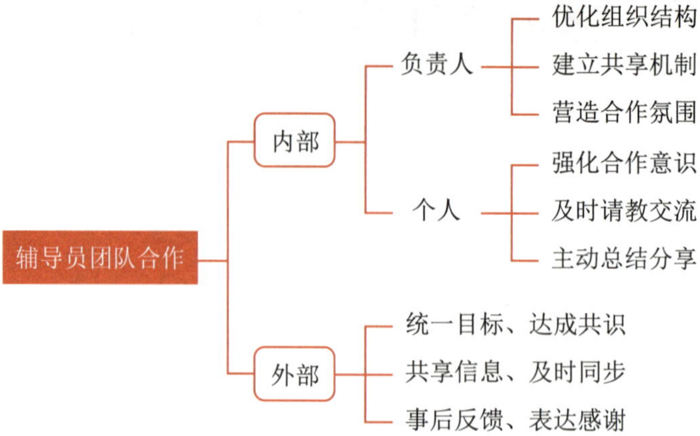

图队合作不够的解决方案

三、实施办法

（一）加强内部合作

1. 队伍负责人

合理的结构、畅通的机制、良好的氛围，能够促使更多的团队成员想合作、会合作。队伍负责人高度重视团队合作，注重培养队伍合作意识和能力，对于强化队伍凝聚力、提升队伍战斗力有着重要意义。

（1）优化组织结构。对于辅导员人数较多的院系，建立以“年级”为单位的横向工作和以“专业系所”为单位的纵向工作组。横向上做到“信息同步”，常规工作一起干；纵向上做到“经验同步”，涉及学生成长阶段的工作，以低年级工作组为主体，由高年级工作组带着干。在考核激励、工作分工、团队建设、工位安排等各项工作中考虑工作组合作的便利性，从“心理距离”和“物理空间”两方面拉近距离，促进工作组的交流。

（2）建立共享机制。一是重视经验分享，建立每周分享工作方法心得的工作习惯。用好周例会时间，安排每一名辅导员轮流在例会上做分享，既培养辅导员总结思考工作的习惯和能力，也促进辅导员之间的交流互动。二是做好重要工作的复盘总结。每当团队共同完成一项重要工作，要及时召开复盘总结会，将复盘作为开展业务培训、提升队伍整体能力的有效抓手。三是建立工作经验存档机制。将日常及专项工作的经验分享整理存档，建立队伍开展新人培训和日常工作的方法库。

（3）营造合作氛围。鼓励辅导员向分享者反馈成果，激发大家愿分享、想合作的意愿。对于能够在团队合作中做出较大贡献的辅导员，予以适当的奖励。例如开展分享效果互评、团队合作互评，奖励分享内容质量高、团队合作意识强的辅导员。

2. 辅导员个人

若团队尚未形成合作氛围，作为辅导员个体，不能将希望寄托在别人身上，应发挥主观能动性，从个人成长的角度尝试通过主动合作来提升个人能力和工作成效。

(1) 强化合作意识。我们都知道合作的重要性，但在实际工作中，常因各种原因各自为战。辅导员在学生管理服务和思想教育方面都有自己的工作思路和方法，有人因为观念不同、难以合作；有人因为不想麻烦别人，不主动合作；也有人因为工作繁忙，不想过多承担与自己无关的事情；甚至也有个别辅导员将学生视为自己的学生，不容许他人置喙。作为辅导员，要在工作中时刻提醒自己，跳出工作看工作，取人所长、补己所短，以开放包容的心态与同事合作，让投入的工作精力发挥更大效能。

(2) 及时请教交流。学生成长具有很强的阶段性和规律性，辅导员工作也有较强的经验性。无论是刚上岗的新任辅导员，还是学生进入新的成长阶段，都应该主动向有经验的辅导员请教询问，了解别人的工作方法，结合自己的实际情况，做出更加合理高效的工作安排。若同年级有其他辅导员，可主动寻求合作，合并可以统一安排、共同完成的事务性工作，减少重复性劳动。

(3) 主动总结分享。养成总结复盘的习惯，每项工作结束后做好梳理和存档，既是对个人工作经验的梳理总结，也可以在同事需要的时候分享出去。利他即利己，大家在互帮互助中做好工作、提高效率、提升能力。

(二) 学会外部合作

对于辅导员来说，开展好外部合作，不仅能用好外部力量做好工作、解决学生实际问题，也能拓展工作视野、建立起良好的外部关系，为个人职业成长提供帮助。

1. 统一目标、达成共识

立德树人是学校教育的根本任务，无论是与职能部门沟通，还是与任课教师、班主任、学生家长交流，首要目标是为了学生的成长，这是多方合作的基础共识，应在沟通前明确，与对方站在相同立场、达成合作共识。

2. 共享信息、及时同步

因双方掌握的信息不同，很容易在交流时造成误会，特别是在解决棘手或重要问题时，辅导员应主动告知自己掌握的信息，确保双方在信息对等的情况下沟通。

3. 事后反馈、表达感谢

问题解决、合作结束后，作为辅导员应及时反馈解决的情况、感谢对方的配合与支持，为下一次的顺利合作打好基础。特别是要与关心关注学生成长的班主任和学生家长保持一定频次的沟通，及时告知学生动态，共同参与学生教育工作。

四、经验启示

辅导员要培养团队意识，既要关注内部合作，也要做好外部协调，既要个人发挥主观能动性，也要优化组织机制及结构。通过合理的机制设置，促进辅导员之间的深入交流，扫清辅导员之间合作交流的障碍，帮助辅导员体会合作的乐趣和成效，引导辅导员愿合作、会合作。

【作者简介】

翟文洁，北京科技大学计算机与通信工程学院团委书记，辅导员。工作以来连续五年获得校优秀学生工作者，2018 年获校十佳辅导员、首都大中专学生暑期社会实践先进工作者，2020 年获校先进工作者、脱贫攻坚先进个人，2021 年获北京高校优秀辅导员、全国钢铁行业“优秀共青团干部”荣誉称号。

第112问　如何对职业发展进行统筹规划——辅导员对自身认识不清、工作混乱无序怎么办

深圳技术大学　李宏宇　陈泉凤　胡玉龙

一、问题阐述

辅导员是高校思想政治工作的骨干力量，在学生思想政治教育、日常事务管理和成长指导服务等工作中发挥着关键作用。围绕九项工作职责，辅导员与学校、家庭、社会等多领域、多部门产生工作交集。“你的辅导员是谁”成为涉及学生各类事项办理人员的“灵魂质问”，特别是叠加国际国内局势变化、重大公共卫生事件持续、青年群体个性化期待等因素影响，导致辅导员群体普遍感觉工作涵盖范畴不断扩大，工作界限逐渐模糊，“单项工作怎么干”“多项任务怎么办”“这项工作该不该干”等工作迷茫以及“工作意义追问”“路在何方”“干了又能怎么样”的成长困惑随之而来。

二、解决思路

辅导员工作迷茫和成长困惑问题伴随队伍建设始终，由此形成的职业形象扭曲和价值导向偏见等问题，往往比解决理论水平提高和工作技能提升等诉求更为棘手、更为迫切，甚至负面性和长期性影响更大，如果能够解决好这类问题，将对辅导员队伍建设和个人成长产生事半功倍的影响。综合分析，辅导员工作迷茫和成长困惑的问题、原因主要有三个层面：

（一）工作挑战度升级

国际国内形势更加复杂，从现象、行为、时事等角度需要回应的问题日益增多，辅导员工作的挑战度升级。当今世界发展迅猛、日新月异，全球化事件对国际政治、经济、文化、社会以及教育等领域都产生了深刻的影响；各种社会矛盾和问题相互交织，

社会思想文化和意识形态领域情况更加复杂，经常导致我们想传达给学生的内容无法贴合现实，学生关心的问题我们无法回答，于是学生就会“把关切留在心上、把质疑挂在网上、把辅导员放在边上”。

（二）付出的价值感降低

日常事务相对繁杂，叠加重大公共卫生事件持续影响，自身需求和家庭生活难以兼顾，辅导员付出的价值感降低。辅导员工作面临的教育对象和工作场景极其复杂，部分高校无法真正落实1∶200师生比基本要求，甚至在9项工作职责基础上附加院系党建、教学管理、公共事务等工作，经常是多领导指挥、多部门考评、多任务并行，与其他行政岗位相比而出现“开不完的会、干不完的活、交不完的表、下不了的班”，特别是在相关重大公共卫生事件中辅导员群体长期轮岗值班值守，将工作付出带来的价值获得感知降到了低点。

（三）自身主体性丧失

个人工作预期与现实岗位要求存在冲突，双重身份发展不平衡和多条通道建设不充分的问题突出，辅导员自身的主体性缺失。辅导员具有管理干部和教师的双重身份，入口要求（如政治面貌、工作经历、专业背景、成长动机等）往往高于其他行政管理岗位，工作向上动力相对较强。近年来，党和国家出台的职称职级双线晋升、职称单列单评、多元化培训体系、配套支持政策等在各省市、各高校落实情况差异巨大，部分辅导员只能看到预期成长的“花”，摘不到实质发展的“桃”，多工作任务下的获得性衡量、群体性对比和家庭性赋压，导致部分辅导员群体工作动力不足。

三、实施办法

解决辅导员工作迷茫和成长困惑问题，要注重辅导员工作队伍和自身成长的内外部协同，统筹解决激发辅导员内生动力、搭建成长互助平台、完善保障体制机制等问题。其中，辅导员的主体性内生动力是根本，只有构筑起内生的成长型思维，才能主动融入辅导员成长互助平台，并积极运用辅导员成长保障体制机制。

(一) 激发内生动力

激发辅导员自身的内生动力，坚持长期、中期规划自身发展，提升自身知识、能力、素质，这是成长型思维的根本所在。第一是职业认同的人生内生动力，加强政治理论学习，补足理想信念上的精神之“钙”，避免履行岗位职责中的“软骨病”。第二是能力提升的内在动力，面对具有挑战性的任务时秉持乐观的态度，主动承担能够帮助自身学习和培养新技能的工作任务，围绕育人工作提高日常沟通、公文写作、会议筹办、上请(上级请示汇报)平调(平级分工协调)下导(下级引导调动)等专项能力。第三是发展规划的内生动力，对自身成长发展负责，不要过度简单地将阶段性发展归结于“一时、一事、一地、一人”，将辅导员专业化职业化主动对标于“一万小时定律”，将带好学生、为学生负责作为检验自身成长发展的量尺。

(二) 融入成长交流平台

融入辅导员成长交流平台，打破高校、领域、省市的空间壁垒，在优秀辅导员榜样示范互动中成长，这是成长型思维动力源头。第一是坚持树立学习榜样的意识，打开心胸和格局，既要到看别人拥有的发展舞台，又要看自己的进步空间，更要看到优秀辅导员的辛苦付出。第二是始终秉持基于踏实工作的向上追求，科学研究、就业指导、学业指导、党团建设等都要围绕“思想政治教育和价值引领”来开展，不能为研究而研究、为出彩而活动、为出名而包装。第三是主动用好各级各类辅导员交流平台，主动关注并积极参与教育部、高等教育学会、辅导员研究会、辅导员工作室等组织机构宣传或发起的各类活动。第四是适当输出工作经验成果，依托辅导员工作论坛、主流期刊、辅导员培训交流活动等及时总结工作心得、工作经验，在交流互鉴中提高工作成就感。

(三) 用好保障机制

用好党和国家、各省市、各高校辅导员队伍建设体制机制，这是成长型思维的重要保障机制。第一是坚定未来必来的信心，辅导员工作既要横向比、更要纵向看，纵向维度就会看到工作有利条件越来越多；既要眼下找、更要未来求，未来趋势一定是党和国家政策的有效落实，以及眼下我们所羡慕的其他省市、高校良好格局的精准移植。第二是稳定踏实工作的决心，辅导员从事的思想政治教育工作是一场“持久战”，是一个慢慢熏陶、逐渐内化的过程，从来没有一蹴而就的捷径，例如，多下一次宿舍和少下一次宿舍，一天两天看不出来、一周两周也看不出来，甚至大学阶段也没显示出来，但是不去、少去就是自己堵住了了解学生生活状态、洞察学生宿舍关系、倾听学生真实诉求的通道，久而久之学生绝对不会认同我们的思想引领，下学生基层、到学生中去、做好基础性工作，始终是党和国家对这份职业的期待，我们要善为之、乐为之、勤为之。第三是笃定铸魂育人初心，辅导员工作面对的对象不是抽象的个体，不是概念化的人，而是现实、具体、复杂的人，我们在复杂的国际国内形势面前，即使再辛苦也不能失去思想政治工作的传统优势，准确把握“量”与“质”的辩证关系，以科学、有效、协同性的工作“量”的积累，换来学生爱党、爱国、爱社会主义的思想“质”的转换，在工作中不断提高思想政治教育实效。

四、经验启示

（一）高校要深刻认识辅导员工作本质，尊重辅导员的工作付出和努力

辅导员工作本质上是做人的工作，做人的工作既要讲科学，又要讲艺术。面对学生群体时科学性往往大于艺术性，通过把握住思想政治工作规律、学生成长规律、教书育人规律，就能实现多数人的思想政治教育和价值引领；面对学生个体时艺术性往往大于科学性。只有辅导员工作的艺术性被体现出来并得到认同，这样才能走进学生的内心、触动学生的灵魂、解决学生的问题，同时还能激发辅导员的工作幸福感和职业认同感。辅导员的职业认同感和幸福感应该从哪来？除了对“5+2”、白加黑付出的认同，更应该去关注和肯定辅导员在8小时外、在非传统意义工作场所所进行的创造性投入。

（二）辅导员要充分意识到自身承担的责任和使命，以工作付出和努力赢得社会和学校的认可、家长和学生的认同

辅导员既是管理干部又是教师，既有工作岗位又有干事平台，我们要牢固树立“以学生为中心”的理念，努力培养成长型思维，善于发现问题、思考问题、解决问题，用充满爱的教育、精心设计的活动、饱含真情的服务，在辅导员工作岗位上与学生共同成长，真正成为学生成长成才的人生导师和健康生活的知心朋友，共同谱写“立德树人”的奋进之笔。

【作者简介】

李宏宇，深圳技术大学大数据与互联网学院辅导员，副教授，从事学生工作15年，曾获天津市十佳辅导员荣誉称号及第二届全国思政课教学展示二等奖、第四届全国辅导员职业能力大赛二等奖、天津市辅导员优秀论文评选一等奖、天津市思想政治教育“精彩一课”一等奖等奖励。主持天津市高校习近平新时代中国特色社会主义思想“名师示范思政课”。

陈泉凤，深圳技术大学大数据与互联网学院辅导员，2022年学校优秀辅导员，所带学生获得广东省、深圳市奖励荣誉20余项。

胡玉龙，深圳技术大学大数据与互联网学院辅导员，2021年学校优秀辅导员，所带学生获得广东省、深圳市奖励荣誉30余项。

第113问　如何解决角色冲突
——辅导员无法协调工作角色和家庭、社会角色之间的平衡怎么办

辽宁工业大学　康　昕

一、问题阐述

我想很多辅导员都和我一样遇到过这样一个问题,那就是工作与家庭、社会角色之间的冲突。随着高校辅导员地位的提升,辅导员工作的领域也在不断延伸,辅导员的角色也在不断发生变化。辅导员更像是一个多面手,工作的内容也从单纯的思想政治教育扩展到管理、引导、育人、服务等全方位一体化。想要做好辅导员工作并非易事,需要辅导员投入大量的精力和时间。

如果是单身的辅导员吃住在学校还勉强能做到时刻与学生保持联系,但是对结婚有了孩子的辅导员就没那么方便了。对于上有老、下有小、中间要深造的辅导员那更是“雪上加霜”。怎样做到在家庭、事业、学业等角色间的自由切换是摆在所有辅导员面前的一个“世纪难题”。如果解决不好,会引发家庭冲突、心理失衡、工作倦怠等一系列问题。

二、解决思路

在我看来,这个问题之所以会成为难题有以下几个原因,我们要根据原因来寻求解决对策。

(一) 全社会对辅导员的工作要求不断提升

随着互联网和多媒体的逐渐兴起,辅导员要对各类事物广泛涉猎,时刻保持开放学习的心态,只有这样才能与学生同频共振。但辅导员随着年龄的增长,精力和体力都明显赶不上刚参加工作的时候,加之学生工作的复杂性,导致辅导员除了正常的上班时间,还需要拿出更多的休息时间来工作。辅导员想要全方位、无死角地做好各项

工作显然心有余而力不足。

（二）随着社会进步，家庭结构和传统观念发生变化

过去一般都是男主外女主内，女人承担着照顾家庭的一切任务。但在现代社会，人们更加注重自身价值的实现，不再为了生存而工作，女人也不再是传统意义上的“家庭主妇”。高校辅导员以女性居多，时常需要在工作时间之外牺牲原本照顾孩子和家庭的时间去做学生工作，长此以往有可能引发家庭矛盾。

（三）部分辅导员工作后几乎丧失了对自我的规划和提升

在与部分辅导员聊天时，大家都不约而同说过“哪有时间看书、学习”之类的话。当然，我相信还是会有人抓紧时间提升自己的。但是那些说没时间的辅导员显然也对自己的未来没有规划。因为你不知道何去何从，所以才不会安排和利用时间；因为丧失学习能力，所以才不了解还可以利用一些技术和方法让自己的生活变得井然有序。

当辅导员无法平衡工作、学习、家庭和生活的安排时，将导致多个人生角色的时间分配出现冲突或混乱，这在生涯规划中属于生涯平衡议题。我们可以通过梳理“现阶段生涯角色→探讨理想生活状态→明确差距→探讨时间管理或其他发展计划”整个流程，让自己从现实的冲突中跳出来，理性地看待并解决自身的生涯问题。

三、实施办法

想要很好地协调工作角色和家庭、社会角色之间的平衡，需要从内与外两部分来思考和入手。

（一）外在解决途径

1. 实施弹性工作制

如果辅导员在时间上实在协调不了或需要处理家庭突发的状况，可以向上级领导反映和汇报，并寻求支持。可以在学生有课的时候抓紧处理家庭的事务，在正常工作的时间把工作的事情处理好。此外，还可以尝试辅导员室排班工作制，每天上午留一个人来值班，其他人利用半天的时间处理工作以外的事情。当然，这需要学院的统筹安排，也可以根据实际情况进行调整。

2. 取得家庭支持

辅导员的工作是育人的工作，同样也需要投入时间。一般来说，如果能够获得家庭的支持，更有利于解决冲突。我们可以将自己工作中发生的感人故事分享给家人，可以增加家人对辅导员工作的认同和理解，也可以把自己的需要和想法说出来，同时倾听一下家人的需求，共同商讨出一个解决的方法。

（二）内在解决途径

想要解决冲突，我们需要了解每一阶段的生涯任务。在这里给大家介绍两个比较好用的小工具：角色饼图和生涯彩虹图。因为篇幅有限只介绍角色饼图的用法。

1. 巧用角色饼图

步骤一：请画一个圆圈，圆的面积代表你典型的一天或一周的时间精力总量。想想看，你的精力分配给了哪些重要角色，分配的大致比例是多少？请试着用不同面积的扇形表示，面积越大代表该角色投入的精力占比越大。

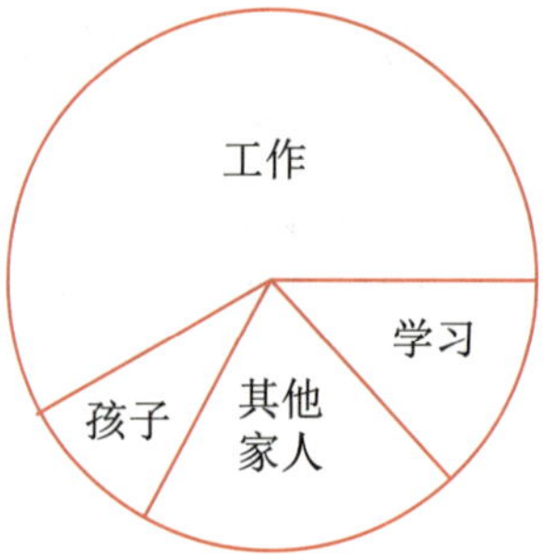

角色饼图

步骤二：通过自己对当下状态的梳理，促进自我觉察：

◆ 可以说一说自己画的这张饼图吗？

◆ 看完这张图自己有什么发现吗？

◆ 自己对现在的精力分配满意吗？

◆ 自己是否新想到了某个重要角色？

步骤三：基于前期梳理和觉察对未来进行调整优化，促进改变的发生：

◆ 如果再画一张饼图代表理想状况，你会如何调整这些角色的分配？请试着画画看。

理想状况的角色饼图

◆ 能说说你自己是如何调整吗？

◆ 请你想象一下，调整之后你的状态和现在相比会有怎样的不同？

◆ _____角色的时间精力分配减少了，你打算怎么办？

◆ _____角色的时间精力分配增加了，如果最后成功地实现了这样的分配方式，你觉得是因为自己做了什么？

角色饼图常常用于对角色冲突的议题进行干预，用来帮助“觉得时间不够用、精力分配不过来”的人将取得明显效果。

2. 提升职业能力

辅导员随着年龄的增长、阅历的增加，不应该单纯地做低效、没有技术含量的管理工作，需要提升技能、深耕细作，预防由于能力不足而导致的“平衡冲突”和“职业倦怠”。以本人举例，我在辅导员9大职责中最感兴趣的是生涯规划和心理咨询，于是我就在这两个方向持续深耕，在工作中无需面面俱到，用切实帮助学生解决实际问题的方式来拉近与学生之间的距离、了解学生的思想动态，这在无形中为自己减轻了很多压力。

3. 带好学生干部

学生干部就是辅导员的左膀右臂，辅导员要让学生养成自我管理的习惯，首先要把学生干部培养好。这样能帮辅导员分担处理很多琐碎的事情。可以根据学生未来的职业发展方向有针对性地培养。比如有的学生干部立志未来要当辅导员，那我就给他们锻炼的机会，不但能让他们尽可能地了解辅导员的工作，体会辅导员的艰辛和幸福，而且还能让辅导员从琐碎的事情中抽身出来。

4. 做好时间管理

如果自己真的热爱辅导员这一岗位，一切的冲突只是源于时间的管理，那么我们可以通过看书、查找资料的方式来学习时间管理，提升利用时间的效率。

5. 懂得借力而行

当自己真的无法平衡好各种冲突时，千万不要硬抗，智者当借力而行。可以通过进行专业的职业咨询或心理咨询帮助自己走出来,也可以通过生涯人物访谈的形式了解优秀的辅导员都是怎样处理类似问题的,学习好的经验并应用到实践当中。

四、经验启示

(一) 学会自我调适

辅导员在面对工作和家庭等方面的冲突时要积极主动地找出原因,研究出对策,不断提升自己的心理抗压力,加强与家人的沟通,获得家人的理解。

(二) 明确发展目标

只有对自己未来的发展方向足够明确,才能在琐碎繁杂的事情中找到清晰的路径,同样也不会被所谓的身份角色所束缚。将自身的发展与家庭的规划联系在一起,你就会看到远方。

(三) 接纳自我、降低期待

无论辅导员面临什么问题,都是正常的,要懂得接纳自我,给予自己足够的关怀,提升自身能力,降低合理期待,相信辅导员也能做到“七十二变”。

【作者简介】

康昕,辽宁工业大学外国语学院党委副书记,副教授,国家二级心理咨询师,国家生涯规划师,国家高级就业指导师,全球职业生涯规划师(GCDF),国际生涯导师。兼任校生涯规划授课教师、心理咨询中心咨询师。曾获第十二届全国高校辅导员年度人物、辽宁省高校辅导员年度人物荣誉称号及辽宁省五四青年奖章。

第114问　如何建立双重职业阶梯——辅导员对自身工作产生厌倦、没有活力怎么办

武汉大学　王怀民

一个人有成绩才会有切实的幸福感，一个人有获得才会有深切的满足感，一个人经常被需要才会有充足的存在感。辅导员的获得感、价值感是在有所获得、有所提升，成全别人、成就自己的基础上体现出来的。本文以笔者的经历谈谈辅导员的价值如何体现、获得感如何满足的问题。

一、问题阐述

有学工战线的同事在工作轮岗时，向组织部门提出"只要不安排在学生工作系统，哪个岗位都行"。这么干脆和决绝"逃离"学生工作的态度，给人一种深受其累、苦不堪言的感觉甚至错觉，其决然背后一定有其独特的境况。事务性工作的消耗、长年累月的压力和发展性不足的疲惫是其眼见的原因。

一是事务繁杂，身体受累。教育部43号令确定了辅导员工作的九大职责，包含大学生成长成才的各个方面，是全年不休、每月不歇、时刻待命的状态，可以有休息时间，但没有不工作的时间。长年累月的事务性工作让人身体受累。

二是心力交瘁，精神受累。有些辅导员遇到困难心理准备不足、能力不济，遇到难题不擅长解决，比如跟学生讲道理，不会说、不能说、不敢说，甚至说不过，而学生这边听不进、听不懂、不行动，甚至设置"防火墙"。

三是前途不畅，灰心丧气。辅导员处于基层，获得进步和提升的机会一般会小于机关干部。当机会小处于常态时，辅导员就会萌生退意。

二、解决思路

一个人的幸福感、获得感、满足感，一定是以实际成绩作为支撑的，没有实际成绩作为支撑的幸福感、满足感都是幻象，有实际成绩作为支撑的幸福感、满足感才

是真正的景象。事务性工作的消耗、长年累月的压力和发展性不足的疲惫只是辅导员逃离岗位的表层原因，究其根源，在于其成就感不强，因而获得感、满足感欠缺。

辅导员对工作感到厌烦，主要体现在两个年龄阶段。一是刚入职不久的辅导员，他们每天面对繁重的事务工作，难免在身体上和精神上跟不上节奏，进而产生想脱离的愿望。二是在学生工作战线工作很多年的辅导员干部，周而复始年复一年的同样的工作难免对学生工作产生审美疲劳，进而想换一个环境，给自己重新赋能和注入新的活力。一个人如果艰苦努力而没有成绩，可能会自我怀疑，从而放弃继续努力，等不到春暖花开的这一天。如果经常有一些阶段性成绩回报，就会累积信心，积小胜为大胜，终至繁花似锦。

三、实施办法

我是一名从事大学生思想政治工作近15年的辅导员，在辅导员岗位上工作2年，在机关两个部门工作10年，又在两个学院担任分管学生工作的党委副书记。结合我个人的经历，我感觉辅导员工作是一项很有意思和价值感的工作。我有四个方面的心得体会可以跟同行们分享一下：

（一）赋予价值

辅导员的工作对象是代表国家和民族未来的大学生，他们是中华民族伟大复兴的生力军，他们的青春在全面建设社会主义现代化国家的火热实践中绽放绚丽之花。辅导员是大学生的人生导师和健康成长的引路人，是在为党育人、为国育才，是在培养中华民族伟大复兴的合格建设者和可靠接班人，这就是辅导员的最高价值。我们可以从两个方面理解这个价值：一是辅导员的工作跟中华民族伟大复兴关联在一起，具有高度；二是成就大学生的发展和未来，具有温度。

我对辅导员工作的服务性有了新的解读。辅导员是服务于大学生成长成才的良师益友。这个服务不是主仆之间的服务，不是消费者和商家之间的服务，而是站在高的视野、面向未来的引领性服务，是做青年朋友的知心人、青年工作的热心人、青年群众的引路人，是帮学生指引方向、解决困难、整合资源、提升认知的精神活动、智力活动，是空间的“广”和时间的“远”的有机统一。也就是说，有了我们的工作，学生就有可能少走弯路、少走岔路、不走邪路，走上健康发展和快速发展的阳光大道。

（二）解决难题

小苏同学在一次学院内篮球比赛中和对方学生发生肢体冲突，还出言不逊。他还是来自北京的艺术特长生，对学习不太上心，学习进度偏慢。我发现用常规方法难以让他低头，就用NBA奥本山宫殿的故事让他心服口服认错，描述了一个情境让他跟上学习的节奏并顺利毕业。毕业时，小苏专门跟我告别。

2020年新冠疫情期间，学生都在家上网课，无法返校，更无法和樱花来个美丽的约会。学生以及家长的焦虑感几乎每天都会传递给我们几位老师。为了安抚学生的情绪和鼓舞他们的士气，我们学工和教学口7人化身“诗人”，连续50天创作诗词向学生传递温情，直至武汉解封。

（三）获得正反馈

我和小苏“不打不相识”，我找了他的“麻烦”，他却没有记恨我，反而加深了我们之间的信任。2018年，我到北京出差，他听说后专门来见我，说我“当年挽救了他”。

疫情期间的“创作”真正实现了隔空不隔爱的效果。学生隔着屏幕、隔着空间能够感受到我们的浓浓情意。有学生留言说：“朝来暮去，竟无半分懈怠；师情诗意，淌出一片真心。”“原来是七位老师集体智慧的结晶啊，这样的新闻院太爱了！家和‘珈’其实也很近！以后在家又有干劲了。”

学生的正反馈让我感受到幸福和满足，感受到辅导员工作的崇高价值。一件事，对我来说可能只是一项工作，对学生来说可能是人生走向。用我们一项常态的工作成就学生的人生，是相当值得的。处理热点、难点、痛点、焦点是辅导员每一天的常态。常态工作获得的正反馈是获得感的基础。

（四）加强研究

加强研究是辅导员工作的内在需要，更是“把青年工作作为战略性工作来抓”的必然要求。一是主动学习，增加知识积累，扩展自己的知识面；二是参加培训，从理论的深度、视野的广度、实践的力度等多方面提升自己；三是写好工作日志，记录自己工作中的心得体会和“金句”，可以是只言片语，也可以是一段话的感悟；四是理论研究，帮助自己多说行话少说外行话，说当然话少说想当然的话，说新话少说旧话。工作日志和理论研究可以帮助自己从点到面、从局部到整体、从微观到宏观、从零散到系统地立体提升自己。2010年到学院任职至今，我在《人民日报》《光明日报》《中国教育报》等报刊发表跟工作相关的文章30余篇，还获得教育部辅导员专项研究课题，这就是对我工作的有力回报，也激励我在这个岗位上有更大的作为。

辅导员工作是集小胜为大胜、积小成绩为大成绩、积小幸福为大幸福、积小满足为大满足的工作。经常有一些成绩回报，何愁没有满足感?

四、经验启示

在学生心中，一定永远有辅导员的一席之地。辅导员要建立这样一种认识，我们的工作成效体现既具有即时性又有延时性，是立足当下面向未来的工作，不仅体现为一时一事，更体现为深远的一生一世。辅导员所做的每一项工作、所说的每一句话，都有可能在你的教育对象心中埋下了根，也许在某个不经意的时间和场合生根发芽。辅导员只要用心做、认真做、倾情做，总是会见到成效的，因此我们不必对自己的工作进行怀疑，更不必弱化。

当一个个学生在我的帮助下走出阴霾时，当一个个学生在我的引导下积极投入学习生活中时，当节假日有学生隔着空间给我“私人订制”一段问候语时，当时不时有学生告知我自己取得新的成就时，我感觉忙而不乱、辛而不苦、繁而不琐、劳而不累。

【作者简介】

王怀民，武汉大学马克思主义理论与思想政治教育博士，主要从事大学生思想政治工作、新闻、公文写作等研究。主持教育部课题1项。在《人民日报》《光明日报》《中国教育报》《学校党建与思想教育》《中国大学教学》等报刊发表文章30多篇。曾获国家级教学成果奖二等奖、湖北省教学成果奖一等奖、中国高校好新闻奖二等奖、湖北高校好新闻奖一等奖等。

第115问　如何解决提升自我与工作齐头并进的问题——辅导员在工作中急躁冒进怎么办

浙江工商大学　张　捷

作为高校思想政治教育的主体之一，辅导员始终发挥着培根育人的核心作用。近年来，我们欣喜地看到，辅导员队伍蓬勃发展：截至2022年3月，全国高校专兼职辅导员达24.08万人，比2019年增加了约5.2万人，师生比实现从1∶205到1∶171配置，31个省（自治区、直辖市）辅导员配备实现整体达标。在辅导员规模增长的同时，我们也敏锐觉察到，如何促进辅导员职业科学健康发展，成为当前和今后我们需要正视和破解的新问题。它既不能依靠自然和自为，也没有成熟的经验可以照搬照抄。探索期也是争鸣期，我们都可以贡献自己的智慧。笔者正是基于这样的考虑，拟聚焦当前辅导员群体中较为突出的“急躁冒进”现象，进行个案分析和推演。

一、问题阐述

“急躁冒进”作为一种现象概括，有两种具体表现：

（一）急于呈现教育实效

正所谓“十年树木，百年树人”，思想政治教育不同于学科教育，更具复杂性、艰巨性和反复性。过程不留白、不容错和简单量化评价等现象，实际是自欺欺人，无形中消解了思想政治教育的严肃性和崇高性，也与教育的规律相冲突。

（二）急于抢占发展资源

片面注重经济收入、岗位考核、职称评定、职级晋升、荣誉评选、舆论宣传、信息分享、利益分配、优势发挥等，可能导致辅导员内部的自我较量和恶性竞争，社会认可度和美誉度受到一定程度的损害。

祸兮福所倚，我们既要看到“急躁冒进”业已带来的负性影响，也要认识到“急躁冒进”不全然是坏事。我们不妨用历史的眼光和辩证的方法来看待。

二、解决思路

需要澄清的是，“急躁冒进”不独辅导员群体所有，当下任何一个职业群体都无法完全杜绝。究其根本，我们正生活在一个“社会加速”的时代。德国社会学家哈特穆特·罗萨在《新异化的诞生：社会加速批判理论大纲》中对现代社会不断加快的生活节奏进行了完整的理论分析。他指出，如果我们的生活不美好，问题的症结出在时间。社会加速有三重面向：第一面向是科技进步的加速，科技更迭的周期不断缩短；第二面向是社会变迁的加速，信息的时效性越来越短，每件事必须急着赶快完成；第三面向是生活步调的加速，现代人被交代的事务越来越多，但完成时间越来越短。这三个面向不断地循环往复，以至于作为个体的我们从被裹挟到深深陷入。

当然，我们也要坦然承认，即便不存在“社会加速”的大前提，给予充裕的时间和自由，辅导员群体的修为也必然呈现出多元化、多层次的特点。世界上没有完全相同的两片树叶，更没有完全相同的人。究其原因，天资是一方面，即便如今的辅导员基本上拥有硕士研究生以上学历，不少高校还有相当数量的博士辅导员，但大家在走出自己的学科专业之外，仍然是一张可待描绘的白纸，各自所具备的领悟力和吸收力高下立现。养成是另一方面，眼界也好，心态也罢，都不是从天而降的，需要理论的学习，也需要实践的历练，然后再学习、再实践，理论与实践相互检验，久久为功，真理的车轮才会滚滚向前，投入与结果是成正比的。

三、实施办法

（一）思想上辩证看待快与慢

速成与速朽是一对孪生兄弟。青年作家李尚龙说，每一条捷径都通向死亡。没有根基和涵养的速成只会招致速朽。速生柳，一年就可以长到碗口粗，万年松，十年才有茶杯粗。前者弱不禁风，后者立久成材。慢，即是快；少，即是多。慢不是战术上的怠惰，而是战略上的“升维”。两边是风景如画，心中是幸福之花。悟透即是跃迁。《射雕英雄传》里的郭靖、《天龙八部》里的虚竹，就是生动样本。

（二）行动上远离精神世界的褊狭与贫瘠

杨绛说，过得不好，只是因为想得太多、读书太少。外部行为是内部世界的外化。一旦我们主观上忽略精神世界的建设，我们的行为就会变得愈发可鄙。作为终身学习型社会的建设者，我们应该率先并且不间断地充实自己的头脑。“急躁冒进”暴露的无疑是我们在处理远近、大小、群己关系时的不成熟，经常性地照照镜子、正正衣冠、洗洗澡、治治病也因此成为必需，把批评和自我批评结合起来，以刀刃向内的决心，才能找到真实的自我与坐标，不至于耗散在人云亦云里。

（三）创建更加公平的竞争环境与成才机制

仓廪实而知礼节，我们只有首先解决物质生活中的现实问题，或者把解决现实问题和精神问题两手一起抓，才有可能焕发出精神坚守的深层价值和永恒魅力。鲁迅有言，一要生存，二要温饱，三要发展。生存即活下来，吸引人才只是万里长征的第一步，下一步是留住人才，通过普遍提高辅导员工资待遇、优化收入结构，让有理想、肯付出的辅导员有足够的时间和空间走向专业化、专家化，确保梯队不断层。温饱即活得久，对学生评价、同行评价和社会评价加以积极引导，努力提高辅导员这一职业类型的辨识度和美誉度，让更多人抛弃对辅导员职业的成见，砸碎不必要的职业屏障。发展即活得好，把辅导员的福利蛋糕做大，把与辅导员发展相关的制度科学化，形成“不敢急、不能急、不用急”的氛围，忧虑恐慌越少，扭曲异化就越少，生机和活力也就越多。

四、经验启示

总而言之，与其急躁冒进，不如从容淡定。最理想的情况莫过于辅导员的发展与辅导员职业和事业的发展实现正向双循环，即辅导员个体的发展促进辅导员职业的发展，进而促进教育事业的发展，同时教育事业的发展也反过来促进辅导员职业的发展，进而带动个体的发展，最终实现“共同富裕”。

【作者简介】

张捷，浙江工商大学党委宣传部（教师工作部）副部长。主要从事高校思想政治教育和宣传工作，曾获浙江省暑期社会实践先进个人、浙江省第三届辅导员职业能力大赛一等奖等荣誉，入围浙江省2021年高校辅导员年度人物。

第116问　如何分阶段建立职业生涯规划——辅导员工作各阶段目标不清、工作原地踏步怎么办

北京航空航天大学　梁帮龙

一、问题阐述

高校辅导员是开展大学生思想政治教育的骨干力量，辅导员在职业生涯不同阶段可能遇到不同的问题，导致各阶段目标不清，工作原地踏步不前。一些辅导员最初对辅导员角色心怀向往，因为在其个人求学生涯中感受最多的是辅导员对学生的价值引领、品格塑造和无微不至的关心支持，他也想将这样的一份光和热带给身边的青年学子，但是又对辅导员的职业生涯发展没有清晰的认识。有的辅导员会被日常琐碎工作所困，慢慢对职业失去热情和信心，缺少对工作的探索反思精神，产生职业倦怠；有的辅导员会因为工作成效周期较长，缺乏及时的反馈认可，晋升渠道有限，工作积极性受到打击，未来职业发展陷入迷茫。

二、解决思路

究其原因，一方面，辅导员工作面临较多挑战。辅导员要承担起高校思政教育的实施者、活动组织者、资源整合者、环境营造者、问题疏通者等角色，并且因为时代发展和社会变迁而面临前所未有的压力和挑战，工作覆盖面不断延展，工作难度有所提升，工作要求更加精细化、专业化。另一方面，学校对辅导员的职业生涯发展阶梯支持不足，辅导员并不清楚如何将个人生涯规划和学校组织的生涯管理结合起来，有什么机会选择适合自己的发展路径。同时，最重要的是，自身对辅导员角色缺乏强烈的职业认同感。只有辅导员个体具有充分的职业认同和稳定的职业定位，才能保证其具备足够的专业化发展动力，才能充满自豪地说：“我很幸运做了自己喜爱和擅长的工作。”

三、实施办法

下面，我想从不同职业生涯阶段的角度谈辅导员的生涯规划，每个发展阶段都有自己的重心，从入门前准备，到逐渐进入角色，进一步发展成熟，到成为传承经验的专家型辅导员。

（一）前职业生涯期：入门前准备

在入职做辅导员之前，每个人都应该问自己一个问题："我为什么要选择成为一名辅导员？"每名辅导员入职前都有着丰富的学生工作经验，都是从学生干部中选拔出来的最优秀、最适合做辅导员工作的骨干。除了适合，相信每名辅导员都有自己要坚守的初心，那就是成为能对学生的人生产生真切影响的人。辅导员工作是一项用心灵陪伴心灵、用青春点燃青春、用梦想照亮梦想的事业。心中怀揣立德树人的崇高理想，才不会将辅导员仅看做一种简单的职业，而是当作一生的热爱乐在其中，这也是辅导员在职业生涯中克服困难、不断积累、实现发展的原动力。当学生告诉我们"每当有人问起我最喜欢的老师是谁，我会脱口而出您的名字，您就是我一直想努力成为的样子"时，辅导员就会感到心中有一颗燃烧着的火种。

（二）职业生涯早期：逐渐进入角色

辅导员在开始学生工作的第一个周期内，因为接触新工作的好奇心、新鲜感，逐渐熟悉工作，持续投入，可以实现自我的初步成长。辅导员要成为一个多面手，思想引领、班级管理、党团建设、安全教育、宿舍管理、心理关注、危机处理、生涯辅导等都是需要熟悉的工作板块。工作的繁杂琐碎容易消磨掉最初的激情，要知道陷入应付琐碎事务不能自拔的辅导员是做不好工作的。

在逐渐进入辅导员角色的时期，我个人的体会是：第一，心中要有信仰和爱。陷入日常事务的泥沼而忽略学生的思想工作是舍本求末的做法，如何让学生信任和接纳自己，做好他们的思想引领工作，是每个辅导员面临的共同课题。传道者自己首先要明道信道，辅导员做大学生成长的知心人和引路人，把看似宏大的主题化为身边事、身边理，用学生喜闻乐见的方式开展活动，用生活化的语言讲述道理，要有浓浓的"人情味"。第二，要有全局观，思考如何把各项事情纳入学生工作一盘棋来考虑，用最经济可行的方法解决工作中的相关问题，有做成事情的"将帅"才能。第三，要追求"用心用脑"。不同的辅导员，干同样的事情，做出来的效果很有可能千差万别。做完和做好，永远是两个不同的概念。虽然忙于日常事务，但必须有自我提升的意识，才能把工作做得更有境界。

（三）职业生涯中期：进一步发展成熟

职业生涯中期，辅导员们通过理论与实践结合，经过不断的探索和尝试，进一步发展成熟，积累了相当丰富的经验。这个时期辅导员也可能因为事务性工作的繁重压力、缺乏正确的职业引导、对发展前景困惑、工作上遭受挫折及不适应等萌生退意或倦怠停滞。

在发展成熟期，首要的是把工作当成事业。热爱可抵岁月漫长，只有热爱才能产生全身心地投入，只有全身心地投入才能开发出自己的全部能力。没有哪项事业的成功之路是一帆风顺的，要经得起挫折，潜心提升理论修养和专业素养，勤于总结凝练实践经验，不断地积累沉淀、激励自己，为进一步推动思政教育的创新发展打下坚实的基础。

其次，探索自身的专业领域。辅导员的工作价值不能仅用辛苦去丈量，更因为其专业性被尊敬和认可。高校思想政治工作，面上做的是学生思想政治工作，实际上将影响一代青年的思想观念、价值取向、精神面貌。辅导员需要在感兴趣的领域内深耕，在不断的反思改正与提升中实现专业成长，依靠专业知识和积累形成思想引领品牌，为学生成长成才引路导航。

最后，以身作则。最直接的教育莫过于以言行影响学生，就像“一棵树摇动另一棵树，一朵云推动另一朵云，一个灵魂唤醒另一个灵魂”。“其身正，不令而行；其身不正，虽令不从。”一名辅导员自身所散发出来的气质和人格力量的教育感化作用，比多少次的谈话还奏效。所以，只有辅导员自己积极向上、百折不挠、胸怀天下，才能以同等能量“点燃”学生，引领学生书写舍我其谁的家国梦想。

（四）职业生涯后期：经验的传承

职业生涯后期，职称层次高、实践经验丰富的专家型辅导员已经成长起来。一方面，他们所积累的经验是非常宝贵的财富，值得传承下去。辅导员可以把研究融入实践工作中，从“他人经验的实践者”转变为“自我行为的研究者”，获得专业发展的内在推动力；可以为新入职辅导员提供指导，分享经验，最大限度地发挥“传、帮、带”的作用；也可以为辅导员形象代言，为队伍建设建言献策，助力辅导员队伍发展。还有一批批在辅导员的影响下成长起来的学生们，他们辐射全国，就像火种，会照亮和带动更多青年，把青春奋斗融入新征程。另一方面，专家型辅导员自身也要树立“无边界职业生涯”的概念，不断挑战自己，拥抱无限可能。不仅在高校组织内部，敢于管理、精于研究、善于服务；在高校组织外部，也依然凭借自身的技能专长、知识素养、工作经验，形成跨越组织的竞争力。

四、经验启示

马克思在《青年在选择职业时的考虑》中写道："如果我们选择了最能为人类谋福利而劳动的职业，那么，重担就不能把我们压倒……我们的幸福将属于千百万人，我们的事业将默默地，但是永恒发挥作用地存在下去。"今天的学生是未来实现中华民族伟大复兴中国梦的主力军，我们辅导员们就是打造这支中华民族"梦之队"的筑梦人。

【作者简介】

梁帮龙，北京航空航天大学学生工作部副部长，主要从事大学生思想政治教育、生涯规划与就业指导等工作研究，参与多项省级思政工作项目。曾获北京市高校优秀辅导员、就业工作先进个人等荣誉称号及北京市教学成果一等奖。

第117问　如何加强辅导员工作的教育性——要实现管理与教育的统一该怎么办

大连海事大学　裴长盛

一、问题阐述

张某,男,航海类专业学生。在军训期间就表现出对航海类专业半军事化管理的严重抵触,曾在公开场合与承训的教官发生过冲突,对辅导员提出的要求也公然表示过反对。在随后的大学第一学年中,该生在适应半军事化管理方面仍然表现得很差,学业也开始陆续出现问题。在大学第一学年结束后,累计小挂科一门、大挂科两门,面临留级。在日常管理中,张某与周围同学关系一般,经常性地在集合中迟到或未到,内务卫生也不能按照统一要求整理,并在不同场合多次不同程度地表示对半军事化管理的不满。在学习上也不够努力,经常不去上集中自习。如果继续下去,该生将面临极其被动的发展处境。

二、解决思路

在与其父母、同班同宿舍学生、张某本人(微信、QQ亦加为好友)多次交谈和沟通后,总结发现造成张某现状的主要原因有:

(一) 家庭因素的影响

张某父母在当地属于接受了较高水平教育的群体,对自己孩子有超出常人的期待。因此在张某成长道路上,父母竭尽所能,帮助张某解决了诸多难题,辅助其一步步顺利来到大学,但正是父母无微不至的关怀,让初入大学的张某感到独力难支。

（二）学习态度的偏差

在张某接受的几乎所有大学前教育中，都不断有老师为了实现教学或者升学目的，对大学生活进行了过分的描述，将大学这一增长才干和学识的象牙塔，描述为可以随意游戏、拥有无限自由的地方。因此，张某一入学，便打心底里认为享受高中奋斗成果的日子来了，在学习态度上在一开始就有了重大偏差。

（三）日常管理的抵触

与张某交谈和了解的过程中，不难发现，张某从入学起就对日常管理持有抵触态度，存在许多盲区和误区，对管理的不了解导致了张某对半军事化管理的不理解，片面认为这种管理阻碍了自身发展。这种管理在他身上起到的是反作用。

（四）环境改变的压力

张某高中时和其宿舍的同学相处融洽，但当其到了大学由于总是表现为一个“刺头”，加上来自家长和辅导员的双重压力，张某没有选择主动去面对这些压力，而是开始不自主地厌恶新环境，久而久之，张某原有的优点未被发现，而缺点却被不断放大，心态上也逐渐发生了变化。

在以上多方面原因的共同作用下，最终造成张某学业和日常表现等方面的不良现状。

三、实施办法

张某的许多错误认识和不良习惯都是长期养成的，短时间内很难完全改正，为此我着力从增强教育性出发，制定了针对张某的长期改进计划，主要从以下几方面着手：

（一）消除戒备，拉近距离

为避免张某继续站在辅导员的对立面，首先要做的就是设法消除张某心理上的戒备，拉近和张某的距离。在日常工作中，我更多地以一名学长或者朋友的角色同他相处，在交流中少说教、多倾听，并借助中队会和集合等时机努力让张某感到受到善意的关注，得到心灵上的关怀。学生向辅导员打开心扉，才有可能将心底的故事分享出来。

（二）全面了解，加深认识

在与张某成功建立基本的信任关系之后，我通过定期的约谈进一步了解张某的成长经历和最新的思想状况。此外，我还不定期和其父母电话沟通，通过周边的学生侧面了解，核实张某所讲内容的真伪。加深对张某的了解，不仅有助于搞清张某的问题所在，而且为开展针对性的思想教育工作奠定了良好基础。

（三）立体帮扶，助力改变

通过不懈努力，最终与张某关系最近的家长、学生干部、宿舍同学以及辅导员全部进入到了管理体系中，并把不同层面的多重关心形成有效合力，对张某进行立体帮扶，助力张某改正缺点，走出自身窘境。

（四）引入竞争，适时激励

马斯洛在需求层次理论中指出，自信心是自尊需要获得满足时产生的一种情感体验。对于张某来说，升入大学以来，体验了太多的失败，鲜有能说出口的成功体验。因此，我在一些张某参与的活动中，留心给予张某一些表现的机会，如有时检查宿舍卫生，会带着张某一起查，让其协助记录等；张某哪里做得认真、做得好，我会在班会上公开表扬。虽然这些都是些容易上手的小事情，但依托这些小事既增加了和张某交流的机会，又让张某增加了存在感，感受到了自身的独特价值。

（五）适当表扬，唤起自尊

张某长期缺乏明晰的人生目标，学习和生活态度消极，自我心理封闭，自卑心理较重，思考问题也常常以自我为中心，入学前的强烈自尊心受到极大的伤害。为唤醒张某的自尊，我对张某的日常表现，比如内务卫生、军容风纪做得很好时，及时给予表扬，同时鼓励张某寻找自己的兴趣，帮助张某挖掘潜力，重建自尊和自信，真正获得久违的幸福感。

通过近一年的不断工作，张某状态逐步转好，具体表现为：

（1）学业方面，态度端正。张某与数学相关的学科成绩一直都很差，且就读的专业又对数学有较高要求，目前张某学习虽然仍然很吃力，但态度非常认真。

（2）半军事化管理方面，进步明显。从一开始的内务较差，到现在的内务优秀，自己还对宿舍书桌进行了精心布置，军容风纪方面也基本没有再出现过问题。

（3）日常生活方面，表现向好。能够参与班级的班会、篮球赛等集体活动，在中队的QQ群和自己的朋友圈中经常会发一些“正面”的动态，在大二寒假期间主动报名参加社会实践活动，得到许多同学的认可。从家长反馈来看，也认为张某变化很大，变得重新阳光和积极起来，基本走出了最初的低迷状态。

四、经验启示

张某身上体现出的诸如抵触管理、学涯规划模糊、态度消极、以自我为中心、心理自卑和封闭是不少同类学生的共性，值得总结和思考。

（一）因材施教，提升教育的接受度

针对每位学生不同的成长背景和经历，结合学生在认知结构上的差异，对处于不同境况的学生制定与其个性特点相符合的德育计划，实施个性化的德育方案。而且，在制定和实施这一计划的过程中要避免单一的意识灌输模式，力求在学生接受的前提下，以合适的方式方法实现教育管理与学生接受的共振。

（二）树立目标，激发学生的进取心

学生在学习和日常管理中出现问题，原因不尽相同，但主要原因是缺乏生活和学习的动力和目标，在帮助他们制定目标时，不能一概而论，只提同一目标或要求，很有可能收效不大，甚至无功而返。因此，根据学生自身的实际情况，树立远期、中期和近期三种合理目标，激发学生的进取心，从而有针对性地塑造学生坚强的意志品质，提高辅导员教育开展的实效性。

（三）培育典型，保持良好的竞争性

心理学上，大学生处于人生的第二次断乳期。具有较强的独立意识、个性意识，学生渴望独立处理自己的学习、生活问题。但是在遇到一些常见的挫折时，通常也会出现失落感和颓废感。辅导员要正确认识这一时期学生的心理特点，通过人本化的关怀理念来开展学生工作，让学生处于良好的竞争环境中，用先进人物的模范事迹来鼓舞和带动学生，避免学生封闭于自己的狭窄天地中。

（四）立足久远，关注进步的长期性

改变一个习惯是艰难而长久的事情，当学生在外界的教育和引导下取得一些进

步时，不能因暂时的改变而轻易停止思政工作，应当立足久远，从大学四年乃至更长时间出发，不给恶习反弹的机会，通过持续地关注确保学生取得进步的长期性，帮助学生将健康而正面的生活习惯内化为自身的良好素质。

“教育的全部奥秘就在于如何爱护学生”，作为高校辅导员，我们在对待管理和教育如何统一的问题上，不应带有歧视的眼光，或者因为难管，就放任不管，任其发展。应客观理性地认识到每一位学生独特的优点，唯有真诚爱护、耐心守护，与学生达到情感上的共振共鸣，并且坚信学生是可以因我们而变得更好的，因事而化，因时而进，因材施教，这样才会帮助学生产生积极转化的动力，才有利于更好地开展学生的思想教育工作，才能培养更多堪当民族复兴大任的建设者和接班人。

【作者简介】

裴长盛，大连海事大学轮机工程学院团委书记，讲师。曾获宋庆龄基金会-中海油全国大学生公益活动“优秀指导教师”，辽宁省“校园先锋示范岗”，辽宁省高校“千名辅导员万家行”活动十周年优秀案例（全省6人），学校2015年、2019年、2021年十佳指导员等校级以上奖励20余项。先后主持和参与省部级课题5项、校级课题12项，出版专著《陪你初长成》，参与编写图书2部，发表论文12篇。

第118问　如何帮助新辅导员成长
——年轻辅导员经验不足、方向不明怎么办

江西理工大学　饶先发

一、问题阐述

近日，某二本院校的一名辅导员，突然给我发信息，说她已经担任辅导员工作3年多了，每天都忙于一些日常琐碎的学生事务，特别是在疫情之下，压力非常大。入职时，她还很期待这份工作，到现在已经“筋疲力尽”，是继续从事辅导员工作还是离开这个岗位甚至离开高校？她陷入了迷茫与困惑中，问我应该怎么办。

二、解决思路

《普通高等学校辅导员队伍建设规定》指出，辅导员有9大职责，这9大职责意味着辅导员每天需要面临各种琐碎的事情，特别是疫情之下，辅导员更是“压力山大”。加上辅导员工作对象多、任务重，可以用“两没有”来形容：一是没日没夜，二是没迟没早。白天上班你上班，晚上下班你还得工作。工作中，有时的确会感到筋疲力尽，有时也会情绪烦躁。那么，从其他老辅导员的身上吸取经验，学会调节自己的情绪和状态，合理安排自己的业余生活就显得非常重要。

事实上，目前辅导员面临的压力主要来自于两大部分，即外部环境和内部情况。外部环境主要包括发展空间、职称职级、身份认同、工资待遇、个人地位等；内部情况主要包括职业能力、职业认同、角色转换、理论素养、繁杂工作、家庭平衡、专业背景、培训学习、成长指引等。

三、实施办法

我已经从事辅导员工作18年，对于如何运用自身经验帮助年轻辅导员成长，下面

我结合我的工作经历谈一些做法，供大家借鉴。

（一）拓宽口径，苦练内功

1. 以技能证书赋能生涯发展

一方面积极参加全球职业生涯规划师（GCDF）、国家职业指导师、国家心理咨询、中国职业生涯规划师（CCDM）、职业发展辅导师、职业培训师训练导师（PTT）、社会工作师等技能考试。另一方面主动申请参加校级、省级和国家级的各类辅导员培训。申请不一定能参加（毕竟指标有限），但申请参加是一种积极向上的学习态度，申请次数多了，自然就有机会参加了。

2. 以专项比赛助推职业能力

通过比赛可以快速地提升自己的能力、提高自己的知名度、发现自己的不足，比如优秀辅导员、先进个人评比，辅导员素质能力大赛，年度人物、网络思政作品、优秀论文、工作案例评选等，这是目前针对辅导员最频繁的评选及比赛活动，还有其他一些与辅导员有关的比赛，都可以积极参加。但是做任何事情都要提前谋划、早做准备、全力以赴。

（二）延伸手臂，借助外力

（1）用好学生干部队伍，包括成立自己的学生组织、实施班主任助理工程、选好自己的助理等。

（2）用好“三助”（助教、助管、助研）人员、实验员和行政人员；可以在研究生里面选拔“三助”的学生来担任自己的助手。

（3）用好网络新媒体平台，包括QQ、博客、微博、微信、微信公众号、视频号、抖音、小红书等。

（三）主动沟通，掌握方法

为了做好思想政治工作，辅导员应采用“千变万化”的工作方式来引导和教育学生。善于与学生沟通和交流是我们必须要掌握的一项最关键的“技术”。如何做好辅导员、班主任工作？我担任辅导员18年的工作经验总结起来是：叫出学生名字＋请学生给辅导员写一封信＋随时随地谈心＋生日送祝福＋每日一良语……

1. 叫出每一位学生的名字

(1) 每个班级制作一大张照片集，把学生的姓名、籍贯、爱好等信息写好，有时间拿出来“记住”。

(2) 利用各种活动记住每一位学生：早操、早读、班会、春游、爬山、集体活动等班级活动。

(3) 在路上偶遇学生，主动向他打招呼并叫出其名字。

2. 请学生给辅导员写一封信

(1) 每个学期，做一次班级对辅导员工作的调查与反馈。

(2) 请学生代表（或全体学生）给辅导员写一封信。

3. 随时随地与学生谈心

(1) 利用吃饭的机会找学生谈心。

(2) 每周抽出一个固定时间与学生谈心。

4. 生日送祝福

对所带班级每位学生的生日情况进行统计，汇总到一个表格上，建立“生日谱”，临近学生过生日时，给将要过生日的学生发一条祝福信息（可以用短信、飞信、微信发祝福），给一些主要学生干部送上一个小蛋糕、小礼物等。

5. 每日一良语

为了深入与学生交流，我主动添加每位学生的微信，三个微信号的好友共计15000余人，遍及全学院每一位师生。坚持每天早上6点多钟起床给学生发送一段正能量的话语，有时是暖心的心灵鸡汤，有时是气候突变时的关怀提醒，有时是考前的温馨提示，一字一句虽不多，却都在传递满满的心意——希望每一位学子每天都充满正能量。特别是在中国传统的二十四节气到来时，我还会给每一位学生传播节气文化，让每位学生对传统文化有一定的了解。我坚持做这件事情已经2000多天了。

四、经验启示

年轻辅导员在成长的过程中光靠一些技巧是不够的，需要学思悟行、全面发展，也要对自己有更高的要求来适应新时代对高校辅导员的要求。

（一）政治要求

政治素质要过硬，吃透各种文件（教育部、教育厅和学校各层面）、全国高校思想政治工作会议精神、中央16号文件、教育部41号令及43号令、《高校辅导员职业能力标准（试行）》、《普通高等学校辅导员培训规划》等。

（二）原则要求

大原则：爱是前提，注重德行修养，身先士卒；辅导员做的是教育人的工作，所以处处都是开展思想政治教育的阵地和场所。小细节：千万别收学生礼物、千万别让学生请吃饭、千万别想赚学生的钱。

（三）特点要求

辅导员在自己的工作中，一定要去挖掘和培养自己的兴趣和特长。坚持就是创新，做好每一件小事就是大事。人无我有，人有我优，把这些东西变成自己的品牌。

（四）人脉要求

一个年轻的学生工作者一定要寻找几位学生工作方面的"专家""长者""领导"为自己成长把脉和指引，成长中有"高人"指点，才能少走弯路。

（五）能力要求

作为一名新时期的辅导员，光会爱学生是不够的，我们需要把自己打造成一个"能说会写、上得了课堂、跑得了操场、下得了宿舍、开得了心房、劝得了情种、管得住上网、HOLD得住学生、做得了导航"的全方位的战士。

（六）态度要求

我们不一定做一辈子的辅导员，但是我们要有做一辈子辅导员的心态来做好我们的本职工作。

学生工作是一种谋生的手段，更重要的是要把它规划成自己的一份职业、一项事业、一门学问、一种生活，用自己的兴趣、责任和情怀去经营它。我们始终要不忘立德树人初心，牢记为党育人、为国育才使命。

【作者简介】

饶先发，江西理工大学能源与机械工程学院党委书记，副教授。教育部思想政治工作十大中青年骨干人才、全国百名网络正能量榜样、高校辅导员工作室公众号创始人、江西省高校辅导员名师工作室主持人、英国雷丁大学学生事务管理访问学者。获全国高校辅导员年度人物提名入围奖、全国十佳博客奖、全国优秀博客奖、全国优秀博文奖、江西省十大最美辅导员、新时代赣鄱先锋、江西省优秀团干部、江西省优秀辅导员、江西理工大学最受学生欢迎的十佳教师等70余项荣誉。

第119问　如何提升辅导员情感支持——在学生危机事件处置中辅导员情感支持不足怎么办

厦门大学　姚祖婵

一、问题阐述

近年来,随着国内外政治、经济和安全形势的深刻复杂变化,各类传统的和新型的、校内的和校外的风险因素交织叠加,师生价值观念和利益诉求日益多元,学生潜隐的思想问题和背负的心理压力日益多样,高校面临的安全稳定形势也日趋严峻。由于自然或人为、责任或非责任原因,各类学生危机事件时有发生,给校园的正常秩序、师生安全、社会声誉等造成一定的冲击和影响。学习危机管理的基本理论,培养必要的危机处置能力,成为辅导员的一堂必修课。辅导员不但肩负着学生思想政治教育和日常教育管理服务的重任,更是应对学生危机事件的排头兵。在学生危机事件处置中普遍存在对辅导员情感支持不足这一难点。

二、解决思路

情感支持是辅导员素质能力提升的内生动力。辅导员的职业情感由内部生成,也需外部赋能。长期以来,虽然对辅导员队伍的政策支持、工作支持、发展支持等支持体系建设愈来愈强化和完善,但情感支持一直是支持体系中的一个短板。原因是多方面的,一是辅导员的职业特性和已被“共识化”定义了的角色属性,被默认为是一个“输出型”的“人设”。例如谈到情感,人们的第一反应是辅导员要加强对学生的情感关怀,甚少谈及辅导员自身情感上受关怀的需要,辅导员被视为具有强大心理建设和创伤自愈能力的“铁人”。二是高校的党建与思想政治工作的内容越来越丰富,学生的思想政治教育和日常管理服务的事项越来越多,无论是辅导员还是院(系)、学校相关职能部门都像陀螺一样连轴转,上级忙于布置、基层忙于落实,均无暇或罕有顾及个体化的情感关照,相对于刚性的工作任务要求,情感支持成了一项非必要的选项。三是辅导员队伍建设过程中缺乏对情感支持的体系化设计和制度化落实。许多高校虽然也注意到需要关心辅导员的心理状况，开展了一些活动，如团队素质拓展、趣味运动会等，但多是零散偶发，时断时续，在日程表上的排位总是屈居末端，活动的参与面、认可度、实效性可想而知。

辅导员的情绪影响和情感消耗主要来自于压力，如工作压力、经济压力、家庭压力等。辅导员在工作中可能会遇到各式各样的具有压力感的情形，而学生危机事件无疑是其中最具有压力感的。学生危机事件带来的压力，既有辅导员在危机管理方面的本领恐慌、危机现场形成的强刺激性影响、面对危机事件的复杂性和可能产生的严重后果时的担忧焦虑，也有面对当事人亲属咄咄逼人的责难、辱骂还得强颜赔笑的委屈，还有危机事件应对过程中的高强度工作与常规工作、个人家庭之间的协调困难。学生危机事件应对，对辅导员来说，是最不希望遇到、但遇到了必须处理妥当的事。一次学生危机事件的处理，对辅导员的情感世界而言不啻遭受了一次强风暴的袭击，以至于有的辅导员说"从来没有受过这么多委屈，也从来没有流过这么多眼泪"；有的辅导员说"经历此役，我只想求领导给我放一天假，躲到安静的地方自我疗伤"。然而实际情况是，辅导员很少能有喘息的时间，危机事件一处理完，就要马上返岗，解决危机事件处理期间堆积的工作；也很少有辅导员能够得到制度化的心理关怀，学校的心理健康教育与咨询中心似乎也是学生专用。

当压力不断蓄积、无法释放，正向情绪能量池的消耗达到一定的临界值而又得不到补充，直至耗尽的时候，个体就会趋于情绪耗竭的状态。情绪耗竭是一种破坏性的心理状态，不利于身心健康和危机事件应对。有的高校曾经发生过辅导员处理完学生危机事件就离职甚至做出过激行动的案例。

情绪耗竭是个体内部资源与外界刺激交互作用的反应，个体恢复平衡有两种思路：一是从外部获得资源补充，创造良好的工作环境，提供有效的社会支持等；二是依赖个体自身的调节，如提高自我效能感、拥有乐观的性格等。对于辅导员在危机事件应对中的情绪耗竭问题而言，可以从以上两方面入手加以解决。

三、实施办法

（一）从社会角度：加强情感支持

除了靠自身的意志控制和情绪调节外，还需要来自高校、社会等外界的情感支持，这方面高校要发挥主要作用。学校要注重对辅导员的情感关注和人文关怀，关心辅导员工作、学习、生活等各方面情况，加强团队建设，培育组织文化，形成对辅导员的情感支持系统。在危机事件应对中，学校要注意合理安排工作任务，不可过度高估辅导员的承压能力，领导要亲自关心辅导员的健康状态，鼓励和支持他们克服困难、完成任务；在危机事件应对结束后，学校人事、学工等部门要对相关辅导员开展心理辅导和状态评估，在投入正常工作之前最好能给予辅导员一个短暂的缓冲期。在平时，学校要建立辅导员心理状况预警机制，定期开展调查、访谈，开展工作满意度、信心指数、价值观变化、行为取向监测和研究，在不健康状态来临之前，及时发出预警信号，及早研究解决。开展系统培训，搭建交流平台，让辅导员多积累学习危机应对的知识和方略，促进辅导员跨专业、跨学校互通互助，共同探讨工作中存在的疑难杂症。主流媒体和高校在宣传先进教师典型时，也应考虑多宣传优秀辅导员的事迹，树立辅导员良好的职业形象，增强社会和师生对他们的职业认同；对于在重大危机事件中表现突出的辅导员，学校要给予褒奖。另外，家庭的理解和支持也是辅导员抛下顾虑全力应对危机事件的重要条件。

（二）从自身角度：做好压力管理

打铁还需自身硬。高校辅导员应在应对危机事件中，要打好思想预防针，厘清处理思路，加强“心件”建设。首先，思想准备要充分。虽然危机事件是否发生、何时发生不可预料，但就像军队要随时准备打仗，辅导员也要做好随时应对危机事件的思想准备。既要做好危机事件应对的理论和方法准备，对处理过程中可能遇到的困难、承受的压力、耗时的持久有所预期，也要做好个人工作和生活安排的准备，一发生危机事件能快速地按照设想，把该交接的工作交接给同事，把学生干部都一一交代好，把家庭的事务安排妥当，避免事到临头手忙脚乱。其次，用党性战胜压力。辅导员都是中共党员，都是为党工作的教育工作者。党性和人民性是统一的，党性和人性也不是对立的关系，在共产党员的身上，人性先于党性、党性高于人性，党性可以克服和战胜人性中的弱点、劣处。面对急难险重任务，面对学生的生命安全受到威胁，辅导员应当有“我不上谁上”的觉悟，发扬先进共产党员不怕苦、不怕累、不怕死的精神，关键时刻冲得上、危难关头豁得出、吃劲之际顶得住，这样的辅导员是靠得住的好辅导员。再次，调适好自身情绪。一方面，自己是最了解自己的，要根据个人心理特点，学会必要的心理调适技巧，找到最适合自己的调适方法，宜疏则疏，在感到压力较大时适时做好自我舒缓、解压，避免过于焦虑和精神紧绷。另一方面，也要树立自信心，进行积极的心理暗示，增强心理“防御力”，提高承受压力能力和正向能量池续航能力。

四、经验启示

步入新时代以来，党和政府高度重视辅导员队伍建设，也对辅导员工作提出了新的要求，辅导员肩负着多重的责任和使命，也经常面临诸多工作压力和问题，尤其是面对学生危机事件时所承受巨大心理压力，需要来自各方的情感支持。从内外两个方面加强辅导员工作的情感支持，可以有效解决辅导员在学生危机事件处置中情绪耗竭问题。辅导员个体要通过情感互动，做好压力管理，增强自我赋能，以更强的情感去应对复杂的学生危机事件。学校和社会要在外部创造环境来增强辅导员情感的外部补偿，为辅导员赋能，以应对其情感超负荷运转的问题。

【作者简介】

姚祖婵，厦门大学团委副书记，厦门大学嘉庚学院院长助理、学工部部长、团委书记。福建扬帆计划创新创业导师。曾获第十七届“挑战杯”全国大学生课外学术科技作品竞赛高校优秀组织工作者、金砖国家领导人第九次会晤筹备和服务保障省级先进个人荣誉称号及2021年福建领航工程项目奖教金。所主持的项目入选福建高校思想政治工作质量提升综合改革与精品建设项目，指导学生获国家、省级赛事20余项奖项。主持参与6项省部级、3项市级项目，主编、参编图书3部。

后　记

党的二十大报告指出，教育是国之大计、党之大计。培养什么人、怎样培养人、为谁培养人是教育的根本问题。我们所处的是一个充满挑战的时代，也是一个充满希望的时代。习近平总书记关于教育的重要论述，尤其是关于高等教育的重要论述，具有重大的理论价值和实践意义，明确指出了高校建设的目标方向、根本任务，也为新时代高校辅导员工作提供了根本遵循。

大道至简，实干为要。"两个大局"视角下，提升高校辅导员开展思想政治教育工作的质量尤为重要。随着高校辅导员队伍的不断壮大，高校辅导员内涵式发展和专业化、专家化发展成为当前高校急需关注的焦点。本书通过对高校辅导员工作中遇到的各类问题予以剖析，并对这些问题的解决办法予以归纳总结，由感性认识上升为理性认识，形成工作成果，由一个个实际案例分析上升为对高校思想政治工作规律的把握。我们应加强对这些规律的把握，增强辅导员定义问题、判断问题、分析问题的能力和本领，提高辅导员处理学生日常事务的能力和效率，更好地发挥辅导员的育人作用。

走近大学生，才能成为大先生。高校辅导员工作在学生工作一线，要学会总结工作经验、提升工作能力。全国的优秀辅导员通过工作案例分享经验，既有利于促进工作反思、自觉归纳，又能为同仁提供更多借鉴与参考内容，进而助推大学生成长成才，做到精准育人。

本书的出版得到了各方面的大力支持，感谢江西省教育厅的指导和对江西省首批辅导员名师工作室——黄志兴工作室的立项支持，感谢井冈山大学各级领导一直以来的关心、支持和对井冈山大学重点建设工作室——映山红育人工作室的立项支持。本书的顺利出版是编写团队成员和所有案例作者齐心努力的结果。黄志兴承担了全书的策划、统稿工作和第3、5、7、9、10篇的编写统筹工作，胡秀俊承担了征稿目录起草工作、书稿的二审工作和第1篇的编写统筹工作，马军承担了书稿的三审工作和第4篇的编写统筹工作，孔祥彬承担了约稿工作和第2篇的编写统筹工作，许琳承担了书稿的一审工作和第8篇的编写统筹工作，齐勋承担了序言、后记的起草工作和第6篇的编写统筹工作。由于编写团队的水平有限，书中难免有疏漏之处，还请大家海涵和批评指正。

编　者